中国与世界经济发展报告
2018

主编◎马忠玉
副主编◎张宇贤　王远鸿　牛　犁

ANNUAL REPORT ON
CHINA AND THE WORLD ECONOMIC
DEVELOPMENT 2018

中国市场出版社
China Market Press
北　京

图书在版编目（CIP）数据

中国与世界经济发展报告. 2018 / 马忠玉主编
—北京：中国市场出版社，2018. 1

ISBN ISBN 978 - 7 - 5092 - 1659 - 0

Ⅰ. ①中… Ⅱ. ①程… Ⅲ. ①中国经济-经济发展-研究报告-2018②世界经济-经济发展-研究报告-2018 Ⅳ. ①F124②F112

中国版本图书馆 CIP 数据核字（2017）第 298479 号

中国与世界经济发展报告（2018）

ZHONGGUO YU SHIJIE JINGJI FAZHAN BAOGAO (2018)

主　　编：马忠玉
责任编辑：宋　涛（zhixuanjingpin@163. com）
出版发行：中国市场出版社
社　　址：北京市西城区月坛北小街 2 号院 3 号楼（100837）
电　　话：（010）68034118/68021338/68022950/68020336
经　　销：新华书店
印　　刷：河北鑫兆源印刷有限公司
开　　本：185mm×260mm　1/16
印　　张：27. 75　　**字　　数**：540 千字
版　　次：2018 年 1 月第 1 版　　**印　　次**：2018 年 1 月第 1 次印刷
书　　号：ISBN ISBN 978 - 7 - 5092 - 1659 - 0
定　　价：88. 00 元

《中国与世界经济发展报告2018》

编委会

主要编撰者简介

马忠玉　博士，研究员，国家信息中心副主任。先后在中国农业科学院农业自然资源与区域规划研究所、中国人民大学环境学院、宁夏回族自治区发展和改革委员会、宁夏回族自治区政府研究室、国家信息中心任职。主要从事农业生态系统、区域规划、环境经济学、气候变化及宏观经济研究，先后主持国家科技攻关项目、国家自然科学基金、国家重点社科基金、国际合作研究项目50余项，获得各种省部级科技进步奖、部委优秀成果奖10项，出版或合作出版著作20部，国内外公开发表学术论文50余篇。目前兼任中国人民大学环境学院教授、博士生导师，德国弗赖堡大学（Freiburg University）环境与资源学院客座教授，合作培养博士研究生。

张宇贤　国家信息中心经济预测部主任，二级研究员。在国家发展改革委系统长期从事重大战略、重大规划、重大政策研究，主持或参与重大研究课题50多项。曾获国家发展改革委优秀研究成果一等奖1次，二等奖2次。曾在《人民日报》《经济日报》《光明日报》《管理世界》《中国工业经济》《世界经济》《经济理论与经济管理》《中国宏观经济研究》等国家重要报刊发表论文60余篇。

王远鸿　经济学博士，国家信息中心经济预测部副主任、研究员。主要从事宏观经济、财政金融、数量经济模型和经济景气模型方面的研究工作。主持或参加国家科技攻关、国家发展改革委等有关政府部门、国家社科基金、国家自然科学基金及社会和国际合作课题多项，获国家科技攻关重大成果奖1次、国家发展改革委优秀研究成果二等奖2次、三等奖1次。专著有《中国经济内外均衡问题研究》《通货膨胀研究——分析与模型》等，在《经济研究》《金融研究》《中国工业经济》《经济日报》等报刊发表文章100余篇。

牛　犁　副研究员，国家信息中心经济预测部副主任。主要从事国内外宏观经济、能源战略、国际油价等研究工作。曾主持或参加中财办、国家发展改革委、商务部、国家能源局、国家开发银行等单位有关“十三五”发展规划、“潜在增长能力”、“国家能源战略”，以及国别规划咨询等研究课题 100 多项。在《中国金融》《经济日报》等报刊发表文章 100 多篇。曾获“中央国家机关优秀青年”称号，国家信息中心“突出贡献奖”，国家发展改革委优秀研究成果二等奖 1 项、国家信息中心优秀研究成果奖多项。被聘为商务部经贸政策咨询委员会专家，中国亚非发展交流协会理事，绿色低碳发展智库伙伴专家委员等。

序

《中国与世界经济发展报告（2018）》是由国家信息中心精心组织、主要由经济预测部专家团队承担的年度经济分析与预测报告。本报告中的一些判断、结论、预测仅是一家之言，但我们真诚地希望能够对关心中国经济发展的各界人士有所帮助，同时也欢迎各位读者批评指正。

2017 年必将载入史册，中国共产党第十九次代表大会胜利召开，十九大报告做出了中国特色社会主义进入了新时代、我国社会主要矛盾已经转化为人民日益增长的美好生活需要和不平衡不充分的发展之间的矛盾等重大政治判断，确立了习近平新时代中国特色社会主义思想的政治地位，提出了新时代坚持和发展中国特色社会主义的基本方略，确定了决胜全面建成小康社会、开启全面建设社会主义现代化国家新征程的宏伟目标。

2017 年以来，在世界经济温和复苏、外需好于预期、国内需求均衡稳定增长、供给侧结构性改革扎实推进、新旧动能加快转换等因素作用下，我国经济运行呈现出增速加快、就业增加、物价稳定、国际收支改善、结构优化、动能增强、质量效益提升的稳中向好特征。三季度以后，虽然内需增长和出口回升势头有所放缓，经济运行呈现小幅回调态势，但预计全年国内生产总值（GDP）增长仍将达到 6.8% 左右，可以较好地实现政府预期调控目标。

展望 2018 年，从国际上看，尽管存在着主要国家特别是美国货币财政政策进一步转向、贸易保护主义威胁依然存在、地缘政治冲突可能加剧带来的潜在风险和冲击，国际经济环境存在一定的不确定性。但在发达经济体私人部门资产负债表进一步修复、劳动力市场继续改善、社会信心继续恢复、经济复苏动能继续增强的带动下，全球经济有望继续保持温和复苏的势头。

从国内来看，2018 年是全面贯彻落实十九大精神的开局之年，是“十三五”规划承上启下的重要一年，是决胜全面建成小康社会的关键一年。国内经济已由高速增长阶段转向高质量发展阶段，十九大精神必将激发全社会的创造力和发展活力，国民经济保持稳定发展的有利条件仍然较多。但是，发展不平衡不充分已经成为满足人民日益增长的美好生活需要的主要制约因素，国内房地产市场结构性失衡、企业杠杆率过高、地方政府隐性债务、实体经济困难等问题依然突出，保持经济稳定增长和提升经济发展质量仍需付出艰苦努力。

进入新时代，面对新矛盾，贯彻新思想，追求新目标，必须坚持质量第一、效益优先，以供给侧结构性改革为主线，推动经济发展质量变革、效率变革、动力变革，着力提高全要素生产率。必须继续坚持稳中求进的工作总基调，保持宏观政策的连续性和稳定性，积极的财政政策要精准有效，稳健的货币政策要适度中性，支持实体经济发展要措施有力，防范化解重大风险要积极稳妥，保障和改善民生要持续扎实，努力实现更高质量、更有效率、更加公平、更可持续的发展。

马忠玉

2017 年 11 月

产 业 篇——145

能源篇——375

Annual Report on
China and the World Economic
Development(2018)

总报告

GENERAL REPORT

G01　2018 年中国经济展望和宏观调控政策建议

国家信息中心

摘要：2017 年以来，我国经济形势好于预期，呈现出好中趋稳态势，预计全年 GDP 增长 6.8% 左右，可以较好地实现政府预期调控目标。但也要看到，国际环境依然复杂多变，国内发展不平衡不充分的一些突出问题尚未解决。展望 2018 年，我国进入全面贯彻落实十九大精神的第一年，将决胜全面建成小康社会，开启全面建设社会主义现代化国家新征程。建议继续坚持稳中求进的工作总基调，把提高经济发展质量放到更加重要的位置，坚持积极的财政政策精准有效，稳健的货币政策适度中性，大力支持实体经济发展，防范化解重大风险，着力提升经济发展质量。

关键词：中国经济　调控政策　经济展望　发展质量

一、2017 年宏观经济运行基本特征及全年预测

2017 年以来，在外需好于预期、房地产销售依然旺盛、工业补库存等需求拉动，供给侧结构性改革扎实推进，新旧动能加快转换等因素作用下，我国经济运行呈现出增速加快、结构优化、动能增强、质量效益提升的好中趋稳特征。

（一）经济增长好于预期

2017 年前三季度，我国 GDP 同比增长 6.9%，较上年提高 0.2 个百分点，明显好于预期。我国经济运行延续了十八大以来稳中有进的态势，2013—2016 年我国年均经济增速达到 7.2%，对全球经济增长的贡献率年均超过 30%，居世界第一位。

1. 生产形势趋于好转

农业发展基础扎实，前三季度农业生产增长 3.7%，同比加快 0.2 个百分点。粮食产量稳步提升，畜牧业稳定运行，农业投资增长较快，农业技术创新取得进展，农业供给侧结构性改革加速推进。工业稳中有升，前三季度规模以上工业生产增长 6.7%，同比加快 0.7 个百分点。工业对经济增长的贡献率为 31%，拉动经济增长

2.1 个百分点。供给侧结构性改革加快工业领域产能出清进程，钢铁、煤炭及高耗能行业加快转型升级，市场供需关系有所改善，工业新动能增长势头迅猛。服务业运行平稳，前三季度服务业生产增长 7.8%，同比加快 0.2 个百分点，对经济增长的贡献率达到58.8%，拉动经济增长 4.0 个百分点。尤其突出的是信息传输、软件和信息技术服务业增速高达23.5%，对经济增长的贡献率为10.5%，拉动经济增长0.72 个百分点。

2. 需求走势有所分化

投资需求逐季放缓。前三季度，固定资产投资增长 7.5%，较上年同期回落 0.7 个百分点。从季度看，投资增速呈下滑态势，第一季度投资增长 9.2%，第二季度放缓至 8.3%，第三季度进一步下滑至 5.5%。前三季度投资实际增速仅为 2.2%，同比回落 7.3 个百分点。受严控地方政府违规举债融资、财政支出放缓等影响，基建投资延续放慢态势；受实体经济经营困难的影响，制造业投资呈回落态势。前三季度，固定资本形成对经济增长的贡献率为 32.8%，同比减少 10.3 个百分点。消费需求基本平稳。我国居民消费名义增长基本稳定、实际增速小幅回落。前三季度，社会消费品零售总额名义增长 10.4%，与上年同期持平，实际增长 9.3%，同比回落0.5 个百分点。前三季度，最终消费对经济增长的贡献率为 64.5%，同比增加2.8 个百分点。出口增速明显好于预期。前三季度，外贸出口增长 7.5%，进口增长17.3%，同比分别提高 16.1 和 25.6 个百分点。外需对经济增长的贡献由负转正，净出口对经济增长的贡献率为 2.7%，而上年同期为-4.8%。

（二）经济结构优化升级

1. 供给侧结构性改革不断深化

前三季度，全国工业产能利用率为 76.6%，比上年同期提高 3.5 个百分点，钢铁、煤炭等重点领域提前完成全年去产能任务；9 月末商品房待售面积同比下降12.2%；9 月末规模以上工业企业资产负债率为 55.7%，比上年同期下降 0.6 个百分点；1—9 月份规模以上工业企业每百元主营业务收入中的成本比上年同期减少0.23 元；1—9 月份补短板领域生态保护和环境治理业、公共设施管理业、农业投资分别增长 25.0%、23.7% 和 16.2%。

2. 新旧动能转换持续推进

工业领域中，高技术制造业、装备制造业、战略性新兴产业呈现快速增长态势，前三季度分别同比增长 13.4%、11.6% 和 11.3%，增速分别高于全部规模以上工业6.7、4.9 和 4.6 个百分点。服务业领域中，新兴服务业的快速发展，前三季度文化信息传输服务业营业收入增长 36%。消费领域中，以网络销售和快递业为代表的互联网经济快速增长，分享经济覆盖范围不断拓展，共享单车、网络约车、在线医疗等新模式涌现。部分消费升级类商品保持较快增长，前三季度体育娱乐用品类、文化办公用品类分别同比增长 17.4% 和 9.9%。

（三）物价水平温和可控

居民消费价格保持平稳上涨态势，既没有通胀压力，也没有通缩担忧。前三季度居民消费价格指数（CPI）上涨 1.5%，同比回落 0.5 个百分点。粮食、猪肉、鸡蛋等食品价格下跌下拉 CPI 涨幅，医疗保健、居住、教育服务等价格支撑 CPI 上涨。工业生产者出厂价格高位运行，前三季度工业生产者出厂价格指数（PPI）上涨 6.5%，同比提高 9.6 个百分点。工业品价格上涨中翘尾因素带动了近八成左右，煤炭、钢铁、石化、有色等原材料价格拉动了八成左右。此外，环保督察风暴使得部分高污染企业关停也推动相关产品涨价。

（四）发展质量效益有所提升

前三季度，就业形势基本稳定，全国城镇新增就业 1 097 万人，比上年同期增加了 30 万人。居民收入较快增长，全国居民人均可支配收入实际增长 7.5%，高于 GDP 增速 0.6 个百分点，城乡居民人均收入倍差 2.81，比上年同期缩小 0.01。企业效益大幅改善，规模以上工业企业利润增长 22.8%，同比加快 14.4 个百分点。财政收入增势良好，全国一般预算收入增长 9.7%，同比加快了 3.8 个百分点，部分省份扭转财政收入下降的局面。节能降耗成效显现，单位国内生产总值能耗同比下降 3.8%，全国 300 多个地级及以上城市 PM 2.5 浓度同比大幅下降。

（五）可以较好实现全年预期增长目标

展望第四季度，社会预期有所改善、新产业新业态蓬勃发展，服务业保持平稳增长对经济运行形成支撑，保持经济稳定增长的有利条件仍然较多。但是，贸易价格、基数因素等使得出口增速将会有所回落，房地产市场降温、工业领域补库存趋缓、整顿地方政府债务、金融领域去杠杆等因素会抑制经济增长，宏观经济将呈现稳中趋缓态势，预计第四季度 GDP 增长 6.7% 左右，全年 GDP 增长 6.8% 左右，自 2010 年以来首次出现年度增速回升，可以较好地完成 6.5% 左右的政府预期增长目标，也实现了“在实际工作中争取更好结果”的目标。居民消费价格温和可控，预期全年上涨 1.6% 左右；城镇新增就业 1 100 万人目标提前两个月实现；进出口增速高于预期，国际收支基本平衡。如表 1 所示。

表1　2017年第四季度及全年中国主要宏观经济指标预测表

时　间	2017年1—9月 实际		2017年第四季度 预测		2017年 预测	
单位	亿元	%	亿元	%	亿元	%
GDP	593 288	6.9	234 289	6.7	82 7578	6.8
一产	41 229	3.7	24 284	4.0	65 513	3.8
二产	238 109	6.3	96 112	6.1	334 221	6.2
三产	313 951	7.8	113 893	7.8	427 844	7.8
规模以上工业增加值	—	6.7	—	6.2	—	6.6
城镇固定资产投资	458 478	7.5	178 009	5.0	636 487	7.1
房地产投资	80 644	8.1	29 415	5.1	110 059	7.3
社会消费品零售总额	263 178	10.4	103 345	10.1	366 524	10.3
出口（亿美元）	16 324	7.5	6 345	9.4	22 665	8.0
进口（亿美元）	13 363	17.3	5 128	16.5	18 573	17.0
居民消费者价格指数	101.5	1.5	101.9	1.9	101.6	1.6
工业生产者出厂价格指数	106.5	6.5	105.8	5.8	106.3	6.3

二、对当前国内外经济重大问题的基本判断

（一）世界经济处于由收缩向复苏转变的关键期

发达经济体私人部门资产负债表修复、劳动力市场改善、企业利润回升，社会信心逐渐恢复，带动全球经济复苏动能增强。国际货币基金组织（IMF）《世界经济展望》连续第二次上调2017年全球经济增长预期至3.6%，改变了过去几年来IMF多次持续下调增长预期的状况。世界经济出现由收缩向复苏转变，主要表现为：一是全球贸易增长动能增强。世贸组织数据显示，截至第三季度，全球贸易景气指数为102.6，创2011年4月以来新高，波罗的海干散货指数由年初的953上升至10月末的1522。世界贸易组织（WTO）上调2017年全球贸易量增速1.2个百分点至3.6%。二是全球外商直接投资恢复增长。国际贸易改善、企业利润反弹，以及投资者信心增强对全球外商直接投资形成有力支撑，联合国贸发组织预计，2017年全球外商直接投资规模将达到1.8万亿美元，增速由2016年的-2%升至5%。三是全球就业形势向好。自金融危机以来，主要发达经济体劳动力市场持续改善，9月份，美国失业率降至4.2%，为2000年以来新低；欧元区失业率降至8.9%，为2009年年初以来的低位；日本失业率降至2.8%，为1994年以来新低。四是全球通胀水平逐步回升。主要经济体已摆脱通

缩风险，9 月份，美国通胀率回升至 2.2%，欧元区回升至 1.5%，日本通胀率达 0.7%。五是全球制造业回暖。主要经济体制造业采购经理指数（PMI）达阶段性高点，其中美国制造业扩张强劲，制造业 PMI 达 60.8，为近 13 年来新高；欧元区制造业加速扩张，PMI 达 58.1，为 2011 年以来的高点；日本制造业 PMI 达 52.9。全球经济逐步摆脱“低增长、低通胀、低利率”的三低状态。

展望未来，从长波周期看，以页岩油气革命为代表的新能源技术取得较大突破，以移动支付为代表的新一代信息技术快速发展，以人工智能为引领的智能制造方兴未艾，节能环保及生物工程等技术的研发正在如火如荼地进行中，全球技术革命逐渐由单一领域“裂变”引领转向多领域“聚变”，支撑第六长波的技术革命已现端倪。从短波周期看，美、欧、日及我国等世界主要经济体制造业呈现筑底回升态势，全球经济以制造业复苏为支撑逐渐步入上行周期，经济活力不断增强，经济增速在 2016 年达到近六年以来的低点后，2017 年开始出现明显回升。在长波周期和短波周期的叠加效应下，预计 2018 年全球经济将继续保持复苏势头。但也应注意到，全球经济尚未完全摆脱对高信贷增长及宽松政策的依赖，前期全球过度宽松的货币环境导致流动性“脱实向虚”现象严重，滋生了资产泡沫，积聚了较大金融风险。美国等部分经济体货币政策同步回归正常化，将存在刺破资产泡沫、引发金融市场动荡的风险，可能给全球经济复苏带来一定的负面冲击。

（二）中国经济由高速增长阶段转向高质量发展阶段

十九大报告指出，“我国经济已由高速增长阶段转向高质量发展阶段”。2017 年以来对于我国经济新周期的讨论较多，当前与其说中国经济进入新周期，不如说中国经济进入新阶段，准确地说是由经济下行阶段过渡到稳定提质阶段，未来工作重点将集中到提高经济发展质量上来。高质量发展阶段主要强调更高质量、更有效率、更加公平和更可持续的发展，必须坚持质量第一、效益优先，以供给侧结构性改革为主线，推动经济发展质量变革、效率变革、动力变革，提高全要素生产率。

1. 推动经济发展方式显著转变

我国顺应经济发展基本规律，通过深化改革和激励创新来推动发展方式的切实转变，经济逐步由要素投入型向创新驱动型转变；由投资拉动为主向消费、投资、出口协调拉动转变；由第二产业带动为主向三大产业协调发展转变；由技术引进型向自主创新型转变；由高碳型经济向低碳型经济转变；由资源消耗型向环境友好型转变；由“少数人先富”向“共同富裕”型社会转变。

2. 推动供给质量显著提升

以供给侧结构性改革为主线，把发展经济的着力点放在实体经济上，把提高供给体系质量作为主攻方向，显著增强我国经济质量优势。加快建设制造强国，大力发展先进制造业，推动互联网、大数据、人工智能和实体经济深度融合发展。支持传统产业优化升级，加快发展现代服务业，瞄准国际标准提高水平。促进我国产业迈向全球价值链中高端，努力培育若干世界级先进制造业集群。

3. **推动增长动力显著转换**

我国以科技创新为核心带动全面创新，以健全教育体系培养人才，以打造人才队伍支撑创新，推动产业链、创新链、人才链、教育链有机衔接，促进经济发展更多依靠创新驱动。大力推动大众创业、万众创新，积极推进“中国制造 2025”、“互联网+”行动计划，新产品新服务快速成长，平台经济、分享经济、协同经济等新模式广泛渗透，跨境电商、智慧家庭、智能交流等迅速成长，新旧动能加速转换，为经济提质增效不断注入新的强劲动力。

（三）我国社会主要矛盾重大变化对未来发展提出新要求

站在新的历史起点上，我国经济社会发展由“站起来”到“富起来”进入“强起来”新时代。新时代面临的社会主要矛盾发生了重大变化，我国社会主要矛盾已经由“人民日益增长的物质文化需要和落后的社会生产之间的矛盾”转化为“人民日益增长的美好生活需要和不平衡不充分的发展之间的矛盾”。一方面，随着居民消费结构不断升级，衣食住行得到较大满足，休闲娱乐、健康医疗、文化体育等服务消费需求日益增加。人民不仅对物质文化生活提出了更高要求，而且在民主、法治、公平、正义、安全、环境等方面的需要日益增长。另一方面，我国社会生产力水平得到显著提高，已经是世界制造业大国，不再是社会生产能力落后的问题了，发展中存在的是城乡间、地区间发展不平衡问题，以及质量效益不高、创新能力不强、生态环境保护不力、可持续发展能力不足等发展不充分问题。发展不平衡不充分成为满足人民日益增长的美好生活需要的主要制约因素。从短期看，如何提高投资效率、科技创新和结构调整是重中之重。2018 年，我国经济领域的问题主要有以下几方面：

1. **金融领域蕴藏“灰犀牛”风险**

近年来，一些市场主体行为出现异化，道德风险明显上升，而金融监管体制机制尚不适应；在经济全球化深入发展、国际金融危机外溢性加大的背景下，金融问题叠加周期性、结构性、体制性矛盾，形成了当前金融领域内的影子银行、银行不良贷款、企业债、互联网金融、房地产泡沫、地方隐性债务、违法违规集资等“灰犀牛”风险隐患，具有极大的隐蔽性、突发性、传染性和危害性。一旦发生“灰犀牛”事件，跨市场、产品关联和机构关联的金融市场特征将极易引发系统性金融风险。

2. **地方政府隐性债务风险**

尽管有关部门加强地方政府债务管理，地方政府杠杆率由升转降，但是部分债务风险不容忽视。一是融资平台无序扩张、政府购买服务异化、基金融资“明股实债”等隐性债务风险不容忽视，购买服务贷款异化形成违规政府性债务。二是规范地方政府融资行为势在必行，但在“堵后门”的同时没有很好地打开“前门”，使得部分基建项目面临较为突出的融资难题。三是存在按时完成存量融资整改难度较大、基础建设项目政府购买服务与财政规划期限不匹配、已开工项目面临资金链断裂风险等问题。

3. **房地产市场泡沫影响经济稳定运行**

2014 年“9·30”新政以来，受限购限贷放宽、利率下调、交易环节税收减免等政策刺激，我国房地产市场量价齐涨，“全民皆房”推动房价持续快速飙涨，资产泡沫风险明显加大，使得商品房已经严重超越了居住属性，扭曲为财富再分配的金融工具，房地产市场扭曲式发展已经影响到社会经济的平稳发展和群众的切身利益。高房价使得大学应届毕业生等新市民群体几乎买房无望，高房价吸引各种社会资本涌入加剧房地产市场的扭曲，并在一定程度上挤出了实体经济的发展。与此同时，房地产市场一旦深度调整，将会打击一系列相关行业的正常发展，并造成金融乃至经济动荡，近期部分中小房企面临着资金链断裂的金融风险。

4. **民间资本投资意愿较低**

近年来，民间投资增速已经连续慢于全部投资。民间投资的 70% 以上投向制造业和房地产开发。当前制造业领域整体产能过剩和市场需求不旺的矛盾尚未根本化解，民间资本投资意愿普遍较低。在去产能和环保督察过程中，对部分中小民营制造业形成了一定的挤出效应。受调控政策收紧的影响，房地产开发投资增速也将有所回落。此外，企业融资成本偏高、国企改革进展缓慢等因素制约了民间投资增长。

三、2018 年经济增长前景及预期调控目标建议

（一）生产侧逐步实现市场出清，结构优化升级

1. **工业生产稳中趋缓，结构继续优化**

供给侧结构性改革深入推进，钢铁、煤炭等重点领域连年超额完成去产能任务，

传统行业供需关系逐步改善；集成电路、人工智能、机器人等高技术产业快速成长，装备制造、战略性新兴产业势头良好，工业发展的新动能不断累积。但是，金融领域防风险、去杠杆力度不减，企业尤其是民营企业融资等成本难以下降；工业领域由补库存逐步转向去库存；环保督察风暴对钢铁、有色、化工等污染严重的企业关停限产。初步预计，工业生产将稳中趋缓，2018 年工业生产将增长 6.2% 左右。

2. 服务业主导作用进一步增强

随着互联网、大数据、人工智能等技术的快速发展，我国分享经济、科技服务、信息传输、软件和信息技术服务等现代服务业加速发展；我国居民消费结构不断升级，旅游、文化、体育、健康、养老等五大幸福产业快速发展；中长期服务业发展规划等一系列促进服务业发展的政策出台，为服务业稳步前行提供了制度保障。但是，金融领域去杠杆导致融资等行为更趋谨慎，房地产市场销售与投资活跃程度下降，对服务业支持作用减弱。初步预计，2018 年服务业生产增速将基本稳定在 7.5% 左右。

（二）需求侧发展更加均衡，增速稳中放缓

1. 投资增长略有放缓

货币政策回归正常化成为国际趋势，去杠杆、防风险要求货币政策保持稳健中性，社会投资成本难以进一步下降；新开工项目计划总投资增速处于金融危机以来的相对低位，投资到位资金增速放缓；商品房销售放慢的影响将会逐步传导至房地产开发建设领域，房地产开发投资增速将小幅回落；财政部等六部委联合出台规范地方政府举债融资的措施，在一定程度上抑制了地方基础设施建设投资的资金来源。当然，经济结构升级带动装备制造、高技术产业投资较快增长，国家深化放管服改革、简化投资程序、优化投资流程等有利于创造良好的投资环境，这些因素将会增强投资需求韧性。初步预计，2018 年固定资产投资将增长 6.8% 左右。

2. 消费需求继续发挥对经济发展的基础性作用

我国城镇新增就业保持较快增长，农民工就业形势改善，城镇调查失业率处于较低水平；城乡居民收入增速高于 GDP 增速，为后期消费稳步运行提供良好基础；健康养老等幸福产业不断加速，为消费增长提供了新的空间；服务消费需求不断增长，并成为促进消费的重要增量来源。但是，汽车领域优惠政策效应递减将导致汽车消费减慢，房地产调控将抑制关联商品如家电、家具、装修等消费，农村消费增长的脆弱性较大，小微企业关停导致结构性失业问题显现等。初步预计，2018 年社会消费品零售总额将增长 10% 左右。

3. 进出口保持温和增长

世界经济呈现回暖态势，市场需求继续改善，国际贸易和投资日趋活跃，新兴经济体基础设施建设需求加大，我国对外贸易结构优化升级，外贸企业竞争力增强，加工贸易增长企稳回升，国内市场需求改善，有助于我国进出口保持平稳增长。但是，美国对我国发起“301 调查”等贸易保护行为，制约我国重点领域对美出口；美联储加息及启动缩减资产负债表，对国际金融市场和各国货币政策带来一定冲击；全球地缘政治形势复杂，恐怖袭击、地缘冲突等突发事件较多；国际大宗商品价格震荡波动等，导致我国出口面临的不确定性仍然较大。初步预计，2018 年美元计价我国出口和进口将分别增长 6% 和 8.5% 左右。

（三）物价领域延续温和涨势

1. 居民消费价格温和回升

社会总供给和总需求基本平衡，居民消费价格保持温和上涨态势。消费品市场供过于求，工业品价格上涨对消费品价格的传导作用有限；粮食库存居高不下，食品价格上涨空间受限；货币环境难以进一步宽松，流动性稳中趋紧，不支持消费价格明显攀升。但是，肉禽、部分油料等食品价格具有较大不确定性。初步预计，居民消费价格处于温和上涨区间，2018 年 CPI 将上涨 2.0% 左右。

2. 工业品出厂价格涨幅回落

PPI 翘尾因素影响将会较 2017 年明显减弱，生产领域供大于求局面仍然存在；对 2017 年工业品价格影响巨大的国内原材料价格涨幅将会趋缓；全球铁矿石供应增加、美国页岩油气复产，国际大宗初级产品价格将震荡走弱。但是，生态文明建设要求提高，环保督察力度不减，部分污染严重的工业品存在一定供应压力。初步预计，2018 年 PPI 上涨 3.5% 左右。

（四）建议 2018 年 GDP 预期调控目标为 6.5% 左右

进入新时代，面对新矛盾，我国经济已由高速增长阶段转向高质量发展阶段，正处在转变发展方式、优化经济结构、转换增长动力的攻关期。贯彻新思想，追求新目标，必须坚持质量第一、效益优先，以供给侧结构性改革为主线，推动经济发展质量变革、效率变革、动力变革，提高全要素生产率。建议 2018 年继续坚持“稳中求进”的工作总基调，把提升经济发展质量放到更加重要的位置。一方面，我国经济“稳”的压力较小，经济总量持续扩大，新旧动能不断转换，经济运行的稳定程度增强，对就业的吸纳能力提升；另一方面，“进”的压力较大，改革措施落实显效、创新驱动能力提升、经济发展提质增效，尤其是防范化解重大风险、精准脱贫、污染防治三大攻坚战等任务十分繁重。综合考虑全面贯彻落实十九大精神、国内外发展环境和我国潜在经济增长水平，建议把2018年GDP增长预期调控目标确定为6.5%左右；警惕工业品价格上涨向消费领域传导及食品价格的不确定性，物价涨幅控制在3%以内；保持就业基本稳定，城镇新增就业1 100万人以上；推动外贸进出口平稳增长，促进国际收支基本平衡。如表2所示。

表2　2017—2018年中国主要宏观经济指标预测表

时　间	2017年预测		2018年预测	
单位	亿元	%	亿元	%
GDP	827 578	6.8	911 027	6.6
一产	65 513	3.8	69 703	3.8
二产	334 221	6.2	366 674	6.0
三产	427 844	7.8	474 650	7.5
规模以上工业增加值	—	6.6	—	6.2
固定资产投资（不含农户）	636 487	7.1	679 768	6.8
房地产投资	110 059	7.3	115 562	5.0
社会消费品零售总额	366 524	10.3	403 176	10.0
出口（亿美元）	22 665	8.0	24 025	6.0
进口（亿美元）	18 573	17.0	20 151	8.5
居民消费者价格指数	101.6	1.6	102.0	2.0
工业生产者出厂价格指数	106.3	6.3	103.5	3.5

四、主要政策建议

针对社会主要矛盾判断的重大变化和经济中存在的主要问题，建议继续坚持稳中求进的工作总基调，积极的财政政策精准有效，稳健的货币政策适度中性，积极支持实体经济发展，防范化解重大风险，着力提升经济发展质量。

（一）保持积极的财政政策精准有效

一是建议2018年全国赤字率控制在3.0%左右，适度加大地方政府专项债券发行力度；进一步优化财政支出结构，重点支持民生、创新、绿色发展等薄弱环节和重点领域建设。二是积极财政政策的重点由增加赤字转向减税为主，密切关注美欧等国家税改动向，研究出台普遍降低企业增值税和所得税税率措施。三是积极推进财税体制改革。加快推进财政事权与支出责任划分改革，制定出台中央和地方财政收入划分总体方案；研究推进个人所得税改革，推进综合与分类相结合的税制改革，启动新一轮个人房产税试点。

（二）坚持稳健的货币政策适度中性

坚持稳健的货币政策适度中性，积极稳妥去杠杆，做到不紧不松。“不紧”是保证实体经济增长的合理、正常资金需要，“不松”是防止金融加杠杆卷土重来、防止房地产泡沫进一步膨胀与金融风险过度上升。一是建议2018年社会融资规模存量增长目标设定为12%。适应货币供应方式变化和金融创新发展，保持社会融资规模平稳扩张，社会流动性合理充裕。二是加强价格型调控，维持利率水平与人民币汇率基本稳定。三是协调金融调控与金融监管政策，引导信贷资金流向实体经济和“小微”、“三农”等社会薄弱环节，实现“强实抑虚”，强化经济增长的新动能。充分运用公开市场操作、窗口指导等具有预调微调、结构优化功能的政策手段，坚持对法定存款准备金率的差异化调整，以及实行差异化MPA监管要求，引导信贷资金流向，优化信贷结构。

（三）着力提升经济发展质量

全面贯彻落实十九大精神，提高中国经济发展质量，一是转变发展理念，以新时代的新发展理念为指导，从速度规模型进一步转变为质量效益型，不过分强调经济增长速度，主要从结构调整、创新发展、协调优化、制度建设等方面考虑进一步提高经济发展质量。二是深入研究中国经济发展的不平衡不充分问题，挖掘症结所在，通过改革创新的办法化解经济领域的主要矛盾。三是深入推进供给侧结构性改革，化解产能过剩，支持实体经济，降低杠杆率，提高供给体系质量，培育新的增长点，提高国家科技创新、技术创新、管理创新能力，实现国家增长动力转换。四是重视人民新时代对生态环保的新需求，摒弃粗放式增长，强调人与自然和谐共生，构建美丽中国。五是增加人民的获得感、幸福感和安全感，通过改善教育水平提高全民素质，通过完善制度增强社会保障能力，同时进一步改善就业与收入水平，重视国民健康、养老医疗、公平正义等问题。

（四）积极支持实体经济发展

一是运用市场机制、经济手段、法治办法，实行严格的环保、能耗、安全、技术、质量标准，继续化解过剩产能。分类推进企业兼并重组、债务化解乃至破产清算。二是努力降低企业成本，着力降低税费成本、制度性交易成本、融资成本、物流成本等。三是对工业企业采购先进设备按采购金额的一定比例予以财政补贴；鼓励企业积极进行工业化与信息化融合发展，提高企业生产经营效率。四是促进金融服务实体经济，加大政银合作信贷产品创新与合作，丰富政银合作信贷产品数量，通过金融产品创新扩大商业银行对实体企业金融支持的覆盖面。

（五）防范化解重大经济风险

一是防范金融风险。健全货币政策和宏观审慎政策双支柱调控框架，健全金融监管体系，守住不发生系统性金融风险的底线。针对前期商业银行自查暴露出的问题，进一步提高现场监管效率，重点深化对表外业务和同业业务实施“穿透式”监管；通盘考虑监管政策，减少政策漏洞；针对金融机构集团化、金融业务混业化的趋势，加强“一行三会”的信息共享，开展联合监管，消除监管真空。二是有效化解地方政府债务风险。强化地方限额管理和预算管理，加快存量政府债务置换步伐，坚决堵住违法违规举债的后门，遏制隐性债务增量；通过定向增发、资产置换、政府债务转为商业债务等渠道，用低成本的政策性资金置换信托融资和商业银行贷款；通过财政贴息的方式，试点中小企业债务置换，实现贷款证券化；建立发改、财政、审计和银监部门数据共享机制，加强信息披露，共同做好风险的前瞻性防范。三是防范房地产市场风险。对一线城市及部分热点二线城市需实施更具差异化的政策，根据市场情况采取更审慎的价格监控及房地产信贷政策；金融机构应对流入房地产市场的资金加强监管，防控楼市风险和泡沫，同时引导更多的资金“脱虚向实”，进入实体经济；督促各地落实年度住房用地供应计划，加快市政配套、轨道交通和城市卫星城建设，尽快形成住房的有效供应。不断创新调控方式，切实加快建立房地产市场长效机制。

Annual Report on
China and the World Economic
Development(2018)

综合篇

OVERALL REPORTS

G02 2017年固定资产投资分析及2018年展望

胡祖铨*

摘要：2017年，固定资产投资增长缓中趋稳。前三季度全国固定资产投资额增长7.5%，较上年同期回落0.7个百分点。投资运行呈现出“稳”的新迹象，资金来源、民间投资、装备制造业投资等部分指标出现积极变化。当前，投资的经济效率明显下滑、财政整固抑制政府及基建类投资、金融去杠杆推高资金成本、房地产市场步入调整放慢阶段、部分行业投资持续下降等问题比较突出。展望2018年，出口稳定向好、工业利润增加、技改投资需求旺盛、新兴投资加快发展、政府和社会资本合作（PPP）模式加快推进等将支撑投资平稳增长。综合判断，固定资产投资回稳的脆弱性仍然较大，但最困难的时候已经过去，固定资产投资将筑底企稳，预计增长6.8%左右。

关键词：固定资产投资　筑底企稳　消费品制造业

一、2017年固定资产投资的基本特征

在2017年国民经济和社会发展计划中，投资的主基调定位为“精准扩大有效投资”，全社会固定资产投资预期增长9.0%左右。从2017年前9个月的投资增速看，投资增长预期目标无法完成，已经连续四年未能实现预期目标。如表1所示。

表1　全社会固定资产投资的预期目标与完成情况（单位：%）

年份	预期目标	主基调	完成增速	完成情况
2009	20	保持投资较快增长	30.0	√
2010	20	保持合理的投资规模	23.8	√
2011	18	保持合理的投资规模	23.8	√
2012	16	进一步优化投资结构	20.3	√

* 胡祖铨，经济学博士，副研究员，主要研究方向为宏观经济、固定资产投资、财政税收等。

续 表

年份	预期目标	主基调	完成增速	完成情况
2013	18	发挥好投资对经济增长的关键作用	19.3	√
2014	17.5	促进投资稳定增长和结构优化	15.3	X
2015	15	着力保持投资平稳增长	9.8	X
2016	10.5 左右	着力补短板、调结构，提高投资的有效性	7.9	X
2017	9.0 左右	精准扩大有效投资	7.5 左右	X

注：投资计划预期目标是政府对年度固定资产投资发展期望达到的目标。预期目标本质上是导向性的，在反映投资发展基本趋势的同时，主要是向社会传递宏观调控的意图，以引导市场主体行为，不等同于预测值。

2017 年以来，固定资产投资增长放缓、动能偏弱，延续了金融危机以来的持续下行态势。1—9 月份，全国固定资产投资额增长 7.5%，较上年同期回落 0.7 个百分点。剔除价格因素后，实际增长 2.2%，回落 7.3 个百分点。近两年来，固定资产投资逐季名义增速分别为 10.7%、8.1%、7.1%、8.0%；9.2%、8.3% 和 5.5%，呈现出放缓态势（见表 2）。受钢材、水泥等建筑安装工程费用同比大幅上涨的带动，前三季度固定资产投资价格指数攀升至 105.2%，同比提高 6.4 个百分点。在支出法 GDP 构成中，前三季度资本形成总额对 GDP 增长的贡献率仅为 32.8%，较上年同期降低 4 个百分点，贡献度减少 0.2 个百分点。

表 2　近两年逐季的固定资产投资价格指数（单位:%）

	2017Q3	2017Q2	2017Q1	2016Q4	2016Q3	2016Q2	2016Q1
投资名义增速	5.5	8.3	9.2	8.0	7.1	8.1	10.7
投资实际增速	-1.1	3.2	4.5	6.5	7.2	9.0	13.7
投资价格指数	6.5	104.7	104.5	101.4	99.9	99.2	97.3
设备工器具价格指数	100.7	100.3	100.0	99.1	99.0	98.8	98.6
建筑安装价格指数	109.0	106.5	106.4	102.2	100.0	99.1	96.4
其中：钢材材料费	123.5	116.4	118.0	104.5	98.5	95.5	86.8
水泥材料费	108.1	105.6	104.7		97.0	95.4	93.2
其他费用价格指数	101.1	101.0	100.9	100.6	100.5	100.4	100.6

但是，固定资产投资运行也呈现出“稳”的迹象，资金来源、民间投资、装备制造业投资等部分指标出现积极变化。总体判断，投资运行呈现出“缓中趋稳”的特征。如图 1 所示。

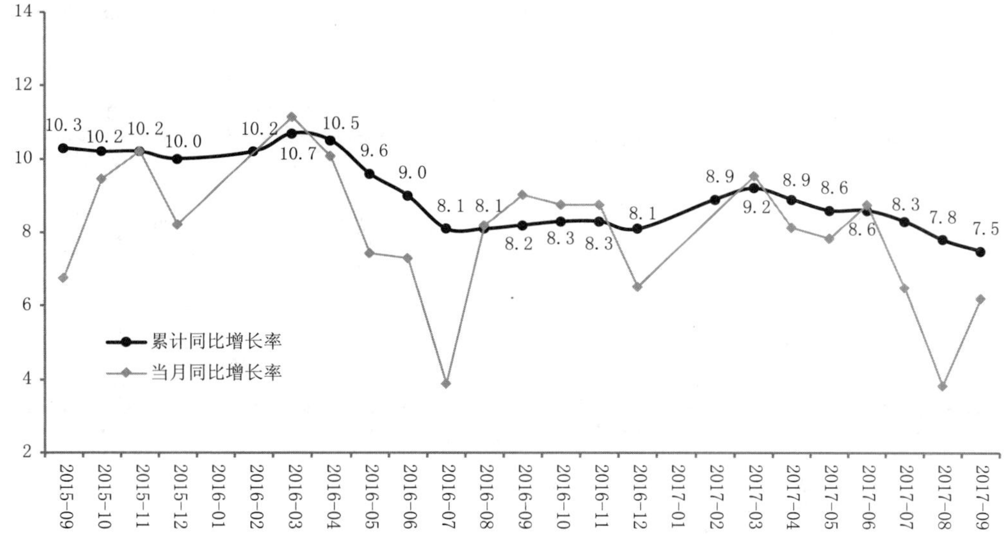

图 1　固定资产投资增速走势图（单位：%）

1. 资金保障程度仍然很低，但资金来源出现积极变化

1—9 月份，固定资产投资到位资金同比增长 3.3%，较上年同期回落 2.6 个百分点。投资的资金保障程度继续降低，整体投资、项目投资的资金充足率分别为 1.00 和 0.91，较上年同期回落 0.04 和 0.05。但是，从月度走势看，资金来源呈现出积极变化。在预算资金、国内贷款、自筹资金整体回升的带动下，投资到位资金累计增速逐月提升，扭转了年初持续下降的局面。

2. “国有快、民间慢”仍在延续，但民间投资增长企稳向好

1—9 月份，国有控股投资增长 11.0%，较上年同期回落 10.1 个百分点；民间投资增长 6.0%，同比提升 3.5 个百分点。“国有快、民间慢”格局仍在延续，但随着民间投资增长企稳向好，两者增速差距缩小至 5 个百分点。随着促进民间投资发展的政策效应逐步显现，民营企业的投资环境和信心均有所增强，民间投资在第三产业中的道路运输业、公共设施管理业、卫生和社会工作业、文体娱乐业的增速分别提升 8.0、23.2、11.4 和 12.7 个百分点。

3. 制造业投资低速增长，但装备制造业投资明显加快

1—9 月份，制造业投资增长 4.2%，同比加快 1.1 个百分点。其中，装备制造业投资增长 8.2%，大幅提升 4.8 个百分点；消费品工业投资增长 2.6%，回落 4.7 个百分点；高耗能制造业投资下降 2.0%，收窄 0.4 个百分点。2017 年以来，外贸出口形势向好，《中国制造 2025》鼓励产业升级改造，带动制造业尤其是装备制造业投资动能增强。受产能过剩的制约，高耗能制造业投资已经连续三年下降。受工

业原材料成本上升、消费品供大于求等因素的制约，消费品工业投资增长明显放慢。如表 3 所示。

表 3　制造业投资增速回落情况（单位：个百分点）

行　业	2017 年前三季度增速同比变化	2016 年增速同比变化	2015 年增速同比变化
制造业	+1.1	-3.9	-5.4
消费品制造业（35%）	-4.7	-4.0	-4.0
高耗能制造业（23%）	+0.4	-0.5	-9.4
装备制造业（40%）	+4.8	-5.9	-3.3

注：括号内分别是 2016 年消费品、高耗能、装备制造业投资占制造业投资的比重。

4. 房地产开发投资有所加快，但调控政策已转向紧缩

1—9 月份，房地产开发投资增长 8.1%，同比加快 2.3 个百分点。随着主要城市加大加快用地供应，以及“营改增”扩围降低房企税负、激发房企购地热情，土地购置面积同比大幅增长 12.2%。在去库存政策的刺激下，全年商品房销售面积有望超过 16 亿平方米，刷新历史新高。在销售加快的带动下，高库存矛盾基本得到化解。9 月末广义商品房库存（现房加期房）为 20.8 亿平方米，同比减少 5.2 亿平方米，降低了 19.9%，广义商品房去库周期为 16.1 个月，已经处在合理去化周期区间内（12 ~ 18 个月）。狭义商品房库存（待售面积）为 6.1 亿平方米，同比减少 0.85 亿平方米，降低了 12.2%。

需要说明的是，去化周期是相对概念，目前 16.1 个月的去化周期是建立在 2017 年前三季度月平均销售速度（1.29 亿平方米/月，历史最快）上的。如果以 2016 年前三季度（1.17 亿平方米/月，历史第二快）月平均销售速度计算，去化周期为 17.8 个月；如果以 2013 年前三季度（0.94 亿平方米/月，历史第三快）月平均销售速度计算，去化周期达 22.2 个月。

政策刺激下的房地产市场迅速回暖也带来了一系列问题，居民部门购房加杠杆速度偏快，部分信用低、偿付能力差的居民通过首付贷、抵押消费贷等途径过度加杠杆，承担着沉重的房贷负担，同时也加大了住房抵押贷款的风险。一线和热点二线城市房价涨幅过高，严重超出群众的收入承受能力，住房问题成为民生难以承受之痛，同时还加大了有房者和无房者之间的财富差距，恶化财富分配，增加社会不稳定因素。在这些副作用的倒逼下，房地产市场调控政策转向紧缩，限购、限贷、限售等一系列政策先后出台。总结来看，此轮房地产调控政策周期分为两个阶段，2014 年年初到 2016 年 9 月属于放松阶段，2016 年 10 月至今属于紧缩阶段。

5. 基础设施投资高速增长，但地方政府违规融资已受到严控

1—9 月份，基础设施建设投资增长 15.9%，同比回落 2 个百分点，占投资总盘子的 27.1%。基础设施建设仍然是支撑投资增长的定海神针，贡献率高达 53.8%。分行业看，基建投资增长呈现“一加快两放慢”的特征。受积极化解交通领域存量资金、车辆购置税大幅增长等的促进，交通运输、仓储和邮政业投资同比加快 3.3 个百分点。受专项建设基金暂停发放等影响，水利、环境和公共设施管理业投资同比回落 1.2 个百分点。受煤电行业去产能的影响，电力、热力、燃气及水的生产和供应业投资同比大幅回落 14.4 个百分点。

2013 年以来基建投资持续高速度增长，一定程度上加大了地方政府债务风险。针对部分地方政府违法违规举债担保时有发生、局部风险加速累积的情况，财政部等先后发布《关于进一步规范地方政府举债融资行为的通知》（财预〔2017〕50 号）、《关于坚决制止地方以政府购买服务名义违法违规融资的通知》（财预〔2017〕87 号），严控地方政府购买服务事项范围，进一步强化地方政府债务管理。现阶段，政府信用是撬动金融资源支持基建设施项目的重要因素，叫停政府购买服务将大幅收紧地方建设融资渠道。

6. 区域间投资增速普遍回落，尤其是个别省份投资大幅下跌

1—9 月份，四大区域的投资增长态势出现分化，呈现出“东中西放缓、东北收窄”的局面。东、中、西部地区投资增速分别同比回落 1.3、5.2 和 3.7 个百分点，放缓幅度均大于总体投资（0.7 个百分点）。东北地区投资降幅同比收窄 26.8 个百分点，其中辽宁省投资降幅收窄 48.1 个百分点。

令人担忧的是，有 3 个省份的投资增速出现了同比下降，4 个省份投资增速出现较大的放缓。辽宁省固定资产投资在经过 2014—2016 年异常大幅下降（-1.5%、-27.8%、-63.5%）的情况下，2017 年 1—9 月份继续同比下降 15.4%。甘肃省投资出现自 2000 年以来的首次下降，1—9 月份同比下降 38.7%，其中，项目投资同比下降 43.6%。天津市投资下降 0.3%，较上年同期回落 8.6 个百分点。吉林、内蒙古、青海、宁夏投资增速分别较上年同期回落 10.3、10.2、6.4 和 11.2 个百分点。可以看出，投资明显疲弱的省份主要集中在东北、西北地区，分析其原因，一是“亲”“清”新型政商关系正在稳步建立，企业投资意愿仍在恢复阶段；二是过分倚重传统动能，产业结构转型难度较大，新动能投资规模相对不足；三是过于依赖政府投资和基础设施投资，受地方政府债务管控趋严的影响，这两类投资增长受到负面影响；四是随着绿色发展理念深入人心、环保督察不断深入，部分高耗能高污染投资项目停工。

二、当前投资领域需要关注的问题

当前，固定资产投资形势稳中有忧，存在一定下行压力。需要密切关注以下问题：投资的经济效率明显下滑、财政整固抑制政府及基建类投资、金融去杠杆推高资金成本、房地产市场步入调整放慢阶段、部分行业投资持续下降。

1. **投资的经济效率明显下滑**

近年来，我国投资的经济效率明显下滑。受国际金融危机后外贸出口长期低迷的影响，我国主要工业行业产能过剩矛盾凸显，产业投资回报率显著下滑。同时，为应对经济下行压力，我国先后在 2008 年年底、2012 年下半年实施促投资政策，加大基础设施、基本公共服务、生态环保等领域补短板投资。这些公益性和准公益性投资的生态效益、社会效益显著，但其经济效益相对较低。此外，重复投资、重复建设的现象某种程度上依然存在，造成社会资源浪费。以增量资本产出率（单位 GDP 增量需要增加的投资，数值越大，经济效率越低）来衡量投资效率，2015 年达到 7.2，是 2007 年的 2.2 倍。如图 2 所示。

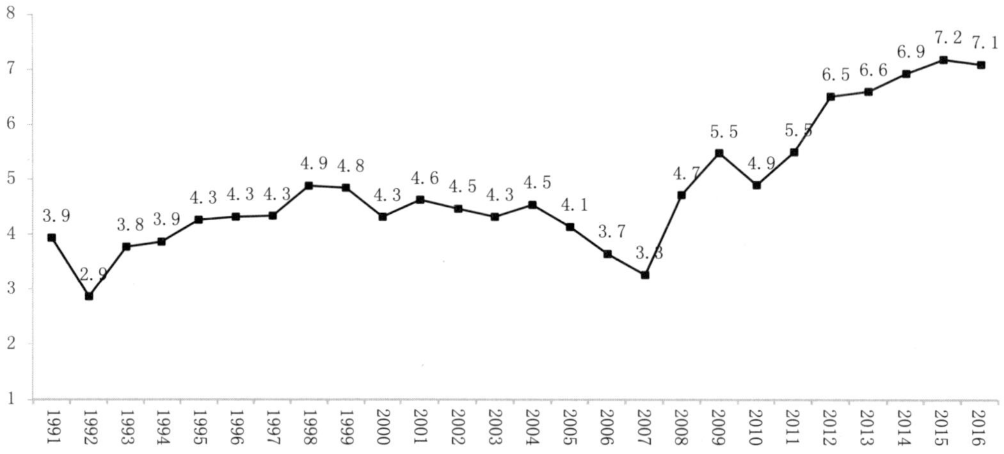

图 2　1991—2016 年我国增量资本产出率变动趋势（单位：%）

2. **财政整固抑制政府及基建类投资**

当前，我国财政风险尤其是地方政府债务风险隐患不容忽视。全口径政府赤字规模快速攀升，公共财政赤字从 2012 年的 8 000 亿元增加到 2016 年的23 800亿元，地方专项债券从 2015 年的 1 000 亿元增加到 2016 年的 8 000 亿元。政府违规提供担保、政府信用介入的企业债务规模野蛮式生长，近 2.8 万亿的专项建设基金、近 2 万亿的地方政府产业引导基金都变相地扩大着地方政府隐性债务规模。我国财政政策取向已经在强调地方政府债务管理，坚决遏制隐性债务增量。从主要经济体的财政政策取向看，德国强调进行危机后的财政整固工作，主动削减赤字规模，自 2014 年以来已经连续三年实现财政盈余，英国、法国的赤字规模自 2014 年以来也处在缩减阶段，美国自 2010 年以来赤字规模逐年缩减。从国内经济与财政的关系看，随着宏观经济的趋稳向好，经济增长的稳定性、协调性、可持续性不断提高，财政政策具备了适当减弱积极程度的有利条件。此外，财政刺激对经济增长的边际效应在递减，而导致的财政风险隐患却在明显加大。因此，在国内推进财政整固的政策背景下，政府直接投资和以政府信用撬动基建投资的能力将受到有效制约。

3. 金融去杠杆推高资金成本

针对相当一部分资金在金融体系内循环、快速加杠杆、进行监管套利、累积金融风险等问题，央行加强宏观审慎监管和推进积极稳妥去杠杆。在去杠杆的政策取向下，金融市场利率普遍上行，资金成本明显走高。货币市场方面，9 月份银行间隔夜拆借和七天拆借加权利率分别比上年 12 月份提升了 50、71 个基点。资本市场方面，9 月份短期融资券、公司债、中期票据、企业债平均发行利率分别为 4.83%、5.45%、5.63%、6.40%，分别较上年 12 月份抬升了 75、61、78 和 86 个基点，十年期国债发行利率为 3.61%，较上年 12 月份提升了 79 个基点。虽然贷款基准利率并未做出调整，但随着短端利率传导至长端，金融机构人民币贷款加权平均利率已经实质性走高。2017 年 6 月份，贷款加权平均利率为 5.67%，较上年 12 月份提升了 40 个基点。金融去杠杆将继续推动资金利率上行，增加金融套利和过度加杠杆成本，通过资金价格机制引导全社会合理有序利用杠杆。社会资金利率上行将增加投资项目的融资难度和成本，降低投资预期收益率。如图 3 所示。

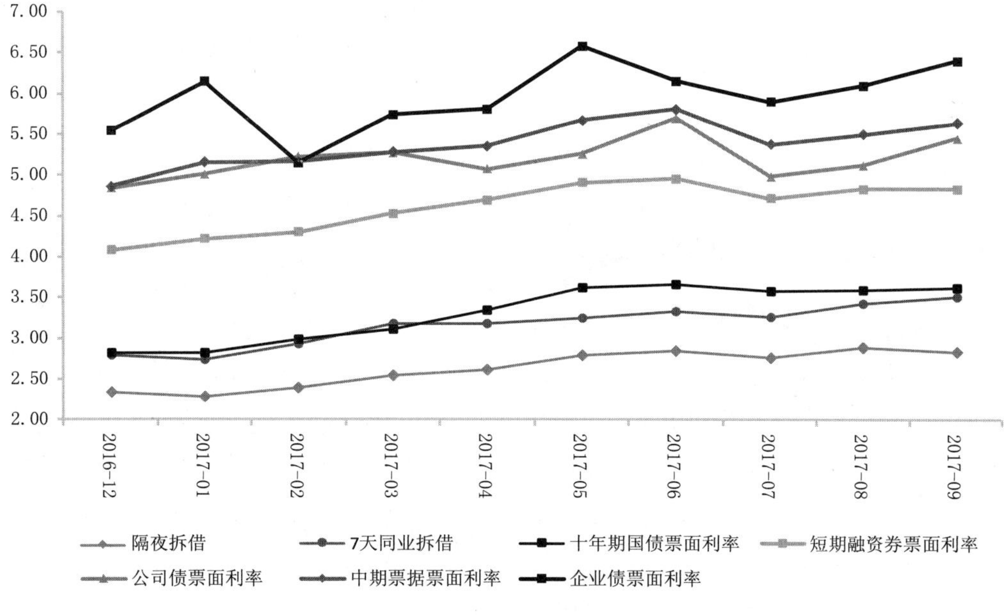

图 3　市场利率持续走高（单位：%）

4. 房地产市场步入调整放慢阶段

随着房地产收紧政策的效应释放，我国房地产市场明显降温。2017 年前三季度，全国商品房销售面积和销售额分别增长 10.3% 和 14.6%，较上年同期大幅降低 16.6 和 26.7 个百分点。9 月份，15 个一线和热点二线城市新建商品住宅价格环比全部为零或下降。我国房地产市场一般存在着长达 3～4 年的“低谷–反弹–高峰”的周期性特征。2014 年是房地产市场的低谷期，2015 年是反弹期，2016—2017 年是高峰期，这意味着 2018 年房地产市场将大概率步入低谷期，房地产业投资也将受到影响。房地产业投资按照建设单位划分大致包括两个部分，即房地产开发投资和其他房地产业投资。其中，由房地产开发企业承建的计入房地产开发投资统计；由项目建设单位（如城市建设公司等）承建的房地产业投资项目计入其他房地产业投资，主要包括保障性住房建设项目、棚户区改造项目、房产中介投资项目等。2017 年前三季度，房地产业投资额为 10.3 万亿元，增长 4.9%，同比回落 1.4 个百分点。其中，房地产开发投资额为 8.1 万亿元，增长 8.1%，同比提高 2.3 个百分点；其他房地产业投资额为 2.3 万亿元，下降 5.2%，同比大幅回落 13 个百分点，主要是受全面实行棚改货币化安置的影响，将部分棚改投资转化为存量商品房的购买力，相应地减少了其他房地产业投资规模。因此，在明确了房地产业投资和房地产开发投资的区别后，可以预判，在调控政策收紧、商品房销售放慢的影响下，2018 年房地产开发投资增速将大概率明显回落，但只要政策得当（如地方政府增加供地、因地制宜地部分取消棚改货币化安置），房地产业投资仍然具有平稳增长或者缓降的条件。如图 4 所示。

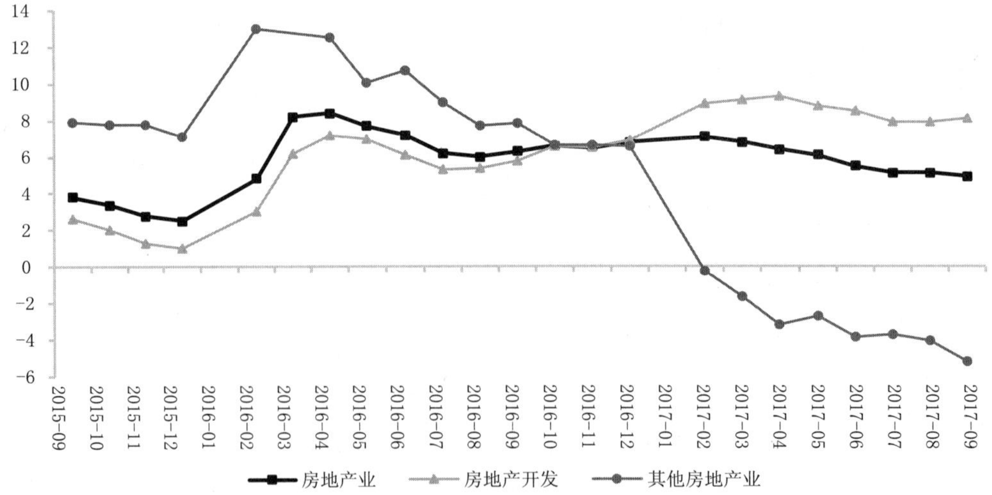

图 4　房地产业和房地产开发投资增长情况（单位：%）

5. 部分行业投资持续下降

投资在当期是需求，从长期看，项目建成以后，投资实际上是有效供给。因此，当某个行业出现投资持续下降的局面，就需要关注其中成因，实施相应政策，防止行业投资过度衰减而导致后续发展动能和有效供给不足。当前，除六大高耗能行业外，采矿业、建筑业、批发零售业、金融业这四个行业投资也出现了连续两年左右的持续下降（见表 4）。其中，采矿业投资下滑主要是受大宗矿产品价格低位的影响，建筑业投资下滑主要是受国内整体投资放缓、建筑业产能过剩的影响，金融业投资下滑主要是受信息技术发展导致物理网点需求减少、近两年金融业发展放缓等的影响。

批发零售业具有投资规模大、中小企业偏多、民间资本集中的特点，行业投资持续下滑的原因主要有：一是贷款难度加大。批发零售业中小企业居多，不良贷款率偏高，导致银行系统普遍收紧其贷款规模，批发零售行业融资困难。二是经营成本不断提高。批发零售业是典型的劳动密集型行业，劳动力成本连续攀升、商业房屋租赁费用不断上涨，侵蚀了批发零售企业的盈利水平。三是网络购物等新兴消费模式分流了部分线下的传统消费，挤压了传统批发零售企业的利润空间。

表 4　四个门类行业投资规模连续下降

	2016 年投资规模（亿元）	2014 年增速（%）	2015 年增速（%）	2016 年增速（%）	2017 年 1—9 月份增速（%）
采矿业	10 320	0.7	-8.8	-20.4	-9.2
建筑业	4 577	27.2	10.2	-6.5	-28.0
批发零售业	17 939	25.7	20.1	-4.0	-6.1
金融业	1 310	10.5	0.3	-4.2	-5.4

三、2018 年投资形势分析及全年预测

当前，固定资产投资回稳的脆弱性仍然较大，但最困难的时候已经过去。在出口稳定向好、工业利润大幅增加、技改投资需求旺盛、新兴投资加快发展、PPP 模式加快推进等有利因素的带动下，固定资产投资增速有望在 2018 年筑底企稳。综合判断，2018 年固定资产投资预计增长 6.8% 左右。如表 5 所示。

表5　2018年固定资产投资指标预测表

指　标	2017年1—9月份		2017年预测		2018年预测	
	亿元	增速（%）	亿元	增速（%）	亿元	增速（%）
总体投资	458 478	7.5	636 502	7.1	679 955	6.8
制造业	140 819	4.2	194 808	4.2	203 565	4.5
装备制造	58 453	8.2	80 875	7.6	87 345	8.0
消费品工业	47 834	2.6	66 798	2.7	69 470	4.0
高耗能制造	31 151	-2.0	42 488	-2.9	41 638	-2.0
基础设施	124 364	15.9	174 953	15.1	199 447	14.0
房地产开发	80 644	8.1	110 040	7.3	115 542	5.0
其他投资	112 650	2.7	156 700	1.7	161 401	3.0

1. 投资增长存在向合理速度趋近的动力

投资率等于资本形成总额与GDP的比值。在投资率基本稳定的情况下，资本形成总额的名义增速应该等于GDP名义增速。尽管由于统计口径不同，固定资产投资与资本形成总额不完全一致，其增速也有些差异。但总体上看，固定资产投资名义增速应该与GDP名义增速存在着一定的合理关系，即固定资产投资名义增速围绕着GDP名义增速上下波动，在经济过热期，投资名义增速大于GDP名义增速，在经济下行期，投资名义增速低于GDP名义增速。当前我国宏观经济稳中向好，经济增长的韧性、稳定性和可持续性不断增强，相应的，固定资产投资名义增速偏离GDP名义增速的幅度也将明显减少。2017年前三季度，GDP名义增速为11.3%，固定资产投资名义增速仅为7.5%，处在一个相对过低的水平。考虑到2018年GDP名义增速将达到9%以上，固定资产投资名义增速有望稳定在7%的平台上。加之当前资金来源、民间投资、装备制造业投资等部分投资指标出现积极变化，进一步预判，此轮固定资产投资下行周期的底部在7%左右的平台。

2. 出口稳定向好将进一步促进制造业投资

2017年以来，世界经济增速加快，呈现稳步复苏态势。国际货币基金组织（IMF）最新公布的《世界经济展望》报告，将2017年和2018年全球经济增长预期在7月份的预期值上均上调0.1个百分点，分别至3.6%和3.7%。受世界经济向好的带动，全球贸易继续增长，WTO预测，2018年全球贸易增长将达到3.2%，增长区间为1.4%～4.4%。国际市场是我国制造业产成品的重要销售市场，整体份额占10%左右。外贸出口向好将进一步缓解我国制造业产能过剩矛盾，改善企业生产经营状况，促进企业增加投资。

3. 工业利润改善将增强企业投资能力

在外贸出口向好、供给侧改革缓解供求矛盾、工业产成品价格较快上涨、减税降费等因素的促进下，规模以上工业企业利润大幅增长。1—9 月份，规模以上工业利润增长 22.8%，较上年同期提升 14.4 个百分点，同比增加9 465亿元。非金融类国有企业利润总额增长 24.9%，较上年同期提升 26.5 个百分点，同比增加 4 582 亿元。企业经营利润增加有助于改善企业现金流，增强投融资能力。

4. 技术改造升级引领工业投资增长

围绕贯彻落实《中国制造 2025》，国家深入实施制造业升级改造重大工程包，重点支持企业智能化改造、基础能力提升、绿色制造推广、高端装备发展等重大工程，转型升级投资加快推进。前三季度，工业技改投资同比增长 12.8%，增速比全部工业投资高 9.5 个百分点；占全部工业投资的比重达 43.7%。其中，制造业技改投资 65 791 亿元，增长 12.1%，增速比全部制造业投资高 7.9 个百分点；占全部制造业投资的比重达 46.7%。2018 年是制造业升级改造重大工程包实施周期的收官之年，技术改造升级将继续引领工业投资增长。

5. 特色小镇、幸福产业等新兴投资快速发展

特色小镇建设是振兴乡村战略的重要内容，是促进城市和小城镇协调发展的重要抓手。全国计划到 2020 年培育 1 000 个左右的特色小镇，按照 3 675 个重点镇、镇年均投资 10 亿元测算，预计每年将带来 3.6 万亿元左右的镇域投资规模。在居民消费升级的促进下，旅游、文化、体育、健康、养老、教育培训等消费需求快速增加，上述幸福产业相应迎来快速发展、提升供给质量的重要机遇，成为新的投资热点。1—9 月份，文体娱乐业投资增长 14.8%，卫生和社会工作投资增长 18.2%，教育投资增长 20.9%，均明显高于同期整体投资增速。《2016 中国旅游投资报告》显示，在强劲的旅游需求驱动下，2016 年旅游业投资额达到 12 997 亿元，同比增长 29%，成为社会投资热点和最具有潜力的投资领域。

6. 政府和社会资本合作模式快速推进

2014 年以来，我国积极推进政府和社会资本合作（PPP）模式，经过四年多的探索、创新、规范和发展，PPP 模式的推广和落地速度不断加快，社会资本参与热情得到实质性提高。根据财政部 PPP 中心发布的第 7 期全国 PPP 综合信息平台项目库季报，截至 2017 年 6 月末，全国入库项目有 13 554 个，总投资额达 16.4 万亿元。2017 年上半年落地（即已签订 PPP 项目合同，进入执行阶段）495 个项目、总投资额 12 390 亿元，落地率高达 71%，远高于整体项目落地率（34.2%）。PPP 落地项目数主要集中在市政工程、交通

运输及生态建设和环境保护等行业。同时，幸福产业项目更多地采用 PPP 模式，截至 6 月末，幸福产业项目数为 3 012 个、投资额 2.2 万亿元，较 2016 年末净增入库项目 498 个、净增投资额 4 767 亿元。PPP 模式的加快推进，将有效增加基础设施和公共服务领域的投资资金来源，增强政府资金的引导带动能力，助力“补短板”建设。

四、政策建议

2018 年投资工作要围绕“发挥投资对优化供给结构的关键性作用”的基本思路，坚持问题导向，着力扩大有效投资、激活民间投资新空间，进一步推广 PPP 模式，支持企业技术改造，健全房地产市场长效机制，支持批发零售业脱困发展，促进固定资产投资提质增效。

1. 着力扩大三类有效投资

一是加强补短板投资。结合实施“十三五”规划确定的重大项目，围绕脱贫攻坚、提升人力资本水平、增强公共服务能力、突破关键共性技术、支持企业技术改造、加强基础设施薄弱环节、加强生态环境保护等重点领域，加大补短板投资力度，增加有效供给和培育发展新动能。二是进一步激发民间投资。推动贯彻落实促进民间投资的系列政策措施，切实减轻实体经济税费负担，营造良好营商环境，探索开辟民间投资新空间，促进民间投资继续回稳向好。三是加大引进外资力度。进一步减少外资准入限制，全面实施准入前国民待遇加负面清单管理制度。进一步扩大市场准入对外开放范围，放开育幼养老、建筑设计、会计审计、商贸物流、电子商务等服务业竞争性领域对外资准入限制和股比限制。完善体制机制，优化提升国家级开发区综合投资环境，发挥引资的龙头带动作用。

2. 激活民间投资新空间

一是试点放开服务业领域的市场准入。选择若干试点市，在信息技术服务、金融、医疗卫生、文化、体育、教育、养老等服务业，全方位放开市场准入，引导支持民间资本进入，并设立相应的企业主体，以多元化的市场竞争主体来激发市场活力。二是加快推进事业单位分类改革。限时完成生产经营类、公益二类事业单位的整建制或部分转制改企工作。完善政府购买服务体系，促进各类企业主体在提供公共产品和服务上的平等竞争。三是加强政府监管能力建设。简化事前准入，强化事中事后监管，在事中事后监管实践中丰富提升政府监管能力。建立完善信用联合奖惩制度，加强对各类市场主体和各类社会成员的信用管理。

3. 进一步推广 PPP 模式

一是加强对 PPP 的规范管理。强化财政承受能力论证 10% “红线”的硬性约束，建立 PPP 项目财政支出责任统计监测体系。明确地方政府的主体责任，严禁各类借 PPP 变相举债的行为。二是建立健全中长期财政预算制度。将对 PPP 项目的支付责任列入中长期预算，确保各级财政的中长期可持续性。三是推进公共服务价格改革。加快建立科学的公共产品和服务定价机制，确保投资项目的合理回报率，提高社会资本参与的积极性和项目可融资性。四是支持民间资本参与 PPP。将民营资本参与率纳入 PPP 工作考核体系，严禁对民营资本设置任何差别条款和歧视性条款。

4. 鼓励支持企业技术改造

一是重点实施六大专项工程。继续推进工业强基、高端制造、智能制造、绿色制造、精品制造、服务型制造等工程，着力培育高端制造业，改造提升传统优势产业，增强制造业经济发展后劲。二是加大政府奖励补助资金投入。通过设备购置补助、中长期贷款贴息等政策，引导制造业企业加大技术改造投资力度，促进新旧动能转换。三是加大财税优惠政策支持力度。进一步落实研发费用加计扣除，固定资产加速折旧，重大技术装备进口，高新技术企业、集成电路和软件企业税收优惠等政策。

5. 健全房地产市场长效机制

一是完善地方政府住宅土地供应制度。强化对住宅用地供应计划年度执行情况的考核监督，指导地方编制发布住宅用地供应三年滚动计划和中期规划。二是加快推进户籍制度改革。建立居住证制度，完善与居住年限等条件相挂钩的基本公共服务提供机制。提升中小城市公共产品和服务的质量，推进小城镇和乡村一体化建设，促进基本公共服务在大小城市间、镇村间的均等化。三是大力发展住房租赁市场。鼓励房地产开发企业转型经营住房租赁业务，培育发展住房租赁企业。支持长租公寓等租赁业务发展，满足城市“夹心层”人群的住房需求。四是完善房地产相关财税制度改革。加快房地产税立法工作进度，建立健全覆盖住房交易、保有等环节的房地产税制。五是推进棚户区改造工作。发挥好棚改实现方式（补砖头、货币化）对稳定房地产市场、促进房地产投资平稳增长的积极作用。因地制宜，对房地产投资增速下降幅度较大的地区，要适当减少棚改货币化安置比例。

6. 支持批发零售业脱困发展

一是加大消费品供给创新力度。继续推进消费品工业“三品”专项行动，以供给侧结构性改革提高供给质量和效率，更好地满足居民消费结构升级需求。二是切实降低批零企业税费负担。减免征收小微批发和零售企业的增值税和企业所得税。进一步加强收费管理，坚决取消各种违法违规收费项目，重点督查涉及批发和零售企业的乱收费行为。三是设立批发零售企业转型升级引导基金。重点用于促进电商与实体零售商加快融合，支持现代物流、绿色农产品基地、大型购物中心等新业态发展，培育批发零售龙头企业，积极引入连锁经营等现代经营方式。四是加大金融对批发零售业的支持力度。引导政策性金融、商业金融等加大对批发零售业的支持力度，创新金融服务方式，更好地服务实体经济发展。设立国家融资担保基金，推进省级再担保机构基本实现全覆盖，着力缓解小微企业融资难融资贵问题，探索发展新型融资担保行业。五是大力发展多种新型消费业态。鼓励批零企业发展电子商务，推进大型企业电子商务交易平台建设，实现网络经济与实体经济的有机结合。支持多领域经营的连锁企业发展，积极发展多种新型业态，丰富市场企业类型。积极推动邮购、电子商务、网上购物等新型业态，促进电商企业做大做强。

G03　2017 年消费形势回顾及 2018 年展望

邹蕴涵*

摘要：随着经济从高速增长阶段转向高质量发展阶段，我国消费需求对经济的支撑作用日趋明显。2017 年以来，消费市场保持温和增长，短期波动性增强，呈现出农村消费向好、实体零售回暖、基本生活消费平稳、网购消费蓬勃发展、耐用品消费疲软等结构性特征。但居民对消费的多样性、丰富性、品质性需求与市场有效供给不足之间的矛盾阻碍了消费市场发展。只有深入推进消费领域供给侧结构性改革，才能从根本上消除国内消费不足、消费外流加剧的问题。展望 2018 年，居民就业和收入将总体保持稳定、消费业态和方式不断创新、消费短板正在补齐都将有力促进消费潜力释放。综合判断，消费需求具备了保持温和增长的条件，初步预计 2018 年社会消费品零售总额增长 10%。

关键词：居民消费　短期波动　供给侧改革

一、2017 年消费市场运行的主要特征

2017 年，我国宏观经济下行压力趋于缓解，经济增长的动能增强，结构性矛盾有所缓解。在多重因素的影响和支撑下，我国消费市场保持了温和增长态势，消费的“稳定器”和“压舱石”作用进一步夯实，前三季度最终消费支出对经济增长的贡献率达到了 64.5%，比上年同期提高了 2.8 个百分点，比资本形成的贡献率高出了 31.7 个百分点，国内消费市场的较快发展为经济增长提供了重要发展动力。

1. 居民消费温和增长，短期波动性增强

2017 年前三季度，我国居民消费保持了温和增长态势。1—9 月，全国社会消费品零售总额增长 10.4%，增幅同比持平。全国住户调查数据显示，前三季度，全国

---

* 邹蕴涵，经济学博士，国家信息中心经济预测部助理研究员，主要研究领域为宏观经济、消费经济、能源经济等。

居民人均消费支出实际增长 5.9%，增幅同比回落 0.5 个百分点。从整体走势看，消费增速仍处于阶段性回落区间。

与 2016 年相比，2017 年消费的月度波动性明显加大。1—9 月，社会消费品零售总额当月实际增速分别为 7.9%（1—2 月合计）、10.2%、9.7%、9.5%、10%、9.7%、8.9%和 9.2%，显示出消费走势的不稳定性增加，既有快速冲高，也有迅速回落，特别是进入下半年来，消费实际增速出现下滑苗头。如图 1 所示。

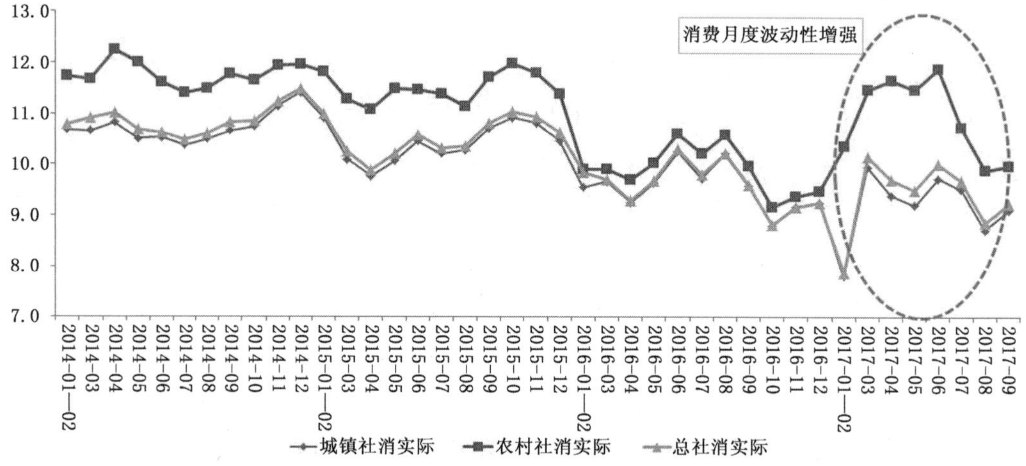

图 1 我国城乡社会消费品零售总额当月实际增速走势

2. **农村消费明显向好，实体零售开始回暖**

农村消费明显向好。按照城乡住户调查数据，城镇居民人均消费支出实际增长 4.5%，增速同比回落 0.8 个百分点，并且季度增速不断下滑；农村居民人均消费支出实际增长 7.4%，增速同比回落 0.8 个百分点。1—9 月，农村社会消费品零售总额累计增速达到 12.1%，增幅同比提高 1.2 个百分点。其中，6 月当月农村社会消费品零售总额实际增速达到 11.9%，为近期增长小高峰；前 9 个月中，有 7 个月的当月实际增速保持 10%以上（1、2 月合计），增长势头明显好于城镇消费。随着农村消费快速增长，城乡消费差距趋于缩小，城乡消费的不平衡性趋于减弱。截至 2017 年 9 月底，城乡消费规模比下降至 6∶1。

实体零售开始回暖。在线上业态爆发式发展的同时，实体零售企业积极顺应消费升级趋势，大力创新经营模式，加快线上线下、商品服务融合，实体零售增长开始回暖。1—9 月，限额以上单位消费品零售额增长 8.5%，同比加快 0.7 个百分点，包括超市、百货店、专业店等在内的限额以上单位实体零售业态零售额同比增长 8.5%，增速比上年同期提高 1.5 个百分点，实体零售业态总体扭转了 2012 年以来增速持续回落的态势。

表 1　我国居民人均消费支出及实际增速（单位：元,%）

时　　间	全国居民人均消费支出	全国居民人均消费支出增速	城镇居民人均消费支出	城镇居民人均消费支出增速	农村居民人均消费支出	农村居民人均消费支出增速
2015 年前三季度	11 286	7.0	15 636	5.4	6 373	9.3
2016 年前三季度	12 247	6.4	16 797	5.3	7 017	8.2
2017 年前三季度	13 162	5.9	17 846	4.5	7 623	7.4

数据来源：国家统计局《全国城乡一体化住户收支与生活状况调查》。

3. 基本生活消费持续平稳，升级类消费增势略减

基本生活消费持续平稳。吃、穿、用等传统基本生活类消费增速仍然保持相对稳定的增长态势。根据全国住户调查数据，前三季度，全国居民食品烟酒、衣着支出分别实际增长 5.6%、1.3%，增幅同比分别提高 2.1 和 0.5 个百分点；生活用品及服务消费实际增长 6.9%，增幅回落 1.1 个百分点。其中，农村居民衣着消费支出成为拉动全国衣着消费好转的主要动力，而城镇和农村的食品烟酒支出均在好转。社会消费品零售总额数据显示，1—9 月，粮油食品为代表的“吃类必需品”、针纺织品为代表的“穿类必需品”、日用品为代表的“用类必需品”也处于正常增长区间内，没有明显大起大落。如表 2 所示。

表 2　我国居民基本生活类消费支出实际增速（单位:%）

时　　间	全国居民			城镇居民			农村居民		
	食品烟酒支出	衣着消费支出	生活用品及服务支出	食品烟酒支出	衣着消费支出	生活用品及服务支出	食品烟酒支出	衣着消费支出	生活用品及服务支出
2016 年前三季度	3.5	0.8	8.0	2.5	0.2	7.7	5.0	0.8	7.5
2017 年前三季度	5.6	1.3	6.9	4.5	-0.6	7.2	6.6	4.8	3.9

数据来源：国家统计局《全国城乡一体化住户收支与生活状况调查》。

升级类消费增势略减。全国住户调查数据显示，交通通信、教育文化娱乐增长态势都较上年同期明显趋缓，前三季度实际增速分别为 6.3%、6.2%，增幅均同比回落了 5.2 个百分点，且 2017 年以来每季度增速持续下滑。其中，城乡居民的教育文化娱乐支出实际增速均降至 6% 以下，而农村居民交通通信支出增速仍有 10.6%，明显高于城镇 4% 的增速。这显示出，城乡居民消费结构升级速度有差异。在经历

了上半年温和增长后，医疗保健支出增速突然在第三季度加快，前三季度实际增长7%，增幅仅同比回落0.8个百分点。其中，农村居民支出大涨9.5%，成为拉动医疗保健支出增长的主要动力。这三大升级类消费增势放缓，与2017年以来汽车消费政策调整、医疗制度改革等因素密切相关。如表3所示。

表3 我国居民升级类消费支出实际增速（单位:%）

时间	全国居民			城镇居民			农村居民		
	交通通信支出	教育文化娱乐支出	医疗保健支出	交通通信支出	教育文化娱乐支出	医疗保健支出	交通通信支出	教育文化娱乐支出	医疗保健支出
2016年前三季度	11.5	11.4	7.8	9.6	11.1	8.2	15.3	10.7	6.4
2017年前三季度	6.3	6.2	7.0	4.0	5.8	5.2	10.6	5.1	9.5

数据来源：国家统计局《全国城乡一体化住户收支与生活状况调查》。

4. **网络消费蓬勃发展，信息消费遭遇瓶颈**

网络消费蓬勃发展。与上年相比，2017年网络消费保持了更好的增长态势，累计增速持续高于上年同期。中国互联网络信息中心统计显示，截至2017年9月底，我国网络购物用户规模已突破4.5亿，增速持续保持在10%以上。其中，手机网络购物用户规模突破4.4亿，年增长率接近30%。国家统计局数据显示，1—9月份，全国网上零售额突破4.8万亿，占同期社会消费品零售总额的18.5%，比上年同期提升4个百分点。实物商品和服务网上零售都实现了快速发展，其中，吃、穿和用类实物商品分别增长29.3%、19.2%和32.5%，增幅均实现同比提高。

信息消费遭遇瓶颈。与网络消费蓬勃增长的态势相比，由于产品创新缺乏重大突破，信息类消费增长态势明显偏弱，1—9月，全国限额以上通信器材销售额增长9.3%，增速回落3.4个百分点。当前，第五代移动通信（5G）上网手机、屏幕技术、智能穿戴技术及生物识别技术、硬件支持移动支付、无线充电技术将是下一步智能手机的发展方向，虽然这些技术已经有了一些突破，但距离重大技术突破仍有差距，信息产业的技术创新瓶颈更成了影响信息消费的重要因素。

5. **汽车消费持续疲软，住房相关消费增长放缓**

2017年以来，汽车和住房两大耐用品消费明显降温。在行业调控政策调整后，汽车消费和住房消费的增长势头均明显放缓。

汽车消费持续疲软。根据中汽协统计，1—9月，汽车销售增长4.5%，低于上年同期 8.7 个百分点。其中，乘用车销售增长 2.4%，增幅同比大幅回落 12.4 个百分点。除 SUV（运动型多用途汽车）销售保持增长外，轿车、MPV（多用途汽车）、交叉型乘用车产销继续下降，特别是 1.6 升及以下乘用车明显降温，前三季度销售量同比下滑 1.8%。商用车销售增长 17.9%，高于汽车总体 13.4 个百分点。其中，货车销量比上年同期增长 22.4%。新能源汽车市场仍处于政策调整后的震荡期，1—9 月销售增长 37.7%。其中，插电式混合动力汽车销售仅增长 0.6%。

住房相关消费增长放缓。当前，房地产市场明显转冷，特别是一、二线主要城市住房消费增长明显放缓。1—9 月，全国商品房销售面积和销售额分别同比增长 10.3% 和 14.6%，增幅均大幅放缓。在房地产市场开始出现降温后，包括家具、建筑装潢在内的住房相关消费也开始出现增速放缓的态势。1—9 月，家具类、建筑及装潢材料类消费分别增长 13.3%、12.6%，增速同比分别回落了 0.6 和 2.8 个百分点，同时，当月环比增速也已经开始下降。

二、2017 年消费市场运行的主要问题

当前，我国消费市场有效供给不足，供给侧结构性改革有待深入推进。同时，消费中心城市带动力不足，对周边消费市场的辐射能力有待加强；全国统一市场仍未形成，制约了三、四线及农村消费增长。在服务消费成为消费领域新增长点的同时，服务标准混乱、人员缺乏规范培训等问题影响了居民服务消费意愿。这些制约消费潜力释放的主要问题需引起高度重视。

1. 消费市场有效供给不足，改革有待深入推进

随着当前社会主要矛盾的转变，我国消费市场创新不足、有效供给不足的问题充分暴露，居民多样化、高技术、高品质的消费需求难以得到充分满足，造成了消费品制造能力严重过剩与国内消费不足、消费外流加剧并存的局面。随着国务院开展消费品工业“三品”专项行动，消费品供给侧改革拉开序幕。目前存在三大问题影响了消费供给侧改革成效：一是对民间力量调动不足。在改革中，政府对商会、协会、中介机构等非政府力量的发动、培育、引导不足，除了制定行业标准外，未能充分发挥他们在消费品市场质量公共服务、品牌公共服务、第三方机构质量追溯等重要事务上的作用。二是财税金融支持力度不够。除明确给予婴童消费品行业“三品”专项支持资金外，消费品工业创新发展的产业基金、与金融机构联动的战略融资支持等政策仍未落地。三是标准化理念陈旧。我国消费品行业 79.3% 的安全标准严于或与国际国外一致，安全标准并不低。但化学安全标准十分落后，不仅指标少而且设计理念缺乏全产业链的通用要求，造成了国外产品质量标准更高的感觉。

总体看，消费品供给侧改革仍有待深入、落地。

2. 收入分配差距拉大，影响整体消费增长

前三季度，全国居民人均可支配收入中位数16 780元，中位数是平均数的86.8%。其中，城镇居民人均可支配收入中位数是平均数的92.4%，农村居民人均可支配收入中位数是平均数的86.6%。中位数持续低于平均数反映出我国收入分配差距正在拉大，位于全国收入平均数以下的人群在不断增长。由于高收入人群的边际消费倾向低于中低收入，所以收入分配差距拉大会拖累整体消费增量，呈现出收入增速不低但消费疲软的现象。

3. 消费中心城市带动力不足，全国统一市场仍未形成

随着经济发展，消费市场也开始进入需要中心城市带动要素集聚、发挥规模效应的新时期。比如北京、上海等中心城市，应该对周边城市消费产生辐射带动作用。特别是随着我国交通基础设施建设取得长足进步，一小时城市圈正在形成，一定区域范围内的中心城市和周边城市可以形成消费市场互动互促。但从实际来看，受消费环境不佳、消费制度建设不足等因素影响，我国消费中心城市的带动力明显不足，对周边一定范围内消费市场的辐射能力有待进一步加强。同时，全国统一市场仍未形成，不同地区的地方保护现象仍然存在，国内商品流通仍未能满足不同地区居民的消费需求。三、四线城市（城镇）及农村网购消费快速增长的主要驱动力之一就是居民在当地无法实地购买到所需商品。

4. 服务消费发展不规范，影响消费潜力释放

在商品消费进入新阶段的同时，随着我国居民收入、生活水平不断提高，居民对为服务付费的接受程度明显提高，服务消费成为消费领域新的增长点。在北京、上海等发达地区，服务消费占总消费的比重已经接近商品消费。但受制于相关制度、市场建设滞后的影响，服务消费市场出现了一系列问题。一方面，服务标准混乱，在许多与居民生活密切相关的行业，缺乏明确的、具有可信度的服务标准；另一方面，服务行业的从业人员缺乏规范培训，草率上岗、资质不全引发很多安全问题，同时，从业观念落后也导致服务消费市场供给水平较低，不能满足居民日益增长的高品质需求。更为重要的是，部分行业定价机制不规范导致服务消费价格持续上涨，影响了居民服务消费意愿。

三、2018年消费形势展望

展望2018年，宏观经济将保持稳中趋缓的增长态势，居民就业和收入总体将保持稳定。同时，互联网发展影响深化，消费业态和方式不断创新；消费基础设施建设有所突破，消费短板正在补齐，这些都将有力促进消费潜力的释放。综合判断，消费需求具备了保持温和增长的条件，初步预计 2018 年社会消费品零售总额增长 10% 左右。

1. 就业、收入形势总体稳定，消费基础较为稳固

虽然在环保整治、去产能等政策的影响下，许多小企业倒闭影响了局部就业，但整体就业仍将保持稳定。随着供给侧改革继续推进，我国企业仍将保持较好的经营形势，企业利润仍处于正增长区间，城镇居民和农民工收入增长有所保障。同时，受益于整体宏观环境改善、政府简政放权深入推进，城镇居民的经营性收入将平稳增长。对于农村居民来说，农村改革试点再延长一年将有利于在全国更大范围内实现农村土地流转收入、林权流转收入，以及集体产权股份制改造带来的红利收入快速增长，而种植业结构和临时收储制度等农业领域政策调整初期对农民经营性收入的影响趋于减弱。因此，居民增收形势将有利支撑消费温和增长。

2. 互联网发展影响深化，消费业态和方式不断创新

当前，我国信息技术快速发展，对消费市场的影响不断深化。广大消费市场相关企业积极顺应消费升级趋势，大力创新经营模式，加快线上线下、商品服务融合，做精做深体验消费，开展精准服务和定制服务，逐步由销售商品向引导生产和创新生活方式转变。电商与传统消费产业的融合不断深化，我国在消费新业态、消费新方式等方面已经达到世界一流水平，智能支付等全球领先的消费方式极大提高了消费便利化程度，促进了我国消费环境升级。随着新兴信息技术不断普及，三、四线及农村消费需求将被更好地激发，消费市场的潜力将不断释放。

3. 消费基础设施建设有所突破，消费短板正在补齐

一方面，在商务部等相关部门的大力推动下，我国农村流通体系建设取得明显进步，交通、通信等消费基础设施建设水平明显提高，在农村商业网点规划、乡镇商贸中心建设、乡镇商品市场升级改造等方面实现了实质性进步。另一方面，城乡消费双向流通渠道不断畅通，不仅畅通了工业品下乡渠道，提高了流通企业向农村延伸的水平，而且农产品进城入市的渠道也不断扩展，通过建设农资配送中心、开展农资配送直供服务等方式，极大提高了城乡居民共同消费的便利程度。应该说，之前长期制约我国居民消费潜力释放的消费短板正在补齐。

4. 社保托底能力不断增强，消费顾虑持续减少

在经济转向高质量发展阶段之后，社会保障体系等社会托底制度在不断完善中，明显增强了对低收入人群、生活困难群体的扶助力度。城乡居民基本医疗保险制度加速整合，医保管理体制、经办机制、统筹层次等问题进入深度调整期；职工个人养老金账户中的资金增加，公积金缴纳金额、贷款限额将提升，医疗报销比例将增大；失业保险资金在发挥原有功效基础上，增强了资金使用的灵活性，充分发挥了对失业人群再就业的扶助力度。这些都将进一步降低居民消费的后顾之忧，有利于消费需求释放。

四、政策建议

深入推进消费品供给侧改革，才能从根本上消除国内消费不足、消费外流加剧的问题。在经济发展进入高质量增长阶段后，注重培育国际消费中心城市有利于在消费市场实现规模效应。针对服务消费领域内的主要问题，确立行业标准和提高从业人员素质成为短期工作重点。

1. 深入推进消费品供给侧改革

针对当前政策落地过程中出现的问题，建议：一是积极调动相关社会团体、行业协会的主观能动性，在制定个性标准、质量追溯体系等方面发挥重要作用；二是加大对消费品企业技术改造和创新的资金支持力度，研究选定若干重点消费品生产行业开展产业链创新管理，系统分析这些重点生产行业的产业链、价值链，对当前消费品生产领域的共性关键技术集中组织力量进行克难攻坚，构建较为完整的技术体系；三是加快推进国家消费品化学安全标准的修订工作，针对标准制定的研发投入大、制定周期长、需求变化快的特点，政府应加大对国家标准研制、升级的足额、稳定、持续的投入。同时，针对前期相关促消费政策进行政策效果评估，总结推广经验，进一步发挥前期政策效应。

2. 加大对重点人群的托底保障力度

加快建立跨部门、多层次、信息共享的救助申请家庭经济状况核对机制，完善家庭经济状况核对平台，健全完善工作机构，有效整合扶危脱困工作中的碎片化信息，提高对低收入人群的帮扶效率；加强就业培训，适当增设公益性岗位托底，重点做好去产能分流的大龄职工、中西部农民工等重点群体的就业辅助工作。

3. 着力打造国际消费中心城市

针对消费中心城市辐射带动能力不足的问题，建议选定若干经济发达、具有商圈升级或口岸建设优势的大型城市，在消费环境建设、消费制度完善等方面深入推进改革、先行先试，为商品的集聚和辐射创造条件，打造国际消费中心城市。在打造消费中心城市的过程中，一是要加强和改进监管。深入推进“放管服”改革，继续推进消费领域“证照分离”试点，进一步简化优化业务办理流程，推行清单管理制度，放宽新业态新模式市场准入；强化事中事后监管，积极应用大数据、云计算等新技术创新行业服务和管理方式，完善守信联合激励和失信联合惩戒制度。二是推动消费基础设施提速升级。加大信息基础设施建设投入力度，促进网间互联互通；在消费中心城市试点加快第五代移动通信的技术试验和产业推进；加快推进物联网基础设施部署。

4. 规范生活性服务业发展

一方面，规范服务质量分级管理，加强质量诚信制度建设，完善服务质量社会监督平台；完善生活性服务业重点领域认证认可制度，完善涉及人身健康与财产安全的商品检验制度和产品质量监管制度；实施服务标杆引领计划，发挥中国质量奖对服务企业的引导作用。另一方面，鼓励高等学校、中等职业学校增设家庭、养老、健康等生活性服务业相关专业，依托各类职业院校、职业技能培训机构加强实训基地建设，实施家政服务员、养老护理员、病患服务员等家庭服务从业人员专项培训；鼓励从业人员参加依法设立的职业技能鉴定或专项职业能力考核，鼓励和规范家政服务企业以员工制方式提供管理和服务，实行统一标准、统一培训、统一管理。

G04　2017 年我国对外贸易发展分析及 2018 年展望

闫　敏*

摘要：2017 年以来，世界经济温和复苏，全球制造业生产回暖，国际贸易投资日趋活跃，大宗商品价格企稳回升，世界经济增长预期好转；我国经济已由高速增长阶段转向高质量发展阶段，供给侧结构性改革深入推进，经济结构优化升级，创新能力不断提升，调控政策效果显现。在国内外形势向好与外贸扶持政策发力的共同作用下，我国对外贸易扭转了负增长局面，总体运行呈现增速较快、结构优化、质量提升、效益提高的发展态势。展望 2018 年，我国经济发展进入决胜全面建成小康社会、开启全面建设社会主义现代化国家新征程阶段，十九大精神加速贯彻落实，全面开放新格局逐步形成，外贸领域"一带一路"深入推进、创新能力拓展提升、货物贸易提质增效、服务贸易加快发展等方面优势将进一步深化。但是美国对华"301 调查"、全球货币政策转向、地缘政治摩擦、人民币汇率波动等不确定因素将对外贸平稳运行带来负面影响。

关键词：货物贸易　服务贸易　高质量发展　结构优化　提质增效

一、2017 年我国对外贸易呈现良好增势

1. 进出口增长速度由负转正

我国对外开放进入新阶段，2017 年以来"一带一路"战略大力实施，外贸企业积极转型，国内市场需求向好。前三季度，出口增长 12.4%，同比提高 14 个百分点，进口增长 22.3%，同比提高 24.6 个百分点，外需对经济的拉动作用提升，净

---

* 闫敏，经济学博士后，国家信息中心经济预测部副研究员、副处长，主要研究领域为宏观经济、对外贸易、环境经济等。

出口前三季度对 GDP 的贡献率达到 2.7%。我国外贸发展整体扭转了近两年连续下跌的局面，呈现企稳回升走势。但是受同期基数变化、汇率显著波动等因素影响，2017 年以来季度贸易增速逐季放缓，一季度增长 21.5%、二季度增长 17.5%、三季度增速回落至 11.9%，较一季度下滑近 10 个百分点，预计全年进出口增长 11.5%左右，进口增长 19.8%左右。我国仍有望保持全球货物贸易第一大出口国和第二大进口国地位，出口国际市场份额保持在 13%左右。与此同时，据世界贸易组织统计，1—8 月中国货物进口额占世界的比重为 10.9%，比上年同期提高 0.7 个百分点，我国为全球其他国家提供了更广阔的市场，有力支持了世界经济复苏。如图 1 所示。

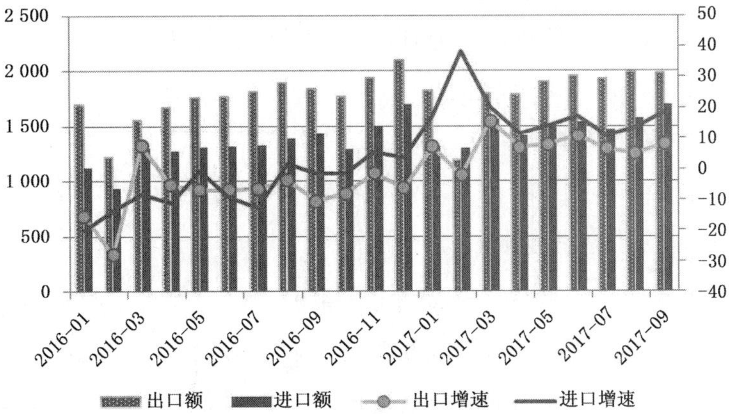

图 1　我国进出口增长情况（单位：%）

2. 贸易发展质量不断提升

一是我国外贸“优进优出”取得积极进展，出口主导产业从轻工、纺织等传统产业向装备制造业、高新技术业等资本、技术密集型产业转型升级步伐进一步加快，高附加值产品和装备制造产品出口增长较快，部分先进技术、关键零部件和消费品增速提高。二是贸易便利化水平提高，国际市场布局、国内区域布局、商品结构、经营主体和贸易方式“五个优化”加速推进，外贸转型升级基地、贸易平台、国际营销网络“三项建设”深入推广，使我国营商环境不断优化。世界银行 2017 年全球营商环境效率和营商环境便利化的报告显示，中国位次提高至 78 位，较 2015 年提升 6 位。三是 2017 年以来，外贸企业成本不断下降、效益上升，生产经营环境改善，例如金融机构和地方政府通过差别准备金、利率、再贷款、再贴现等政策，加大对小微企业的支持力度，2017 年上半年企业获得保单融资约 196 亿美元，同比增长 40.5%，部分省市出台了出口企业融资优惠办法。四是外贸领域创新能力增强，竞争新优势加快培育，国际竞争力不断提升，例如国内部分大型通信设备企业重视企业研发投入和技术创新，研发投入资金甚至高于国际巨头，部分手机制造企业重视针对特定海外市场开发自有品牌，产品在非洲等地市场占有率达到25%左右。

3. 贸易结构持续优化升级

产品结构方面，前三季度附加值较高的机电产品出口6.41万亿元，增长13%，占我国出口总值的57.5%，汽车出口增长28.5%，船舶出口增长12.2%，手机出口增长10%；贸易方式结构方面，反映我国对外贸易自主发展能力的一般贸易增长18.1%，占我国进出口总值的56.6%，比2016年同期提升0.7个百分点；市场结构方面，国际市场多元化格局更加显著，前三季度我国对欧盟、美国和日本三大传统市场进出口有所恢复，分别增长16.4%、18.7%和14.9%，我国与“一带一路”沿线国家进出口增长20.1%，高出同期进出口增速3.5个百分点，对新兴经济体俄罗斯、波兰、哈萨克斯坦等国进出口分别增长27.7%、24.8%和41.1%，比重持续提高；区域结构方面，布局更加均衡，中西部和东北三省进出口增速高于全国整体，中西部18省市外贸整体增速达到24.7%，超过全国增速8.1个百分点，东北三省增速达到18.5%，超过全国增速1.9个百分点，东部10省市外贸增速为15.3%。

4. 贸易新模式新业态发展较快

跨境电子商务、一站式仓储运输、市场采购贸易等对外贸易新业态、新模式蓬勃发展。目前，我国已经培育一批电商龙头企业，搭建了覆盖范围广、系统稳定性强的大型电子商务平台，在东部沿海等地区通过连接金融、物流、电商平台、外贸综合服务企业等，为外贸企业和个人提供物流、金融等供应链配套服务，大幅缩短了外贸流通时间，提高了外贸企业的效率。市场采购贸易方式作为新的外贸模式，有关机构可以在经认定的市场集聚区采购商品，由符合条件的经营者在采购地办理出口通关手续，简化了市场采购出口商品增值税征、退管理方式，提高了市场采购出口商品通关便利，推进了商品国际贸易汇兑制度创新。

5. 贸易新旧动能转换加速推进

一是我国民营企业逐渐成为支撑和推动外贸增长的重要力量，2013—2016年，民营企业占我国出口总值比重首次超过外商投资企业，由2013年的41.4%提升到2016年的45.9%，前三季度民营企业占出口比重达46.8%，比上年同期提升0.9个百分点。这意味着我国外贸发展的自主创新能力、品牌建设、营销能力不断增强。二是我国出口产品已经从加工产品为主向具有自主品牌、自主知识产权、自主营销渠道的本土产品为主转变，高技术、高附加值、高效益的产品出口增速高于传统商品。三是“一带一路”国际合作深入推进，我国和沿线国家的贸易和投资合作稳步推进，在“一带一路”沿线国家新签对外承包工程快速增加，带动了贸易进出口互动交流，成为外贸发展的新增长级。

二、当前我国对外贸易发展的内外部环境呈现新变化

世界经济增长动能增强，我国处于由高速增长阶段转向高质量发展阶段，对外贸易发展面临的环境总体向好。

（一）世界贸易发展处于由衰退向复苏转折的关键时期

2017 年以来世界经济复苏态势好于预期，经济增长动力不断累积。美国经济保持稳健增长，劳动力市场改善，私人消费扩张，制造业企稳回升；欧元区经济增长稳固，经济景气指数上升，通缩势头得以遏制，消费者信心增强；日本经济温和增长，外需增长强劲，就业形势良好。IMF 最新《世界经济展望》上调 2017 年全球经济增速至 3.6%，较上年提高 0.4 个百分点。在经济复苏的带动下，全球市场需求回暖，贸易增长动力增强，1—8 月，全球贸易额增速加快，世界出口贸易额同比增长 6.3%；进口贸易额同比增长 6.1%，明显高于同期世界经济总产出增速。世界贸易与投资信心提振，世贸组织数据显示，截至第三季度，全球贸易景气指数达到 102.6，创 2011 年 4 月以来新高。世贸组织 9 月报告上调 2017 年贸易增速 1.2 个百分点至 3.6%。

展望 2018 年，世界经济处于由收缩向复苏转变的关键期。世界范围内，以页岩油气革命为代表的新能源技术取得较大突破，以移动支付为代表的新一代信息技术快速发展，以人工智能为引领的智能制造方兴未艾，全球技术创新长周期增长初现端倪；美、欧、日及我国等世界主要经济体制造业呈现筑底回升态势，能源和资源需求趋于稳定，世界经济以制造业复苏为支撑逐渐步入上行周期。以全球价值链分工为特征的世界贸易在技术进步因素和制造业复苏因素带动下，有望通过新技术扩散、新业态扩散、新产业扩散及新产品扩散等途径，在世界范围内（包括发达国家与发展中国家）形成新一轮扩张。但是由于世界经济深层次结构性矛盾尚未解决，全球金融政策与财政政策出现调整，贸易保护主义愈演愈烈，地缘政治风险依然存在，世界贸易复苏进程将呈现曲折往复的特点。在这一过程中，我国有望凭借“一带一路”国际合作及制造业发展优势，逐步确立亚洲贸易与投资中心地位，人民币国际化进程将进一步深化，预计中国全球影响力不断增强。

（二）我国经济发展处于决胜全面建成小康社会的阶段

十九大报告指出，我国当前处于决胜全面建成小康社会，开启全面建设社会主义现代化国家新征程时期。由于经济持续发展，我国当前已由低收入国家进入中上等收入国家行列，正在向高收入国家迈进。我国经济总量位居世界第二，成为世界

第一制造大国、第一货物贸易大国、重要对外投资国。我国国内生产总值占世界的份额达到15%左右，对世界的贡献率2017有望达到34%。我国经济综合实力显著提升，发展格局发生重大变化。

首先，我国面临的主要矛盾发生转变对外贸发展提出了新使命。十九大报告指出：我国社会主要矛盾已经转化为人民日益增长的美好生活需要和不平衡不充分的发展之间的矛盾。一方面，人民不仅对物质文化生活提出了更高要求，而且在民主、法治、公平、正义、安全、环境等方面的要求日益增长；另一方面，社会生产能力在很多方面进入世界前列，更加突出的问题是发展不平衡不充分。矛盾的转变意味着未来主要任务的转变，对外贸易领域未来需要在继续推动发展的基础上，转变发展方式，着力解决好不平衡不充分问题，大力提升发展质量和效益，推进全方位对外开放格局建设。

其次，我国经济社会进入新的发展阶段对外贸建设提出了新要求。2018年，我国处于决胜全面建成小康社会阶段，十九大明确提出建党一百年时建成经济更加发展、民主更加健全、科教更加进步、文化更加繁荣、社会更加和谐、人民生活更加殷实的小康社会；到新中国成立一百年时，基本实现现代化，把我国建成社会主义现代化国家。我国经济发展阶段要求对外贸易发展必须统筹国内国际两个大局，大力推进供给侧结构性改革，重视世界经济、科技、创新发展动向，引进先进技术、经营理念、市场机会等，加快货物贸易转型升级，促进服务贸易创新发展，积极培育外贸新业态、新模式。

最后，我国经济由高速增长阶段转向高质量发展阶段对外贸升级提出了新任务。中国正处在转变发展方式、优化经济结构、转换增长动力的攻关期。高质量发展阶段主要强调更高质量、更有效率、更加公平和更可持续的发展，坚持质量第一、效益优先，以供给侧结构性改革为主线，推动经济发展质量变革、效率变革、动力变革，提高全要素生产率。我国对外贸易发展在“贯彻新发展理念，建设现代化经济体系”的过程中，必须形成全面开放新格局，以“一带一路”建设为重点，坚持“引进来”和“走出去”并重，加强创新能力开放合作；推进贸易强国建设，培育贸易新业态新模式；实行高水平的贸易和投资自由化便利化政策；探索生产、贸易、投资、金融等融合发展的新体制。

（三）对外贸易发展处于全面开放新阶段

改革开放以来，我国对外贸易发展取得了历史性跨越，中国贸易大国地位进一步巩固，2017年预计我国将连续九年保持全球货物贸易第一大出口国，2016年出口国际市场份额已经达到13.2%；我国对外贸易的繁荣为全球经济和贸易复苏做出重要贡献，“中国制造”增加了全球消费者福利，“中国市场”为相关国家的经济发展提供了空间，“中国经济”对世界经济增长的贡献率金融危机后年均超过30%；我国外贸动力转换和结构调整步伐加快，国际市场结构更加多元，当前发展中经济体和新兴市场、"一带一路"沿线国家占外贸出口的比重分别达到 45% 和 28% 左右；我国外贸自主发展能力提升，本土的外贸民营企业逐步发展成为核心力量，创新能力、品牌建设、营销能力不断增强；我国外贸发展在税收、就业、资金、投资等方面为促进国民经济和社会发展做出了积极贡献，2016 年，进口环节税收达 1.54 万亿元，占全国税收收入的 11.8%。但是与此同时，我国对外贸易增长的要素优势与环境优势发生了深刻变化，劳动力、土地、资金、环保等制造品生产成本普遍上升；制造业产品面临发达国家与发展中国家的双重竞争；各国针对我国的贸易保护措施日渐繁多。外贸领域面临的转方式、调结构任务更加迫切。

总体而言，我国对外贸易发展正在由贸易大国向贸易强国转变，由单纯对外贸易主导向全面形成对外开放新格局转变。"开放带来进步，封闭必然落后。"十九大报告明确了新时代的开放理念、开放战略、开放目标、开放布局、开放动力、开放方式，并提出了一系列新任务、新举措。货物贸易和服务贸易融合发展、"一带一路"国际合作深入推进、"引进来"与"走出去"并重、区域开放布局加速优化、促进贸易和投资便利化等将成为未来外贸发展的重点。我国对外贸易将逐步向结构更优、效益更高、方式更好、动力更强的方向迈进。

三、2018 年我国对外贸易呈现高质量发展特征

2018 年，世界经济保持温和增长，发达经济体再工业化取得成效，新兴经济体需求改善，大宗商品价格稳中趋升，全球资产负债情况有所改善；我国经济高质量发展特征更趋明显，"三去一降一补"取得成效，经济结构更趋优化，工业生产保持稳定，服务业发展动力较强，消费需求的基础性作用突出。国内外经济环境总体有利于我国对外贸易继续保持回稳向好。但是国际贸易保护主义加剧、人民币汇率走势不确定、全球产业竞争更加激烈、进出口价格波动较大等因素将在一定程度上影响对外贸易增长。

1. 实物贸易保持平稳增长

我国正在由贸易大国向贸易强国转变，货物贸易已经进入由中高速增长向高质量发展阶段，展望 2018 年，一是世界经济温和增长。全球经济逐步摆脱低速运行态势，工业生产、贸易和投资等领域缓慢复苏，国际货币基金组织、世界银行等主要机构纷纷上调 2018 年经济增长预期。二是主要国家经济形势好转。美国、欧元区和日本等发达经济体结构调整取得进展，经济先后步入上行通道，全球市场需求增加带动新兴经济体增长恢复。受益于世界总需求改善，我国出口有望保持平稳增长。三是 2017 年人民币兑美元整体走贬，有利于提高我国产品出口的国际价格竞争力，促进出口扩容。四是我国外贸发展的新动能不断聚集。民营企业对外贸易竞争力逐

步提升，高附加值产品出口比重提高，外贸出口商品结构优化，外贸领域新业态新模式不断涌现，人民币国际地位提高。五是制度环境不断优化，有关部门近年来出台了一系列促进外贸稳增长调结构政策，有利于提振贸易发展信心，降低企业成本。但是，美国对我国发起“301 调查”，制约我国重点领域出口发展；美联储加息及启动缩减资产负债表，对国际金融市场和各国货币政策带来冲击；全球经济政治形势复杂，恐怖袭击、地缘冲突等突发事件增多；国际大宗商品价格震荡波动。我国出口面临的不确定性仍然较大。初步预计，2018 年人民币计价我国出口和进口将分别增长 8% 和 11.5% 左右，美元计价分别增长 6% 和 8.5% 左右。

2. 服务贸易发展提质增效

伴随第三产业成为经济增长的主导产业，我国服务贸易近年来实现较快增长，展望 2018 年，一是服务贸易发展基础不断增强，国内第三产业发展水平不断提升，生产性服务业规模扩大、结构优化。二是制造业数字化、网络化、智能化进程深入推进，新产品、新技术层出不穷，为货物贸易和服务贸易融合发展提供新的重要动力。三是“一带一路”国际合作积极推进，国际产能合作和装备产品出口为相关配套服务贸易发展创造更多机会。四是跨境电子商务、外贸综合服务企业、市场采购贸易方式等外贸服务新业态方兴未艾，形成未来发展的新增长点。五是服务贸易制度环境改善，服务贸易创新发展试点、服务外包示范城市的成功经验不断扩散，相关财税支持政策保持力度，有利于激发服务贸易发展潜力。但是，我国服务贸易发展面临的国际形势并不乐观，世界服务贸易发展速度放缓，2012—2015 年服务出口年均增速仅 2.2%。此外，不同国家的劳工雇佣、技术标准存在壁垒；服务贸易的本土化程度不高等因素将制约我国服务贸易进一步扩围。初步预计 2018 年人民币计价我国服务贸易进出口将增长 8% 左右。

四、政策建议

1. 促进实物贸易与服务贸易融合发展

充分发挥传统货物贸易优势，加快培育服务贸易创新能力，促进货物贸易和服务贸易融合发展，激发外贸新动能，推动我国产业向全球价值链高端跃升。一是结合我国产业结构升级，落实“中国制造 2025”相关政策，引导和支持高端装备制造出口企业延伸服务链条，加强信息、金融、物流保险、劳务、咨询等方面服务配套贸易。二是借助“一带一路”和国际产能合作机遇，以重大工程为抓手，整合工程规划、设计、承包、建设、制造、金融、运营等领域的企业参与，形成产业联盟，通过合作共赢方式增强我国对外贸易的竞争力。三是进一步发展跨境电子商务，全方位打造电商平台、经营主体、仓储物流、快递配送、售后服务等跨境电子商务系统，形成有利于货服融合发展的跨境电子商务完整的生态链和产业链。四是塑造龙头企业和平台，引导跨国企业聚焦核心业务，发展服务外包；鼓励有条件的企业实施全球供应链战略；推动企业与供应商合作由加工制造环节为主向合作研发、联合设计、市场营销、品牌培育等转变。

2. 进一步优化贸易结构

加快货物贸易优化升级，挖掘服务贸易发展潜力。一是结合国际制造业升级方向，提升我国出口产品竞争力，实现出口主导产业优化升级。建议将智能家电、智能手机、高铁机车、核电机组等高端产品作为未来我国货物贸易出口的重点产品，通过政策引导、财税支持、创新补贴等措施进行大力扶持，提高我国出口发展的质量和效益，落实“优进优出”战略。二是在提升传统服务出口的同时，积极扩大新兴服务出口，培育以信息服务、金融服务、软件服务等为代表的新产业贸易竞争优势；加快完善服务贸易管理协调机制，加强产业政策、贸易政策、投资政策的协调性，展开服务贸易创新发展试点工作。

3. 降低外贸企业成本负担

结合国家降低实体经济成本政策措施，建议针对外贸企业劳动力成本上升、融资成本加大、汇率成本增加等方面问题，在提质增效、财税支持、金融汇改等方面寻求降低企业成本负担的办法。一是引导并推动外贸企业树立创新发展意识，通过技术、管理、流程、模式、商业等方面创新，提高企业生产经营效率，增加产品与服务附加值，提高企业利润。二是筛查涉及外贸企业进出口环节收费情况，对政府提供的基本公共服务减免收费，大幅降低公共属性较强的科目收费标准，结构性调降经营服务性收费。三是提高贸易便利化程度，最大限度上简化通关手续，推进区域通关一体化，加强海关国际合作，提高通关效率。四是完善支持外贸发展的财税金融政策，提高部分产品出口退税效率，缩短退税时间，加大出口信用保险支持力度，完善人民币汇率市场化形成机制，保持汇率在合理均衡水平上的基本稳定。

4. 加强“一带一路”国际合作

加强同沿线国家的战略对接，增进战略互信，努力实现政策沟通、设施联通、贸易畅通、资金融通、民心相通；推进周边国家产业合作，输出高端优质产能，输入战略资源与产品，推进金融一体化发展，扩大人民币互换范围；重视创新能力开发合作，支持外贸企业利用内部和外部创新资源实现创新发展，一方面充分挖掘自身研发能力，另一方面注重利用外部创新力量，整合各种资源，提高创新能力。

G05 2017 年物价形势分析及 2018 年展望

张前荣*

摘要：2017 年以来，我国居民消费价格温和上涨，同比涨幅低位运行；工业生产者价格波动上升，涨幅高位震荡。1—9 月，CPI 上涨 1.5%，PPI 上涨 6.5%，预计 2017 年 CPI 上涨 1.6%，PPI 上涨 6.3%。展望 2018 年，价格改革稳步推进、劳动力成本刚性上扬、环保和去产能政策冲击供给等支撑价格上涨；国内需求总体偏弱、粮食产量和库存双高、通胀预期弱化等抑制价格涨幅。综合考虑各种因素和翘尾因素的影响，预计 2018 年 CPI 上涨 2.0%，PPI 上涨 3.5%。建议实施稳健中性的货币政策，推进能源资源和服务领域价格改革，保障主要农产品供给平稳，做好房地产调控工作，稳定市场预期。

关键词：物价运行　因素分析　政策建议

一、2017 年物价运行形势总体稳定

1. 居民消费价格涨幅温和可控，在国际范围内处于较低水平

2017 年以来，我国居民消费价格（CPI）同比涨幅先降后升，核心 CPI 平稳上涨。1—9 月，CPI 同比上涨 1.5%，同比回落 0.5 个百分点（见表 1），低于 3% 的调控目标 1.5 个百分点。城市和农村 CPI 分别上涨 1.6% 和 1.1%。翘尾因素和新涨价因素分别拉动 CPI 上涨 0.8 和 0.7 个百分点。分月看，1 月份受春节因素影响，CPI 同比涨幅达到 2.5%，其余月份 CPI 同比涨幅均低于 2%，月度涨幅呈先降后稳的运行态势。扣除食品和能源后的核心 CPI 同比上涨 2.1%，同比提高 0.5 个百分点。前三季度 GDP 平减指数同比上涨 4.2%，同比提高 3.6 个百分点。从国际上看，我国物价涨幅低于美国、欧盟等发达经济体和主要金砖国家，略高于日本，在全球范围内处于较低水平。1—9 月，美国和欧盟 CPI 分别上涨 2.1% 和 1.7%，印度、俄罗斯、南非、巴西 CPI 分别上涨 2.0%、4.1%、5.4% 和 3.3%。日本 CPI 上涨 0.4%，低于我国 CPI 涨幅 1.1 个

---

* 张前荣，经济学博士，国家信息中心经济预测部副研究员，主要研究领域为宏观经济模型与价格监测分析。

百分点。根据当前物价走势，初步预测 2017 年 CPI 上涨 1.6%。

表 1　2017 年 1—9 月 CPI 月度涨幅（单位:%）

月　份	1月	2月	3月	4月	5月	6月	7月	8月	9月
CPI 累计同比	2.6	1.7	1.4	1.4	1.4	1.4	1.4	1.5	1.5
CPI 当月同比	2.6	0.8	0.9	1.2	1.5	1.5	1.4	1.8	1.6
CPI 当月环比	1.0	-0.2	-0.3	0.1	-0.1	-0.2	0.1	0.4	0.5

2. 食品价格稳步下降，非食品价格涨幅扩大

2017 年以来，消费价格走势比较稳定，涨幅在近几年中属较低的一年。从居民消费价格内部结构看，物价运行体现出两大突出特征。一是食品价格明显下降，二是服务等非食品价格涨幅扩大。前三季度主要农产品市场供给充裕，农产品价格总水平下降，食品价格同比下降 1.7%，同比降低 6.7 个百分点，约影响 CPI 下降 0.36 个百分点。其中，猪肉价格下降 8.7%，鲜菜价格下降 8.8%，蔬菜价格“小年”特征明显。2017 年以来，医疗等公共服务领域价格改革加快推进，导致非食品价格涨幅有所扩大。非食品价格上涨 2.3%，同比提高 1.1 个百分点，约拉动 CPI 上涨 1.8 个百分点。因此，CPI 涨幅低于上年同期主要受食品价格下降较多的影响。

3. 工业生产者价格波动上升，上下游价格涨幅差较大

2017 年以来，政府积极推进去产能，加之国际大宗商品价格上涨，带动煤炭、钢铁等工业品价格明显上涨。1—9 月，工业生产者价格在波动中维持高位运行态势，PPI 同比上涨 6.5%，同比提高 9.4 个百分点（见表 2）。其中，生产资料价格上涨 8.6%，约拉动 PPI 上涨 6.3 个百分点；生活资料价格上涨 0.7%，约拉动 PPI 上涨 0.2 个百分点。翘尾因素和新涨价因素分别为 5.1% 和 1.4%。分行业看，煤炭开采业、石油和天然气开采业、黑色金属矿采选业、有色金属矿采选业价格同比涨幅分别为 35.6%、33%、18.5% 和 14.1%，涨幅均超过 10%，四个行业合计拉动 PPI 上涨 1.9 个百分点，贡献率约为 30%。分月看，各月 PPI 同比涨幅均高于 5.5%，月度最高涨幅达到 7.8%，接近 2000 年以来的高点。第三季度以来，PPI 环比和同比涨幅均较大，有快速上涨趋势。1—9 月 PPI 与 CPI 涨幅差分别为 4.3、7.0、6.7、5.2、4.0、4.0、4.1、4.5 和 5.3 个百分点，上下游价格涨幅差依然较大，对后期 CPI 上涨存在一定的传导压力。综合来看，初步预测 2017 年 PPI 上涨 6.3% 左右。

表 2　2017 年 1—9 月 PPI 月度涨幅（单位:%）

月　份	1月	2月	3月	4月	5月	6月	7月	8月	9月
PPI 累计同比	6.9	7.3	7.4	7.2	6.8	6.6	6.4	6.4	6.5
PPI 当月同比	6.9	7.8	7.6	6.4	5.5	5.5	5.5	6.3	6.9
PPI 当月环比	0.8	0.6	0.3	-0.4	-0.3	-0.2	0.2	0.9	1.0

4. **房地产价格涨幅收窄，调控成效初步显现**

2017 年以来，为抑制房地产价格快速上涨，各地坚持“房子是用来住的、不是用来炒的”定位，提高首套房和二套房贷款利率和首付比例，部分城市出台限购和限售政策，房价过快上涨的局面基本得到控制，调控成效初步显现。9 月份，一线城市新建商品住宅价格同比涨幅均连续 12 个月回落，二线城市连续 10 个月回落，三线城市连续 2 个月回落；全国 70 个大中城市新建商品住宅价格同比平均上涨 6.5%，涨幅比上月回落 1.7 个百分点，环比平均上涨 0.2%，涨幅与上月持平。根据国家统计局数据测算，2017 年 1—9 月商品房销售价格为每平方米 7 922 元，与 1—8 月基本持平，比 2016 年同期上涨 3.9%，涨幅有所收窄。

5. **国际大宗商品价格震荡回升，主要进口商品价格大幅上涨**

2017 年以来，欧盟、美国经济延续复苏态势，日本经济也有所好转，俄罗斯、印度经济走势以扩张为主。IMF 最新预测 2017 年全球经济将增长 3.6%，比 2016 年提升 0.4 个百分点，带动需求回暖，推升国际大宗商品价格。1—10 月，大宗商品价格维持震荡上行的运行态势，RJ/CRB 期货价格指数为 183，同比上涨 2.2%。从具体品种看，WTI（美国西德克萨斯原油）期货价格为 49.5 美元/桶，同比上涨 16.8%；LME（伦敦金属交易所）铜铝期货价格每吨分别为 6 055 和 1 951.1 美元，同比分别上涨 27.9% 和 22.9%。前三季度，我国进口价格总体上涨 10.6%，比 2016 年同期下降 5.3%。我国主要进口大宗商品价格涨幅较大，铁矿砂进口均价上涨 38.4%，原油上涨 33%，成品油上涨 27.5%，铜上涨 29.2%，煤炭上涨 75.4%。如图 1 所示。

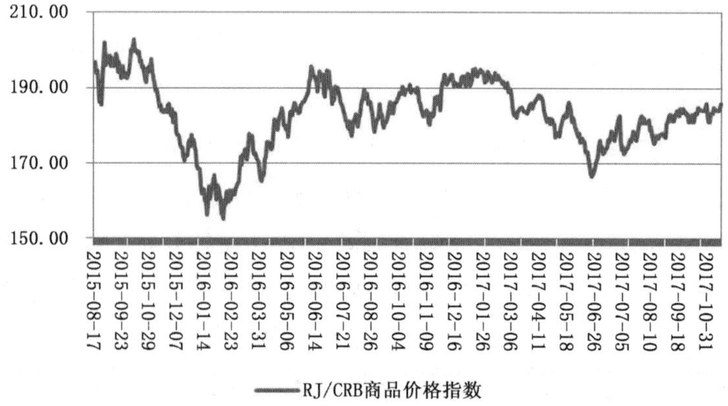

图 1　RJ/CRB 商品价格指数走势

二、2018 年物价涨幅以 2% 为中枢上下波动

（一）支撑价格上涨的主要因素分析

1. 价格改革稳步推进，市场化程度提高

近年来，价格改革稳步推进，市场化程度进一步提高，部分价格改革推升了物价水平。交通运输价格更多由企业依法自主定价，国家将高铁动车组票价、普通旅客列车软座软卧票价交由铁路运输企业依法自主制定，东南沿海部分高铁线路价格有所提高。天然气定价加快“放开两头、管住中间”，占消费总量 80% 的非居民用气门站价格已由市场主导形成，建立天然气管道运输定价新机制，储气设施相关价格由市场竞争形成。运用价格手段促进钢铁行业供给侧结构性改革，提高钢铁行业限制类、淘汰类装置所属企业用电价格。推开公立医院医疗服务价格改革，全部取消药品加成。建立健全非居民用水超定额累进加价制度，各地根据用水定额确定分档水量和加价标准。

2. 劳动年龄人口及占比双减少，人工成本刚性上扬

劳动年龄人口及占比已过历史峰值，2010 年开始我国劳动年龄人口比重达到历史峰值 74. 5%，2016 年该比重降至 72. 6%，比历史峰值下降 1. 9 个百分点。劳动年龄人口绝对数量 2013 年达到峰值 10. 05 亿人，2016 年减少至 9. 88 亿人。我国劳动年龄人口占比下降预示人口红利趋于结束，居民工资水平和服务价格涨幅相对提高。2017 年前三季度，全国居民人均可支配收入实际增长 7. 5%，同比加快 1. 2 个百分点，比人均 GDP 增速快 1. 2 个百分点。截至目前，全国共有 18 个地区调整了最低工资标准，平均调增幅度 10% 以上。1—9 月，CPI 中的服务价格上涨 2. 9%，同比提高 0. 8 个百分点。2017 年前三季度劳动力市场求人倍率约为 1. 2，同比提高 0. 06 个百分点左右，市场人才需求量大于供给，人力成本将长期趋升。

3. 环保督查和去产能持续推进，部分工业品供给受冲击

近年来，环保政策陆续出台，中央连续组织开展数次环保大督查。特别是 2017 年以来，环保部和国家发展改革委等发布环保政策，对环保压力较大的地区和行业予以重点关注。针对京津冀周边城市大气污染问题，环保部多次提出指导方案，将北京市、天津市、河北省 8 市、山西省 4 市、山东省 7 市、河南省 7 市列为重点限产城市，简称“2+26”城市。6 个受限产影响省份的相关工业品产量占全国比重较大，钢铁占 43. 7%、电解铝占 38. 7%、焦炭占 35. 7%、煤炭占 33. 4%、玻璃占 28. 2% 左右。环保限产在推动过剩产能行业出清的同时，对钢铁、焦炭、煤炭等工

业品产量有一定影响，冲击供给，影响工业品价格。

（二）抑制价格上涨的主要因素分析

1. 国内需求总体偏弱，稳物价具备需求基础

2017 年，消费和资本形成（内需）对 GDP 的拉动和贡献均有所下降，内需总体稳中偏弱。前三季度，内需贡献率为 97.3%，分别比去年同期和去年全年下降 10.5 和 9.5 个百分点，拉动 GDP 增长 6.7 个百分点，比去年同期和全年低 0.5 和 0.4 个百分点。由此可见，2017 年以来我国经济增长取得 6.9% 的中高速增长速度主要受益于良好的国际环境。从固定资产投资和消费品零售总额的增速也可佐证内需偏弱的判断。1—9 月，全国固定资产投资同比名义增长 7.5%，同比下降 0.7 个百分点，实际增长 2.2%，同比下降 7.3 个百分点。我国社会消费品零售总额同比名义增长 10.4%，同比持平，实际增长 9.3%，同比降低 0.6 个百分点。

2. 粮食产量和库存双高，稳物价具备物质基础

当前我国粮食市场呈供需格局宽松、库存高企、国内外粮价倒挂的运行特征。从粮食生产看，2017 年我国夏粮总产量 1 405 亿千克，比 2016 年增产 13 亿千克，同比增长 0.9%。虽然 2017 年我国主动调整了种植结构，但气象条件总体有利，没有发生重大自然灾害，预计 2017 年仍是我国粮食丰收年。从库存看，全国各类粮食企业库存约为 6 150 亿千克，与 2016 年相比略有提高，与年度粮食产量规模相当，面临较大的去库存压力。从价格看，近年来在惠农政策带动下，国内外小麦、玉米、大米和大豆价差每吨分别达到 800 元、200 元、700 元和 500 元左右。2018 年生产的三等小麦最低收购价为每 50 千克 115 元，比 2017 年下调 3 元。因此，在粮食丰产、库存高企和内外价格倒挂的基础上，2018 年粮食价格将维持平稳运行态势，为稳物价奠定了基础。

3. 前期物价水平偏低，稳物价具备预期基础

近五年来我国 CPI 涨幅均低于 3%，2014 年以来更是在 2% 左右徘徊，多年来均低于政府调控目标，2017 年前三季度仅上涨 1.5%，连续 8 个月低于 2%。居民对将来的通胀预期一般跟前期物价水平相关，因此，当前较低的物价涨幅降低了居民的通胀预期。央行调查数据显示，2017 年三季度未来预期物价指数为 61.2%，环比降低 0.1 个百分点，同比降低 1.4 个百分点。通胀预期将通过居民的投资、消费等决策途径影响物价水平，通胀预期减弱将降低物价涨幅。

（三）对 2018 年物价走势的判断和预测

经测算，2018 年 CPI 翘尾因素为 0.8% 左右，比 2017 年提高 0.2 个百分点；

PPI 翘尾因素为 2.4% 左右，比 2017 年降低 1.8 个百分点左右，综合翘尾和以上各因素的影响，2018 年 CPI 仍将呈温和平稳上涨态势，涨幅略高于 2017 年，PPI 保持上涨态势，但涨幅比 2017 年明显收窄。初步预计 2018 年 CPI 上涨 2.0%，PPI 上涨 3.5%，物价调控压力较轻。应充分吸取近几年去产能工作的经验和教训，在实现去产能目标的同时确保主要工业品供需平衡，防止价格大起大落。如表 3 所示。

表 3 历年价格翘尾因素、新涨价因素和调控目标（单位:%）

时 间	调控目标 CPI	CPI	CPI 翘尾	CPI 新涨价	PPI	PPI 翘尾	PPI 新涨价
2008	4.8	5.9	3.4	2.5	6.9	3.2	3.7
2009	4.0	-0.7	-1.2	0.5	-5.4	-4.5	-0.9
2010	3.0	3.3	1.2	2.1	5.5	3.0	2.5
2011	3.3	5.4	2.4	3.0	6.0	3.3	2.7
2012	4.0	2.6	1.2	1.4	-1.7	-0.9	-0.8
2013	3.5	2.6	1.0	1.6	-1.9	-1.1	-0.8
2014	3.5	2.0	0.9	1.1	-1.7	-0.5	-1.2
2015	3.0	1.4	0.4	1.0	-5.2	-1.9	-3.3
2016	3.0	2.0	0.6	1.4	-1.7	-2.6	0.9
2017	3.0	1.5	0.6	0.9	6.2	4.2	2.0
五年平均	3.2	1.9	0.7	1.2	-0.9	-0.4	-0.5
十年平均	3.5	2.6	1.1	1.5	0.7	0.2	0.5

三、保持物价稳定运行的政策建议

1. 实施稳健中性的货币政策，保持流动性合理稳定

第一，健全货币政策和宏观审慎政策双支柱调控框架。坚持稳健中性的货币政策基调，根据形势变化适度微调，保持货币供应适度增长，建议 2018 年 M2（广义货币供应量）增速保持在 10% 左右。第二，综合利用多种政策工具，减少流动性短期波动的影响，维持流动性基本稳定，保持货币信贷和社会融资规模合理增长，建议社会融资规模比名义 GDP 增速略高。第三，发挥价格型调控工具的作用，运用价格型工具预调微调。根据市场利率变化情况，及时调整公开市场操作利率，确保中美利差处于合理水平，防范资本外流。保持人民币汇率基本稳定，减轻贬值压力。第四，货币政策由关注物价总水平适度转向关注资产价格，防范重点城市由房地产引发的金融风险，加强财政、金融、产业贸易等政策与金融监管政策的协调，加强

舆论引导，做好预期管理。

2. 推进重点领域价格改革，提高价格市场化程度

第一，初步预测2018年CPI上涨2.0%左右，建议2017年价格调控目标定为3%，为价格改革留足空间。第二，放开竞争性领域和环节价格，建立政府定价管理的收费目录清单制度，提高各地污染排放和污水处理价格收费标准，推进碳排放、排污权等生态产品交易市场建设。第三，研究制定高速公路分时分区差异化收费政策和高铁等运输领域价格改革政策，适度提高东部地区和运力繁忙地区的高铁客运价格。第四，落实已出台的输配电、医疗服务项目、新能源标杆电价等价格改革方案，在全国范围内实施居民阶梯电价、气价和水价政策，积极推动上海、重庆石油天然气交易中心建设，逐步形成中国的天然气定价机制。

3. 深化农业领域供给侧改革，稳定农产品供给

第一，深化农业领域供给侧改革。加大高标准农田建设资金投入，完善水利体系，适度增加扩大农业减灾防灾资金补助力度和规模，发挥财政资金的引导作用，增加农业领域PPP和财政补助金额，引导社会资本参与农业生产和相关项目，在粮食主产区开展水稻、小麦等主粮灾害保险试点。第二，保障农产品流动顺畅。调整农业运输车辆高速公路收费标准，建立绿色通道，保障主要农产品运输顺畅，降低农产品流动环节费用，适度增加对玉米等主要农产品加工龙头企业技术改造的资金支持力度。第三，加快粮食去库存进度。合理确定去库存粮食价格，加快政策性粮食上网竞价交易，适度下调储存时间较长的粮食销售价格，推进粮食收储制度改革，力争收储价格基本接近市场价格。第四，保障猪肉价格平稳。支持生猪养殖由水网密集地区向环境容量大的地区转移，加大对生猪养殖主产区的环保资金投入，由政府出资建立相应的环保设施，支持专业化、规模化和工厂化生猪养殖，确保猪肉供给和价格基本稳定。

4. 坚持房地产调控政策不动摇，确保市场预期平稳

第一，坚持“房子是用来住的、不是用来炒的”定位，坚持分类调控、因地制宜、因城施策的政策思路，释放房地产调控不松动的政策信号，保证调控政策的连续性和稳定性，稳定市场预期。第二，加大住房用地供应规模，确保房地产市场供给充裕。在条件成熟的情况下，扩大租赁试点城市数量。继续加大住房保障支持力度，完善住房保障供应体系，在北京、上海共有产权住房试点取得一定经验的基础上，及时向重点城市推广。第三，加大金融监管力度，制定阻止消费贷流入房地产市场的政策监管措施，保持首套房贷款利率基本稳定，适度提高二套房贷款利率，控制房地产领域贷款规模，缓解居民加杠杆速度。第四，尽快完善房地产信息系统建设，将一线和热点二线城市纳入房地产税收试点征收范围，逐步增加住房持有成本。

G06　2017 年就业形势分析与 2018 年展望

陈　彬*

摘要：2017 年以来，我国就业形势总体向好，城镇新增就业稳中有增，失业率平稳下降，就业结构持续优化，梯度发展效应开始显现。但是，创业创新的发展基础仍显薄弱，产能过剩地区失业风险犹存，居民收入增长分化制约未来消费及经济增长的潜力。展望 2018 年，世界经济稳健复苏但变数依然较大，国内经济持续向好的基础尚不稳固，淘汰落后产能工作仍将持续推进，人口生育政策对劳动力市场影响有限，科技革命继续快速发展，就业创业的政策红利将进一步释放，这些都将深刻影响我国的就业形势。为了实现更高质量和更充分的就业，建议进一步着力破除体制机制障碍，加大“双创”扶持力度，持续做好淘汰落后产能人员安置，完善职业教育培训体系，加强对重点群体的就业创业扶持。

关键词：就业　宏观经济　创业创新　产能过剩　居民收入

一、2017 年我国就业形势的基本特征

我国宏观经济持续平稳运行、经济结构优化升级、创新能力不断提高，为就业改善提供了良好环境。近年来，为保持就业稳定增长，党中央、国务院积极持续出台了一系列“稳增长、保就业、惠民生”的调控措施，深化收入分配制度改革，以创业创新带动就业增长。在这些政策措施的有效发力下，2017 年我国就业形势总体良好，但也存在一些区域性、结构性和体制机制性问题。

1. 主要就业指标走势持续向好，就业形势总体稳定

相对于经济增长而言，就业的改善或恶化具有滞后性，即就业持续增加，说明经济已早于就业出现了好转，反之亦然。2017 年前三季度，我国宏观经济延续了

---

* 陈彬，管理学博士，国家信息中心经济预测部助理研究员，主要研究领域为就业与收入分配、农业经济理论与政策、能源与资源环境经济等。

2016 年下半年以来的稳中向好态势，全国 GDP 增长 6.9%，同比上升 0.2 个百分点。在宏观经济企稳回升的同时，就业人数持续增加，失业率稳中趋降。2017 年 1—9 月，我国实现城镇新增就业 1 097 万人，同比多增 30 万人，基本实现全年城镇新增就业 1 100 万人的预期目标（见图 1）；城镇失业人员再就业 427 万人，就业困难人员就业 133 万人，同比分别增加 1 万人和 8 万人，均实现了“由减转增”。2017 年前三季度，城镇登记失业率始终维持在 4% 以下，远低于 4.5% 的年度调控目标；31 个大城市的城镇调查失业率连续 7 个月保持在 5% 以下，其中 9 月份仅为 4.83%，为 2012 年以来新低。

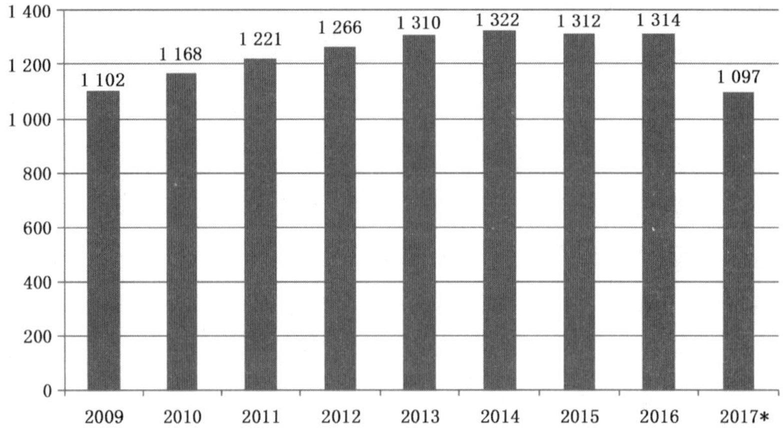

图 1　2009—2017 年我国城镇新增就业人数（单位：万人）

注：* 代表 2017 年为 1—9 月数据。

数据来源：国家统计局、Wind 数据库。

2. 服务业成为吸纳就业主渠道，就业结构不断优化

2017 年前三季度，全国服务业生产指数同比增长 8.3%，同比加快 0.2 个百分点；服务业增加值占 GDP 的比重达 52.9%，与上年同期持平。服务业的平稳较快发展对于保持就业稳定发挥了重要作用，测算表明，服务业每增长 1 个百分点，带动的就业人数比第二产业多 20% 左右。2016 年，我国服务业就业人员比重达到 43.5%，高于第二产业 14.7 个百分点。2017 年上半年，全国规模以上企业中，服务业企业从业人数同比增长 5.6%，增速高于第二产业 4.9 个百分点；新增就业人数占全部规模以上企业新增就业人数的 73.7%，高于第二产业 47.5 个百分点。随着网店、微商、网购快递等网络创业就业新业态不断涌现，服务业吸纳就业的能力进一步增强。从服务业内部看，现代服务业的就业增长最为迅速。2012—2016 年，城镇单位就业人员中增长最快的为“租赁和商务服务业”、“信息传输、软件和信息技术服务业”和“科学研究和技术服务业”，就业人数分别增长 67.1%、63.4% 和

26.9%。如图 2 所示。

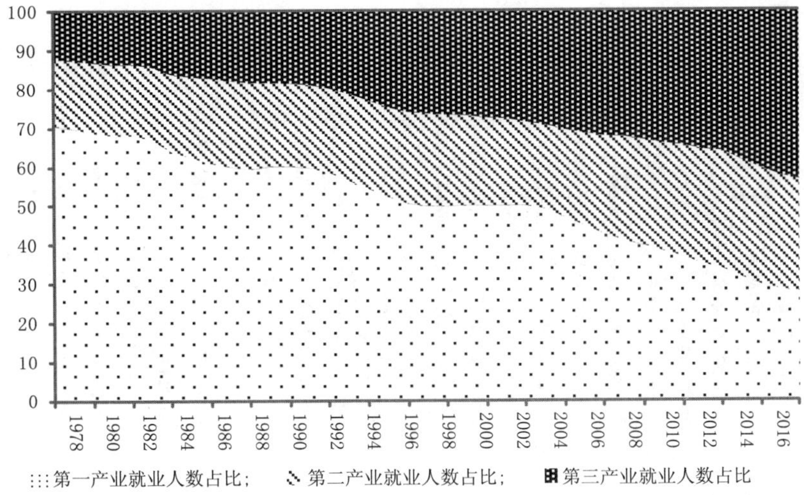

图 2 1978—2016 年我国三次产业就业人数占比（单位:%）

数据来源：国家统计局、Wind 数据库。

3. 劳动力市场总体宽松，就业的梯度发展效应显现

2017 年，我国就业市场总体呈现供不应求的状态，第三季度求人倍率达到 1.16，同比提高 0.06。一方面，得益于产业结构向服务业转型，新经济业态的不断出现增加了就业机会和岗位；另一方面，由于近几年适龄劳动人口持续减少，缓解了就业市场上的供求压力。同时，中西部地区逐渐成为拉动新增就业的主力，就业的梯度发展效应开始显现。主要原因在于，随着经济社会发展水平的提高和产业的梯度转移，中西部地区的本地企业用工需求上升，并不断提高工资待遇和福利水平，吸引了许多以前外出到东部省份的农民工回流到当地就业。数据显示，2017 年第三季度末，我国农村外出务工劳动力 17 969 万人，同比增长 1.8%，增幅继续维持在较低水平（见图 3）；2016 年，中西部地区城镇就业占全国的比重比 2012 年提高 0.7 个百分点，而东部地区下降 0.3 个百分点；2012—2016 年，中西部地区城镇就业增长对全国的贡献率达到 50.9%，高于东部地区 6.8 个百分点。

4. 创业创新成为就业增长重要源泉，就业新动能提升

近年来，国务院和各级地方政府积极推进“大众创业、万众创新”，搭建创业创新平台，完善创业创新支持政策，做好创业创新公共服务，市场主体的潜力和活力得到快速激发。2017 年前三季度，全国新登记企业 451 万户，同比增长 12.5%，平均每天新设 1.65 万户，超过了 2016 年日均 1.5 万户的水平。通过对主流招聘网站大数据测算，2017 年第二季度，新设企业就业贡献率 26.6%，较第一季度提高

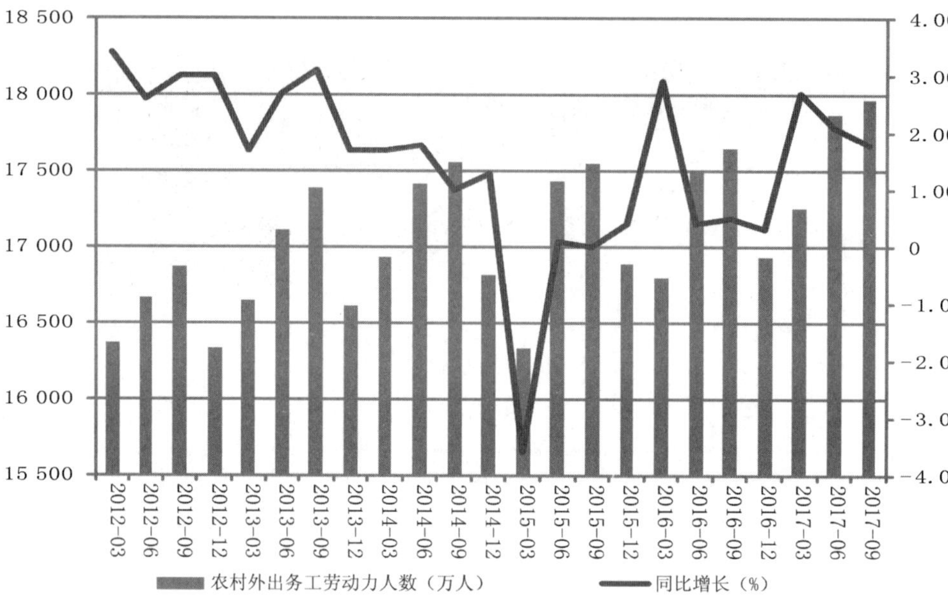

图3 2012年第一季度—2017年第三季度我国农村外出务工劳动力人数及同比变化

数据来源：国家统计局、Wind数据库。

11.2个百分点，新设企业已经成为稳定就业的蓄水池。创业创新带来新业态和新动能的成长发展，也对促进就业起到了重要作用。统计显示，平均每个创业企业或者项目的从业人员为8.44人，创业对于就业的拉动作用明显。2017年前三季度，在孵科技型小微企业达13万家，带动就业超过210万人。但是，当前我国创业创新也面临着地方政府盲目“上马”导致重复建设、平台的要素集聚度和综合配套能力不足、企业自主研发能力和成果转化能力偏弱、产业整体层次不高、高端人才政策的吸引力不足、对创业者的帮扶机制和投资风险分担机制不完善等问题，使得目前我国创业创新主体“多而不强”，制约了创业带动就业效应的充分发挥。

5. 淘汰落后产能步伐加快，部分地区失业风险犹存

推进供给侧结构性改革的一项重要任务，就是化解过剩产能。2016年以来，随着钢铁、煤炭等行业去产能工作的实质性启动，这些行业的隐性失业问题逐渐显性化，就业压力显著增加。特别是对东北三省及山西、陕西、河北等资源型省份而言，落后产能淘汰之后人员的安置问题更加凸显，隐性失业与半失业现象广泛存在，就业质量下降表现较为突出。由于这些地区长期以来形成的依赖重工业或资源工业发展的路径很难改变，经济结构难以迅速优化，从而难以在短期内创造大量工作岗位。并且，需要转岗安置的人员往往技能较为单一、劳动的专业性较强，他们较难在短时间内适应新的工作岗位，其中不乏许多“40、50”人员，他们在就业市场上更容易遭受歧视。

6. 居民收入增长分化拖累消费潜力释放，可能引发新失业问题

消费是收入的函数，扩大消费的关键是要稳定就业、增加收入。只有就业稳定，居民收入来源才有保障，消费预期才能稳定，才能为经济增长提供稳定支撑。尽管从总量上看，2017 年前三季度全国居民人均可支配收入实际增长 7.5%，高于同期 GDP 增速，然而城镇居民人均可支配收入仅增长 6.6%，仍低于同期 GDP 增长率 0.3 个百分点（见图 4）。从全国居民人均可支配收入的分项看，人均经营净收入名义增长 6.0%，增速同比也大幅回落 2 个百分点。此外，全国居民人均可支配收入中位数增长率继续低于平均数增长率，表明收入差距水平在扩大。根据边际消费倾向递减规律，将不利于消费潜力的释放。居民收入增长的分化已直接反映在居民消费支出增长率的下降上，2017 年前三季度，全国居民人均消费支出实际仅增长 5.9%，增速同比下降 0.5 个百分点。当前我国最终消费支出对经济增长的贡献率已经达到 64.5%，消费增长略显乏力势必拖累未来经济增长，进而引发新的失业问题。

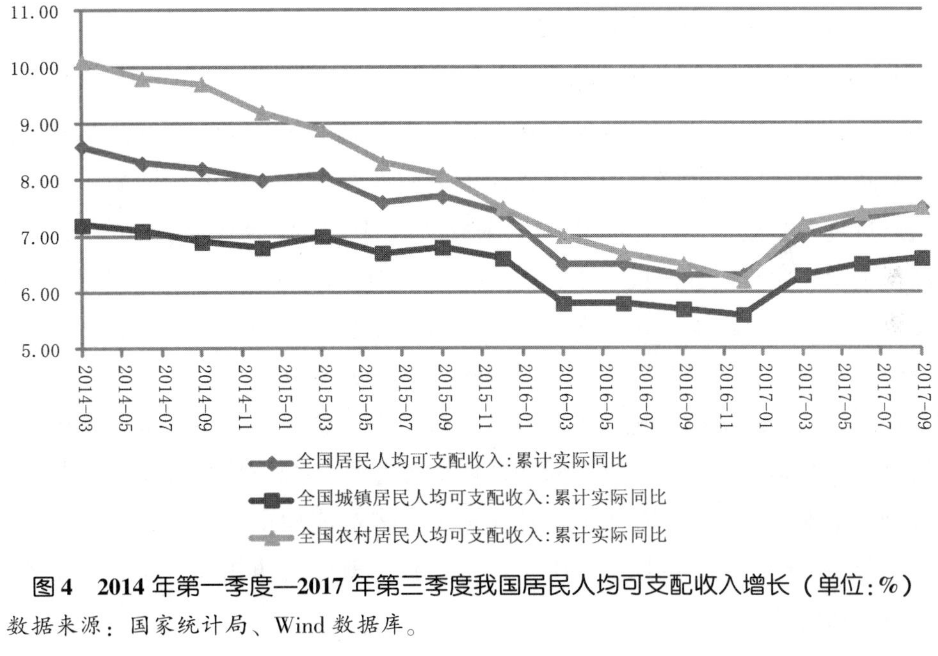

图 4　2014 年第一季度—2017 年第三季度我国居民人均可支配收入增长（单位：%）

数据来源：国家统计局、Wind 数据库。

二、影响我国就业的主要因素分析及就业趋势展望

预计 2018 年，世界经济稳健复苏但变数仍然较大，国内经济持续向好的基础尚不稳固，产业转型与淘汰落后产能工作仍将继续推进，人口生育政策的调整将在一定程度上增加劳动力供给，技术创新与科技革命未来仍将快速发展，就业创业的促

进政策将不断得到深化落实，以上这些因素都将对我国的就业形势产生深刻影响。

1. 世界经济稳健复苏但不确定性依然较大

2017 年以来，世界经济整体运行逐步改善。发达经济体走势整体回暖，美国经济保持稳健增长，三季度 GDP 环比折年率为 3.0%；欧元区经济增长动能增强，二季度 GDP 环比增长 0.6%；日本经济温和增长，二季度 GDP 环比增长 0.6%。主要新兴经济体经济走势总体向好，印度经济继续保持较快增长态势，二季度 GDP 同比增长 5.7%；在能源资源价格回升带动下，巴西、俄罗斯经济逐步好转，二季度 GDP 同比分别增长 0.3% 和 2.5%。预计 2018 年世界经济总体运行有望好于 2017 年，IMF 最新公布的报告也将 2018 年全球经济增长预期上调至 3.7%。这将有利于我国出口企业外贸增长，进而带动国内就业增长。但是，也应看到，主要国家货币政策收紧、地缘政治冲突、大国之间的贸易冲突增加等可能再次成为拖累全球经济复苏的新威胁，世界经济能否就此走上持续稳定复苏之路还需进一步观察，这也将使未来外贸支撑我国经济增长的不确定性在加大。

2. 国内经济持续向好的基础尚不稳固

虽然 2017 年以来，我国经济延续了稳中向好的趋势，但目前仍处于调结构、转方式的关键时期，新旧动力依然处在转换过程中，我国经济持续向好的基础尚不稳固。一是防控金融风险和降低企业融资成本之间存在矛盾，稳健中性的货币政策在实际执行过程中略显偏紧，资金市场利率有所上升，实体企业融资成本居高不下。二是经营风险加大、投资回报下降、行业准入限制和融资渠道不畅等问题持续制约民间投资增长。三是房地产销售面积增速转负，在开发商融资来源严重受限并高度依赖销售回款的情况下，给后续房地产投资资金来源造成压力。四是对外投资总体增速大幅放缓，国内企业“走出去”步伐减慢，部分优质项目由于资金紧张无法如期履约付款，个别项目存在资金链断裂风险。五是地区经济持续分化，东北、西北等省份经济出现了较大的下行压力，环保整治和去产能加重了小微企业的负担，许多小微企业面临倒闭破产的风险。由于经济增长与就业密切相关，经济增速的放缓势必将对就业造成不小的压力。

3. 产业转型升级与落后产能淘汰进程仍将继续

在未来一段时期内，我国都要面临产业转型升级与淘汰落后产能问题，这些行业就业人员的失业风险在加大。在 2016 年安置化解钢铁、煤炭行业过剩产能职工 72.6 万人的基础上，2017 年还需要安置职工 50 万人左右，如果考虑到围绕这些产业链服务的就业人员，实际需要转岗就业的人数将会更多。伴随我国产业结构转型，传统的制造业、工业部门将逐渐衰落，取而代之的是新兴的生产性和生活性服务业。虽然服务业的发展能创造更多的就业机会，但服务业劳动生产率的提高慢于制造业，由此带来的经济增长率下降将反过来制约就业的增长。在产业转型升级中，落后产能的淘汰不可能一蹴而就，而替代产业的发展也不能在短期内创造足够的工作岗位吸纳过剩的劳动力，如果不能妥善解决好这些人员的就业安置问题，将可能引发社会问题。

4. 生育政策调整对劳动力市场的影响有限

近年来，我国适龄劳动年龄人口数量和比例持续下降，2016 年，15～59 岁人口同比减少 370 万人，所占人口比例进一步降至 66.7%，分别连续第五年和第六年下降（见图 5）。适龄劳动年龄人口的下降已经造成我国就业总人口增速的放缓，而作为要素投入的劳动力数量的减少将导致我国未来潜在经济增长水平的下降，反过来制约就业的增长。虽然自 2016 年开始我国已经开始实施“全面两孩”政策，但受妇女劳动参与率提高、生育观念转变和抚养孩子成本上升等影响，政策的效果非常有限。从实际情况看，按国家统计局 1‰抽样调查，2016 年我国出生人口 1 768 万人，仅比 2015 年的 1 655 万人多出 113 万人，远不及此前各主要研究机构的预期水平。

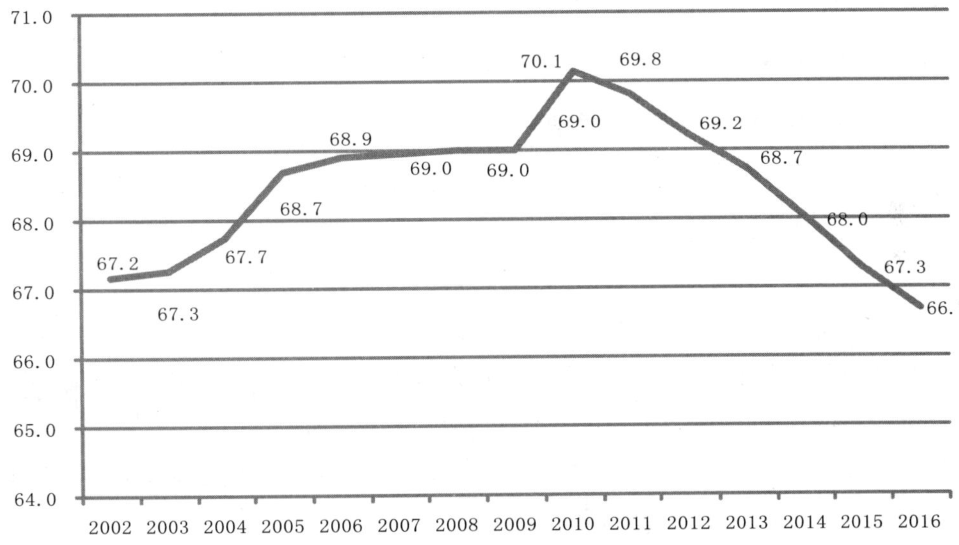

图 5　2002—2016 年我国 15～59 岁劳动年龄人口占比（单位：%）

数据来源：国家统计局、Wind 数据库。

5. 技术创新与科技革命快速发展创造新增就业机会

近年来，随着移动互联网的普及和创新，“互联网+传统行业”的发展模式在各领域持续发酵，以网上购物、共享单车、同城跑腿平台等为代表的新兴业态如雨后春笋般兴起。2017 年以来，在“互联网+”行动计划促进下，互联网相关行业高速发展，互联网和相关服务业、软件和信息技术服务业营业收入同比分别增长42.7%和22.6%。网络创业开拓了就业的新领域，众创空间、在线医疗等新型创业就业蓬勃发展起来，极大地发挥了创业带动就业的效应，为我国在经济转型过程中解决了许多新增劳动力的就业需求。2017年第三季度，信息传输软件和信息技术服务业规模以上企业就业人员数同比增长10.5%，增速比全部规模以上企业快9.1个百分点。可以预见，未来随着科学技术的进一步发展和新就业形态的不断涌现，“就业难”问题将得到逐步缓解。

6. 就业创业政策体系不断细化完善

为了更好地推进“大众创业、万众创新”，为创业创新营造良好的外部环境，国务院印发了系列相关文件。例如，为了进一步促进创业投资持续健康发展，助推科技创新成果转化，发布了《国务院关于促进创业投资持续健康发展的若干意见》；为了形成一批可复制、可推广的“双创”模式和典型经验，发布了《国务院办公厅关于建设大众创业万众创新示范基地的实施意见》，等等。以上政策的逐步推行落实，都有力地促进了劳动者就业创业的积极性。此外，随着政府简政放权的力度持续加大，“放管服”举措的深入落实，商事制度改革和税收制度改革的不断推进，改革的红利得到进一步释放，有效激发了市场主体的活力。

7. 2018年我国就业趋势与指标预测

综合分析上述因素，预计2018年，受宏观经济稳中向好、就业结构持续优化等因素影响，我国城镇新增就业人数将保持稳中略升态势，全年新增就业人数在1 350万人左右；受国家就业创业政策的不断出台落实、新就业形态不断涌现等因素影响，失业率将继续维持基本稳定，登记失业率保持在4%左右，调查失业率维持在5%上下；受人口自然增长率持续降低、生育政策调整影响有限等因素影响，劳动年龄人口比例继续下降至65.3%左右，劳动力市场继续保持宽松状态，求人倍率维持在1.1左右。而受累于产业转型、产能过剩、环保压力、体制机制等多方面因素影响，部分地区仍将面临较为突出的失业问题。

三、政策建议

为了进一步做好未来的就业工作，实现党的十九大报告提出的“实现更高质量和更充分就业”的目标，需着力破除就业体制机制障碍，营造良好的就业外部环境；加大力度扶持创业创新活动，充分发挥创业带动就业作用；持续做好淘汰落后产能人员安置工作，避免出现大的失业危机；完善职业教育和职业培训体系，全面提升劳动者就业能力；强化对重点群体就业创业扶持，为青年及农民工群体提供更广阔的就业空间。

1. **着力破除就业体制机制障碍，全方位支持就业创业**

要进一步推进简政放权，加大金融、财税支持力度，完善扶持创业政策体系，以创新引领创业，以创业带动就业。要尊重劳动者和企业的市场供求主体地位，消除城乡、行业、身份、性别等影响平等就业的制度障碍，形成有利于劳动力要素自由流动、平等交换的市场体系，提高人力资源配置效率和公平性。要建立经济发展和扩大就业的联动机制，健全政府促进就业责任制度。加强和改进公共就业服务，努力提高服务专业化、信息化水平，推动全国公共就业信息平台建设。要完善就业失业监测统计制度，创新劳动关系协调机制，畅通职工表达合理诉求渠道。

2. **加大力度扶持创业创新活动，充分发挥创业带动就业作用**

加强高校的创新创业教育，鼓励高校开设多种形式、多项内容的创新创业教育课程；完善在校大学生休学创业办法，鼓励在校大学生进入企业实践学习；支持高校与各类培训机构合作开展创业培训，运用社会各类资源建设创业孵化基地。统筹各部门形成支持创新创业的政策合力，着力构建与创新驱动相适应的金融支持体系，用好国家新兴产业创业投资引导基金，鼓励互联网金融创新。加强对典型创新创业活动的宣传引导，培育创新文化。为有创业意愿的劳动者提供创业培训，以经验介绍、案例分析、讨论交流、现场演练等形式帮助其创业。

3. **持续做好淘汰落后产能人员安置，避免大规模失业**

各级人社部门要切实加强组织领导，加强失业动态监测工作，及时采取措施化解矛盾。多种途径进行人员安置，包括买断工龄、内部退养、培训转岗、自主创业等。把转岗与教育培训结合起来，引导转岗人员接受再就业培训，帮助他们转变思路，掌握新的工作技能。完善奖励补偿机制，妥善分配好去产能职工安置中央财政奖补资金，充分利用失业保险和就业专项资金对符合条件的予以支持。健全职业培训网，建设一批公共实训基地，提高下岗职工就业能力，缓冲、化解周期性失业风险。

4. **完善职业教育和职业培训体系，全面提升劳动力素质**

切实提高职业培训的针对性和有效性，调整高等院校学科教育与职业教育结构，大力发展职业教育。要顺应产业结构迈向中高端水平和缓解就业结构性矛盾的要求，加快构建劳动者终身职业培训体系，充分运用职业培训补贴和高技能人才补贴政策，鼓励企业、职业院校和培训机构广泛开展各类职业培训，特别要注重发挥企业的主体作用，创新培训方式，提升培训质量。要尊重劳动、尊重技能，完善有利于技术技能型人才成长的引导机制、培养机制、评价机制和激励机制，营造全社会关心和支持技术技能型人才成长的良好氛围。

5. 强化对重点群体就业创业扶持，提供更广阔的就业空间

重点推进以高校毕业生为主体的青年和农民工就业创业。落实离校未就业高校毕业生就业促进计划，实施毕业生实名登记就业管理和就业跟踪服务，扩大“三支一扶”等基层就业项目，组织就业见习，引导毕业生到基层就业。全面落实鼓励大学生创业的小额担保贴息贷款、税收减免、场地费用补贴、创业奖励等扶持政策。加强劳务输出地和输入地的管理服务协调配合，做好农民工就业服务衔接，开展多种形式的劳务对接活动，建立长久合作机制，以劳务经济带动农民工就业。建立全国联网的用工信息发布制度，及时为农民工提供有效岗位信息。

G07　2017 年财政收支形势分析与 2018 年展望

王远鸿*

摘要：2017 年，我国经济保持了稳中向好的态势，经济增长、就业、物价、国际收支等主要指标好于预期，全国一般公共预算收支保持较快增长。2018 年，是全面贯彻落实十九大精神的开局之年，推动经济发展方式转变，进一步优化经济结构，加快增长动力转化，提高经济增长的质量和效益，增加人民群众的获得感、幸福感和安全感是各项工作的关键。财政政策更加积极有效，要适当扩大财政赤字和国债发行规模，合理适度地加大地方政府专项债券发行力度。进一步优化财政支出结构，切实落实好各项减税降费政策。密切关注美欧等国家税改动向，做好政策储备。积极推进财税体制改革，有效化解地方政府债务风险。

关键词：财政收入　财政支出　财政政策

一、2017 年全国财政收支形势分析及预测

（一）1—9 月财政收入同比增速有所加快

1—9 月，我国经济保持了稳中向好的态势，经济结构继续优化，质量效益明显提升，经济增长、就业、物价、国际收支等主要指标好于预期，全国一般公共预算收入 134 128.9 亿元，完成预算的 79.5%，同比增长 9.7%，比上年同期加快 3.8 个百分点，月度增长情况如图 1 所示。其中，中央一般公共预算收入 63 371.93 亿元，完成预算的 80.6%，同比增长 9.4%；地方一般公共预算本级收入 70 756.97 亿元，完成预算的 78.6%，同比增长 10.0%。全国一般公共预算收入中的税收收入 113 100.95亿元，完成预算的 83.4%，同比增长 12.1%，比上年同期加快 5.5 个百分点。

1—9 月财政收入增长有如下特点：

* 王远鸿，经济学博士，国家信息中心经济预测部副主任，研究员，主要研究领域为宏观经济、财政金融运行和政策分析、经济监测预警等。

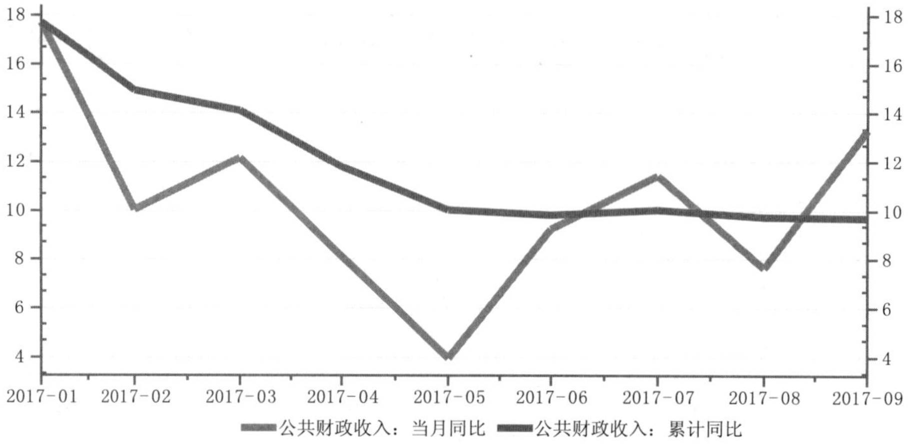

图1 2017年1—9月财政收入增长速度（单位：%）

数据来源：Wind资讯。

1. **中央财政收入增速较高**

中央一般公共预算收入同比增长9.4%，主要得益于进口环节税收、车辆购置税等增收影响。1—9月，受部分大宗进口商品价量齐升带动，一般贸易进口增长加快，进口货物增值税、消费税11 806.81亿元，完成预算的89.3%，同比增长29.9%，比上年加快29.9个百分点。关税2 237.13亿元，完成预算的84.1%，同比增长18.6%，比上年同期加快19个百分点。车辆购置税2 408.7亿元，完成预算的84.5%，同比增长26.0%，比上年同期加快37.8个百分点。印花税1 787.37亿元，完成预算的76.8%，同比增长2.9%，比上年同期加快38.6个百分点。其中，证券交易印花税942.17亿元，完成预算的72.5%，同比下降8.6%，比上年同期减少41.1个百分点。

2. **国内增值税增速大幅回落**

1—9月，国内增值税完成42 273.99亿元，完成预算的78.7%，同比增长7.2%，比上年同期回落16.6个百分点。其中，主要受工业增加值和PPI累计增速分别比上年加快0.7和9.4个百分点的影响，国内增值税（不含改征）25 405.15亿元，同比增长22.3%，比上年同期加快19.6个百分点。由于营改增减税效应进一步体现及上年基数较高，改征增值税16 868.84亿元，同比下降9.5%，比上年同期回落210.6个百分点。

营改增自开展试点以来累计减少企业税负1.7万亿元，实现了所有行业税负只减不增，扩大了税基，激发了市场活力和经济发展动力。由于营业税已统一改征增值税，营业税实质上已经取消。10月30日国务院常务会议通过《国务院关于废止〈中华人民共和国营业税暂行条例〉和修改〈中华人民共和国增值税暂行条例〉的决定（草案）》，标志着实施了 60 多年的营业税正式退出历史舞台。

3. 企业所得税、个人所得税、资源税增速较快

随着去产能、降成本等供给侧结构性改革取得进展，供需关系稳步改善，工业品价格明显回升，企业成本降低，负担减轻，经营状况明显改善，效益明显提高。1—9 月，采矿业实现利润总额 3 692 亿元，同比增长 4.7 倍。制造业实现利润总额 48 984.3亿元，增长 19.6%。1—8 月，规模以上服务业企业营业利润同比增长 22.8%。受企业利润快速增长带动，企业所得税 27 333.56 亿元，完成预算的 90.4%，同比增长 13.1%，比上年同期加快 4.8 个百分点。

1—9 月，全国居民人均工资性收入同比名义增长 8.8%，全国居民人均财产净收入同比增长 10.4%，全国居民人均净收入同比增长 12.1%，分别比上年同期加快 0.9、2.2 和 1.8 个百分点。工资、财产、转移三项收入的较快增长支撑着居民收入继续较快增长，个人所得税 9 372.63 亿元，完成预算的 87.1%，同比增长 18.6%，比上年同期加快 1.6 个百分点。

1—9 月，资源税改革全面推进，受益于煤炭、原油和金属等多种矿产品价格快速回升，资源税收入 1 031.03 亿元，完成预算的 90.1%，同比增长 54.0%，比上年同期加快 105.9 个百分点。

4. 房地产相关税收增速稳中趋缓

随着因城施策的房地产调控效果逐步显现，市场交易日趋理性，房地产相关税收增速呈现总体回调及区域分化态势。1—9 月，契税 3 786.71 亿元，同比增长 19.9%，完成预算的 82.3%；土地增值税 3 996.79 亿元，同比增长 21.8%，完成预算的 86.5%；房产税 1 840.82 亿元，同比增长 17.9%，完成预算的 75.6%；城镇土地使用税 1 788.2 亿元，同比增长 10.4%，完成预算的 72.1%。

5. 区域间财政收入差距缩小

受煤炭、原油等工业品价格快速上涨及 2016 年同期低基数因素的影响，资源类行业、传统制造业效益回升，中西部地区财政收入增速高于东部地区。随着经济有所回稳，东北地区财政收入逐步改善，与其他地区的差距有所缩小。1—9 月，河北、山西、浙江、湖北、广东、北京等 19 个省市实现两位数增长，其中辽宁、黑龙江分别增长 10.8% 和 13.3%；贵州、安徽、山东、上海等 11 个省市区实现个位数增长，其中天津、内蒙古分别增长 0.1% 和 0%；吉林收入下降 2.0%。

（二）1—9 月财政支出同比增速小幅回落

1—9 月，全国一般公共预算支出 151 873.06 亿元，完成预算的 77.9%，同比增长 11.4%，比上年同期回落 1.1 个百分点，月度增长情况如图 2 所示。其中，中央一般公共预算本级支出21 097.23亿元，完成预算的 71.3%，同比增长 8.3%；地方一般公共预算支出 130 775.83 亿元，完成预算的 79.4%，同比增长 11.9%。收支相抵，累计赤字 17 744.16 亿元，同比增加 3 685.23 亿元。

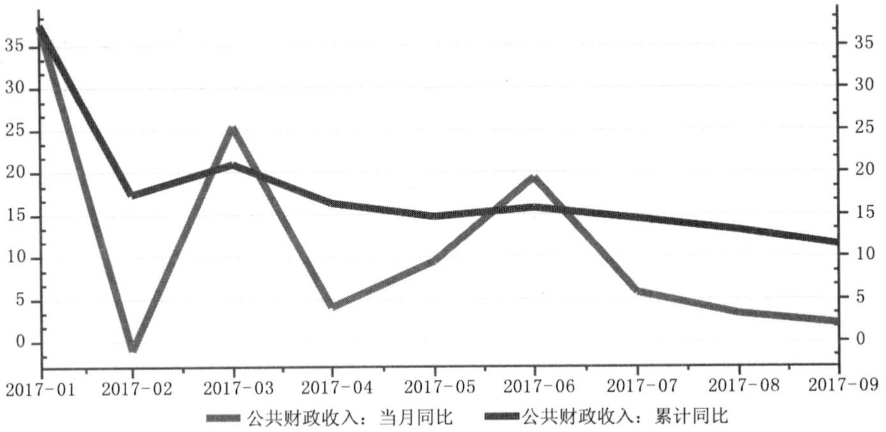

图 2　2017 年 1—9 月财政支出增长速度（单位：%）

数据来源：Wind 资讯。

1—9 月，全国一般公共预算主要支出情况：

1. 教育支出增速与上年同期持平

1—9 月，教育支出 22 311.68 亿元，完成预算的 75.9%，同比增长 13.3%。重点在于落实城乡义务教育经费保障机制，进一步统一义务教育学生“两免一补”政策，实现“两免一补”和生均公用经费基准定额资金随学生流动可携带。继续开展薄弱学校改造等工作，进一步加快推进教育脱贫攻坚。支持提升现代职业教育基础能力。提高博士研究生国家助学金补助标准。统筹推进“双一流”建设。

2. 科学技术支出增速有所加快

1—9 月，教育支出 4 660.3 亿元，完成预算的 68.4%，同比增长 17.0%，比上年加快 2.8 个百分点。重点支持基础研究、前沿技术研究、社会公益研究、重大共性关键技术研究开发。加强对公益性科研机构（基地）的稳定支持，支持科研院所改革发展，推动科技资源开放共享。推进在重大创新领域组建一批国家实验室。支持实施科技重大专项。推动“科技创新 2030-重大项目”启动实施。

3. 文化体育与传媒支出增速有所加快

1—9 月，文化体育与传媒支出 2 080.93 亿元，完成预算的 65.2%，同比增长 10.7%，比上年加快 3.0 个百分点。重点加快构建现代公共文化服务体系，加强文化遗产保护利用，支持实施中华优秀传统文化传承发展工程。促进文艺作品创作生产，推动中华文化“走出去”。改善城乡公共体育设施条件，推动公共体育场馆免费或低收费面向社会开放。

4. **社会保障和就业支出增速明显加快**

1—9 月，社会保障和就业支出 19 946.25 亿元，完成预算的 88.6%，同比增长 20.0%，比上年加快 5.4 个百分点。重点在于继续提高退休人员基本养老金标准，加大统筹社会救助资源力度，整合设立困难群众救助补助资金，大幅提高自然灾害生活救助项目中央财政补助标准。实施更加积极的就业政策，健全就业创业政策措施，着力促进重点群体就业，研究建立终身职业技能培训制度。

5. **医疗卫生与计划生育支出增速明显放慢**

1—9 月，医疗卫生与计划生育支出 11 833.5 亿元，完成预算的 84.3%，同比增长 14.6%，比上年回落 6.5 个百分点。重点将城乡居民基本医疗保险财政补助和个人缴费标准均提高 30 元，分别达到每人每年 450 元和 180 元。健全基本医保稳定可持续筹资和报销比例调整机制，坚持适度保障原则，更加注重保大病。

6. **节能环保支出增速大幅提高**

1—9 月，节能环保支出 3 813.46 亿元，完成预算的 80.0%，同比增长 33.6%，比上年加快 27.7 个百分点。重点支持大气、水、土壤污染防治三大行动。开展第二批山水林田湖生态保护和修复工程试点。加大重点生态功能区转移支付力度。深入落实新一轮草原生态保护补助奖励政策，支持新一轮退耕还林还草和天然林保护全覆盖政策。

7. **农林水支出增速明显放缓**

1—9 月，农林水支出 12 562.29 亿元，完成预算的 64.9%，同比增长 4.7%，比上年回落 6.7 个百分点。重点是统筹推进高标准农田建设，扎实开展特色农产品优势区创建，深入实施农村“双创”、加工转型、休闲提升、融合发展四大工程，稳步推进农业绿色发展五大行动，完善农业补贴制度，提高补贴政策指向性和精准性，发展壮大农业新产业新业态。

8. **住房保障支出增速大幅回落**

1—9 月，住房保障支出 4 620.99 亿元，完成预算的 67.7%，同比增长 0.2%，比上年回落 22.5 个百分点。重点是及时下达棚改补助资金，大力支持棚户区改造。继续推进公租房等保障房及配套设施建设，保障困难家庭基本住房需求。继续推进农村危房改造工作。

（三）第四季度及全年财政收支分析预测

1. 第四季度财政收入增速将有所回落

第四季度，全球经济贸易总体回升向好的态势有望得以延续，但是由于2016年基数较高、大宗商品价格涨幅回落及汇率波动的影响，我国对外贸易增速将出现回调。有效供应依然不足、内需增长机制体制仍待完善、化解财政金融风险和房地产调控的逐步加力见效将使得基础设施、房地产投资增速回落，库存周期下行。第四季度，经济增速略低于1—9月，初步判断在6.7%左右。由于经济增速略有回落，工业品价格水平稳中有落，企业效益难有进一步改观，进口环节税收、房地产相关税收增速继续回落，一般公共预算收入增幅将出现回落。初步预测，第四季度财政收入增速为1%左右，全年在8.2%左右。

2. 第四季度中央和地方财政增支压力大

第四季度，要确保经济平稳健康发展，确保供给侧结构性改革得到深化，确保守住不发生系统性金融风险的底线，圆满完成全年经济社会发展目标任务。因此，要进一步落实更加积极有效的财政政策，增强内需对经济增长的关键支撑作用，培育壮大新动能和改造提升传统动能，确保保障和改善民生的各项工作。初步预测，第四季度财政支出增速下降8%左右，全年增速在6.5%左右。

二、2018年全国财政收支分析与展望

（一）2018年国内外经济环境分析

1. 世界经济复苏动能有所增强，出口有望平稳增长

2018年，尽管存在着主要国家特别是美国货币财政政策进一步转向、贸易保护主义威胁依然存在、地缘政治冲突可能加剧带来的潜在风险和冲击，国际经济环境有一定的不确定性。但发达经济体私人部门资产负债表将进一步修复、劳动力市场继续改善、社会信心继续恢复，全球经济复苏动能继续增强。从目前主要国际组织的普遍预期来看，2018年全球经济有望继续保持温和复苏的势头，主要发达国家和新兴市场国家经济继续好转，全球贸易增长动能增强，全球外商直接投资保持增长，全球制造业回暖，全球通货膨胀水平继续回升。

国际经济贸易环境的好转，我国对外贸易结构优化升级，外贸企业竞争力增强，有助于我国出口保持平稳增长。但是，美国对我国发起“301调查”等贸易保护行

为，制约我国重点领域对美出口；美联储的加息、缩表，欧洲央行可能逐步退出量宽政策将导致国际资本流动出现新的变数，也将对我国保持汇率稳定带来新的挑战。美、英、法等国家酝酿之中的减税政策也可能对我国吸引外资和防止资本外流产生一定的压力。潜在贸易摩擦与地缘政治冲突加剧也将加大我国扩大出口、对外投资及确保能源资源安全的难度。国际大宗商品价格震荡波动等，导致我国出口面临的不确定性仍然较大。初步预计，2018 年美元计价我国出口将增长 5% 左右。

2. 国内发展不平衡不充分矛盾依然突出，经济增速可能小幅回落

2018 年是全面贯彻落实十九大精神的开局之年，国内经济已由高速增长阶段转向高质量发展阶段，推动经济发展方式转变，进一步优化经济结构，加快增长动力转化，提高经济增长的质量和效益，增加人民群众的获得感、幸福感和安全感是各项工作的关键。稳中求进的工作总基调将继续坚持，宏观经济政策将保持连续性稳定性，财政政策更加积极有效，货币政策保持稳健中性，宏观调控将更加前瞻、精准、有效，供给侧结构性改革及重点领域和关键环节的改革将持续深化，创新驱动得以深化，预期引导继续加强，新动能得到进一步培育壮大，传统动能得到改造提升，2017 年我国经济稳中向好的态势有望得以延续。近期 IMF、OECD（经济合作与发展组织）等国际组织上调了我国经济增长预期，国内经济主体的预期也在不断改善。

但与此同时，国内经济环境依然错综复杂，发展不平衡不充分已经成为满足人民日益增长的美好生活需要的主要制约因素，提升经济发展质量的基础仍不稳固。供给侧结构性改革任重道远，有效供应依然不足，内需增长机制体制仍待完善，市场信心有待提升，民间资本扩大投资的意愿和能力不足，居民增收难制约消费能力的提升，实体经济发展的内生动力仍需培植。金融风险问题仍然突出，一些地方政府违法违规举债时有发生，化解财政金融风险可能对经济产生收缩效应。房地产市场结构性矛盾依然突出，房地产调控的逐步见效使得相关投资、消费和税收出现回落。部分工业品价格波动将加大“提质增效”和预期管理难度，导致行业和地区走势分化加剧。前期补库存可能变为去库存，对需求的拉动将进一步走弱。

初步判断，2018 年，经济增速略低于 2017 年，在 6.6% 左右。居民消费价格温和回升，CPI 将上涨 2.0% 左右。工业品出厂价格涨幅回落，PPI 上涨 3.5% 左右。服务业主导作用进一步增强，增速将稳定在 7.5% 左右。工业生产将稳中趋缓，增速在 6.2% 左右。投资增速将有所放缓，增长 7.0% 左右。消费增速保持基本平稳，社会消费品零售总额将增长 10% 左右。

（二）财政收入增速将低于 2017 年

2018 年，经济增速略有回落，工业品价格水平明显回落，企业效益难有进一步改观，减税力度可能加大，一般公共预算收入增幅将出现回落。

1. 增值税增速将出现回落

2018 年工业增加值小幅回落，PPI 涨幅明显回落，工业增加值名义增速将明显回落，工业增值税增速将明显回落。社会消费品零售额增速小幅回落，商业增值税增速难有明显回升。

2. 所得税增速有所回落

由于工业增加值增速回落和 PPI 涨幅回落，2018 年工业企业效益难有进一步改善，工业企业所得税增速将缓中趋落。

房地产销售面积、销售额将继续放缓，并带动房地产开发面积升幅收窄，房地产企业所得税、契税、土地增值税、耕地占用税等相关税收增速将出现回落。

银行经营状况不会明显好转，股票市场交易难有明显改观，金融业税收将继续低速增长。

3. 减税力度进一步加大

2018 年，国家有可能继续实施减税降费的办法支持实体经济的发展，减税力度将进一步扩大，对税收的下拉将有所加大。同时，受内需边际减缓及基数提高的影响，2018 年进口增速将明显低于 2017 年，进口环节税收增速将明显低于 2017 年。

初步预测，2018 年财政收入增速为 6% 左右。

（三）中央和地方财政增支压力大

2018 年，要统筹处理好稳增长、促改革、调结构、惠民生、防风险的关系，确保经济运行保持在合理区间，风险防范、精准脱贫、污染防治攻坚战扎实推进，新动能作用加强，人民群众获得感增强，中央和地方财政增支压力仍然较大。

1. 确保经济运行保持在合理区间

2018 年，要进一步落实更加积极有效的财政政策，巩固经济稳中向好的发展势头。要充分发挥财政资金的引领作用，适当增加预算内投资加大对“十三五”规划重大工程及其他重大建设项目的支持，加强棚户区和城乡危房改造及配套基础设施、铁路、水电、核电、电网、油气管网、储气设施等基础设施建设，增强内需对经济增长的关键支撑作用。

2. 培育壮大新动能和改造提升传统动能

2018 年，要加快推进“科技创新 2030-重大项目”和国家实验室建设，组织实施生物产业倍增、人工智能创新发展、集成电路“910”等重大工程，深入实施“中国制造 2025”，深入实施新一轮技术改造重大工程，加大智能化、绿色化等技术改造投入。多渠道筹集并落实好化解过剩产能所需资金，鼓励企业多退产能。加快构建以绿色生态为导向的农业补贴制度，加大对农业保险的支持力度。

3. 确保保障和改善民生的各项工作

2018 年，要持续推进深度贫困地区脱贫攻坚，加大公共服务、基础设施投入力度。要做好促进就业和居民增收工作，妥善做好去产能职工分流安置工作，推进高校毕业生就业创业工作。加快建立多主体供给、多渠道保障、租购并举的住房制度。

初步预测，2018 年财政支出在 5.1% 左右。

三、关于 2018 年财政政策的建议

1. 积极实施积极财政政策

一是适当扩大财政赤字和国债发行规模，建议 2018 年全国赤字率控制在 3.0% 左右。针对不同地区的具体情况，因地制宜，合理适度地加大地方政府专项债券发行力度，扩大债务规模。进一步优化财政支出结构，重点支持三农、创新、民生、绿色发展等薄弱领域和重点领域建设。二是切实落实好各项减税降费政策，密切跟踪执行情况，开展督查确保有效落地。三是密切关注美、欧等国家税改动向，积极应对，做好政策储备。研究出台普遍降低企业增值税和所得税税率措施。四是扩大固定资产加速折旧政策范围，由目前的 10 个行业扩大到制造业全行业。五是明确政府性基金改革时间表，进一步清理铁路、公路、港口收费，降低收费标准。

2. 积极推进财税体制改革

一是加快推进财政事权与支出责任划分改革，制定出台中央和地方收入划分总体方案；研究推进个人所得税改革，推进综合与分类相结合的税制改革。二是推进消费税改革，适当扩大并调整消费税征收范围。三是进一步深化资源税改革，稳步扩大水资源税试点范围，促进资源节约利用。四是进一步完善粮食等重要农产品收储制度，加快构建以绿色生态为导向的农业补贴制度。五是研究适当降低部分优质日用消费品关税，完善免税店政策和跨境电子商务零售进口税收政策，扩大消费品进口。六是加快建立房地产市场长效机制，扩大个人住房征收房地产税试点城市

范围。

3. 有效化解地方政府债务风险

一是强化地方限额管理和预算管理，加快存量政府债务置换步伐，坚决堵住违法违规举债的后门，遏制隐性债务增量。二是加快建立和完善地方政府编制政府综合财务报表制度和债务率等指标体系，真实全面反映地方政府偿债能力，合理确定分地区地方政府债务限额。三是通过定向增发、资产置换、政府债务转为商业债务等渠道，低成本的政策性资金置换信托融资和商业银行贷款，多措并举缓解政府偿债压力，降低还息负担。四是建立发改、财政、审计和银监部门数据共享机制，共同做好地方政府债务管理基础工作。五是加强信息披露，做好风险的前瞻性防范。

G08　2017年金融运行分析与2018年展望

李若愚*

摘要：在金融去杠杆的政策影响下，2017年货币供应量与社会融资规模增速“一降、一升”，人民币存款与人民币贷款同比“一少、一多”，金融部门与实体经济杠杆率“一降、一稳”，各类利率水平有所抬升。2018年要紧紧围绕服务实体经济、防控金融风险、深化金融改革三项任务，创新和完善金融调控，积极应对发达国家货币政策正常化、国内融资难、融资贵问题抬头，以及各类金融风险点进一步暴露等多重挑战。金融调控要做到“四个加强”：加强货币政策和宏观审慎政策的协调配合，维持经济和金融稳定；加强价格型调控，引导利率水平与人民币汇率平稳运行；加强结构性调控，提高金融服务实体经济效率；加强流动性精细化管理，保持银行体系流动性平稳。

关键词：货币政策　货币　信贷　利率　汇率

一、2017年我国金融运行基本特征

（一）货币供应量与社会融资规模增速“一降、一升”

受“一行三会”联手推动金融领域去杠杆的影响，货币供应量增速明显放缓。9月末，广义货币（M2）余额同比增长9.2%，增速比上年末低2.1个百分点，比上年同期低2.3个百分点，比年初预订的增长目标低2.8个百分点；狭义货币（M1）余额同比增长14%，增速比上年末低7.4个百分点，比上年同期低10.7个百分点。货币供应量统计来自“存款性公司概览”的负债方，M2增速放缓说明金融去杠杆致使存款性金融机构负债方扩张减速。

与M2统计来自金融机构负债方相反，社会融资规模是从金融机构资产方和金

* 李若愚，金融学硕士，国家信息中心预测部副研究员，主要研究货币政策、金融运行与金融市场。

融市场发行方进行统计。2017 年金融去杠杆政策对金融机构负债与资产方均有所冲击，突出表现为同业资产与负债减少。银监会统计数据显示，截至 9 月末，银行业同业资产和负债双双收缩，比年初分别减少 2.6 万亿元和 2.0 万亿元。与同业负债大部分已纳入 M2 统计范围不同，同业资产中与实体经济无关的部分不属于社会融资规模统计范围，加之同期表外理财被纳入广义信贷指标范围，表外融资转表内支撑人民币贷款快速增长，因此，金融去杠杆政策对社会融资规模总量冲击不大。9 月末，社会融资规模存量同比增长 13%，比上年末和上年同期分别高 0.2 个和 0.5 个百分点。前三季度社会融资规模增量累计为 15.67 万亿元，比上年同期多 2.21 万亿元。如图 1 所示。

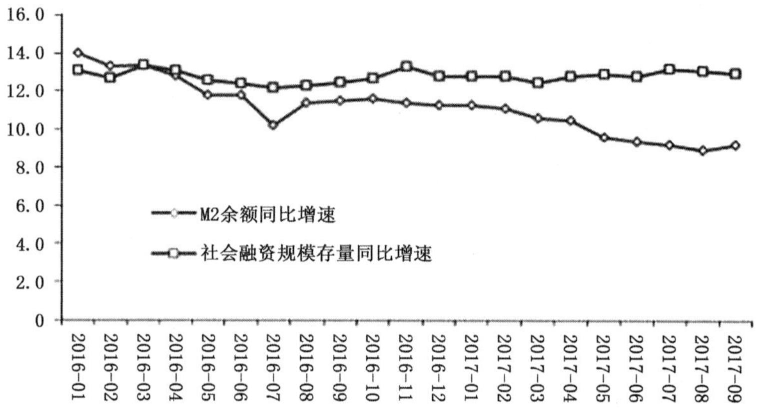

图 1　社会融资规模与 M2 增速（单位：%）

（二）人民币存款与人民币贷款同比“一少、一多”

与 M2 和社会融资规模走势背离相对应，银行存款与贷款增长也出现分化。9 月末，人民币贷款余额同比增长 13.1%，增速比上年末低 0.4 个百分点，但比上年同期高 0.1 个百分点。前三季度人民币贷款增加 11.16 万亿元，同比多增9 980亿元。9 月末，人民币存款余额同比增长 9.3%，增速比上年末和上年同期低 1.7 个和 1.8 个百分点。前三季度人民币存款增加 11.68 万亿元，同比少增 1.13 万亿元。人民币存款减少的同时，人民币贷款仍在增加，导致银行存差（存款数大于贷款数）扩张势头出现停滞。9 月末，人民币存差为 44.5 万亿元，同比仅增长 0.24%，增速比上年同期低 6.51 个百分点。银行存差停止扩张之下，银行自身资金趋于紧张。代表银行闲置资金充裕程度的超储率 6 月末为 1.4%，比上年末和上年同期低 0.4 个和 1.0 个百分点。

（三）金融部门与实体经济杠杆率“一降、一稳”

金融去杠杆政策取得较好成效，金融部门杠杆率开始下降。据社科院测算，按资产方统计，宽口径的金融部门杠杆率由 2016 年末的 78.1% 下降到 2017 年一季度末的 77.3%，二季度末进一步降至 74.2%。在整治金融乱象的强监管之下，银行同业、理财、表外业务均呈现增速放缓或同比负增长，资金脱实向虚和在金融领域自我循环与空转的势头得到遏制。

实体经济杠杆率趋稳。国际清算银行（BIS）数据显示，我国实体经济杠杆率由 2016 年第四季度的 257.0% 提高到 2017 年第一季度的 257.8%，提高幅度比上季度缩小 0.8 个百分点。从各部门杠杆率的变化看，在政府主动推动"去杠杆"的影响下，非金融企业杠杆率的上升趋势初步得到抑制。BIS 数据显示，我国 2017 年一季度非金融企业杠杆率为 165.3%，比上季度下降 1.0 个百分点；政府部门杠杆率为 46.9%，比上季度提高 0.5 个百分点；居民部门杠杆率为 45.5%，比上季度提高 1.1 个百分点。如表 1 所示。

表 1 各部门杠杆率（单位:%）

	非金融部门	政府部门	住户部门	非金融企业部门
2016.1Q	250.4	44.2	40	166.2
2016.2Q	253.5	45.1	41.6	166.8
2016.3Q	255.4	45.9	43.3	166.3
2016.4Q	257	46.4	44.4	166.3
2017.1Q	257.8	46.9	45.5	165.3

数据来源：国际清算银行（BIS）。

4. 金融市场利率与实体经济融资成本均有所抬升

为推动金融领域去杠杆，央行加强利率调控，维持银行间市场流动性"紧平衡"。央行于 2 月 3 日和 3 月 16 日两次上调公开市场逆回购利率和中期借贷便利（MLF）利率等一系列政策利率，引导银行间资金价格适度上升。前 9 个月，央行通过逆回购和 MLF 等累计净投放流动性 6 757 亿元，同比少投放 1.61 万亿元。受调控影响，银行间流动性趋紧，货币市场利率有所抬升。10 月末，上海银行间同业拆放利率（shibor）隔夜品种为 2.74%，比上年末和上年同期高 0.51 和 0.49 个分点。监管层重点加强银行同业、理财、表外监管与银行间流动性趋紧共同推动债券市场步入震荡调整，债券收益率整体走高。3 个月、1 年及 10 年期国债收益率分别由上年末的 2.65%、2.65% 和 3.01% 升至 10 月末的 3.48%、3.57% 和 3.89%。

金融市场利率走升向实体经济融资成本形成一定传导。从发债成本看，Wind（万得）数据显示，10 月份公司债、企业债、中期票据和短期融资券加权平均发行利率分别为 5.52%、6.59%、5.64% 和 4.80%，与上年 12 月份相比分别升高 0.68、

1.05、0.78 和 0.92 个百分点。从银行贷款看，8 月份，金融机构贷款加权平均利率为 5.85%，比上年 12 月份提高 0.58 个百分点。其中，受房地产调控影响，房贷利率上升幅度较大。融 360 数据显示，9 月份全国首套房平均贷款利率升至 5.22%，比上年 12 月份提高 0.77 个百分点。

5. 人民币汇率贬值和跨境资金流出压力双双缓解

在全球汇市“众币皆强美元独弱”的背景下，人民币对美元汇率在 2—4 月稳定在 6.85 ~ 6.92 的区间内，5 月底“逆周期因子”引入人民币兑美元汇率中间价报价模型后，走出一波强势行情。10 月份后，人民币兑美元汇率再次稳定在 6.6 ~ 6.7 的窄幅区间内双向波动。总体来看，前 10 个月人民币兑美元中间价累计升值 4.5%，即期汇价累计升值 4.9%。

与人民币对美元升值相伴随，我国跨境资金流出压力也阶段性减轻。前三季度，银行结售汇逆差 1 129 亿美元，同比缩小 1 305 亿美元；涉外收付款逆差 1 115 亿美元，同比缩小 1 428 亿美元。自 2015 年 7 月以来连续 26 个月逆差后，9 月份银行结售汇首次出现顺差。截至 9 月末，我国外汇储备余额比上年末增加了 980 亿美元。其中，2—9 月份储备余额连续 8 个月回升。

二、2018 年我国金融运行与调控面临的突出问题

（一）发达国家货币政策正常化可能冲击全球经济金融稳定

2017 年全球经济增长势头好于预期，发达国家与新兴市场国家出现全面增长。国际货币基金组织（IMF）预计 2017 年全球 75% 的经济体增速都将加快，这也是全球经济近十年来最大范围的增长提速。美国经济稳健复苏，欧元区和日本均出现 2% 以上的较快增长。随着世界经济复苏步伐加快，主要发达经济体央行开始逐步退出刺激经济的量化宽松货币政策，加息步伐也在加快，这将对金融市场、通胀走势和经济增长前景造成重大影响。截至 2017 年 10 月份，美联储年内已加息两次并开启渐进式被动缩表，加拿大央行年内也已加息两次，欧洲央行推出了缩减量化宽松（QE）计划，英国央行十年来首次加息。展望 2018 年，发达国家货币政策将进一步收紧。2018 年 2 月份，美联储主席将由耶伦更替为鲍威尔，但既定的加息路线和缩表计划将继续坚持。最近一次美联储议息会议（FOMC）对联邦基金利率预估中值显示，2018 年将加息 3 次。按照美联储缩表计划估算，2018 年美联储将缩减资产规模约3 900亿美元。按照欧洲央行购债计划，自 2018 年 1 月起，每月购债规模将减少 300 亿欧元。

需要看到，2017 年以来发达国家经济的全面增长背后离不开发达国家超宽松货币政策的支持。尤其是欧元区和日本内生增长动力尚未恢复，对超常宽松政策仍非常依赖。也正是基于这一考虑，欧洲央行才对 QE 退出计划设定了开放式选择，提出如有必要将持续 QE 更长时间，日本央行则坚持现行政策不变，坚定地成为全球主要央行纷纷推动货币政策正常化背景下的“逆行者”。发达国家超宽松货币政策已导致全球资产估值升高，造成主要经济体杠杆率上升，加剧全球金融脆弱性。一旦发达国家货币政策正常化进程快于预期并形成共振效应，将引发国际金融市场动荡。据 IMF 预计，在利率大幅上升及股价和房价降幅超过 10% 的情况下，全球经济将会出现衰退，新兴经济体将面临资本外流的巨大风险。

（二）金融支持实体经济融资需求有待改进和提升

党的十九大提出了“增强金融服务实体经济能力”的要求。金融服务实体首先要满足实体经济的融资需求。伴随经济企稳，实体经济的融资需求也在回暖，央行银行家问卷调查显示，2017 年第三季度贷款总体需求指数为 64. 2%，同比提高 8. 5 个百分点。但金融去杠杆在引导资金“脱虚向实”的同时，也造成企业发债与票据融资萎缩、社会融资成本上升，融资难、融资贵问题因而有抬头的迹象。

1. 企业发债融资减少

受监管趋严、银行资金面“紧平衡”和违约事件集体出现等因素的影响，2017 年上半年公司信用类债券发行规模同比减少 46. 5%。社会融资规模中，前 9 个月企业债券净融资累计 1 582 亿元，同比少 2. 44 万亿元。

2. 票据市场承兑与交易萎缩，中小企业融资受到冲击

中小企业是我国票据市场的融资主体。据统计，由中小型企业签发的银行承兑汇票约占 2/3。受监管趋严及商业银行为腾挪信贷规模而压缩票据资产等因素影响，票据市场承兑和交易规模同比下降。上海票据交易所数据显示，截至 2017 年 6 月末，未贴现银行承兑汇票余额和贴现余额合计为 8. 4 万亿元，同比下降 14. 9%，其中，票据融资余额同比下降 26. 2%。

3. 在企业融资集中转向银行贷款的压力下，银行对企业贷款审批条件趋紧，贷款利率易上难下

债券融资萎缩使得部分企业融资由“发债”转向“贷款”，强监管之下，银行表外融资也逐步转为表内贷款，实体经济融资需求的实现从而更加依赖传统的银行信贷。前 9 个月，表内本外币贷款占全部社会融资规模增量的 73. 0%，占比比上年末和上年同期分别提高 6. 3 和 2. 2 个百分点。面对旺盛的贷款需求，银行自身资金

水平与可贷资金却日趋紧张，造成贷款审批条件趋紧。同时，银行议价能力增强，货币市场利率波动也更容易向贷款利率传导。央行对银行家的问卷调查结果显示，2017 年三季度银行贷款审批指数为 45.1%，同比低 2.9 个百分点。银行间流动性“紧平衡”致使货币市场利率维持较高水平，进而传导至贷款利率，企业利息支出增长有所加快。9 月末，规模以上工业企业财务费用同比增长 4.9%，利息支出同比增长 4.8%，分别比上年末加快 10.7 个和 11.0 个百分点。

（三）守住不发生系统性金融风险的底线面临挑战

随着经济企稳和金融去杠杆初见成效，我国局部领域的金融风险得到控制。银行资产质量改善，不良贷款风险降低。人民币汇率趋于稳定，单边贬值预期得以扭转。银行同业、理财和表外业务收缩，影子银行风险有所缓解。但“防风险”是一项持久性工作，习近平总书记指出，“防止发生系统性金融风险是金融工作的永恒主题”。当前和今后一个时期我国金融领域尚处在风险易发高发期，守住不发生系统性金融风险的底线面临多重挑战。

1. 中小银行流动性风险集中暴露

2017 年以来，我国银行业金融机构存差扩张停滞，超储率处于历史低水平，银行体系流动性一直处于“紧平衡”状态。中小银行在激烈的存款竞争中，存在先天劣势，因而对同业存放、同业拆借、同业存单、卖出回购等同业负债依赖度高。同业负债本身稳定性较差、市场敏感度高，金融去杠杆又导致同业负债急剧下降，中小银行流动性变得更为脆弱和紧张。同时，中小银行流动性监测预警能力和抵御流动性风险的能力较为薄弱，难以有效应对突发的大额、集中流动性兑付事件。

2. 企业债务风险居高不下

高杠杆是宏观金融脆弱性的总根源。我国非金融企业杠杆率已经止升趋稳，但仍远高于国际警戒线。2016 年以来债市违约事件明显增多，截至 2017 年 9 月 30 日，我国债市共有 128 只债券发生违约，违约余额达 702.44 亿元。

3. 2015 年以来，我国居民部门过快加杠杆进一步加剧房地产泡沫风险，也推高了潜在的金融风险

BIS 数据显示，我国居民杠杆率由 2015 年第四季度的 38.8% 跳升至 2017 年第一季度的 45.5%，一年多的时间提升了 6.7 个百分点。与之相比，2011—2015 年年均仅提高了 2.8 个百分点。2016 年初至 2017 年前三季度，居民部门新增贷款占全部新增贷款比例约 50.6%，而 2014—2015 年该比例最高为 41.7%，最低为 14.1%，均值为 28.3%。国际经验表明，居民部门“加杠杆”对经济发展与稳定运行是柄

“双刃剑”。居民部门杠杆率的过快上升，会埋下居民债务风险隐患，阻碍经济可持续增长和威胁金融稳定。

4. 影子银行体量巨大，风险隐蔽，也要警惕风险突发带来危害

2017 年 6 月末，银行理财产品存续余额 28.38 万亿元，信托公司受托管理的资金信托余额为 19.62 万亿元，仅这两项影子银行业务规模就占同期商业银行资产的 25.7%。影子银行风险具有隐蔽性、复杂性、传染性的特点，相关金融风险难以识别和计量。

三、2018 年金融调控政策建议

（一）加强货币政策和宏观审慎政策的协调配合，维持经济和金融稳定

落实党的十九大提出的“健全货币政策和宏观审慎政策双支柱调控框架”的要求，加强货币政策与宏观审慎政策的分工合作。2018 年货币政策要继续保持稳健中性，引导货币信贷及社会融资规模合理、平稳增长。在金融多元化发展与金融脱媒加剧的背景下，M2 的可测性、可控性及与经济的相关性下降，因此，可适度淡化 M2 的中间目标地位，更加重视社会融资规模的指示意义。考虑到近两年 M2 实际增速均低于预期增长目标 2 个百分点左右，可将 2018 年 M2 增长目标设定为 10% 左右，比上年增长目标低 2 个百分点；社会融资规模存量增长目标仍设定为 12%，与上年保持一致。对社会融资规模的监测要提高对直接融资、影子银行融资等市场化融资的关注度，更准确地把握全社会的实际融资状况。对银行贷款的监测则要注意金融强监管下表外融资表内化、社会融资需求的实现更加依赖于传统信贷业务的情况，引导银行合理安排贷款投放，保证流动性合理充裕。

宏观审慎政策要实施好宏观审慎评估，逐步探索将更多金融活动和金融市场纳入宏观审慎管理框架。自 2018 年一季度评估起，资产规模 5 000 亿元以上的银行发行的一年以内同业存单将纳入宏观审慎评估体系（MPA）同业负债占比指标进行考核，未来可视运行情况逐步扩大纳入 MPA 的同业存单范围，探索将影子银行纳入 MPA 政策框架。

（二）加强价格型调控，引导利率水平与人民币汇率平稳运行

我国的货币政策调控正处于从数量型调控为主向价格型调控为主逐步转型的过程中，传统的货币供应量中间目标作用减弱，数量型调控有效性降低，货币政策调控需更为关注利率、汇率等价格变量，保持利率与人民币汇率在合理均衡水平上的

基本稳定。加强利率间接调控，探索与完善利率走廊机制，维护货币市场利率平稳运行，防止金融市场利率中枢水平过快、过度上升。推动“收盘汇率+一篮子货币汇率变化+逆周期因子”的人民币对美元汇率中间价形成机制有序运行，增强人民币汇率双向浮动弹性，加强预期管理和引导，防止市场形成人民币汇率单边的非理性预期。

（三）加强结构性调控，提高金融服务实体经济效率

数量调控要尽量避免出台全面下调法定存款准备金率等信号意义强的总量政策，充分运用 MLF、常备借贷便利（SLF）、信贷政策、差别化的法定存款准备金率要求、差异化的 MPA 监管要求和行业监管要求等结构性调控手段，引导信贷资金流向，优化信贷结构。要积极配合供给侧结构性改革“三去一降一补”任务的落实，优化存量信贷资源配置，扩大优质信贷增量供给。严格限制信贷流向投资投机性购房，防止居民部门贷款过快增长，积极引导信贷资金流向实体经济和“小微”、“三农”等社会薄弱环节，实现“强实抑虚”，积极支持经济新增长点和新动能的培育。

（四）加强流动性精细化管理，保持银行体系流动性平稳

在金融创新快速发展的背景下，央行在流动性闸门的调控和引导上要比以往更加精细化。密切关注国内外形势变化对银行间流动性的可能冲击，平衡好保持银行流动性基本稳定与推动金融去杠杆的关系，积极防控银行间市场流动性风险。灵活运用公开市场逆回购、SLF、MLF、抵押补充贷款（PSL）等多种货币政策工具组合，合理安排工具搭配和操作节奏，“削峰填谷”维护银行体系流动性基本稳定，防止市场资金面动荡。

G09　2017年股票市场运行分析及2018年展望

徐平生*

摘　要：2017年，在防风险、充分发挥股票市场直接融资功能等政策导向下，“三个监管”理念继续贯彻实施，新股首发平稳进行；在市场资金偏紧、打击投机炒作等不利因素和上市公司业绩较快增长等有利因素的合力下，存量资金博弈驱动市场资金流向绩优蓝筹公司，A股市场走势分化，市场波动幅度降至历史新低。2018年，提高直接融资比重、推动资本市场健康发展、加强监管和防范风险是今后相当长一段时期的政策主基调，在严监管、继续发挥市场融资功能、上市公司业绩增速可能较快下滑、市场资金继续偏紧等因素的制约下，A股市场将呈现窄幅波动走势。为了A股市场的长远健康发展，需要继续大力完善各项基本制度，可以考虑引入集团诉讼、双重股权结构等制度创新。

关键词：股票市场　监管　防风险

一、2017年A股市场运行分析

（一）“三个监管”理念继续贯彻实施，资本市场制度建设稳步推进

2016年年初证监会刘士余主席甫一上任就提出了“三个监管”，即“依法监管、从严监管、全面监管”的监管理念，一年多来这一监管理念始终贯彻于证监会各方面工作。在日常监管方面，证监会继续强化新股发行、并购重组、借壳上市等制度规范，全面加强对上市公司、中介机构、证券投资基金等市场机构的监管；在市场运行上，陆续出台了减持新规、严厉打击游资非法操纵市场等制度规范，并通过集中开展打击虚假信息披露、操纵市场等专项执法行动，以及临时停牌、窗口指导等措施，大幅压缩了概念炒作和短期操纵股价谋利的操作空间，保障了我国股票市场

---

* 徐平生，硕士研究生，高级经济师，主要研究领域为资本市场、宏观经济。

总体平稳运行。

资本市场制度建设稳步推进。2017 年，证监会陆续制定发布了《关于修改〈上市公司非公开发行股票实施细则〉的决定》《上市公司股东、董监高减持股份的若干规定》《证券期货投资者适当性管理办法》《关于修改〈证券公司分类监管规定〉的决定》等政策，修订了《中国证券监督管理委员会发行审核委员会办法》等规章制度，我国资本市场制度建设稳步推进，稳步向建设一个融资功能完备、基础制度扎实、市场监管有效、投资者合法权益得到充分保护的资本市场的目标迈进。

（二）货币供应量增速大幅下降，市场利率水平继续较快提高

1. 货币供应量增速大幅下降

2016 年年中开始，面对部分领域资产泡沫日趋严重、资金在金融体系空转、部分金融机构杠杆水平大幅提高等可能导致金融风险的严峻形势，管理层政策导向开始发生转变。2016 年 7 月政治局会议提出“抑制资产泡沫”，10 月政治局会议强调“注重抑制资产泡沫和防范经济金融风险”，12 月中央经济工作会议明确政策基调从“稳增长”转向“防风险”和“促改革”。2017 年，尽管我国货币政策导向为稳健中性，但在实际操作上，在“降低金融杠杆、加强金融监管、防范金融风险”的政策指引下，人民银行、银监会、证监会等部门陆续出台了相关制度规范，抑制金融机构杠杆行为，我国货币政策实际操作整体稳健趋紧，货币供应量同比增速较快下降。2017 年 9 月末，我国广义货币（M2）余额 165.57 万亿元，同比增长 9.2%，增速比上年同期低 2.3 个百分点，比上年末低 2.1 个百分点。

2. 市场利率水平继续较快上升

2017 年，从国内看，央行在货币政策操作上，通过加强宏观审慎管理、控制公开市场操作规模、拉长资金供应期限、提高市场操作工具利率水平等控制市场流动性，从而导致市场利率水平较快提高；从国际上看，美国加息进程稳健推进，美联储缩表开始进入实际操作，美国国债利率水平较快提高，通过价差效应在相当程度上推动了我国国债利率的上升，如图 1 所示。从国债到期收益率水平看，2017 年 10 月 31 日，我国 10 年期国债到期收益率提高至 3.891 7%，比 2016 年 12 月 31 日提高 0.880 2 个百分点。市场利率水平的大幅提高在相当程度上影响着 A 股市场行情的发展。如图 1 所示。

（三）A 股市场国际化取得新进展，外资持股规模持续提高

1. A 股市场国际化取得新进展

经过多年的沟通、协商等努力，2017 年 6 月 21 日，明晟公司（MSCI）正式决

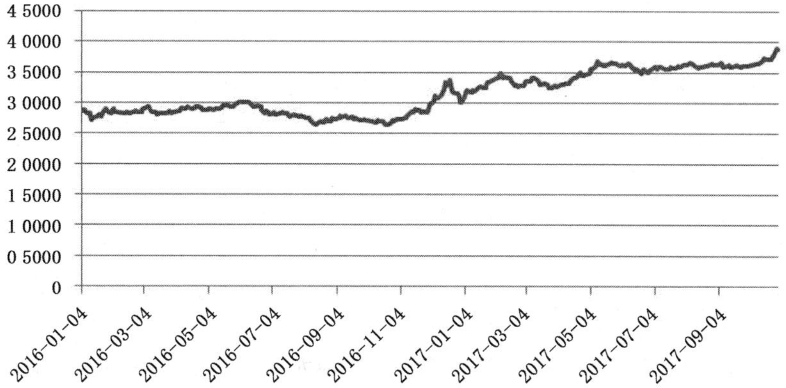

图 1　近两年 10 期国债到期收益率水平变化情况（单位:%）

定将我国 A 股市场纳入 MSCI 新兴市场指数，以及 MSCI 的 ACWI 全球指数：首批共有 222 只股票被纳入 MSCI 新兴市场指数；时间及比重安排上，2018 年 6 月 1 日，将按照 2.5% 的比重将我国 A 股正式纳入 MSCI 新兴指数，并于 2018 年 9 月 3 日将 A 股市场比重提高至 5%。我国 A 股市场被正式决定纳入 MSCI 新兴市场指数，意味着我国股市制度建设取得阶段性成果，逐步被国际市场机构所认可。我国证券市场国际化取得重要进展，既可以通过流入的境外资金逐步改变我国股票市场的资金博弈结构和市场投资理念，又可以引进海外成熟市场的市场运作机制和监管经验，从而具备多方面的积极意义。

2. **外资持有我国 A 股市值规模持续较快增加**

在沪股通、深股通陆续开通，以及 2017 年我国 A 股被决定纳入 MSCI 新兴市场指数带来的积极预期等因素推动下，2017 年以来境外资金通过沪股通、深股通等方式源源不断地流入我国 A 股市场。在资金流入和股价上涨等因素的共同推动下，境外机构和个人持有我国 A 股上市公司股票市值持续增加。截至 2017 年 9 月底，外资持有的 A 股市值已达10 210.27亿元人民币，首次突破 1 万亿元。

（四）上市公司业绩较快增长

2017 年前三季度，在供给侧改革、环保等因素导致 PPI 同比涨幅维持高位、我国经济增速企稳回升等积极因素的共同作用下，我国 A 股上市公司营业收入和净利润都实现较快增长。2017 年前三季度，全部 A 股上市公司实现营业收入 27.72 万亿元人民币，同比增长达 19.5%；实现净利润 2.56 万亿，同比增长达 18.26%。其中，沪市上市公司共实现营业收入 20.59 万亿元，同比增长 17.55%，实现净利润 2.03 万亿元，同比增长 16.36%；深市上市公司共实现营业收入 7.13 万亿元，同比增长25.51%，实现净利润0.53万亿元，同比增长26.15%。

（五）新股首次发行平稳进行，A股市场总融资规模有所下降

1. 新股首次发行平稳进行

推动新股首发融资平稳正常进行是实现有效扩大直接融资、推动资本市场除旧纳新、提高资本市场服务实体经济等功能的重要保障。2017年，证监会以极大的毅力保障新股首次发行平稳进行。从新股首发家数看，各月新股首发公司数量基本维持在40家左右。2017年1—10月份，沪深两市共有378家公司完成新股首次发行，总融资为1 915.28亿元，比上年同期增长107.2%。

2. 市场总融资规模有所下降

尽管2017年A股市场新股首发融资规模同比大幅增加，但并购重组、借壳上市新规等使得上市公司增发融资规模大幅萎缩，2017年A股市场股权总融资规模较上年同期有所萎缩。2017年1—10月份，沪深两市A股市场共有418家公司完成增发融资，总融资规模为10 326亿元，比上年同期萎缩28.4%；新股首发、增发、配股和可转债融资总额为12 783亿元，比上年同期萎缩19.4%。

（六）A股市场走势分化，市场波幅降至历史最低

1. A股市场走势分化

2017年，A股市场总体体现出存量资金博弈特征，市场资金向绩优蓝筹公司集中，行情发展呈鲜明分化态势。截至2017年11月6日，2017年上证50指数上涨22.1%，沪深300指数上涨21.47%，深证成指上涨11.76%，上证综指上涨9.17%；与此形成对比的是，创业板指数下跌5.7%。

2. 市场波动降至历史最低

2017年，在境外主要市场股指迭创新高、上市公司业绩较快增长等有利背景下，由于我国投资者信心仍未得到有效恢复，管理层通过大力打击市场操纵、概念炒作抑制市场炒作，并通过证金公司等国家队资金在一定程度上调控市场运行，A股市场波动显著下降，截至2017年11月6日，2017年上证综指振幅仅为13.04%，创A股市场年度振幅新低，比此前年度振幅最低的2012年振幅下降达11个百分点。

二、2018年A股市场运行展望

提高直接融资比重、推动资本市场健康发展、加强监管和防范风险是今后相当

长一段时期的政策主基调。党的十九大报告明确指出，“深化金融体制改革，增强金融服务实体经济能力，提高直接融资比重，促进多层次资本市场健康发展。健全货币政策和宏观审慎政策双支柱调控框架，深化利率和汇率市场化改革。健全金融监管体系，守住不发生系统性金融风险的底线”。具体到股票市场，证监会的政策导向将主要体现在以下两个方面：进一步健全多层次市场体系，充分发挥新股首发和再融资的直接融资功能，进一步提高金融服务实体经济的能力；进一步贯彻落实“三个监管”理念，推动股票市场平稳运行，大力防止股票市场大起大落，确保股票市场不成为系统性金融风险的起源地或诱发因素。因此，证监会一定会密切跟踪监测市场走势，防止市场大起大落，尤其是大涨，因为风险是涨出来的。

1. 货币政策环境将继续趋紧

从货币政策基调看，2018年我国仍将继续实施稳健中性的货币政策，但在金融降杠杆、防风险，以及国际上美联储将继续稳步加息并缩表等背景下，我国货币政策实际操作仍将体现稳健趋紧的特点，市场资金将持续处于紧平衡状态，市场利率水平将继续有所提高，10年国债到期收益率水平很可能将在4%左右的区间内波动运行。趋紧的资金环境和提高的利率水平将对市场行情发展形成一定的制约。

2. 上市公司业绩增速将会较快回落

2017年，我国上市公司营业收入和净利润实现较快增长的重要因素是供给侧结构性改革和环保风暴形成的供给冲击导致PPI同比涨幅持续高位运行。据统计，2017年前三季度，沪市上市公司中煤炭、钢铁、有色等周期性行业营业收入和净利润分别实现2.29万亿和0.14万亿，同比增速分别高达38.82%和216.21%。2018年，去产能、环保等因素形成的供给冲击的影响仍在相当程度上继续存在，将在相当程度上推动煤炭、钢铁等工业品价格继续高位运行，但从同比角度看，随着同比基数的大幅提高，同比涨幅将会较快下降，因而上市公司利润继续较快增长将面临极大压力，上市公司业绩增速较快回落的可能性较大。

3. 上市公司中位估值水平仍较高

从沪深两市A股平均静态市盈率水平看，2017年9月底，沪市平均市盈率为19.49倍，但去除市盈率较低的银行股后，市场平均市盈率水平将大幅提高，深市平均市盈率水平就是一个有力的佐证。2017年9月底，深市平均市盈率水平达41.05倍。从市场中位市盈率水平看，2017年9月底，沪深两市中位市盈率水平高达48倍，仍处于较高水平。

总体来看，在充分发挥股票市场融资功能、防范金融风险的总体政策背景下，在市场资金紧平衡、上市公司业绩增速很可能较快下滑、上市公司中位估值水平仍较高等因素的制约下，2018 年我国 A 股市场出现较大的上涨行情难度较大，而养老金不断入市、证金公司等国家队资金将对市场形成一定支撑，2018 年 A 股市场行情发展总体很可能仍将继续呈窄幅波动、走势分化的特点；在市场融资方面，新股首发继续常态化进行，融资规模可能有所提高。

三、促进股票市场长期稳定健康发展的政策建议

党的十九大报告对我国资本市场提出了明确的要求，指引了我国资本市场的发展方向，未来须大力推动我国股票市场的制度建设，强化监管，努力提高股票市场服务实体经济的能力。

1. 继续完善我国股票市场信息披露制度

充分、有效、及时的信息是证券市场长远健康发展的重要保障。经过多年的努力，我国股票市场相关信息披露已经取得了长足的进步，但仍存在信息披露不充分、不及时甚至信息披露失实等缺陷，尤其是信息披露违法违规的惩罚力度严重不足。因此，我们一方面要进一步完善相关信息披露制度规范，另一方面也要加强信息披露的监管和执法，增强信息披露违法违规的惩罚力度。

2. 引入代位诉讼、集团诉讼机制

应借鉴成熟市场经验，在股票市场法律法规体系中引入代位诉讼和集团诉讼机制，为投资者维护切身利益提供有效途径。

3. 建立个人退休养老金入市机制

可借鉴美国退休金“401（k）计划”，激励长期资金持续流入股票市场。个人养老金投资股市具有重要意义：一方面，随着养老金的按月定期缴付投资，其投资往往具有定投特点，能够平滑掉股市波动，从而有效弥补了普通投资者普遍缺乏的择时投资能力，长期看可帮助普通投资者获取市场平均收益，而长期看股票投资收益率一般要优于债券和银行存款；另一方面，可以为股票市场的提供长期稳定的资金来源，有利于稳定股票市场运行，降低股票市场的波动幅度。一旦源源流入的退休养老金投资和指数化投资结合起来，将能够极大地稳定市场运行。

4. 进一步建立健全股市运行自动稳定机制

第一，完善市场做空机制，使多空机制相匹配。充分利用国有上市公司大股东、交易所交易型基金（ETF）等持有的长期可流通无交易需求的股票，通过股票转融通机制，大力扩大转融通可融规模，在市场非理性上涨时自动扩大融券规模，从而

抑制市场行情非理性发展。第二，根据市场估值水平等指标变化情况，建立完善券商融资融券等保证金交易的保证金比例、账户持仓集中度等指标的自动调节机制。当市场过快上涨、市场估值水平提高时，可以自动提高保证金比例、降低持仓集中度，通过降低市场杠杆水平抑制市场行情发展，从而减小市场风险。

5. 可考虑在我国 A 股市场引入双重股权结构

区别于同股同权的制度，双重股权结构中，股份通常被划分为高、低两种投票权，高投票权股票每股具有低投票权股票 2 ~ 10 票甚至更高倍数的投票权，主要由高级管理者持有；低投票权股票，有的甚至没有投票权，由一般股东持有。双重股权结构对于公司管理者通过较少股权而实际控制公司具有重要意义，尤其是高科技创业公司的创始人尤为重要。在美国股票市场，Google、Facebook，以及中国概念股阿里巴巴、百度、京东等都采取了双重股权结构。未来为了尽可能将高科技公司留在我国 A 股市场，我们必须考虑引入双重股权制度。

G10　2017 年国际收支形势分析及 2018 年展望

范　洋*

摘要：2017 年前三季度，我国国际收支呈现基本平衡，经常账户、非储备性质金融账户"双顺差"格局重现，外汇储备稳步回升。市场预期转好，境内主体对外资产配置行为更趋理性，外汇供求基本平衡，但基础性资金流入继续放缓。预计 2018 年国际收支经常账户仍将保持合理的顺差规模，跨境资本流动总体保持稳定。建议进一步落实"扩流入"政策，加强跨境资本流动管理，优化宏观审慎政策框架，防范系统性金融风险。

关键词：国际收支　顺差　资本流动

一、2017 年前三季度国际收支呈现基本平衡

前三季度，我国经常账户保持顺差，顺差规模处于合理区间；跨境资本流动形势回稳向好，外汇储备资产稳中有升。

（一）经常账户保持顺差

前三季度，经常账户顺差 1 063 亿美元，比上年同期下降 42.4%。如图 1 所示。

1. 货物贸易顺差规模收窄

前三季度，我国货物贸易出口 15 965 亿美元，进口12 612亿美元，同比分别增长 10.3% 和 17.4%，顺差3 354亿美元，同比下降 10%。

2. 服务贸易逆差规模扩大

前三季度，服务贸易收入 1 543 亿美元，同比增长 1.1%；支出 3 574 亿美元，同比增长 8.8%；逆差 2 031 亿美元，同比增长 15.5%。其中，运输项目逆差 411 亿

---

* 范洋，管理学博士，国家信息中心经济预测部助理研究员，研究方向为开放宏观经济学、应用时间序列分析、数据挖掘。

美元，同比增长 20.5%；旅行项目逆差 1 723 亿美元，同比增长 10.8%。

3. 初次收入[1]逆差扩大

前三季度，初次收入项下收入 1 919 亿美元，同比增长 7.1%；支出 2 086 亿美元，同比增长 12.2%；逆差 167 亿美元，同比增长 149.3%。

4. 二次收入逆差扩大

前三季度，二次收入项下收入 215 亿美元，同比下降 10.4%；支出 321 亿美元，同比下降 2.1%；逆差 92 亿美元，同比增长 61.4%。

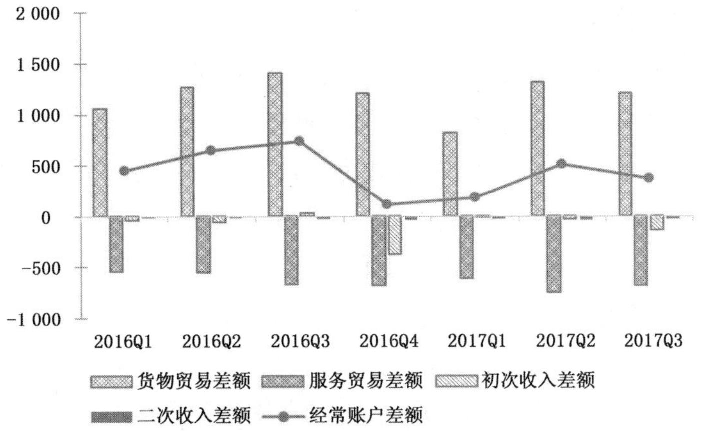

图 1　经常账户收支情况（单位：亿美元）

（二）非储备性质金融账户重现顺差

前三季度，非储备性质金融账户顺差 608 亿美元，相比 2016 年同期的逆差 3 139亿美元有大幅改善。其中，一季度顺差 368 亿美元，二季度逆差 311 亿美元，三季度逆差 72 亿美元。如图 2 所示。

上半年，直接投资、证券投资、其他投资等对外资产（非储备性质的金融账户资产端）累计净增加 1 342 亿美元，同比少增 45%，境内主体对外投资更加理性；上半年，境外主体来华各类投资（非储备性质的金融账户负债端）累计净流入2 021 亿美元，同比上升 2.2 倍。

1. 直接投资[2]转为顺差

按照国际收支统计口径，前三季度直接投资顺差 212 亿美元，2016 年同期为逆

[1] 国际货币基金组织《国际收支和国际投资头寸手册》（BPM6）将经常项下的“收益”名称改为“初次收入”，将“经常转移”名称改为“二次收入”。

[2] 本小节直接投资数据为国际收支口径。该口径与商务部公布数据的主要差异在于，国际收支统计中还包括了外商投资企业的未分配利润、已分配未汇出利润、盈余公积、股东贷款、金融机构吸收外资、非居民购买不动产等内容。

差798亿美元。其中，直接投资资产净增加（我国对外直接投资）648亿美元，同比少增64.2%；直接投资负债净增加（外国来华直接投资）861亿美元，同比少增14.8%。

2. **证券投资逆差收窄**

上半年，证券投资逆差195亿美元，同比下降41%。其中，证券投资资产净增加（我国对外证券投资净流出）401亿美元，增长6.4%；证券投资负债净增加（境外对我国证券投资净流入）206亿美元，增长3.5倍。

3. **其他投资转为顺差**

上半年，其他投资转为顺差732亿美元，与上年同期逆差939亿美元相差巨大。其中，其他投资资产净增加（我国对外其他投资净流出）536亿美元，下降29%；其他投资负债净增加（境外对我国其他投资净流入）1 267亿美元，上年同期为净流出179亿美元。从资产端情况来看，贷款、货币存款项下资产分别增加665亿美元和82亿美元，表示我国向境外贷款和支付存款的对外资金净流出共计747亿美元；信贷余额项下资产余额（即贸易应收和预付余额）下降296亿美元，表示贸易信贷下回流资金296亿美元。从负债端情况来看，贷款、货币存款项下负债分别增加547亿美元和995亿美元，表示境外资本通过贷款和存款的形式对我国的资本流入共计1 542亿美元；贸易信贷负债净减少339亿美元，表示企业偿还贸易应收和预付余额导致的资本输出339亿美元。

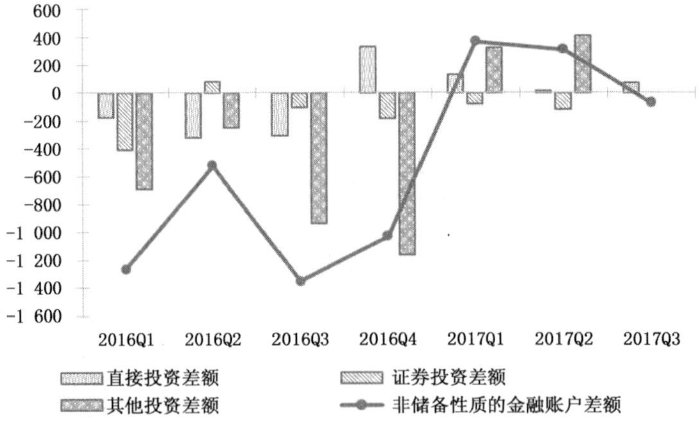

图2 非储备性质的资本和金融账户收支情况（单位：亿美元）

（三）储备资产[1]逐步增加

前三季度，我国交易形成的储备资产增加 589 亿美元。其中，交易形成的外汇储备资产增加 598 亿美元。截至三季度末，我国外汇储备余额为31 085亿美元，较 2016 年末上升 980 亿美元，其中第三季度单季增加 517 亿美元。

二、2017 年国际收支运行评价

1. 经常账户顺差处于合理区间

前三季度，经常账户顺差与 GDP 之比为 1.2%，处于合理区间。货物贸易虽保持顺差，但顺差规模有所下降；服务贸易逆差尤其是旅游项下逆差继续快速上升，主要由于居民收入水平不断提升，境外旅游、留学等需求持续升温。

2. 市场预期好转，外汇供求基本平衡

非储备性质的金融账户中，证券投资逆差收窄，其他投资转为顺差，短期资金流动总体净流入，表明市场预期稳定，境内主体对外资产配置行为更趋理性。前三季度，企业结汇率[2]为 63%，比上年同期上升 2 个百分点，其中第一、二、三季度分别为 62% 和 63% 和 64%；企业售汇率[3]为 66%，较上年同期下降 8 个百分点，其中第一、二、三季度分别为 68%、67% 和 63%，说明企业结汇意愿逐步增强，购汇更趋理性。截至第三季度末，境内外汇贷款余额较上年末有所下降。前三季度企业境内外汇存款累计上升 237 亿美元，个人境内外汇存款累计下降 37 亿美元，说明境内主体持汇意愿下降，对外支付更多使用自有外汇。

3. 国际收支中基础性资金流入放缓

经常账户与直接投资顺差是国际收支平衡中重要的基础性资金流入，交易往往有实体经济需求背景，被视为稳定性较高的跨境资金交易。前三季度，经常账户顺差相比 2016 年同期下降 42.4%，其中第一、二、三季度同比增速分别为 -59.4%、-21.8% 和 -50.0%，如图 3 所示。直接投资项虽然转为顺差，但负债端资金流入规模（即外国来华直接投资）比 2016 年同期减少 14.8%，如图 4 所示。2015 年第三季度以来，除个别季度外，经常账户顺差均同比下降，2017 年第四季度甚至减少

[1]　本小节储备资产数据为国际收支平衡表中的外汇储备资产变动。它与外汇储备余额变动的差异在于，外汇储备余额变动，除国际收支口径的外汇储备资产变动外，还包括价格、汇率等非交易因素引起的储备价值变动。这里不考察非交易因素引起的储备价值变动。

[2]　客户向银行卖出外汇与客户涉外外汇收入之比，衡量企业及个人结汇意愿。

[3]　客户向银行买入外汇与客户涉外外汇支出之比，衡量企业及个人购汇动机。

85.9%。外国来华直接投资截至2017年第二季度持续减少，直到第三季度才恢复正增长。长期以来，稳定的基础性资金流动承担着稳定国际收支状况的重要职能，对平抑短期跨境资金流动带来的国际收支波动起到了重大作用，如今这一作用逐渐被削弱。第一季度，非储备性质的金融账户中其他投资顺差是直接投资顺差的2.6倍；第二季度这一比例则高达29.6倍（见图2）。2017年以来，国际收支好转背后的主要因素是基本面向好，以及人民币汇率升值带来的预期好转。而预期的反转难以把握，短期资本流动瞬息万变，国际收支不确定性大大增强。国际收支中基础性资金流入放缓甚至趋势性放缓的态势，是中国经济外向程度逐渐提高的必经阶段，但其风险需要引起特别关注。

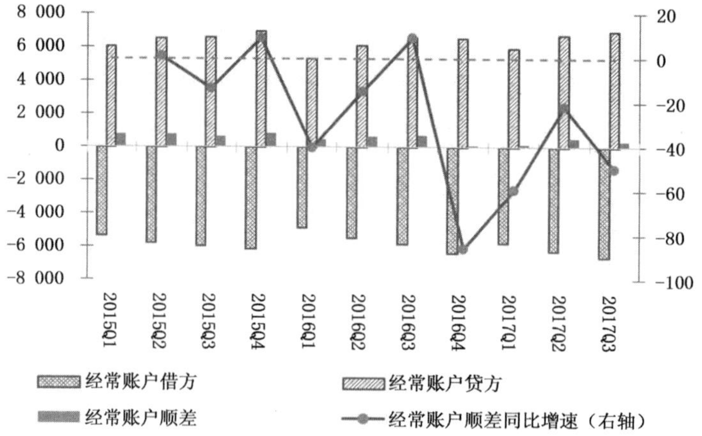

图3 经常账户顺差及其增速（单位：亿美元，%）

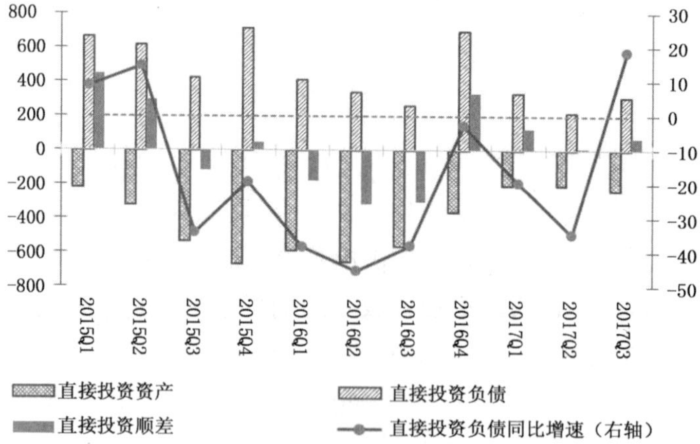

图4 直接投资及直接投资负债增速（单位：亿美元，%）

三、2018年国际收支有望继续保持平衡

预计2018年我国经常账户仍将保持合理的顺差规模，跨境资本流动总体保持

稳定。

经常账户下，货物贸易延续顺差，服务贸易逆差仍将扩大。国际经济环境向好，外需稳定，“一带一路”倡议和国际产能合作等稳步推进，利好区域贸易发展。主要进口大宗商品较高价格仍将助推进口高速增长。服务贸易逆差仍将扩大，境外旅游、留学等需求保持强劲，旅游项目逆差仍将快速增长；全球贸易活动频繁，运输项目逆差增长势头不减。

非储备性质的金融账户下资金流动仍将保持稳定。直接投资在一揽子扩流入政策下保持顺差，有望达到或超过过去顺差规模。证券投资和其他投资主要受汇率波动及汇率预期的影响，反映外币贷款和存款等短期资产配置行为，顺差逆差都有可能出现，但总体风险可控，不会出现大规模资本外逃现象。

（一）国内外经济环境向好，市场预期趋稳

预计全球经济总体延续平稳复苏势头。国际货币基金组织 2017 年 10 月预测，2017 年和 2018 年全球经济分别增长 3.6% 和 3.7%，大大高于 2016 年的 3.2%。美国经济景气程度处于较高水平，消费稳健，投资好转，非农就业增长。众议院公布“减税与就业法案”，企业税从 35% 下调至 20%，鼓励企业带回留存在海外的收入。美联储货币政策正常化进程基本符合市场预期。预计 12 月加息概率接近 100%，这一预期已被市场充分反映。2018 年 2 月鲍威尔将接替耶伦任美联储主席，预计美国货币政策将延续渐进式紧缩路径。欧元区经济持续向好，失业率逐渐下降，消费者信心持续走高，英央行十年来首次加息，将利率从 0.25% 提至 0.5%。日本经济连续正增长，进出口同比增长均处于较高水平，货币政策保持宽松。金砖国家经济整体延续向好态势，政治局势不确定性可能威胁经济复苏。

预计 2018 年国内宏观经济稳中向好、人民币汇率稳定，国内市场更加开放。我国主要经济指标稳定向好，经济结构优化，发展动力增强，企业和个人对经济发展保持信心。汇率市场双向波动明显，人民币对美元汇率中间价形成机制进一步完善，逆周期调节继续显效。国内市场更加开放：近期一系列有利于外资的重大举措，为外商直接投资提供便利条件；“债券通”正式启动、A 股纳入明晟新兴市场指数（MSCI），将利好境外投资者投资境内证券市场；全口径跨境融资宏观审慎管理政策逐步出台，在防范风险的前提下为企业融资提供便利。

良好的外部环境和稳定的内部环境是 2018 年国际收支继续保持良好平衡态势的基础。外需继续回暖，进出口保持活跃，经常账户仍将保持顺差。汇率企稳，国内经济环境持续向好，预期改善，境内主体仍将理性配置对外资产，选择将更多资金留在国内。

（二）新时期外汇管理政策将进一步完善

2017 年以来，外汇管理扩流入、控流出政策取得明显成效，对外投资结构进一步优化，具有非理性属性的投资活动显著减少，涉及房地产、酒店、影城、娱乐业、体育俱乐部等领域的对外投资大幅下降，目前对外投资外汇管理已经基本回归常态，企业用汇需求平稳可控。

新时期外汇管理部门将以党的十九大会议精神为指导，坚决维护党中央对金融工作的集中统一领导。外汇管理政策将坚持服务实体经济，服务改革开放，支持和推动金融市场的双向开放；将紧紧围绕服务实体经济、防控金融风险、深化金融改革三项任务，进一步提升跨境贸易和投资便利化水平，推动经济持续健康发展，维护国家经济金融安全；将防范跨境资本流动风险，防止跨境资本无序、高强度流动对宏观经济和金融稳定带来的冲击，为改革开放创造健康良性稳定的外汇市场环境。

展望 2018 年，对外投资管理部门与外汇管理部门将继续合作，支持有条件、有能力的境内企业开展真实合规的对外直接投资，积极支持推进“一带一路”建设和国际产能合作，同时继续引导境内企业理性投资，加强合规和风险管理，打击违规行为，维护涉外金融安全。

（三）外债风险总体可控，对外投资取得良好收益

对外金融资产负债结构优化，外债风险总体可控，投资收益良好。近五年，我国外债余额先升后降再平稳恢复，偿债压力减轻。负债率、债务率、偿债率等衡量外债风险的指标持续处于国际警戒标准之内，全口径外债余额自 2014 年末达到高点后，连续下降 6 个月，接着有所回升，截至 2017 年第二季度，本外币全口径外债总额头寸仍低于 2014 年末的历史较高水平。负债压力的释放伴随着大量资本流出，部分地解释了 2014 年末至 2016 年中期非储备性质金融账户的大额逆差。目前，负债端资本流出压力已经基本释放，资本外流的压力主要来自资产端机构和家庭增持外汇资产或境外资产配置的需求。截至 2017 年第二季度末，民间部门持有的对外资产比例已经达到 53%，相比 2012 年末的 35% 大幅上升。对外资产和负债的匹配度趋向改善，有利于防范相关风险。

对外金融资产结构不断优化，官方储备以外的对外投资逐步增加，相关投资收益开始有所体现，有利于推动我国境外投资收益增长和投资收益逆差收窄。

四、对策建议

1. 进一步优化宏观审慎政策框架，防范系统性金融风险

通过运用总量性跨境资本流动管理工具，对操作目标进行适时适度的宏观逆周期调节或风险拨备。研究托宾税（类托宾税）等跨境资本流动管理体系，通过增加外汇投机的交易成本，管理外汇市场过度的短期投机行为。完善宏观审慎监测评估机制和压力测试，作为规则监管和先行管理工具；运用数量型资本管理手段，作为逆周期调控和事后管理工具。

2. 进一步落实“扩流入”政策，引导基础性资金流入，特别是外商直接投资流入

建立开放竞争的市场环境，鼓励外资与本国企业积极合作，让外资“进得来，留得住”。构建以负面清单为基础的微观管理新体制，建立与负面清单管理模式相适应的外商投资国家安全审查机制，一方面取消大部分事前审批等行政管理，缩短负面清单；另一方面抓紧提高事中事后监管水平，动态掌握微观主体偿付能力信息，保障市场的平稳运行和行业的健康发展。

3. 加强跨境资本流动管理，维护货币政策独立性

加强跨境资本流动管理是维护货币政策独立性的需要。学术界有观点（Helene Rey，2013）认为，全球范围内信贷的协同扩张及收缩形成全球金融循环，传统意义上的“三元悖论”已变为“两元悖论”，自我强化的金融循环削弱了汇率作为调节资本流动手段的重要性，一国想要维持货币政策独立性，对资本流动进行必要的管理是比让汇率自由浮动更为有效的手段。金融危机之后的全球流动性泛滥，使得IMF等国际组织及各个经济体意识到了实施资本流动管理的合理性和必要性。需要注意的是，应主要通过调整金融政策来影响资本流动，而在具体政策工具的使用上，应避免以资本流动管理之名行资本管制之实。

G11　2017 年利用外资回顾和 2018 年展望

邬　琼*

摘要：2017 年，在全球经济稳健复苏、贸易保护主义升温、金融风险积聚等因素的作用下，我国利用外资温和增长，高新技术及服务业保持高速发展势头，成为我国利用外资的主要动力，外商投资企业在外贸中的作用减弱，离岸服务外包成为利用外资的重要方式，自贸试验区改革持续深化，引领我国利用外资制度不断创新。展望 2018 年，我国对外开放水平日益深化，投资便利化水平不断提高，营商环境逐步改善，创新能力不断增强，在全球的综合竞争优势稳步提升。随着利用外资政策红利持续释放，我国对外资的吸引力依然较强，利用外资规模将继续温和增长。建议稳步扩大对外开放水平，不断提升国内营商环境的软实力，强化利用外资的监管水平。

关键词：外商直接投资　对外开放　营商环境

一、2017 年我国利用外资基本特征

1. 外商直接投资温和增长，利用外资规模总体保持稳定

受世界复苏乏力、地缘政治风险上升等因素的影响，全球外商直接投资在 2015 年强劲增长后缺乏后续增长动能，联合国贸易和发展组织最新公布的《2017 年世界投资报告》显示，2016 年全球外商直接投资同比下降 2%，至 1.75 万亿美元，全球外商直接投资两极分化现象明显，其中，流向发达经济体的资金同比增长 5%，占全球外商直接投资的比重进一步攀升至 59%，流向发展中经济体的外资下跌明显，同比下降 14%，而流向亚洲发展中国家的资金更是下降 15%。正是在全球外商直接投资疲弱及资金更加偏好发达经济体的情况下，我国凭借巨大的市场潜力、完善的

* 邬琼，经济学博士，国家信息中心经济预测部助理研究员，主要研究领域为外商直接投资与对外投资、计量经济理论与应用等。

基础设施建设、完备的产业链体系、稳定的政治环境及日益优化的营商环境等优势，继续吸引国际资本来华投资，国际资本的大量进入也使我国利用外资的规模保持相对稳定，2016 年我国外商直接投资达 1 337 亿美元，同比小幅下降 1.4%，利用外资规模位居全球第三，仅次于美国和英国。进入 2017 年，在世界经济稳步复苏、全球贸易保护主义升温、金融风险不断积聚，以及国内产业结构调整、环境监管趋严等情况下，我国利用外资增速一度呈现下滑态势，从 4 月起更是出现连续 5 个月的负增长现象，但随着吸引外资政策的陆续落实，以及营商环境的改进等因素，我国吸引外资有所反弹，增速也由负转正，截至 9 月，我国实际使用外资6 185.7亿元，同比温和增长 1.6%，其中 9 月当月实际使用外资 706.3 亿元，同比更是增长 17.3%，外商来华开办企业增势不减，新设立外商投资企业 23 541 家，同比增长 10.6%。从吸引外资规模和外商来华开办企业数目来看，我国依然是外商投资热土。

2. 外资产业结构日趋优化，制造业吸引外资恢复增长

经过多年的快速发展，我国经济取得了举世瞩目的成就，资本要素由稀缺阶段过渡到相对充裕阶段，我国已是全球储蓄率最高的国家之一，而且金融市场不断完善，投资资金来源渠道多样化、国内资金相对富余；外汇储备规模已超过 3 万亿美元，外储规模占全球规模的近 1/3；技术水平与发达国家之间的差距不断缩小，甚至在某些行业和领域已达国际领先水平，利用外资以储蓄缺口、外汇缺口、技术缺口“三缺口”的增长方式逐渐弱化。同时，随着经济发展进入新阶段，国内生产环境发生新变化，虽然传统行业的国际竞争优势逐渐消逝，但新的比较优势逐步形成，产业链由低端向中高端攀升，我国吸引外资的内生动力已发生根本性变化，由单纯地追求规模上的增长向追求引资质量和效益方面转变，因此对外资提出了新的诉求。受此影响，我国吸引外资的产业结构不断优化，新增长动能已形成。截至 9 月，服务业实际使用外资 4 281.9 亿元，增速虽然小幅下降 0.5%，但服务业利用外资占外资总规模的 69.2%，仍是外资流入的主要领域，而且过去以房地产业为主的服务业利用外资结构也发生了改变，房地产利用外资增速呈不断下降趋势，占服务业比重持续缩小，房地产业占服务业利用外资的比重已由 2014 年的近 30% 下降至目前的 14%，与之相对的是高技术服务业保持着较强的增长势头，我国高技术服务业实际使用外资 915.9 亿元，同比增长 24%，占服务业利用外资的比重达 21.4%，较 2016 年同期上升 4.2 个百分点，信息传输、计算机服务和软件业与租赁和商务服务业亦有良好的表现，同比分别增长 23.1% 和 12%。与此同时，我国制造业利用外资增速结束了连续下滑态势，实现恢复性增长，制造业实际使用外资 1 817.6 亿元，同比增长 7.5%，其中高技术制造业实际使用外资 529.8 亿元，同比增长 27.5%，高技术制造业利用外资占制造业的比重已达到 29.1%。高技术制造业和高技术服务业的快速发展，已成为我国利用外资产业结构中新的增长极。

3. **外资企业对外贸的作用减弱，离岸服务外包已成为利用外资重要方式**

由于国内生产成本上升，部分外商将劳动密集型产业迁移至周边更具比较优势的国家，而且随着我国居民收入的不断提高，国内需求潜力逐渐释放，外商企业将注意力更多地放在对国内市场的开拓方面，从而减少了加工贸易出口，同时国内企业竞争能力的增强导致从事加工贸易的企业增多，因此挤占了外商投资企业的出口份额。外商投资企业虽然在我国外贸中仍保持着主体地位，但对外贸的作用在减弱。截至2017年9月，外商投资企业进出口总额13 258亿美元，同比增长8.7%，占外贸的比重为44.6%，较上年同期下降0.9个百分点，其中，外商投资企业出口额6 995亿美元，占我国出口总额的42.8%，而民营企业出口额7 277.8亿美元，占我国出口总额的44.6%，民营企业已是我国出口的主力军。在经济快速发展的基础上，我国技术水平及劳动力素质也相应提高，跨国公司在我国设立研发中心日益增加并承接着服务外包业务，同时，我国作为全球制造业中心吸引着大量海外资本来华投资，已成为众多外商的制造基地，而制造业产业链的延伸也增加了对服务业外包的需求，从而导致我国承接离岸服务业外包快速增长，截至2017年8月，我国离岸服务外包完成额2 799.9亿元，同比增长7.5%，离岸服务外包已成为我国利用外资的重要方式。

4. **自贸试验区改革持续深化，引领利用外资制度不断创新**

我国自贸试验区成立以来，不断在利用外资制度方面进行探索和创新，迄今为止已形成众多创新成果，负面清单管理、利用外资备案制、企业准入"单一窗口"、事中事后监管等新模式不断涌现，部分探索成果已在自主创新示范区、高新技术开发区乃至全国层面复制和推广。对外开放程度不断加深，以及投资便利化水平的提升使自贸试验区成为我国吸引外资的重要区域，据统计，2016年上海、天津、福建和广东自贸试验区实际利用外资879.6亿元，同比增长81.3%，占我国利用外资总规模的10.8%。随着第三批自贸试验区正式挂牌及改革自主权的增大，利用外资制度改革的广度和深度将进一步拓展。

二、2018年利用外资趋势展望

随着经济发展进入新阶段，我国对利用外资提出新的诉求，过去以劳动密集型行业和高污染高耗能行业为主要利用外资领域已不能满足我国发展的需要，取而代之的是我国对高技术产业、高技术服务业等以创新驱动为主的具有知识密集型行业的需求不断增加。我国对外开放水平日益深化，投资便利化水平不断提高，营商环境逐步改善，创新能力不断增强，在全球的综合竞争优势稳步提升，随着利用外资政策红利持续释放，我国外资的吸引力依然较强。综合判断，2018年我国吸引外资将保持温和增长，全年预计增长2%左右。

（一）促进利用外资增长的因素

1. 国际环境逐步改善

2017年以来，全球经济持续复苏，增长动能不断加强，全球已有3/4的经济体实现正增长，IMF在最新的《全球经济展望》报告中上调全球经济增速，将2017年全球经济增速由年初的3.2%上调至3.6%，同时预测2017年全球经济增速为3.7%。全球经济活动的活跃也带动了全球贸易增长，世贸组织的数据显示全球贸易保持增长态势，2017年第三季度全球贸易景气指数为102.6，创2011年4月以来新高，而波罗的海干散货运价格指数由年初的953上升至现阶段的1 582，全球贸易增长动能的恢复令世贸组织上调2017年贸易增速1.2个百分点至3.6%，同时预测2018年贸易增速有望保持在1.4%~4.4%之间。经济回暖、贸易增加、投资者信心的恢复对全球外商直接投资形成有力支撑，联合国贸易和发展组织发布的《2017世界投资报告》显示，全球外商直接投资规模在2017年将达到1.8万亿美元，同比增长5%，2018年投资规模将进一步升至1.85万亿美元，同比增长3%左右。国际经济的改善为我国吸引外资营造了相对宽松的外部环境。

2. 政策红利持续释放

为进一步提高对外资的吸引力，国务院于2017年年初发布了《关于扩大对外开放积极利用外资若干措施的通知》（国发5号），在扩大对外开放水平及营造良好营商环境等方面提出了20项具体措施，在此基础上又于8月发布了《关于促进外资增长若干措施的通知》（国发39号），从外资准入、财税支持、人才引进及法律环境等方面对5号文件进行细化，同时要求各个部委和省市出台相关配套政策以推动新一轮高水平的对外开放。而最新修订的《外商投资产业指导目录》进一步放宽服务业、制造业、采矿业等领域的外资准入限制，新版《目录》在2015版基础上减少了30条限制性措施至63条，外资进入门槛不断降低。《外商投资企业设立及变更备案管理办法》的修订也极大地简化了外资企业并购手续，从而促进外资以并购的形式来我国投资。《自贸试验区负面清单》的最新修订再次减少了10个条目、27项管理措施，自贸区对外开放的雁阵模式日益增强。《中西部地区外商投资优势产业目录》的修订也有利于中西部地区承接外资的产业转移，扩大中西部地区的利用外资规模，并改善区域间利用外资不平衡的局面。此外，我国还鼓励外资积极参与“中国制造 2025”战略和创新驱动发展战略，扩大中高端行业对外资的吸引力，以此来提高外资的使用质量并推动我国产业结构优化升级。随着吸引外资政策红利的陆续释放，我国对外资的吸引力将进一步增强。

3. 我国综合竞争优势不减

由于我国劳动力成本上升、环境压力日益凸显等因素导致传统行业，特别是劳动密集型行业的国际比较优势逐渐减弱，但随着对高等人才培养力度的加大，人力资本红利将不断释放，创新驱动活力增强，2016 年我国申请专利数达 133.9 万件，位居全球第一，《2017 全球创新指数报告》公布的数据显示，我国创新质量有所改善，创新能力较上年提升 3 个位次至 22 位，创新能力与领先国家的差距逐步缩小，大型跨国公司在我国设立地区总部和研发中心的数量不断增多，知识密集型行业已具备国际竞争优势。同时，我国还具有巨大的市场规模、稳定的政治环境、完备的工业体系及配套设施，对外开放水平继续深化，外资准入领域大幅放宽，投资便利化水平不断提高，营商环境持续优化，世界经济论坛发布的《2017—2018 年度全球竞争力报告》显示，我国全球竞争力排名较上年提升一个位次至 27 位，综合竞争优势进一步巩固。

（二）抑制利用外资增长的因素

1. 吸引外资面临的国际双重竞争压力依然不减

随着全球经济的稳步复苏，投资者信心回暖并加强了资源在不同国家间的配置，各经济体为巩固国内经济复苏势头势必会加大外资的吸引力度。一方面，由于发达经济体不仅具有法律法规透明度高、跨境资本流动便利等良好的营商环境，还拥有众多的位于全球价值链高端的大型公司及创新型企业，在全球产业链调整过程中为抢占生产新高地势必会增加对高附加值企业的投资，导致资金不断流向发达经济体，2016 年流向发达经济的资金规模达 1.03 万亿美元，同比增长 4.9%，增速高于全球平均水平，而流向 G7（七国集团）国家的外资增速更是高达 45.5%，占全球外商直接投资总规模的 43.3%，其中美国和英国的贡献最为突出，美国由于加息周期与“再工业化”战略相叠加吸引着外资纷纷涌入，2016 年美国利用外资规模 3 910 亿美元，同比增长 12.3%，其中制造业实际使用外资的比重占到 53%，随着特朗普提出的贸易保护措施鼓励制造业回归及投资环境的改善，流入美国的资金将进一步增加。而英国“脱欧”公投助长了外商投资的增加，投资规模由 2015 年的 330 亿美元暴增至 2016 年的 2 538 亿美元，一举跃升至全球对外直接投资规模的第二位。另一方面，与我国相比，周边发展中国家具有更低的劳动成本，其劳动密集型产业的国际竞争优势已显现，而且当地政府为吸引外资的到来纷纷放宽了外资的准入限制，简化了外国投资审批程序并对外资企业提供税收等方面的支持，我国周边发展中国家的吸引外资规模快速扩张，其中印度 2017 年上半年吸引外资 104 亿美元，同比增长 37%，越南 2017 年前三季度吸引外资 254.8 亿美元，同比增长 34.3%。因此，国际资本竞争的加剧使我国吸引外资所面临的双重竞争压力依然不减。

2. **吸引外资的软实力水平不高**

近年来，我国在扩大开放及营造良好的投资环境方面取得了显著的成就，政府效率和营商效率上升明显，世界银行发布的《2018 年全球营商环境报告》显示，2012—2017 年，我国营商环境排名上升了 13 位至 78 位，营商环境优于大部分发展中国家，但与发达经济体的营商环境依然具有较大的差距，特别是在我国取得开办企业许可的手续较多，办理施工许可的时间过长，对投资者的保护不足，以及具有较高的税费。随着国内产业结构优化调整，我国对高新技术产业和高技术服务的需求不断增加，但由于对知识产权保护力度不够，导致部分以研发为主的具有高附加值企业对我国望而却步。现阶段我国营商环境制约着外资的使用质量，已不能满足经济发展的需要。

三、政策建议

1. **进一步深化对外开放水平**

继续完善负面清单管理模式，放宽制造业和服务业的准入限制，加快教育、医疗、养老等领域的开放步伐。全面提升金融业开放水平，有序推进资本项目可兑换，适当引入债务融资等方式，拓宽外商企业的融资渠道。合理引导外资投向节能环保、生物工程、智能制造等战略性新兴产业，促进制造业高级化、集群化发展，延伸外资企业在我国的产业链，提升外资的溢出效应。积极推动高技术产业和高技术服务业的国际交流与合作，鼓励外商在我国设立总部基地和研发中心，加大海外高层次人才的吸引力度。以“一带一路”战略为依托，优化利用外资的区域结构，提升利用外资的质量和效益。

2. **继续优化国内营商环境**

创新利用外资的体制机制，深化自贸试验区对外开放改革，加快自贸区改革成功经验的复制和推广。完善外商法律体系，加大知识产权的保护力度，依法保护外商的合法权益。积极参与国际贸易规则的制定，加快推进我国与其他国家的多边、双边投资协定谈判，确保我国与国际高水平的投资规则相接轨。明确支持外商优惠政策的合理边界，促进引资模式实现由“政策优惠型”向“环境友好型”转变。建立外商投资服务评价体系，提升政府部门服务效率，进一步精简外商准入的各项程序，提升外商准入便利化水平，破除外资在我国的“玻璃门”“旋转门”“弹簧门”等障碍，确保外商企业获得公平竞争权利，从而为外商营造更加开放、透明、公平、便利的投资环境。

3. **强化利用外资的监管水平**

切实转变政府职能和管理理念，强化外商投资的事中事后监管，提升监管的透明度和规范度。完善跨境资本流动监管体系，加强境外投资者的真实合规性审查，严控跨境资本大幅波动对宏观经济和金融稳定的负面冲击。完善国家安全审查机制，扩大安全审查范围。提升外资并购的反垄断审查力度，维护市场公平竞争秩序。明确各部门监管职责，提高利用外资的监管效率，防控在扩大外商投资领域及实行负面清单管理模式时带来的风险。

G12 2017年对外投资回顾和2018年展望

邬 琼*

摘要：2017年，在对外投资监管趋严和2016年高基数的影响下，我国对外投资增速大幅放缓，但年内降幅逐步收窄，对外投资规模依然较大，仍是全球外商直接投资的主要来源地，对外投资的行业结构继续优化，布局全球价值链的能力日益增强，国际产能合作稳步推进，“一带一路”已成为我国对外投资的重要区域。展望2018年，我国对外投资将不断完善，企业用汇需求压力有所缓解，企业“走出去”的基础坚实，我国对外投资增速将重回正增长区间。建议进一步完善对外投资管理体制，加强对外投资信息服务体系建设，优化对外投资风险防控体系。

关键词：对外直接投资 走出去 国际产能合作

一、2017年对外投资的基本特征

1. 对外投资增速虽大幅放缓，但仍是全球利用外资的主要来源地

受全球经济复苏乏力、国际贸易和投资低迷、地缘政治风险上升、投资者信心不足等因素的影响，2016年全球外商直接投资增长动能减弱，投资规模降至1.75万亿美元，增速同比下降2%，全球外商投资流出量降至1.45万亿美元，同比更是下降9%。在此环境下，我国对外投资逆势增长，《2016年度中国对外直接投资统计公报》的数据显示，2016年我国对外直接投资1 961.5亿美元，同比增长34.7%，对外投资流量的规模位于全球第二位，占全球的比重进一步上升3.6个百分点至13.5%，存量规模升至全球第六位，对外投资的高速增长也令我国成为全球外商直接投资复苏的主要动力。同年我国吸引外资的规模为1 340亿美元，对外直接投资规模再次超过外资流入规模，我国已连续两年成为对外直接投资的净资本输出国。

---

* 邬琼，经济学博士，国家信息中心经济预测部助理研究员，主要研究领域为外商直接投资与对外投资、计量经济理论与应用等。

然而在对外投资高速增长的背后也出现“泡沫化”倾向，为保证对外投资的健康可持续发展，我国于2016年末开始加强对外投资的监管。进入2017年，虽然世界经济复苏形势向好，国际贸易和投资回暖，全球面临的“低增长、低国际贸易流量、低通胀、低投资、低利率”情况有所改善，但我国对外资的流出监管并没有放松，受此影响，我国对外投资增速大幅放缓，截至9月，我国对外直接投资额为780.3亿美元，同比下降41.9%，盲目冲动的投资行为得到有效遏制，市场投资主体逐渐回归理性。由于我国对外投资仍具有较大的规模，已超过2016年加拿大、法国等大部分发达经济体全年的投资规模（加拿大和法国的对外直接投资额分别为664亿美元和573.3亿美元，分列全球的第5位和第7位），因此，我国仍然是全球利用外资的主要来源地。

2. 对外投资的行业结构继续优化，布局全球价值链的能力日益增强

由于国际大宗商品价格回落、国内需求减少及新能源技术的快速发展，我国采矿业对外直接投资的增速下滑明显，2016年的对外投资规模仅为19.3亿美元，同比下降82.8%，采矿业虽然仍保持着在第二产业对外投资中的主导地位，但作用在逐渐减弱，其在第二产业对外投资的存量比重已由2010年的62%下降至48%。与此同时，由于国内生产成本逐渐上升，劳动密集型行业的国际竞争优势减弱，国内企业加快了边际产业向海外转移的步伐，而且为获得国外先进技术，国内企业加强了对国外高技术行业的并购力度。此外，我国还加大了高铁、信息等优势领域的海外投资，受此影响，制造业对外投资高速增长，2016年对外投资规模为290.5亿美元，同比增长45.3%，存量规模已增至1 081.1亿美元，跻身为第五个对外投资存量破千亿美元的行业，制造业在第二产业对外投资的存量比重已由2010年的24.7%上升至34.2%，逐渐成为推动第二产业对外投资增长的新引擎。服务业仍是我国对外投资的主要领域，以租赁和商务服务业、批发和零售业、信息传输、软件和信息技术服务业为主的生产性服务业对外投资保持强劲的发展势头，2016年同比分别增长81.4%、8.7%和173.6%，而制造业向服务领域的延伸也进一步促进了服务业对外投资的增长，国内企业在海外设立研发中心和物流中心的数量不断增加，服务业对外投资低端化的情况逐渐改善，向“微笑曲线”两端布局的能力日益增强，逐渐形成以资源、市场和技术等共同驱动的对外投资新格局。进入2017年，我国对外投资的行业格局继续优化，向高端化和多元化发展的趋势不变，由于房地产、体育和娱乐等非实体领域对外投资对国内产业结构优化升级的推动作用较小，同时伴随着大量的跨境资金流动，给我国金融安全带来了负面冲击，在国内加强对外投资真实合规性审查及规范对外投资方向后，上述行业的对外投资增速大幅放缓，资金投向实体经济的比重上升，截至9月，我国对外投资主要流向制造业、租赁和商务服务业、批发和零售业、信息传输、软件和信息技术服务业，占对外投资流量的比重分别为 17.3%、32%、12.2% 和 10.5%。对外投资行业结构的优化调整也令我国在全球产业链和价值链的布局不断完善。

3. 国际产能合作持续推进，“一带一路”沿线国家已成为重要投资区域

随着对外开放水平不断提高，国内企业在海外布局愈发积极，截至 2016 年底，我国在全球设立了 3.7 万家对外直接投资企业，同比增长 20.1%，境外资产总额高达 5 万亿美元，同比增长 14.4%。同时，我国还具有巨大的产业规模，产业体系完备且层次丰富，已形成一批具有代表性的优势行业，国际产能合作基础坚实，合作进程稳步推进。特别是我国与“一带一路”沿线国家的产能合作取得丰硕成果，已与沿线近 40 个国家签订产能合作协议，推动着我国传统制造业及高技术制造业和现代服务业向周边地区的转移，对周边国家产业结构升级及工业化进程产生积极作用，与沿线国家贸易往来日益频繁，2016 年的贸易总额为 9 535.9 亿美元，占我国贸易总额的 1/4 以上。同时，我国还与沿线国家先后建立了近 60 个经贸合作区，为东道国带来大量的税收和就业岗位，推动东道国经济不断增长，我国已成为部分沿线国家的投资主要来源地。进入 2017 年，我国与“一带一路”沿线国家的投资合作稳步推进，截至 9 月，对 57 个相关国家的非金融类直接投资 96 亿美元，占对外投资总额的比重升至 12.3%，较上年增加 4 个百分点。我国与“一带一路”沿线的 61 个国家签订对承包工程合同额 967.2 亿美元，同比增长 29.7%，占我国对外承包工程总额的 57.5%，较上年增加 4.9 个百分点。

二、2018 年对外投资趋势展望

虽然我国加强了监管力度，但企业“走出去”的战略没有发生改变，依然支持真实合规性的对外投资。而且我国对外投资交流平台日益完善，“一带一路”战略有序推进，已与众多国家签订双边投资协定，对外投资空间不断拓展。同时，国内环境趋稳，外汇储备连续增长，有助于企业用汇压力的缓解。此外，国内企业“走出去”基础坚实，已具备所有权优势、内部化优势及区位优势，我国对外投资的内生动力强劲，正处于对外投资扩张周期，未来发展空间巨大。综合判断，2018 年我国对外投资将重回正增长区间，实现 10% 左右的增长。

（一）抑制对外投资增长的因素

1. 地缘政治风险上升

随着欧洲大选年落下帷幕，欧元区的地缘政治风险虽有所减小，但紧张的局面尚未出现根本性改善，右翼化倾向加深，民粹主义逐渐向欧洲蔓延，英国脱欧谈判进展缓慢，西班牙中央政府与加泰罗尼亚地区矛盾激化，意大利两地区寻求扩大自治权，欧洲分裂主义再掀风波。朝核危机、萨德入韩及安倍修宪等问题加剧了东北亚格局的不确定性。叙利亚局势错综复杂，伊核协议前景不明，教派矛盾激化，美俄博弈升级，中东局势依旧扑朔迷离。全球地缘政治风险仍处于较高水平，不利于我国对相关国家和地区的投资。

2. 全球投资保护主义升温

近年来，我国对外投资规模不断增大，对发达国家的高新技术行业投资意愿愈发强烈，而发达国家以维护本国安全为由加大了外国企业的投资审批力度，同时对高技术行业及资源行业的投资施行更加严格的限制性措施，防止本国的技术、知识产权及资源流失。美国外国投资委员会（CFIUS）对外公布的数据显示，2015 年我国投资企业在美国的交易审查数量为 29 项，约占总审查交易数量的 20%，这也是我国自 2012 年以来连续第四年成为最大的被安全审查国，美国国会下属的美中经济与安全审议委员会（USCC）甚至建议禁止我国获得美国企业的有效控制权，而特朗普政府对投资审查提出修订，意在扩大 CFIUS 的权力并进一步加强投资审查的力度，扩大投资审查范围并延长投资审查时间。与此同时，欧盟于近期颁布了《有关外国投资者对欧盟直接投资的法律草案》，与 CFIUS 的审查制度相比，此草案的审批更加严格、适用范围更广并加强了对外资并购的审查权限。随着全球投资保护主义升温，以发达国家主导的国际投资规则将制约着我国对外投资。

3. 对外投资监管审查力度趋紧

在 2016 年我国对外投资高速增长的背后存在诸多隐患，国内企业对外投资的盲目冲动、母小子大、快设快出等投资乱象行为层出不穷，为保证我国对外投资健康可持续发展，国家发展改革委、商务部、央行和外管局四部门加强了对外投资的监管力度，确保对外投资的真实合规性。国务院也发布了《关于进一步引导和规范境外投资方向的指导意见》，在优化国内企业海外资产配置的同时，明确了房地产、影视、娱乐等投资为限制领域。受此影响，限制领域的对外投资大幅减少，而对外投资审核时间的延长也放缓了企业海外投资的步伐。

（二）促进对外投资增长的因素

1. 对外投资体系日趋完善

我国虽然加强了对外投资的真实性、合规性监管，但国内企业“走出去”的战略没有变，限制的仅是房地产、娱乐业和体育俱乐部等境外投资，对高技术行业、农业和文化等领域的境外投资依然是鼓励和支持态度。而且自“一带一路”战略提出以来，已得到 100 多个国家和众多组织的积极支持和响应，进一步拓展了我国对外投资合作的空间。同时，我国积极与其他国家建立双边、多边经贸合作机制，已与 104 个国家和地区签订双边投资协定，中美和中欧双边投资协定谈判已取得阶段性成果，投资协定的达成不仅有助于减少我国企业面临的投资壁垒，还能降低投资风险，提升投资的便利化程度，从而为国内企业“走出去”创造有利条件。此外，人民币汇率改革日益深化，资本项目可兑换有序推进，人民币国际地位持续提升，跨境人民币业务不断扩大，使用渠道更加多元化，人民币国际化助推国内企业“走出去”。

2. 国内宏观经济环境有所改善

在全球经济稳健复苏的情况下，我国经济增长亦有改善，截至前三季度，我国 GDP 增长 6.9%，与 2016 年同期相比上升 0.2 个百分点，工业企业利润大幅改善，利润总额同比增长 22.8%，远远好于 2016 年同期 8.4% 的增长。外需向好带动我国进出口贸易回暖，经济结构转型成效显著，以云计算、大数据、人工智能为代表的信息技术产业蓬勃发展，高新技术行业和战略新兴行业保持良好的增长势头，已成为推动我国经济增长的重要动力；汇率保持相对稳定，外汇储备不断下降的趋势得到有效遏制，已连续 8 个月上涨，由年初的 29 982 亿美元增加至 9 月末的 31 085 亿美元，国内宏观经济的改善有助于企业用汇需求压力的缓解。

3. 国内企业“走出去”基础坚实

由于国内生产成本上升，部分传统行业的比较优势逐渐消逝，而我国周边国家和地区的区位优势逐步显现，为我国的边际产业转移提供了良好的投资环境。而且在经历了多年快速发展后，国内企业积累了大量的资金，创新能力明显提升，部分行业和领域已达到国际领先水平，所有权优势凸显。随着贸易保护主义升温，为绕开贸易壁垒获取东道国的市场份额，国内企业也加大了海外投资力度。同时，我国在部分高技术领域及管理经验方面与发达国家相比还存在短板，企业国际化程度不高，品牌竞争优势较弱，技术和品牌驱动型的对外投资意愿增强。此外，我国对外投资正处于上升周期，对外投资起步相对较晚，与发达国家依然有较大的差距，2016 年我国对外投资存量占 GDP 的比重仅为 11.4%，远远低于美国（34.4%）、德国（39.4%）和日本（28.4%），未来对外投资发展空间较大。

三、政策建议

1. **完善对外投资管理体制**

提升对外投资审批效率，缩短项目审核时间，完善各部门间的沟通协调机制，提高对外投资便利化程度；加强金融服务体系建设，进一步深化汇率体制改革，有序推进金融企业“走出去”，拓宽国内企业的海外融资渠道，加大中小企业海外投资的资金支持力度，健全海外投资保险体系；深入参与国际投资规则制定，主导区域经济一体化建设，大力推进双边、多边投资协定谈判与签订；合理引导对外投资方向，适时调整产业引导政策；完善对外投资的法律体系，保护投资者合法权益。

2. **加强对外投资信息服务体系建设**

提升驻外机构对东道国的数据搜集和整理能力，完善资讯平台建设，加强各部门间的信息共享，确保信息披露的时效性及准确性；鼓励企业与科研机构的交流合作，深入研究东道国的法律、经济、政治、文化等投资环境，强化企业对外投资的风险识别能力；完善国别投资产业指导目录，加强境外投资的风险提示性工作；积极培育一批法律、财务、技术等国际化中介机构，提升对外投资的专业化服务能力。

3. **优化对外投资风险防控体系**

明确各部门的监管责任，加强监管部门间的联动性；健全对外投资监管机制，完善事后监管框架；加强企业的跨境资本流动监测，确保企业对外投资的真实合规性；建立国有企业海外投资评价体系，降低国有企业投资的道德风险，确保国有资产保值增值；健全与东道国的联合监管制度，完善企业投资信用体系，加强国内企业海外融资的监管，防止融资杠杆过高引发国内金融市场大幅波动。

G13 2017年经济景气分析及2018年展望

刘玉红*

摘要：当前我国经济正处于1997年以来的第7个周期循环，本轮的峰出现在2017年4月，目前已回落6个月。随着我国经济结构的改善，我国经济周期呈现出积极特点，波动幅度明显变小，波动周期逐渐变长。结合先行指数的走势看，一致合成指数的下滑走势至少会持续到2018年第2季度，但是下降幅度不会很大，预计2018年我国经济将保持大体平稳运行的态势。

关键词：经济周期　景气波动　经济预测

2017年以来，我国经济增速平稳，第一、二、三季度GDP增速分别为6.9%、6.9%和6.8%，工业企业效益明显好转，需求结构、产业结构进一步优化，经济运行呈现出稳中向好的态势。同时，CPI波动处在2%附近的温和区间，PPI在大幅增长后出现趋缓态势。但是，我国经济发展所面临的内外环境依然严峻，经济发展长期累积的深层次结构性矛盾尚未缓解，部分领域的风险隐患较大。本文基于改进后的“经济景气监测预警系统”对当前经济周期态势和经济景气状况进行分析和判断，并利用先行合成指数和计量模型对经济增长、物价等重要经济领域指标进行预测。

一、利用景气指数分析法对经济景气状况的分析和预测

利用K-L信息量和时差相关方法，本文对2011年以来经济指标之间的关系进行了重新梳理，筛选出了适合新常态的中国经济景气指标体系，在此基础上构建了2017年经济景气监测预警系统。一致合成指数的6个构成指标分别是：工业增加值增速、固定资产投资（不含农户）增速、发电量增速、狭义货币M1增速、财政收入增速和出口总额增速；先行合成指数的5个构成指标分别是：产成品库存（逆转）增速、金融机构各项贷款增速、粗钢产量增速、汽车产量增速和固定资产投资本年施工项目计

* 刘玉红，经济学博士，国家信息中心预测部副研究员，主要研究领域为宏观经济预测、计量经济模型开发及应用、经济景气监测预警。

划总投资增速。利用美国国家经济研究所（NBER）的景气指数构建方法，建立了我国的先行合成指数、一致合成指数和扩散指数（以2000年为基期）。

（一）先行、一致合成指数继续震荡下行

一致合成指数的走势反映的是宏观经济整体运行态势。按照谷-谷对应法，1997年以来，中国已经经历了6个完整的周期循环，目前正处于第7个循环中。本轮经济周期的起点是2015年6月的谷，本轮周期的峰出现在2017年3月，上升期长达22个月，是1997年以来上升周期第三长的扩张期，持续时间仅短于2003年和2007年的经济周期。2017年3月一致合成指数出现峰，此后步入下行周期，目前已经连续下降了6个月。先行合成指数的谷出现在2014年11月，连续上升21个月后，在2016年8月出现峰，此后缓慢回落，2017年5—8月，先行合成指数曾出现了短期回升，9月开始又重新回落，表明这段时期的回升只是下行周期的一个小幅震荡，先行指数仍处于下降区间。利用K-L信息量和时差相关分析计算，我国先行合成指数的先行期为7个月，预计未来半年我国宏观经济运行仍然面临下行压力。如图1所示。

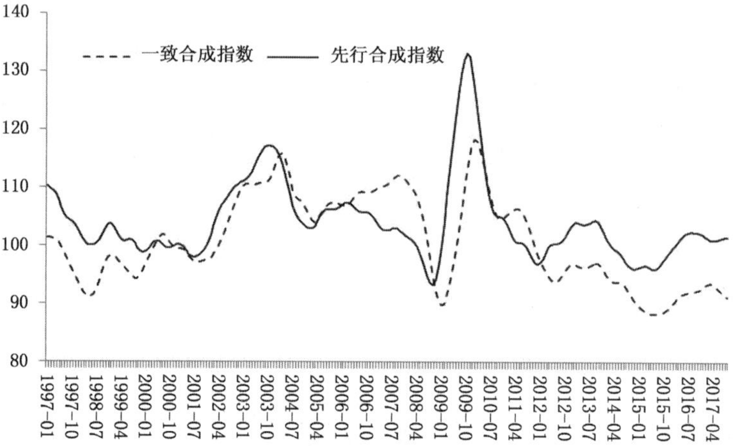

图1　一致合成指数和先行合成指数

9月份，构成一致合成指数的6个经济指标季节调整后全部处于下降趋势，一致合成指数的上升动力明显不足，下降压力显著加大。与一致合成指数走势类似，先行合成指数的5个构成指标也全部呈现下降走势，预示未来先行合成指数仍将继续下行。在2017年5—8月，先行合成指数曾经出现了短期的小幅回调，从构成指标走势看，这段时期的回升主要得益于产成品库存的下降和粗钢产量的大幅增长，随着PPI价格回落和补库存接近尾声，产成品库存的拉动作用将会大幅减弱；前期钢铁产量的快速增长则源于持续的高利润，随着限产范围扩大、时间延长，加上高炉产能利用率已处于历史高水平，上升空间有限，粗钢产量快速增长的态势已经放

缓。拉升先行合成指数的两个指标未来增长乏力，表明这一短期回升不可持续，9 月份先行合成指数已经出现回落态势，预计先行合成指数未来仍将继续下行。

（二）扩散指数显示我国经济在景气循环的收缩阶段运行

扩散指数（简称 DI）把景气指标组中保持上升指标占比的变动看作是景气扩散的过程，其值为 50% 时表示经济活动的上升趋势与下降趋势平衡，意味着该时刻可作为景气转折的参考时点。当 DI 由上方向下方穿过 50% 线时，取前一个月作为经济景气波峰的日期，而当 DI 由下方向上方穿过 50% 线时，取前一个月作为经济景气波谷的日期。移动平均后扩散指数本身的极大值（峰）点和极小值（谷）点会领先于 50% 对应的景气转折点，利用这一性质，有时可以帮助提前预测景气转折点的出现时间。

由 6 个一致指标构成的移动平均后的一致扩散指数如图 2 所示，该指数 2015 年 8 月以来震荡上升，在 2017 年 4 月一致扩散指数达到极大值后由上到下穿越 50% 线，因此 2017 年 3 月为一致扩散指数的峰，与图 1 确认的一致合成指数的峰吻合。由 5 个先行指标构成的移动平均后的先行扩散指数在 2016 年 7 月由上到下穿越 50% 线，与先行合成指数确定的 2016 年 8 月的峰相接近。先行扩散指数在 2017 年 3 月以来出现了快速反弹，并在 2017 年 7 月由下而上穿过的 50% 线，但是在 2017 年 9 月该指数又出现了回落，因此无法判定 2017 年 6 月是否为先行扩散指数的谷。

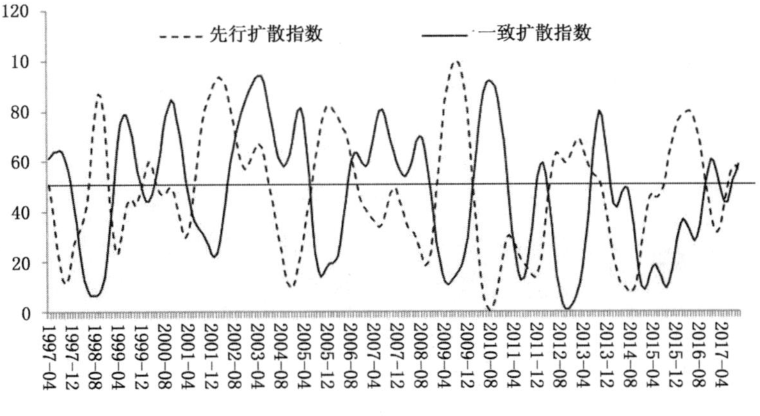

图 2　一致扩散指数和先行扩散指数

合成指数和扩散指数的结果都较为一致地表明，目前我国经济正处于 1997 年以来的第 7 个景气循环中，其峰值出现在 2017 年 3 月，经济增长已经进入第 7 个景气循环的收缩阶段。

从 2010 年 1 月一致合成指数出现历史高点后，已经经历了两个完整的周期波动。这两个周期波动显示我国经济景气已经进入一个长下行周期，呈现出“W”形阶梯式下降，峰不断降低，谷不断下探，2015 年 6 月的谷已经是 1997 年以来的历史最低点，目前经济所处的第7个景气循环的峰也低于历次周期的峰。经济增速的放缓，既是我国长期高速增长后必然经历的阶段，也是中国政府积极主动调整的结果。因此，本轮经济增长率循环进入收缩阶段并不是单纯意义上的经济下滑，是我国主动进行深化改革、实施供给侧结构性改革措施、解决深层次结构性问题必然经历的阶段，从而可以获得更高质量和可持续性的发展。随着我国经济结构的逐渐改善，我国经济周期波动也呈现出更加积极的特点，周期波动不再出现以前"大起大落"的走势，波动幅度明显放缓，波动周期也逐渐变长。预计2017年第4季度和2018年，我国先行和一致合成指数将继续在收缩阶段运行，但是下降幅度会相对较为缓和。

二、监测预警信号系统显示我国经济运行平稳

经济监测预警信号系统是选择一组反应经济发展状况的敏感性指标，在对每个指标增速的历史值进行区间设定后，用类似一组交通管制信号红、黄、绿灯的标志，确定所选指标不同增速对应的灯号信号，通过对所选指标灯号信号变化的分析能够判断各行业各领域的当前运行情况和未来增长趋势，也可以通过数学方法将所选指标合成为一个综合的指标，这个指标就是综合警情指数，该指数反映了当前经济的总体运行情况，能够从整个宏观的角度把握当前经济走势和未来变动趋势。

中国"宏观经济监测预警信号系统"包含10个预警指标，涵盖了经济运行的主要行业领域。新常态下中国经济增速放缓，经济运行呈现出许多新特点，经济指标的走势和相关关系发生了深刻变革，因此，我们在对预警指标统计分析的基础上，对监测预警系统构成指标的预警界限值重新进行了设定，以确保经济景气监测预警系统能够更加及时准确地反映"新常态"下综合警情指数的变动情况。如图3所示。

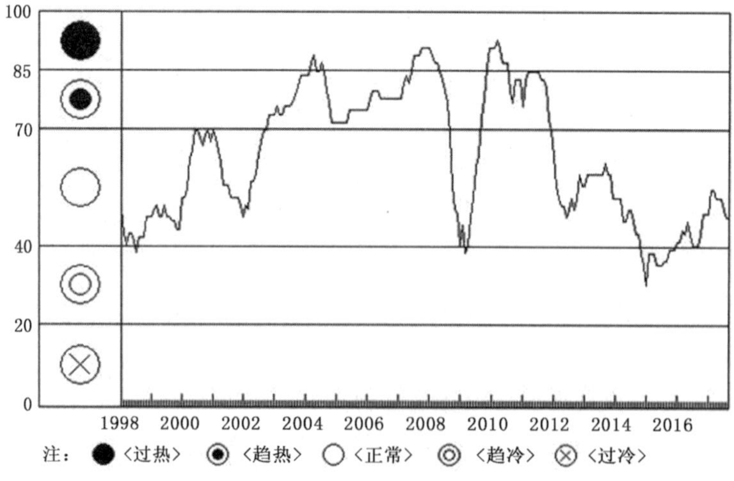

图3　综合警情指数走势图

图3显示的月度综合警情指数与一致合成指数走势类似，从1998年以来也呈现了规律性的周期波动，其中波动最大的一个周期也是出现在2008年国际金融危机之后。仅用了3个月，综合警情指数就从过热的“红灯区”通过正常的“绿灯区”进入了趋冷的“浅蓝灯区”，随后又快速回到了过热的“红灯区”，出现了一个深V走势，这是1997年以来综合警情指数波动最为剧烈的一个阶段。与一致合成指数走势类似，2010年以后综合警情走势也步入了长下行周期，指数数值阶段性下降，2015年1月出现历史最低值后，开始震荡上行，2015年10月重新回到“绿灯区”后，已在此区域运行了近两年。从2017年3月开始，综合警情指数出现了连续下降的走势，目前指数数值已经逐步靠近“绿灯区”下沿。

分指标看，2017年9月，M1和工业企业主营业务收入增速处于过热的“红灯区”，社会消费品零售总额、工业企业增加值、发电量、财政收入、进出口贸易总额增速和CPI在正常的“绿灯区”运行，金融机构各项贷款处于趋冷的“浅蓝灯区”，固定资产投资总额增速在过冷的“深蓝灯区”运行。在非正常区内运行的4个指标中，代表虚拟经济的指标M1处于过热状态，而金融机构各项贷款则在趋冷状态运行，实体经济的大部分指标也在正常区内运行，表明我国大量资金并没有有效地传导至实体经济。工业企业主营业务收入增速在2017年2月以来从“绿灯区”直接进入了“红灯区”，这主要是受到原材料价格猛涨的影响，随着原材料价格的回落，工业企业主营业务收入增速放缓，会逐渐回落至正常区间。另一个需要注意的指标是固定资产投资完成额，受结构调整和房地产投资减速的影响，固定资产投资景气持续低迷，并在8月份步入了过冷的“深蓝灯区”。投资增速不断下降是经济景气回落和难以回升的重要原因，这其中有我国政府调整经济结构的主观因素，也有货币政策传导不畅和民间投资动力不足的客观因素。预计在未来一段时间，投资增速仍将在过冷区运行，给综合警情指数带来向下压力。如图4所示。

指标名称	2016			2017								
	10	11	12	1	2	3	4	5	6	7	8	9
1. 社会消费品零售总额增速	○	○	○	○	○	○	○	○	○	○	○	○
2. 工业企业增加值增速	○	○	○	○	○	○	○	○	○	○	○	○
3. 工业企业主营业务收入增速	○	○	○	○	⊙	⊙	⊙	⊙	⊙	⊙	⊙	⊙
4. 发电量增速	○	○	○	○	○	○	○	○	○	○	○	○
5. M1月末数同比增速	●	●	●	●	●	●	⊙	⊙	⊙	⊙	⊙	⊙
6. 金融机构贷款期末余额增速	◎	◎	◎	◎	◎	◎	◎	◎	◎	◎	◎	◎
7. 国家财政收入增速	○	○	○	○	○	○	○	○	○	○	○	○
8. 固定资产投资完成额增速	◎	◎	◎	◎	◎	◎	◎	◎	◎	◎	⊗	⊗
9. 进出口总额增速	⊗	○	○	○	⊙	⊙	⊙	⊙	⊙	○	○	○
10. 居民消费价格指数	○	○	○	○	○	○	○	○	○	○	○	○
综合判断	○	○	○	○	○	○	○	○	○	○	○	○
	44	49	49	49	55	55	53	53	53	50	48	48

注：● 〈过热〉 ⊙ 〈趋热〉 ○ 〈正常〉 ◎ 〈趋冷〉 ⊗ 〈过冷〉

图4 月度监测预警信号图

三、政策建议

2017 年前三季度中国 GDP 增速为 6.9%，实现了超预期增长。利用宏观经济景气指数的走势和多种经济计量模型，结合新常态下宏观经济的特点和指标之间的新特性，预计 2017 年第 4 季度为 6.7%，全年增速为 6.8%，2018 年 GDP 增长速度可能小幅回落至 6.6%，各季度经济增速有望在 6.5% ~6.7% 区间内平稳运行，经济运行继续呈现“微波化”的平稳增长。

1. 坚持供给侧结构性改革为主线，促进经济发展

十九大报告指出：“我国经济已由高速增长阶段转向高质量发展阶段”，要“以供给侧结构性改革为主线，推动经济发展质量变革、效率变革、动力变革，提高全要素生产率”。自 2015 年底提出以来，供给侧结构性改革扎实推进，成效不断显现。2017 年以来，去产能加快推进，去库存、去杠杆和降成本效果继续显现，短板领域投资快速增长，进展顺利。对于改革成效，经济合作与发展组织 2017 年发布的《G20 结构性改革进展的技术性评估报告》指出，中国结构性改革取得积极进展，成效显著，生产率增长及高水平就业已成为经济增长的主要动力。在供给侧结构性改革深入推进的过程中，实体经济是重点。要深化国有企业改革，发展混合所有制经济，推动国有资本做强做优做大。全面实施市场准入负面清单制度，清理废除妨碍统一市场和公平竞争的各种规定和做法，支持民营企业发展，激发市场主体活力。要提高发展的质量和效益，要满足不同消费者的不同层级的需求。要加大供给侧结构性改革，持续推进“三去一降一补”。要提高劳动供给和质量，激发和保护企业家精神，鼓励更多社会主体投身创新创业，同时构建知识型、技能型、创新型劳动者供给市场。

2. 深化金融体制改革，增强金融服务实体经济能力

党的十九大报告指出，“建设现代化经济体系，必须把发展经济的着力点放在实体经济上”，要“深化金融体制改革，增强金融服务实体经济能力”。金融业要“回归本源”和“服务实体经济”，这是习近平总书记在 2017 年全国金融工作会议上明确提出的要求。“增强金融服务实体经济能力”写进党的十九大报告更是指明了我国金融业今后发展方向。银行在我国金融体系中居主导地位，应以服务实体经济为已任，积极主动适应利率市场化和互联网金融发展的挑战，加快改革创新和差异化、特色化战略转型，支持供给侧结构性改革。为了满足中国经济结构转型和产业升级的客观要求，银行应从消费金融、科技金融、普惠金融、绿色金融四个方面

加大对实体经济的支持力度。金融业应该主动针对我国经济发展的不平衡不充分问题，提出金融解决方案，从以往注重传统行业转向为现代服务业和先进制造业服务，从以往主要为生产者服务转向更多地为消费者服务，从以往集中于东部、集中于大城市更多地向中西部和乡村延伸，从以往动员储蓄、推动大规模投资的粗放式金融发展模式转向利用金融科技、高效配置金融资源的集约型金融发展模式。

3. 积极引导预期，注重结构调整和效益改善

一方面，由于我国属于发展中国家，经济周期波动一般考察增长率周期，更注重经济增长速度而忽略了总量的影响。事实上，经过了长期高速增长后，我国的经济总量规模增加迅速，如此巨大的经济总量下，增速必然会有所放缓。以 2017 年为例，我们预测 GDP 增速为 6.8%，按可比价格（1978 年价格）计算，6.8% 的同比增速意味着 GDP 增量水平约为 8 000 亿元，相当于 2010 年我国 GDP 的 10%。除了基数原因，当前经济放缓也是因为结构调整和动力转换，不能简单地理解为衰退。另一方面，即使经济增速下降一点，经济增量依然可观，因此我们没有必要盯住增速不放，要将增速下调放到经济发展必然规律下理解，将关注的重点转移到结构和效益方面的问题。十九大也强调，我国经济增长要“必须坚持质量第一、效益优先”。政府应该降低政策的不确定性，增加政策实施的透明度。此外，除了增速类指标，政府应该公开和科学解读各种宏观数据的结构性变动的数据信息，从而提高市场对于经济结构变动的认识，引导市场从单纯地关注增量变动向经济结构转型和升级转变，并形成正确预期。

G14 国有企业混合所有制改革评估及展望

肖若石*

摘要：党的十九大明确指出，要深化国有企业改革，发展混合所有制经济，培育具有全球竞争力的世界一流企业。2017年是混合所有制改革的攻坚年，出台的联通混改方案，具有重要的改革标杆意义。联通混改探索了多个重大改革突破，首次探索在央企集团公司层面进行混合所有制改革，首次探索垄断领域以混改的方式向民营资本开放，首次探索“战略投资+定向增发+股权转让+员工持股”全体系、多元化的混改模式。同时，各地方积极推动混改深入落实，涌现出江西盐业、中联重科、东航物流、云南白药、江苏高科技投资集团、中山公用等一批具有示范效应的混改案例，为混改的进一步深化提供了成功的借鉴经验。但在改革的落地过程中，企业普遍反映仍然存在着许多“旧制度管新制度”和相关配套改革不足的问题。这些政策制约增加了改革的制度成本，削弱了各方参与的积极性，制约了混改工作的进一步深化。进一步推动混改深化，仍要加强政策供给，营造良好的改革氛围，引导全社会积极参与。

关键词：混合所有制　员工持股　激励机制

党的十九大明确指出，要深化国有企业改革，发展混合所有制经济，培育具有全球竞争力的世界一流企业。当前，我国国有企业混合所有制改革作为国企改革的重要突破口正在加速推进，各项改革试点工作大胆探索、锐意创新，取得了丰硕的经验与成果，为国企改革的进一步深化指明了方向。混改在国企“1+N”文件政策体系框架下，实践和创新了多项关键领域和重点环节的改革任务，有效激发了各类市场主体参与混改的积极性、主动性与创造性。随着混改的不断深化，市场对制度供给提出了新的需求。下一步应不断解放思想，破除体制机制障碍，完善配套政策体系，推动混改不断走向深化。

---

* 肖若石，经济学博士，就职于国家信息中心经济预测部，主要研究方向为经济体制改革、区域经济、收入分配、发展规划等。

一、当前我国混合所有制改革的基本情况

近年来，混改文件政策体系的基本确立，有针对性地破除了体制机制障碍，营造了良好的市场化改革环境。从落实看，2017 年以来混改取得重大突破，央企混改试点工作有序推进，地方混改成功经验不断涌现，全社会推进混改共识不断凝聚，政策的引领助推效应凸显。

1. 顶层设计完成，混改全面落地

国家发展改革委出台的《关于国有企业发展混合所有制经济的意见》（以下简称《意见》）构建了混改的顶层设计，确立了“分类分层改革，各类资本参与，健全治理机制，依法合规操作”的核心改革思路。文件明确了国企的混改领域，放宽了混改的准入标准；提出了多元化的参与方式，创新了双向混合、员工持股等改革模式；健全了混改的企业治理机制，规范了混改的操作审批流程、资产定价机制与监管方式，构建了混改的制度框架，为顺利推动混改打下了坚实的基础。《意见》与其他国企“1+N”文件形成了改革合力，打破制约混改的体质机制障碍，有力地推动了改革任务的顺利落实。例如，出台的《企业国有资产交易监督管理办法》规范了产权转让、企业增资、企业资产转让的方法、细则及监督条例，明确了国有资产交易的相关事项；出台的《关于国有控股混合所有制企业开展员工持股试点的意见》，为开展员工持股改革提供了政策依据与支撑。在改革政策的助推下，混改工作迅速开展。文件发布后得到全社会积极响应，截至 2016 年年底，中央企业集团及下属企业混合所有制企业占比达到 68.9%；从地方国企看，2017 年上半年，126 家省级国资委监管的一级企业在集团层面全部完成混改，政策牵引效应显著。

2. 以联通为代表的央企混改试点工作取得重大突破

2017 年出台的联通混改方案，具有重要的改革标杆意义。联通混改探索了多个重大的改革突破，首次探索在央企集团公司层面进行混合所有制改革，首次探索垄断领域以混改的方式向民营资本开放，首次探索“战略投资+定向增发+股权转让+员工持股”全体系、多元化的混改模式等。在经历了一年的反复论证后，联通于 8 月份公布了“史无前例”的央企混改试点方案。方案提出了定向增发、增持股票与员工持股并举的混改方式，总交易对价约为 780 亿元人民币。其中腾讯、百度、京东、阿里巴巴将投资达 273.5 亿元，本次改革创造了民营企业参与混改的历史最大投资。混改后，联通集团持有 A 股公司股权下降至 36%，新引入的战略投资者持股约为 35%，民营资本的高管人员也将进入联通的经理层，董事会的股权和管理层的治理结构更加多元化。

联通混改还引进了中国人寿、国有企业调整结构基金等国有战略投资者，合计持股接近20%，与联通集团持股相加，国有资本超过50%，仍然保持着绝对的控制权。联通混改募集的资金将通过联通BVI公司以认购联通红筹公司配售、供股股份等多种方式注入联通的港股运营实体，主要用于全面提升联通4G网络的基础设施建设、5G网络的研发和前期装备及创新各类业务的相关项目。总体看，联通的混改方案是“对症下药”的一副良方，预计混改之后，联通企业的运营效率将有效提升、体制机制将逐步灵活、创新能力将进一步加强、人才等各类要素将加速聚集。截至2017年年底，第一批、第二批19家企业的混合所有制改革试点方案已经基本得到国家层面的批复。与此同时，第三批试点方案的遴选工作正在进行，社会上比较关心的石油、天然气等重点领域行业改革，也将在第三批混改试点中统筹推进。

3. 地方积极探索，为混改深化提供有益经验

多个省份出台了混改的实施方案，其中上海出台了混改操作指引，对上海市国企混改的一般流程、改制决策、审计评估、产权交易等多个方面予以明确，设计了标准化的混改工作手册。各地针对混改重要领域和关键环节的改革进行了大胆探索，包括突破混改政策障碍、建立改革纠错机制、创新混改党建工作、推动国企去行政化等改革。在地方积极探索下，涌现出江西盐业、中联重科、东航物流、云南白药、江苏高科技投资集团、中山公用等一批具有示范效应的混改案例，为混改的进一步深化提供了成功的借鉴经验。如，在三项制度改革方面，东航物流混改方案提出，所有参与混改的人员都要“脱马甲”转换国有企业人员身份，签订完全市场化的劳动合同，打破了“铁饭碗”；在优化股权与治理结构方面，云南白药混改后云南省国资委与新华都集团各占50%的股权，突破了国有绝对控股的传统思想束缚，管理方式完全采用市场化的模式，使企业全面提升了国际市场的竞争力；在资本融合方面，江苏高投以管理团队为核心实施混改，国有资本只占股35%，而以管理团队为核心的毅达资本占股65%，混改方案以“管资本”为核心，有效激励了管理团队，实现了国有资本的保值增值。从改革的效果看，混改实施后国企运营效率得到极大改善，如江西盐业生产能力提升1/3，在盐业整体下滑的大背景下，近两年销售额均增长了5%以上；江苏高投混改后，管理资本规模增长750亿元，毅达资本管理规模增加了10倍，“十三五”期间，江苏高投可发展成为管理资产近千亿的创投巨头。

二、当前混改面临的主要政策制约

当前混改的顶层设计已经基本完成，各项改革任务也在有序推进，但在改革的落地过程中，企业普遍反映仍然存在着许多“旧制度管新制度”和相关配套改革不足的问题。这些政策制约增加了改革的制度成本，削弱了各方参与的积极性，制约了混改工作的进一步深化。

（一）国有资产定价机制尚需创新

国有资产定价是国企改革的核心问题，对上市国有企业而言，可以通过股票市场发现国有资产价格，而非上市国有企业的定价机制并无相应的改革措施，价格发现机制滞后是核心问题。当前实施的《企业国有资产评估管理办法》《企业国有产权转让管理办法》仍是2005年前后出台的政策，传统单一的资产评估法已不适于混改需要。混改的目的是放大国有资本功能，并实现保值、增值，因此要考虑到企业未来发展，即现金流折现对资产价格的影响，这样才能有效防止国有资产的流失。此外，公开竞价制度对混改企业寻求最优的投资者也存在一定的制约。吸引参与混改投资者应注重产业互补与战略协同，实现合作共赢，而公开竞价的方式存在不确定性风险，可能会引入财务投资者或低效投资者，影响混改的最终成果。

（二）薪酬机制改革应进一步强化

目前，企业反映最多的还是混改薪酬激励机制的问题，主要表现在两个方面，一是激励机制改革政策供给不足，二是存在着“旧制度管新制度”的问题。混改的最终目的是提升企业效率，因此分配导向还是应注重效率优先原则，可适当对管理层和核心技术人员提升激励水平。但当前央企集团层面的混改仍然受央企限薪令的限制，而相应的二、三级子公司的混改也受到一定程度的影响。许多金融行业或高技术制造业的国有企业中青年技术、管理骨干，一旦离职进入民营企业，可就以获得两三倍甚至是五倍、十倍以上的高薪收入。混改打破了国企“铁饭碗”，企业要在市场化的环境中竞争吸引人才，但薪酬激励限制将制约国企的竞争力，甚至会导致国有企业人才的流失。国企实施的工资总额预算制度也限制了激励机制改革的深化。现行的国企工资总额受集团整体工资预算的限制，激励空间有限，导致一些混改企业不仅缺乏薪酬激励空间，甚至无法招聘新员工，实际改革效果低于预期。

（三）员工持股制度改革有待深化

员工持股制度在改革探索中存在三点问题。

1. 员工持股的规模标准应采取因企施策的办法

当前在混改操作过程中，统一规定员工持股总量原则上不高于公司总股本的30%，单一员工持股比例原则上不高于公司总股本的1%。但混改企业的规模、行业、发展阶段各不相同，员工对利益绑定的诉求也各有不同，按照统一标准确定个人和全体的持股数量，将影响持股激励的效果。

2. 员工持股定价交易机制应更为完善

对于非上市公司而言，以每股净资产确定转让价格，将会出现因行业间资产权重不同导致的价格偏差，一些轻资产高成长价值的国企将存在国有资产流失的隐患。员工购买股权的方式也过于单一，当前只有现金购买一种方式，技术入股、品牌入股等多元化的持股方式并未探索。此外，通过各类金融手段鼓励员工更多持股的政策也尚未出台，这也制约了员工更多持股的积极性。

3. 员工持股试点的范围应进一步扩大

当前政策规定的持股试点范围过窄，层级上规定央企二级、地方国企一级以上不能参加；数量上只选取10家央企及各省5～10家地方国企作为试点企业，这制约了混改的广泛推进。

三、未来混改的主要方向及相关政策建议

贯彻十九大精神，有关部门近期表示要在电力、石油、天然气、铁路、民航、电信、军工等领域，迈出实质性步伐。因此，未来混合所有制改革的广度、深度都将超过2017年。第三批国家级混改试点有望在年底前确定，2018年国家发展改革委批复的混改试点方案将大规模实施。进一步推动混改深化，仍要加强政策供给，营造良好的改革氛围，引导全社会积极参与。针对当前混改存在的问题与改革趋势提出以下建议：

（一）深化关键问题领域改革

针对混改在落实阶段的主要问题，加强政策改革创新力度。

1. 建立新型的国有资产定价机制

可参考外国的成功经验，采取“先协商、后竞价”的模式，在合作对象可控下依靠市场决定价格。在定价时，既需要考虑其资产当前价值，也需要考虑企业未来的发展情况，采取资产现值与现金流折现并重的评估方式。

2. 加快薪酬机制改革

切实把工资总额的制定权限下放给各类国有企业，逐步将工资总额的审批制改为备案制，增强工资调整弹性。建立绩效考核与薪酬激励相结合的工资增长机制，适当提升非国有控股混改企业管理层的基础年薪水平。

3. 打破员工持股的政策障碍

按因企施策的原则制定员工持股规模标准，规模较大的传统行业企业可按原标

准执行，规模较小的高新技术企业可适当增加个人及总体的持股规模。结合国资定价机制创新，提升股权定价的合理性，建立科学规范的股权内部转让机制，允许持股者获得适当收益。

（二）加强各项改革间的协调联动

发挥好混改的重要突破口作用，以混改带动国企改革的全面深化。

1. 要以混改推动监管方式创新

通过混改真正落实好董事会职权、企业法人治理结构、国有资产交易等国企改革任务，推动监管方式由“管人、管事、管资产”转变为“管资本”为主。

2. 要构建“混改+”的改革新模式

混改试点企业，可根据自身在改革中面临的不同问题，制定综合改革方案，依托混改切实开展市场化选聘、企业负责人薪酬制度改革、解决历史遗留问题等各类改革探索工作，释放出改革政策的合力。

3. 加强混改与社会保障之间的政策对接

在混改过程中，要依法保护国企职工的正当权益，混改企业要在职工下岗分流之前补齐未缴纳的社保金，重视下岗职工的生存生计问题，出台下岗职工免费培训和自主创业的优惠政策。

（三）创新完善各项配套政策

通过各项配套政策的完善和创新，引导各方积极参与混革。

1. 出台配套混改的财税政策

减少企业在混改中的税收负担，降低改革成本。试点企业在改革过程中产生的所得税、土地增值税、印花税等，根据改革需要，可给予延后3～5年缴纳或分期计入年度纳税金额。出台相应的财政支持政策，避免直接补贴，以财政引导基金的方式支持混改。

2. 改革土地处置和变更制度

制定混改试点企业“权属不清、用途不明”土地的所有权确权和用途划分的专项文件。分类解决划拨土地转出让问题，经营状况好的企业依法依规缴纳土地出让金，经营状况较差的企业可适当减免或递延土地出让金缴纳。

3. 建立混改的容错机制

建立鼓励改革创新、宽容失误的容错机制，明确免予追责的条件，营造保护改革者的良好氛围，建立改革申诉渠道，切实保障改革者的各项权利。

G15 我国“双创”形势分析与展望

宋瑞礼*

摘要：2017 年，大众创业、万众创新取得了重要进展，宏观政策顶层设计、营商环境、创新能力、创投市场、舆论宣传等方面工作成效十分显著。但受“双创”涉及领域广、参与主体多等因素影响，“双创”领域出现了创新创业高成本、区域发展不均衡、国有企业体制机制束缚等一些新情况、新问题。为此，本文提出要超前谋划，密切跟踪，及时出台完善调整相关政策措施，确保“双创”健康运行。总体上看，2018 年是创业创新蓄势待发的黄金时期，创新创业将进入提质增效新阶段。

关键词：提质增效　营商环境　创新能力

2017 年，党中央、国务院全面实施创新驱动发展战略，进一步推进大众创业、万众创新，各地区、各部门将“双创”工作作为深化供给侧结构性改革的重要内容，以及实现新旧发展动能接续转换的重要抓手，着力完善政策环境，加大政策扶持力度，推动“双创”进入提质增效新阶段。

一、2017 年大众创业、万众创新运行的基本特征

1. 强化宏观顶层设计，政策效果初步显现

2017 年以来，党中央国务院和推进双创部际联席会议各成员单位针对创新创业的痛点和难点，大力推进重点领域和关键环节的实践探索和体制机制创新。一是强化顶层设计，推动“双创”工作迈上新台阶。继《国务院关于大力推进大众创业万众创新若干政策措施的意见》（国发〔2015〕32 号）发布之后，再次发布《国务院关于强化实施创新驱动发展战略进一步推进大众创业万众创新深入发展的意见》

---

* 宋瑞礼，博士研究生，经济师，主要研究宏观与产业经济、创新创业理论与实践等。

(国发〔2017〕37号)。二是着力推动政策落地见效。发布《关于印发国家科技成果转移转化示范区建设指引的通知》,以有序推进区域性科技成果转移转化示范工作;部署创建“中国制造2025”国家级示范区,强调与“双创”结合,在创新体系建设、智能和绿色制造等方面先行先试。“双创”重点领域出台的一批特色鲜明、重点突出、操作性强、措施有力的政策举措,与“双创”顶层设计政策和各地“双创”政策共同构成了上下互动、左右协同的“双创”政策体系,有力地提升了政策效能。据瑞士洛桑国际管理学院《2017年度世界竞争力报告》显示,我国政府效率由2016年的第51位提升至2017年的第45位。

2. 营商环境持续改善,市场主体快速增长

随着商事制度“证照分离”改革、企业登记全程电子化和电子营业执照、企业名称登记和简易注销登记等一系列创新举措的深入推进,创新创业的体制机制性难点和堵点进一步消减,创新创业成本明显降低,营商环境持续改善。从国际对比来看,据瑞士洛桑国际管理学院《2017年度世界竞争力报告》显示,我国营商效率由2016年的26位提升至2017年的18位。从国内来看,根据互联网1 300万条相关数据分析,前三季度网民对市场准入环境正面评价占比为86.15%,比上半年提高了0.65个百分点,比上年同期提高了0.52个百分点。10月1日,“多证合一”改革全面实施,截至目前,全国已核发“多证合一、一照一码”营业执照917.89万张。2017年前三季度,我国新登记市场主体1 414.6万户,平均每天新设5.18万户;新登记企业451万户,平均每天新设1.65万户,其中,新兴服务业发展较快,教育、科学研究和技术服务业、文化体育和娱乐业等现代服务业继续较快增长,同比增速分别为40.5%、24.5%、17.9%。从历史对比来看,2014年正式启动商事制度改革前,我国日均新设企业仅为6 900户,改革三年至今,企业日均注册数量是之前的两倍多。

3. 新旧动能加速转换,创新能力不断提升

“双创”强化科技创新支撑,坚持质量效率并重,推动产业迈向中高端,创造新供给、释放新需求,增强产业活力和核心竞争力。《麻省理工科技评论》杂志评出的全球50大最聪明企业榜单,腾讯、阿里巴巴、百度等全球多家中国企业均榜上有名,其中,科大讯飞首次上榜名列全球第六,在同期上榜的中国公司中位居第一。德勤与投中信息日前联合发布《中美独角兽研究报告》称,全球约四成的“独角兽”公司诞生在中国。《二十国集团(G20)国家创新竞争力发展报告(2016—2017)》黄皮书发布,报告显示,中国名列第八,是唯一进入前十名的发展中国家。前三季度,我国高技术制造业增加值同比增长13.4%,快于规模以上工业6.7个百分点。根据瑞士洛桑管理学院近日发布的《2017 年度世界竞争力报告》，在全球最具竞争力的经济体中，中国从 2016 年的第 25 位跃升至第 18 位，并且在人均国内生产总值不足 2 万美元的经济体中竞争力排名最高。世界经济论坛发布的 2017—2018 年全球竞争力报告，对 137 个国家和地区竞争力进行排名，中国列第 27 位，比上年度上升一位。

4. **创投市场高位运行，研发投入大幅增加**

创投资金供给实现快速增长。2017 年第三季度，风险投资（VC）机构新募集 138 支基金，环比上涨 24.3%；披露募集金额为 450.9 亿元，环比上涨 25.1%，基金募集数量和募集规模都呈现上涨趋势。投资方面，第三季度共发生 832 起 VC 投资案例，环比下降 15.0%；披露投资金额约为 386.1 亿元，环比小幅下降 2.4%；披露投资金额案例数为 796 起，平均单笔投资金额为 4 849.9 万元。退出方面，第三季度，VC 投资市场共发生 267 笔退出案例，其中首次公开募股（IPO）退出 137 笔，新三板挂牌 72 笔，IPO 退出成为本季度 VC 机构的重要方式。2017 年 10 月，全国首单创新创业公司私募可转换债券在上交所成功发行。研发投入呈现加速态势，以北京市为例，1—8 月，规模以上大中型重点企业研究与开发（R&D）经费支出 292.1 亿元，同比增长 10.8%，比上年同期提高 2.9 个百分点。

5. **示范基地扩量提质，经验总结成果丰硕**

为在更大范围、更高层次、更深程度上推进大众创业、万众创新，持续打造发展新引擎，突破阻碍创新创业发展的政策障碍，形成可复制可推广的创新创业模式和典型经验，国务院办公厅《关于建设第二批大众创业万众创新示范基地的实施意见》（国办发〔2017〕54 号），新增加“双创”示范基地 92 家，总量达到 120 家，示范基地的带动力和影响力大幅提升。上海市杨浦区充分发挥百年大学、百年市政、百年工业的资源优势，实施大学校区、科技园区、公共社区“三区联动”，促进产城、学城、创城三城融合。阿里巴巴依托互联网、大数据、云计算等技术，构建了大企业带动小企业的良性创业生态。猪八戒网先后拓展八戒知识产权、八戒金融、八戒财税、八戒工程、八戒印刷等业务，打造一站式全生命周期创新创业服务平台。南京大学搭建环保科技成果转化政产学研平台，助推产业长远健康发展。同时，加强示范基地建设经验交流与总结。2017 年国家发展改革委高技术司组织召开了山东、浙江等省内“双创”示范基地经验交流会。国家发展改革委办公厅印发了《大众创业万众创新示范基地双创工作经验汇编》的通知（发改办高技〔2016〕2143 号），编印了《大众创业万众创新示范基地双创工作经验汇编》。

6. **舆论宣传持续加力，创新创业激情高涨**

厚植创新创业文化是激发全社会创新潜能和创业活力的有效途径。2017 年 9 月

15 日，为期 7 天的中国大众创业万众创新活动周（简称“全国双创活动周”）在上海主会场、北京会场、全国各地及海外分会场同步开展。先后在多个区域的“双创”示范基地举办“创响中国”巡回接力活动。“创响中国”已经成为创客心目中的品牌正能量，成为各地区开展重大“双创”活动的主要载体。出版发行了《2016 年中国大众创业万众创新发展报告》。最新统计显示，中国各类返乡下乡人员已达 700 万人，其中返乡农民工比率为 68.5%，农村经济成了创业者的另一条就业、致富之路。中国创新创业教育改革呈现出星火燎原之势，大学毕业生创业率已达到 3%，超过发达国家 1.6% 水平近一倍。

二、当前“双创”面临的问题与原因分析

尽管各地区、各部门针对实施创新驱动发展、推进大众创业万众创新开展了一系列卓有成效的工作，但由于“双创”涉及领域广、参与主体多，加之外部宏观经济环境等方面的因素影响，2017 年以来在“双创”领域出现了一些新情况、新问题。

1. “双创”活跃区创新创业成本高

由于创业环境、智力资源、政策支持力度等方面的原因，我国“双创”活动主要集中在北京、上海、深圳、杭州、广州等沿海发达地区的中心城区。2016 年以来，这些地区无一例外地出现房地产价格暴涨的情况。房价上涨一方面大幅提高了创业者的生存成本，大量创业者不得不选择在城市近郊居住从而极大降低了创业者的生活质量；另一方面也明显提升了坐落在城市核心区商业综合体内各类孵化器的机会成本。在实际调研中，不少孵化器运营机构表示，作为集团公司的一个业务模块，由于周边物业价格上涨，集团公司被迫对孵化器运营团队提出更高的利润指标要求，从而导致孵化器运营团队不得不将无法实现租金收入的孵化器转为写字楼以满足考核压力。

2. 国企业面临诸多体制性障碍

随着国有企业参与“双创”工作不断深入，国企在“双创”领域面临的体制机制方面的特有障碍不断显现出来。在国有企业考核机制方面，现行的国有企业保值增值、压减和扭亏等考核要求与创新创业的客观规律不符，直接阻碍了企业在探索新兴产业和创新业务的步伐，如考核中央企业下属公司中的亏损公司数导致央企不敢入股或参股经营前景存在未知数的初创企业。在国有产权管理机制方面，现行的国有企业资产评估方法无法较好地适用于互联网等创新企业资产评估，导致相关投

资决策无法实施或存在潜在合规风险。在国有企业财务管理机制方面，支持创新创业活动的资金很难在符合巡视、审计等监管要求的财务管理制度和科目下入账，导致国企为鼓励员工创业所设立的内部创新扶持资金难以划转到位。

3. “双创”区域发展差距仍然较大

由于各地区之间发展水平、市场环境等因素存在巨大差异，各地区“双创”工作推进存在不同步、不平衡的问题，绝大多数“双创”活动基本集中在北、上、广、深、杭等发达地区。以创业活动高度相关的天使投资为例，北京、上海、浙江、广东（含深圳）发生的天使投资案例数和投资金额在全国总数的占比超过70%。不少中西部地区孵化器运营机构反映，北京、深圳等发达地区各类孵化器的优厚条件，以及完备服务使得中西部地区有竞争力的创业项目宁愿挤在中关村，也不入驻当地孵化器，导致中西部地区“双创”支撑平台因入驻率不高而不得不陷入依赖政府补贴以维持提供场地等低端运营模式的不良循环之中。

4. 创投结构冷热并存矛盾突出

创新创业是主体多元、分散决策，政府在其中很难像过去推动大工业那样，可以定方向、定项目，甚至由政府直接操作。当前，由于一些地方政府仍然沿用“运动式”推进“双创”的思维，导致出现“双创”硬件资源建设快、软件配套跟不上的困境。此外，股市处于调整期及房地产调控等因素的影响，叠加政策鼓励的推动，导致巨量资金涌入创投行业，但优质项目供给短时间跟不上，出现了“优质项目稀缺，估值大幅提高”、“劣质项目过多，估值盲目提高”的困境。上述矛盾日益凸显，已显著影响到创投市场的健康可持续发展。

三、2018年大众创业、万众创新形势展望

2018年对于“双创”来说是机遇与风险并存的一年。从机遇方面来看，一是十九大提出不断增强我国经济的创新力和竞争力，加强对中小企业创新支持，促进科技成果转化，深化商事制度改革，这为纵深推进双创工作提供了新指引。二是创新驱动战略、“中国制造2025”、“互联网+”等战略深入推进，将极大激发“双创”潜在需求。三是简政放权、减税降费、财税金融等一系列政策措施的红利效益逐步释放，为“双创”发展进入快车道注入强劲动力。同时，随着“双创”逐渐向纵深领域推进，一些深层次的体制机制性矛盾会逐步凸显，比如央企双创体制机制束缚大、“双创”区域发展不均衡等暴露出的问题；“双创”自身发展中也遇到一些挑战，比如创新创业高成本、创投结构冷热不均等问题，这在短期内会影响一些数量

型指标的走势。

“双创”领域出现的问题都属于发展中可控、可解决的局部问题，机遇大于挑战。2018 年是创业创新蓄势待发的黄金时期，创新创业将进入提质增效新阶段，主要表现在以下几个方面：第一，随着各项改革措施逐步落地生效，创新创业政策环境更加优化；第二，众创空间、孵化器、大企业“双创”平台功能继续升级，将为创新创业提供更加优质的服务；第三，创业投资结构趋于优化，创新创业将得到更多资金支持；第四，“双创”对培育经济增长新动能的作用将继续显现，驱动新产品、新业态、新模式进入成长快车道。

四、推进“双创”工作的政策建议

要围绕制约国家战略导向，加强“双创”服务国家战略的能力。同时，针对创新创业高成本、区域发展不均衡、国有企业体制机制制约等具体问题，要提前谋划，密切跟踪，及时出台完善调整相关政策措施，确保“双创”健康平稳发展。

1. 加强形势研判，做好政策储备

构建地方、行业及示范基地多维度的“双创”调研格局，提高调研的密集度，增强调研的针对性，提高调研的有效性，力争做到制约“双创”发展的苗头性、倾向性和潜在性的问题早发现、早处理、早解决。如创投领域存在的冷热不均现象，要密切跟踪，加强政策储备，防止出现“泡沫化”。同时，支持有关机构构建涵盖统计数据、政策信息、项目信息、双创环境、研究报告、专家信息，运用大数据手段进行分析并形成一批专题分析报告。并以“双创”典型案例为依托，强化跟踪政策落实过程中遇到的困难、障碍，以进一步完善和储备“双创”相关政策。

2. 纵深推进改革，突破制约瓶颈

继续推动商事制度改革，放宽市场主体准入。完善公平竞争市场环境，清理并废除妨碍创业创新发展的制度措施。以商事制度改革为例，建议大规模削减许可事项，降低许可标准与条件。对不适应、不符合公平公正原则的限制性规定，要按照商事制度改革确定的原则，修订许可证发放标准、程序等规定，以最大限度地促进和维护“先照”的有效性。针对国企“双创”工作过程中出现的问题，探索建立容错纠错机制，完善激励制度改革，更好地发挥国有企业“双创”主力军的作用。

3. 加大政策优惠，降低“双创”成本

面对创新创业高成本压力，政策要为创新创业营造更加宽松更加优惠的环境。落实好研发费用加计扣除、高科技企业认定等新政策，推动国家新兴产业创业投资引导基金实质运作，扩大中央预算内投资资金、专项建设基金、“双创”孵化债券规模，完善各类市场主体创新创业公共服务平台。加快落实创业投资发展政策措施，充分发挥国家新兴产业创业投资引导基金作用，投资运作一批支持初创期、早中期的创业投资基金，提供低成本资金供给。根据实际情况需求，择机再出台一批优惠力度更大、针对性更强的政策措施，如高端创新创业人才优先购买共享产权住房等。

4. 统筹地域协调，推动全面发展

针对广大二、三线城市、中西部和东北地区在推进“双创”工作过程中面临的共性困难，运用超常规手段谋划一批扶持政策重点向上述“双创”欠发达地区倾斜，进一步加大中央预算内投资、专项建设基金用于支持中西部和东北地区“双创”平台等重点项目建设的比重，安排中央预算内投资重点支持中西部、东北地区“双创”示范基地建设和典型经验推广，推动全国“双创”形成齐头并进、全域协调发展的新格局。

G16　我国新经济新动能发展形势分析与展望

高辉清　肖若石　朱　敏　宋瑞礼*

摘要：培育壮大经济发展新动能，加快新旧动能接续转换，推动以新技术、新产品、新业态和新模式为代表的新经济发展，是中国特色社会主义进入新时代之后我国经济高速增长向高质量发展阶段过渡的重要保证，是建设现代化经济体系的必要前提。近年来，在中央决策部署下，各级政府多方努力，新经济新动能发展取得初步成效。目前，虽然还存在着社会认识不足、政策配套不足、要素供给不足等问题，但在习近平新时代中国特色社会主义思想指导下，未来人们对新经济新动能发展的认识将更加清晰，鼓励新经济新动能发展的政策体系将更加到位，有利于新经济新动能发展的市场机制将更加完善，新经济新动能发展必将迈上新台阶。

关键词：新动能　新经济　创新发展

一、我国新经济新动能发展初见成效

自从2016年两会李克强总理提出发展新经济需要培育“新动能”，尤其是2017年1月国务院办公厅出台《关于创新管理优化服务 培育壮大经济发展新动能 加快新旧动能接续转换的意见》以来，各级政府加快落实战略部署，扎实推进培育新动能发展新经济的各项工作，经济新动能不断涌现，新旧动能加快转换，经济发展后劲不断增强。

（一）新经济新动能发展的社会氛围初步形成

1. 推进制度法规政策适应性变革，为新经济发展保驾护航。

一年多来，全国人大及其常委会按照立法主动适应改革的要求，坚持将党中央

---

* 高辉清，博士，国家信息中心经济预测部研究员，研究方向为宏观经济、战略规划；肖若石，博士，国家信息中心经济预测部助理研究员，研究方向为区域经济、战略规划；朱敏，硕士，国家信息中心经济预测部高级经济师，研究方向为产业经济、战略规划；宋瑞礼，博士，国家信息中心经济预测部经济师，研究方向为宏观和产业经济、创新创业理论与实践。

确定的、全面深化改革急需的立法项目作为重点，着力做好深化国家监察体制改革的重点立法工作，落实好党中央有关改革举措实施规划和年度任务部署的相关立法工作。国家各部委按照中共中央、国务院《法治政府建设实施纲要（2015—2020年）》和国务院文件清理工作要求，持续开展政策文件清理，做到范围更宽、力度更大、针对性更强，纵深推进简政放权，加快职能转变，促进经济社会持续健康发展。各级政府抓紧梳理已有法规、政策和制度，认真做好立改废工作，消除阻碍激发市场活力和社会创造力的体制机制弊端，为新动能新经济发展营造了更好的制度环境。

2. 放管服改革取得实质性进展，为新经济发展松绑提势

近年来，国务院先后取消和下放部门行政审批事项超过600项，提前两年超额完成本届政府减少1/3行政审批事项的目标，彻底终结了非行政许可审批。中央层面核准项目累计减少90%，95%以上的外商投资项目、98%以上的境外投资项目改为网上备案管理；工商登记由“先证后照”改为“先照后证”，前置审批精简85%以上。商事制度改革成效突出，“五证合一、一照一码”推进实施，“双随机、一公开”全面推行。企业注册便利化程度不断提高，新设企业完成全部注册时间从改革前的平均26天缩短到14天。世界银行发布的报告显示，2013年以来中国大陆营商便利度全球排名提升18个位次。

3. 新的生产要素支撑体系逐步建立，为新经济发展汇聚资源

在立改废和放管服的不断深入推动下，以创新人才、知识信息为核心的新的生产要素支撑体系在逐步形成。一是鼓励创新人才积极作为的容错试错机制正在建立。国务院国有企业改革领导小组第十八次会议强调，要营造支持改革、鼓励创新、允许试错、宽容失败的机制和环境，让创新主体撸起袖子加油干。江苏省委出台了《关于建立容错纠错机制激励干部改革创新担当作为的实施意见（试行）》，为鼓励创新、宽容失败提供重要的制度保障。上海、浙江、江西和湖北等地也出台了包含相关内容的文件条例。二是知识产权保护力度加大，有力地保护创新人才的创新权益。我国正在加速推动构建多方联动的知识产权大保护工作格局，已建设76个知识产权维权援助中心、17个快速维权中心。2017年新建中国（浦东）知识产权保护中心，并积极筹建更多的知识产权保护中心。三是智力要素集聚流动机制正在完善。为贯彻落实中央《关于深化人才发展体制机制改革的意见》，教育部、湖南省、山西省、内蒙古自治区等纷纷出台相关法规，创新事业单位编制管理办法，完善相应的配套保障机制，破除制约高素质人才流动和集聚的体制机制障碍。四是政务信息和公共数据资源共享机制正在不断试水。交通部、贵州省、广东省、江苏省、湖北省和上海市等都出台了相关举措，创新政务信息和公共数据资源共享管理机制，打破“数据烟囱”和“信息孤岛”，推进公共数据资源的共享与开放。

4. 大众创业、万众创新蓬勃发展，为新经济发展提供助力

随着简政放权持续推进和商事制度改革持续深入，全社会创业创新热情不断激发，“双创”发展进入提质增效新阶段。2017 年前 9 个月，我国日均新设企业 1.65 万户，在 2016 年日均新设 1.51 万户企业的基础上，再次增长 9.27%。国内企业创投活跃，科技成果层出不穷。2017 年新一批 92 个双创示范基地批复成立，众创空间已超过 4 200 家，央企双创平台超过 400 个，在孵科技型小微企业达 13 万家。1—7 月份，国内专利申请量 183 万件，同比增长 8%，预计 2017 年我国发明专利申请受理数将连续 7 年位居世界首位。“双创”活动的蓬勃发展，极大地推动了创新型国家建设进展。2017 年，我国创新指数名列全球第 22 位，比五年前提高了 12 位，比 2016 年提高 1 位，大幅领先其他金砖国家，在中等收入国家中排名首位。

（二）新技术、新产品、新业态和新模式亮点纷呈

1. 从新技术看，重大技术不断涌现，彰显了我国创新实力

在高端装备制造领域，“天舟一号”货运飞船和“天宫二号”空间实验室成功对接，我国自主研制的大飞机 C919 和支线飞机 ARJ21 等产品顺利下线和试飞成功，首艘国产航母下水，“复兴号”动车组投入运行，国产钻井平台实现深海海上气田开发，载人深潜取得突破，国产高档机床关键功能部件已接近国际先进水平。在可再生能源领域，我国具备成熟的大型水电设计、施工和管理运行能力，风电关键零部件基本国产化，在建核电机组数量世界第一。在智能制造领域，我国高性能大型金属构件激光增材制造、分布式控制系统、自动染色成套技术与装备等一批长期以来依赖进口的项目实现突破。在互联网领域，以云计算、大数据、物联网、人工智能为代表的新一代信息技术加速孕育、蓬勃兴起，成为创新驱动发展的先导力量。

2. 从新产品看，供给更加丰富，满足了日益增多的市场需求

智能手机、新能源汽车、工业机器人等市场规模位居世界前列。据统计，2016 年我国智能手机销量在世界市场的总占有率超过 20%；新能源汽车销售 51 万辆，位居世界第一；工业机器人销量比上年增长 31%，占全球比重超过 30%。2017 年前三季度，锂离子电池、太阳能电池、民用无人机、集成电路、工业机器人、城市轨道车辆、新能源汽车等新兴工业产品产量分别增长 36.5%、24.6%、102.8%、22.1%、69.4%、45.5%、30.8%，呈现高速增长态势。SUV、光电子器件、高性能化学纤维、自动柜员机、环境污染防治专用设备、安全自动化监控设备、电子工

业专用设备等产品产量均呈快速增长。

3. 从新业态看，新技术和新融合双轮驱动，新的经济业态快速涌现

信息经济、生物经济、绿色经济、创意经济、智能制造经济继续快速发展。北京、上海、深圳、南京、杭州、重庆、长沙等大城市均依托各自人才、区位及资源优势，纷纷出台创意产业发展规划和优惠扶持政策，将创意产业视为经济发展的新亮点和新举措。浙江、湖北、福建等省市采取积极措施推动智能制造发展，不断拓展智能产品应用市场。跨境电商、社交电商、智慧家庭、智慧交通、远程教育医疗等新业态快速涌现，数字化、智能化生活方式步入寻常百姓家庭。2016 年末，在线教育用户数达到 1.4 亿人，比上年末增加 2 750 万人，年增长率高达 25.0%；互联网医疗用户数达到 1.95 亿人，比上年增长 28.0%。在一、二、三产业融合快速发展的推动下，农业与旅游、教育、文化、养老等产业深度融合，生态农业、观光农业、创意农业等不断发展，多种形式的农家乐、休闲农庄、特色民宿等农业新业态迅速发展壮大。

4. 从新模式看，生活领域分享经济独领风骚，科研生产领域分享经济实现新突破

以分享经济为突出代表包含平台经济、微经济等新模式经济继续快速增长。分享经济从住宿（如 AirBnB）到交通运输（如滴滴打车），涵盖多个领域，成为以协同消费、协作经济、点对点经济为特征的一种全新商业模式，渗透到交通、住宿、金融、餐饮、物流、教育、医疗等多个领域和细分市场。根据相关机构估算，2016 年，我国分享经济市场交易额约为 3.5 万亿元，比上年增长 103%。同时，一些地方已经在仪器设备、科技成果、实验平台、生产能力等方面开展分享实验，推进科研基础设施和大型科研仪器向社会开放，提供科研设施与仪器相关的检验检测、维护维修等服务，以及贴片加工、插件加工、电子组装加工等代工分享服务。截至 2017 年 2 月 17 日，全球独角兽企业共有 186 家，其中中国公司达到 42 家，占总数的 22.6%。在这 42 家独角兽企业中，具有典型共享经济属性的公司约占 36%。

（三）新的产业结构初见端倪

1. 现代农业产业体系、生产体系和经营体系初步形成，新型农业生产经营主体和服务主体快速涌现

作为重要的新型农业经营主体和现代农业建设的中坚力量，农民合作社已成为构建立体式复合型现代农业经营体系的牢固纽带。截至 2017 年 7 月底，农民专业合作社达 193.3 万家，超过一半的合作社提供产加销一体服务，服务总值达 1.1 万亿元；各类农业产业化组织超过 41.7 万家、社会化服务组织 115 万家。在农业产业结构加速升级、一二三产业融合发展、“互联网+现代农业”等因素推动下，国家现代农业示范区、粮食生产功能区、重要农产品生产保护区、特色农产品优势区、农业可持续发展试验示范区和国家现代农业产业园等“五区一园”建设进程加快。目前，“五区一园”涉及十多亿亩[1]土地的划定、平整、改造，初步估算直接投资规模超万亿元，成为推动农业农村经济增长的重要力量。主要经济作物区域布局进一步优化，向优势产区聚集的趋势增强，2016 年农作物耕种收综合机械化水平达到 66%，农业科技进步贡献率达到 56.2%，标志着我国农业发展由过去主要依靠资源要素投入增加，逐步转变到主要依靠科技进步上来。

2. 工业呈现出结构加速优化、动能加快转换的良好局面，有力地促进了我国工业向高端化、智能化、生态化、服务化迈进

2017 年前三季度，战略性新兴工业产业、装备制造业和高技术产业增加值增速分别高于全部规模以上工业 4.6、4.9 和 6.7 个百分点。符合转型升级方向的细分行业增长较快，如合成材料制造、专用化学产品制造、稀有稀土金属冶炼等细分行业；与居民生活和消费密切相关的医药类和消费品类行业大部分实现两位数增长。传统产业依靠创新驱动，在国际产业链中的分工地位逐步提高，关键装备、核心零部件严重依赖进口的状况逐步改善。

3. 服务业结构升级明显，以“互联网+”为标志的服务业不断发展壮大

1—8 月，规模以上服务业企业中的战略性新兴服务业、文化及相关产业服务业和科技服务业营业收入同比分别增长 17%、14.6% 和 14.2%，均高于全部规模以上服务业企业营业收入 13.5% 的增速。在“互联网+”行动计划促进下，互联网相关行业高速发展，互联网信息服务业、数据处理和存储服务业、互联网接入及相关服务业的营业收入同比增速均远高于全部规模以上服务业企业营业收入的平均增速。前三季度，信息传输软件和信息技术服务业、租赁和商务服务业增加值同比分别增长 23.5% 和 10.5%。互联网技术和应用推动旅游、文化、体育、健康、养老等“五大幸福产业”稳定快速发展。据对全国规模以上文化及相关产业 5.4 万家企业调查，前三季度上述企业实现营业收入同期增长 11.4%，增速提高 4.4 个百分点，其中以“互联网+”为主要形式的文化信息传输服务业营业收入增幅达到了 36.0%。规模以上服务业企业中，1—8 月，健康、养老和旅游服务业营业利润增速分别为 24.4%、76.3% 和 86.0%，高于全部规模以上服务业企业的平均增速 1.6、53.5 和 63.2 个百分点。顺应“互联网+”迅猛发展的大趋势，快递业走出了一条跨越式发展的道路，

---

[1] 编者注：1 亩=0.066 7 公顷。

成为国内发展潜力最为突出的新兴服务业之一。2017 年前 8 个月，快递业务量 237.9 亿件，增长 30.2%。

（四）新的需求结构逐步形成

1. 高技术领域和传统行业转型升级成为投资热土

高技术领域投资增长较快，前三季度，高技术制造业投资同比分别增长 18.4%，是制造业投资增速的 4.4 倍。传统行业转型升级继续加大力度，工业技改投资增长 12.1%，是制造业投资增速的 2.9 倍；占全部制造业投资的比重为 46.7%，比 2016 年同期提高 3.3 个百分点。公共产品、公共服务领域投资成为经济发展的新引擎，前三季度，生态、教育、文化及相关服务业、体育、卫生和社会工作等民生领域的投资分别增长 25%、20.9%、20.3%、36.2%和 18.2%。

2. 个性化、多样化、便利化、舒适化消费正在成为主流

服务型消费渐成热点，文化娱乐、教育培训、健康养生、旅游类消费持续升温。前三季度，全国居民人均消费支出中，教育文化娱乐、医疗保健支出占比分别比上年同期提高 0.2 和 0.5 个百分点。网络消费发展壮大，“互联网+”行动计划推动线上线下加快融合，无人超市、淘咖啡等线上线下融合的新零售持续快速增长。前三季度，全国网上零售额增长 34.2%；其中，实物商品网上零售额增长 29.1%，占社会消费品零售总额的比重为 14%，比上年同期提升 2.3 个百分点。

3. 出口结构优化态势更加明显

我国经济核心竞争力显著提高，跨国经营能力持续增强，支撑经济在全球范围内优化配置创新资源，新的经济发展动力得到强化。在外需疲软、贸易壁垒加大的严峻形势下，我国外贸进出口仍保持了一定增速，并呈现结构逐步优化的特点。1—8 月份，新兴服务领域进出口同比增长 10.6%；离岸服务外包增长 7.5%，占新兴服务出口的比重达 71.2%。随着“一带一路”国际合作持续深入，国际国内互联互通呈现新格局，国际产能合作优势正在显现。前三季度，我国与“一带一路”建设参与国进出口额同比增长 20.1%，高于同期我国进出口增速 3.5 个百分点。其中，对俄罗斯、波兰和哈萨克斯坦等国进出口大幅提高，分别增长 27.7%、24.8%和 41.1%。

总体判断，新动能对经济增长的总量影响还不太大，但对增量影响非常明显。根据测算，2016 年，新产业、新业态、新商业模式“三新”经济增加值刚刚超过 GDP 的 15%，但在全国新增就业当中，新动能贡献率则高达 70%左右。新动能的蓬勃发展促进了经济发展质量的持续提升，科技创新对经济社会发展起到强有力的支

撑引领作用，全员劳动生产率也随之不断提高。新经济保持快速发展态势，必将有利于我国抓住新一轮科技革命和产业变革的历史机遇，加快缩小差距甚至实现“弯道超车”，抢占未来发展制高点。

二、在新经济新动能发展中存在的主要问题及成因

我国新动能培育和新旧动能接续转换的各项工作顺利推进，成效显著。但是，距离“构建形成适应新产业新业态发展规律、满足新动能集聚需要的政策法规和制度环境”的政策目标，仍存在一定的差距。

（一）四大问题

1. 对于新旧动能转换的思想观念和认识水平有待提升

一些传统的思想观念和新的认识误区，影响了新动能培育和新旧动能接续转换的进程。一是对于贯彻落实培育新动能的认识不全面。各级政府部门对培育壮大经济发展新动能的总体思路和主要目标是清楚的，但对动能转换的一些深层次的基本问题、如何确立发展新动能的路径方向、如何破除制约动能转换的体制机制性障碍等问题，还存在较多的困惑与顾虑。二是重“硬件”、轻“软件”。在落实过程中各地方政府以基础设施建设为主要抓手，但对如何利用好、运营好各类推动动能转换的平台载体认识不足。近年来各地新建了大量的孵化器、青创园、众创空间等，但这些园区普遍存在着监管不透明、扶持政策不统一、管理混乱的问题。特别是市、县级园区运营效率低下，没有起到聚集创新要素的作用，有的甚至成为变相的房地产开发项目。三是重视行政手段，忽视了改革激发创新主体的作用。近年来，国家出台了多个鼓励创新创业、培育发展新动能的文件，但从一些部门与地区出台的具体措施看，推动新动能培育和新旧动能接续转换主要还是以传统的政府行政性传统手段为主，而通过体制改革优化创新资源配置、激发市场创新活力的做法相对较少。问题突出表现在大量的创新资源仍然掌握在政府与国有企业手中，但其掌握的知识技术、信息数据、人才资本等各类生产要素没用充分向新产业新业态领域流动。

2. 政府管理服务创新滞后于新动能发展

政府在行业监管、规制标准、帮扶机制等方面的政策措施滞后于新经济新动能发展的需要，包容和支持创新发展的管理服务体系仍未完全建立。一是新产业新业态监管失序。一方面，监管缺失导致某些新兴产业竞争秩序混乱，制约产业发展迈向中高端水平。如机器人产业低质低价竞争现象突出，大量的企业以劣质的零部件

拼装生产假冒伪劣产品，恶性无序竞争影响了我国机器人产业的健康发展，但至今为止也没有建立相应的监管机制。另一方面，重复监管与多头执法抑制了企业的进一步创新。比如，网络直播行业受到网信、文化、网安、广电、扫黄打非办等多个部门交叉监管与重复检查，运营成本因此大幅上升。二是政府服务创新创业的水平仍有待提升。政府服务与创新创业需求存在差距，服务的主动性、专业性、便利性仍有提升的空间。一些创新型企业反映，在企业办理各类审批备案手续时，仍然存在大量“来回跑”“反复跑”的现象，各部门在法规公示、政策解读、流程示范等方面存在政务服务短板。一些小微企业反映，希望政府可以提供法律咨询、政策培训、财务管理等更专业化的服务。三是新技术新产品推广有“门槛”现象。政府、国企采购主体不愿承担风险，使得一些具有自主知识产权、已获得国内外技术认证的新产品受到各类显性或隐性的招标门槛的限制。比如，国产装备制造企业反映，当前央企采购进口装备比较多，国产装备被排除在国企采购与招投标之外，如果没有相应的扶持政策，国产的先进装备产品无法有效打开国内市场。创业型企业更是受到各类不合理的显性门槛的限制。如在通信工程领域，政府部门与国企的信息化建设项目需要企业提供多项资质，并且要有一、二级建造师、造价员等专业人员配备，这对于处于创业期的企业而言门槛非常高，而更为不合理的是这些信息化类的建设项目，使用的却是建筑行业的资质限制。

3. **创新生产要素流动的制度供给不足**

随着我国进入创新创业密集活跃期，制度性瓶颈问题日益凸显，制约了创新生产要素的合理流动与有效聚集。一是人才流动机制仍然僵化。人事流动制度改革“落地难”的问题普遍存在。比较有代表性的是医生多点执业改革，在目前的体制下，医生的职称评审、工资福利、职务晋升等受到医院的严格管理，真正有条件实现多点执业的医生人数极为有限。此外，事业单位人才流动也存在一定的制度缺失，科研人员从事业编制转为市场化聘用的过程中，养老社保的接转问题没有相关的制度安排，这导致科研人员存在较大顾虑，使得企业招聘人才的难度增加。二是科研成果转化周期与新产业新业态的发展速度不匹配。尽管2016年修订了《促进科技成果转化法》，有效调动了科研团队参与创新创业的积极性，但在科技成果定价、无形资产投资审批、收益分配机制等方面的改革仍然滞后于新产业新业态的发展。高校普遍反映科技成果作价入股不仅要经过无形资产评估和备案，还要经过财政部、教育部的审批，完成整个审批备案流程至少需要两年时间，但新产业新业态市场变化很快，市场机遇很可能被错过。三是“信息孤岛”仍需破解，政务信息资源共享建设需要进一步加快。有的地方反映，部门层面的信息系统存在“数据壁垒”，省市政务服务系统无法实现互联互通。例如，有的新项目涉及53个审批事项对应了

59个申报系统，其中少量能够实现信息互通，无法做到跨部门协同审批，企业仍需大量重复提交申报材料。

4. **配套政策有待进一步完善**

新经济新动能的快速发展带来了诸多全新的业态和模式，而金融财税政策创新相对缓慢，与新形势的要求有所脱节。一是传统的银行贷款考察标准不利于新经济企业。目前银行贷款主要考察企业的固定资产、抵押物等实物资产，以及企业销售额、利润额和税收额等经营指标，这种考察方式对于传统企业很正常，但新经济企业恰恰在这些指标上存在先天不足，高科技产业如生物制药、集成电路、互联网，研发时间可能达到五六年，短期内不会有销售额、利润，更不会缴纳税款，并且新经济企业往往固定资产等抵押物较少，因而很难从银行得到贷款。二是知识产权融资、技术专利融资等方式还不成熟。很多创新型企业往往没有多少固定资产，有的只是技术和人才，但创新型企业具有的技术专利、知识产权等无形资产，由于缺乏相关的评估作价标准和政策法律规定，往往不能被银行认定为有效的抵押物，从而难以获得贷款。三是天使投资发育严重不足。我国不像美国那样拥有成熟的资本市场体系，尤其是天使投资发育严重不足，不但相关政策法规严重滞后，而且数量极为有限，造成大家都不愿意投入早期的高科技项目，大家都想赚快钱，因而创业者创业的初始阶段融资极为困难。四是新产品税收优惠认定标准尚需改进。目前，税务部门一般对新产品的研发经费进行加计扣除，而销售出去的产品则不再认定为新产品。而许多高技术重型设备研发制造成本很高，一般有目标客户或以合同的方式销售出去才开始研发生产，这就造成了这些重型设备不能享受优惠政策。

（二）三大成因

通过创新管理优化服务培育壮大经济发展新动能和实现新旧动能转换衔接是一个系统性的政策任务，在落实层面客观上也需要一个过程。因此，以上出现的诸多问题也是由于多种原因造成的。

1. **新经济是新生事物，人们的认识还有一个逐步提高的过程**

新经济处于发展初期，具有变化快、衍化多、不定型等多种特征，这些特征与传统经济完全不同。由于新经济现象出现时间不长，新经济实践还不够丰富，人们对其发展内在机理、深层次规律还有一个认识过程，从而导致人们对新动能培育和新旧动能转换接续也缺乏足够经验，对于新动能的培育和新旧动能的一些基本问题还认识不清。这些问题包括如何进行顶层设计，如何确定合理的发展路径，如何通过体制改革优化创新资源配置和激发市场创新活力，等等。与此同时，许多人缺乏认识新经济的急迫性，对于新动能培育和新旧动能转换接续发展规律研究不够，面临新问题时难以找到有效方法去妥善处理解决。

2. 制度改革创新不彻底、不到位，最后“一公里”堵塞现象未能有效突破

进一步优化政府服务，切实落实好“放管服”改革，在许多地方遭遇了深层次的体制机制障碍，形成了最后“一公里”阻断，制约着推动新动能培育和新旧动能转换接续各项政策的实施效果。在进一步推动创新管理和优化服务方面，还面临着诸多未完全攻克的改革重点任务。比如，进一步创新人才流动制度与推动科技成果有效转化，就要涉及事业单位改革；进一步放开创新资源及行业准入，就要加快推动国企改革与垄断行业改革。

3. 政策制定的路径依赖现象明显，难以适应新经济时代的新要求

新技术、新产品、新业态、新模式的大量涌现对政策制定提出了更高的要求，应当根据新形势、新变化和新特点，与时俱进地创新政策的制定和调整机制，做到精准施策，有效地引领新动能培育和新旧动能转换接续。当前政策制定具有明显的路径依赖性，虽然在许多具体细则上做了调整、完善和创新，但是一些基本限制和约束条件没有大的变化，主要还是适用于传统经济和传统企业发展。而新经济是一个全新事物，创新企业具有与传统企业完全不同的特征，这就必然造成现有政策在很多方面不能适应新需求，并衍生出一系列的新问题。

三、新经济新动能发展渐入佳境

当今世界，新一轮科技革命和产业变革呈现多领域、跨学科、群体性突破新态势，借助技术和制度融合创新，寻找经济新动能，是各国摆脱当前经济困境、占据未来制高点的重点战略。为了应对全球科技和产业的新挑战，加速推进现代化经济体系的建设，实现第二个百年目标，坚持不懈地推动新经济新动能发展必然成为我国经济工作的重中之重。随着相关工作的持续深入推进，已有的成效必将得到进一步缓解，现存的问题必将逐步缓解，新经济新动能发展必将进入一个新时代。

1. 体制机制环境日趋优化

与西方发达国家顺延式、递进式、接力式的发展模式相比，我国新的发展模式具有频道切换式、路径跨越式和弯道超车式的鲜明特征，在充分发挥市场调节作用的前提下，我国新经济新动能的发展需要更加重视体制机制的创新，以及政府政策的引导。十九大指出，要坚持以供给侧结构性改革为主线，深化商事制度改革，清理废除妨碍统一市场和公平竞争的各种规定和做法，创新和完善宏观调控，推动我国经济由高速增长阶段转向高质量发展阶段。在十九大的精神指引下，政府支持政策的力度必然逐步加大，当前依然存在的机制体制障碍必然逐步排除。同时，从近期国家出台的《关于创新体制机制推进农业绿色发展的意见》、《中共中央国务院关于营造企业家健康成长环境 弘扬优秀企业家精神 更好发挥企业家作用的意见》和《国家技术转移体系建设方案》等文件来看，政府出台的政策针对性和可操作性越来越强，在促进新经济新动能发展方面的有效性将随之提高。

2. 供应链创新成为促进新经济新动能发展的重要抓手

每次世界产业革命浪潮的兴起，带来的都是全球供应链的重整与拓展。随着国际分工不断深化和跨国公司在全球范围内配置资源，国家间竞争与合作正日益深化为全球供应链之间的竞争与合作。能否在全球供应链竞争中处于优势地位，已经成为衡量一国全球经济竞争力的一个重要指标。当前，新一轮产业革命浪潮正在酝酿阶段，为了应对正在来临的全球供应链竞争，我国出台了《关于积极推进供应链创新与应用的指导意见》。这一政策出台不仅有利于促进我国经济国际位势提升，而且有利于通过供应链的牵引和驱动，促进产业链与价值链的融合与创新发展，激发新动能，推进新经济。围绕着关于积极推进供应链创新与应用，可以有效地整合前期政出多门、政出多样的新经济新动能发展政策，各类相关政策的协同性、联动性必然逐步加强。通过供应链跨界整合、优化和创新，可在新技术与传统产业融合发展的基础上产生新的产业、新的产品、新的服务、新的商业运作模式，使得新动能新经济发展不再“独木不成林”，从而具有持续生命力。根据测算，通过供应链等方式推进企业运营转型，可使中国劳动生产率提升15%以上。

3. 东部地区新经济新动能的中心地位更加突出

近几年来，东部经济转型加快，新经济新动能在整个国民经济增长中发挥的作用越来越显著，使得主要经济指标纷纷重返国内各区域前茅。在促进新经济新动能发展方面，东部地区显然具有明显的优势。东部地区具有更为明显的创新文化传统，政府在推动简政放权、放管服改革建立鼓励试错和宽容失败的机制、加大知识产权保护力度、促进智力要素集聚流动机制创新，以及推进政务信息和公共数据资源共享机制等方面都走在全国的前列。与此同时，东部地区发展新经济新动能的基础条件更为优秀。2016年，全国国家级经济技术开发区219家，实现地区生产总值83 139亿元人民币，实际使用外资和外商投资企业再投资金额3 301亿元，实现进出口总额47 605亿元。其中，东部地区国家级经开区107家，实现地区生产总值53 551亿元，实际使用外资和外商投资企业再投资2 036亿元，进出口总额41 641亿元，分别占全国国家级经开区的48.9%、64.4%、61.7%和87.5%。东部地区研发机构、创新创业类服务机构、科技企业孵化器、金融服务机构、创业风险投资机构、研发人员数量在全国的占比都在50%～70%之间。可以预计，经过几年以来的酝酿期，在更多要素资源的支持下，东部地区新经济新动能的发展速度必然更快，相对其他地区的优势更为明显。

4. **民间资本将发挥更大作用**

我国新经济新动能的发展在很大程度上来自政府的主导，各地财政资金在其中发挥了重要作用。按照十九大要求，我国经济必须坚持质量第一、效益优先，需要建立健全宏观审慎政策调控框架，守住不发生系统性金融风险的底线。2018年政府工作的一个重点，依然将是化解地方债务风险，问责地方政府违规举债、隐形举债。随着地方政府融资能力下降，政府对新经济新动能的直接推动作用将相应减弱。与此同时，随着新经济产业链条不断形成，新产品市场不断壮大，新的软硬环境不断改善，民间资本将逐步从政府手中接过主导权，成为推动新经济新动能发展的主要力量。数据显示，这些年中国民间创投资本快速增长，规模比10年前增长10倍，成为全球第二大创投市场。在政府有利政策引导下和新经济强劲发展势头拉动下，持有大量现金的大企业、高资产净值的个人投资者，以及成功退场的创业家纷纷介入，使得中国创投规模有望跑赢美国，从而成为我国新经济新动能的最强劲动力。

四、相关政策建议

1. **深化重点领域改革，全面激发创新活力**

要把深化改革作为深入推进创新管理优化服务的“牛鼻子”，强化制度创新与供给，在重点领域与关键环节形成突破。一是深化国有企业改革，带动创新要素的有效流动。积极优化国有资产布局，鼓励国有资本向高端装备制造、战略性新兴制造业和信息技术产业等创新领域倾斜，发挥好国企在创新方面的引领作用。支持国企向社会开放创新资源，调整知识与技术资本布局，推动以国企为主导的协同创新平台与产业创新联盟建设。二是深化事业单位改革，激发创新要素活力。进一步给科研人员松绑，切实解决科研人员在创新创业身份转变而涉及的养老社保、职称评定、岗位竞聘等方面的问题。进一步深化事业单位科技成果“三权”改革，减少科技成果转化的流程和环节，提升科研人员分配科技成果的收益。三是加快完善市场准入负面清单制度。根据新技术、新产业、新模式、新业态的发展趋势，及时调整负面清单，优化准入标准。切实推动放开增值电信业务和基础电信运营领域准入，并以此为探索向创新资源开放垄断行业准入。

2. 进一步加大简政放权，提升政府监管服务水平

减少不必要的审核事项，精简烦琐的办事流程，积极推动备案制改革。减少新产业、新业态、新模式的资质认定、许可审批、行政申请，加快清理整合认证事项和各类收费。健全法规标准体系，针对监管的薄弱环节和空白地带，尽快建章立制，明确监管职责、措施、程序和标准，及时修订或废除不适应新动能发展壮大的规定和标准。创新监管方式，进一步细分监管领域，实施分类、分业监管，加强部门协同监管、信息互联共享。加快建立包容审慎的监管机制，完善国有知识产权成果转化的实施程序，激发国有企事业单位技术转化的积极性。建立推动新动能发展的容错机制，将正常的行政及经营决策行为与违法违纪行为有效区分，明确免责范围和免责事项。持续加强服务能力建设，提升创新服务的专业化水平，积极推广创新绿色服务通道建设，提升服务的便捷性、及时性和准确性。切实推动政务信息整合共享，加快“互联网+政务服务”体系建设，完善政务信息共享机制，推动部门和地方间信息共享，实现审批系统互联互通。

3. 积极创新金融财税政策制定机制，大力支持新经济企业发展

完善知识产权融资、技术专利融资方式。认真研究技术专利、知识产权等无形资产评估作价方法和标准，完善相关政策法律规定，引导银行制定适应新经济融资需求的衡量标准。大力支持天使投资发展。完善相关政策法规，借鉴硅谷等国内外成功模式，引导社会资本投入天使投资。发展多层次资本市场。既要有为大企业、传统企业服务的资本市场，也要有为中小型高科技企业服务的资本市场。财税扶持政策应做到精准补贴。进一步完善高新技术企业认定标准，确保补贴真正落到技术含量高、市场前景好、带动作用强的企业手中；加大对事关发展全局的基础研究和关键共性技术研究的财税支持，对技术相对成熟、已经产业化的产品则应逐步降低甚至取消补贴。

4. 加强试点示范经验的总结、推广和宣传，提升人们对新经济新动能的认识水平

通过试点示范构建新动能培育和新旧动能接续转换发展生态，完善新动能培育和新旧动能接续转换政策环境，推动新动能培育和新旧动能接续转换政策落地，扶持新动能培育和新旧动能接续转换支撑平台，调动新动能培育和新旧动能接续转换主体积极性，发展新技术、新产品、新业态、新模式，发现并克服发展中存在的问题，分析和总结新经济新动能的发展规律，做好成功经验的总结和升华工作，形成多种可复制、可推广的发展模式，帮助人们更好地把握新动能培育和新旧动能接续转换工作的本质和特点。

5. 多管齐下，培育有利于新经济发展的良好社会氛围

要进一步凝聚全社会积极推动新旧动能接续转换的共识，弘扬创新创业精神，营造良好的创新氛围。一是要加大图书馆、科技馆、博物馆、文化馆等文化公共基础设施建设力度，为弘扬创新创业精神、营造创新文化氛围提供设施保障。依托教育部门、科技协会、民间组织等多方力量，加强科普教育，普及现代科学常识、提升民众科学素养，特别要激发广大青少年对于科学探索、技术发明、创新创业的兴趣和热情。二是要鼓励主流媒体加大科学、探索、创新、创业方面的宣传，形成崇尚科学、奋斗励志的正面导向。提升全社会创新意识、创新能力和创新自觉，使创新渗透和根植于民族精神和社会文化之中。三是要建立宽松的创新生态环境，允许积累、允许试错，为基础研究提供良好的支持，努力培育潜心致研的氛围。培育企业家创新精神，倡导创新意识，提高全民科学文化素质，培育创新文化环境。

Annual Report on China and the World Economic Development(2018)

产 业 篇

INDUSTRY REPORTS

G17　2017 年工业形势分析及 2018 年展望

魏琪嘉*

摘要：2017 年，中国工业运行稳中有进，增长符合预期。这种“进”的态势得益于三个方面，一是世界经济整体回暖，外部环境改善。二是供给侧结构性改革深入推进，行业发展的质量和效益不断提升。三是市场信心有效提振，多措并举加速产业转型升级取得实效。但投资增速明显放缓、若干潜在风险点仍然存在，需高度重视。综合判断，2017 年规模以上工业增加值同比增长 6.6% 左右。2018 年工业增速约为 6.2%。党的十九大报告指出，促进我国产业迈向全球价值链中高端，培育若干世界级先进制造集群。建议统筹协调新旧动能接续转换，发挥好政府和市场相互协调、彼此促进的作用，为实现产业发展目标创造良好的市场环境、制度环境。

关键词：工业形势　供给侧结构性改革　制造业

一、工业在提质增效中凝聚可持续发展的创新资源

2017 年，放眼全球，新科技兴起令人目不暇接，新一轮产业变革呼之欲出，工业必须在保持一定增速的前提下加快转型已成为世界各国的共识。中国工业运行稳的基础在强化，进的动能在积蓄，对整个宏观经济基本面的稳定起到了重要支撑作用。

1. 全球范围内产业变革孕育兴起，“万物互联”、“集成应用”的工业生产组织形式正在加快形成

目前，物联网、大数据、云计算、工业机器人、3D 打印等新技术、新设备在制造领域的渗透和应用，智能制造主导新一轮科技革命和产业变革的趋势已日渐清晰。突出的特点是：网络信息技术与制造技术有机结合；个性化和数字化的智能制造模式进入探索应用阶段；设备互联、人机互动、数据共享让工业生产组织形式更灵活、

* 魏琪嘉，经济学博士，国家信息中心经济预测部副研究员，研究领域为产业经济。

更智能。2017年以来，美国、德国、英国纷纷加深或加快在智能制造领域的布局，这一带有苗头性的动作说明，产业变革的步伐看似刚刚以波澜不惊的节奏从先进制造国家开始，但围绕争夺产业技术制高点的博弈与竞争其实早已异常激烈。中国要实现制造强国目标，势必不能置身事外。

2. 国内工业生产运行平稳，供给侧结构性改革深入推进并有效改善了市场预期、提振了市场信心

1—9月份，规模以上工业增加值同比增长6.7%，保持了一个不错的增速。在结构调整的进程中，生产保持平稳运行，主要得益于供给侧结构性改革的深化。一是改革的推进提高了产能利用率。国家统计局数据显示，前三季度，全国工业产能利用率比2016年同期回升3.5个百分点，为近五年最高水平。二是改革的推进改善了价格，1—9月，工业生产者出厂价格同比上涨6.5%，2016年同期为下降2.9%。三是改革的推进改善了供给质量，为优质产能提供了广阔的市场空间。截至10月份，钢铁去产能已超过1.1亿吨，煤炭去产能已超过4亿吨。四是改革的推进改善了企业盈利情况。前三季度，规模以上工业企业利润同比增长22.8%，增速比1—8月份加快1.2个百分点。在供给侧结构性改革各项政策的综合作用下，价格上升，成本降低，工业企业效益持续向好的良性循环局面不断得以巩固。

3. 工业结构持续改善是运行的最大亮点，也是转型升级的动力所在，更是提高发展质量的重中之重

一是工业的科技含金量凸显。装备制造业、高技术产业、战略性新兴产业加速成长，增速连续高于规模以上工业增加值增速。二是工业高端产品产量保持高速增长态势，新产品生产加速。较为典型就是集成电路、工业机器人等领域。三是高耗能行业调整进程加快。测算显示（见图1），2017年前三季度，六大高耗能行业固定资产投资占工业投资的28.1%，比上年同期下降1.4个百分点。从2003年以来的时间序列数据看，该比重一直呈现下降趋势。四是环保督察动真碰硬，倒逼工业企业切实贯彻绿色发展理念，提升发展质量。短期内虽然可能会有阵痛，但对提升工业发展质量意义重大。

4. 工业领域内部新业态、新模式开始兴起，创新资源向一些领域聚集，虽暂未成气候，但前景看好

一些工业基础较好的城市已经开始寻求全球制造版图新坐标。主要有三个特点：一是制造业和服务业的融合。广东省深圳市的服务型制造实现了企业向研发设计、营销服务等高价值链的延伸。二是信息技术开始在制造业领域的广泛应用。各地纷纷对接“中国制造2025”，谋划产业布局。三是创新资源向一些智能汽车领域聚集

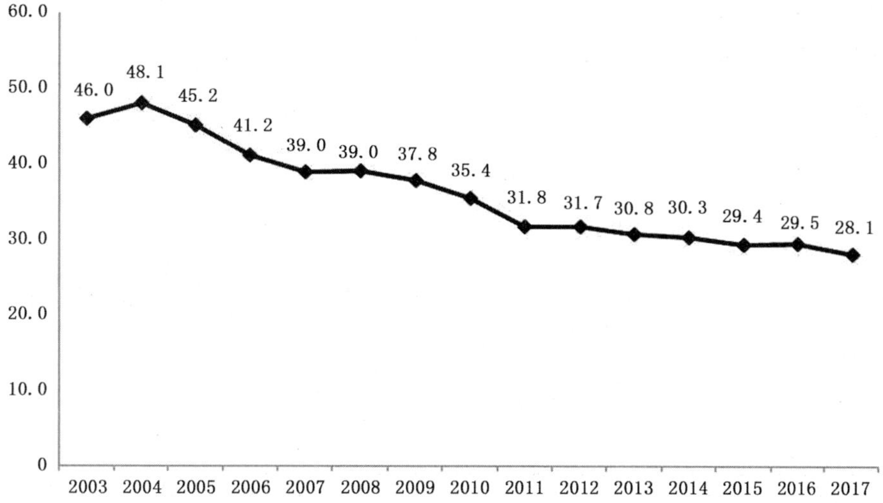

图1　1—9月份六大高耗能固定资产投资占工业总投资的比重（单位：%）

数据来源：根据国家统计局数据整理计算。

的倾向明显，投资轻型化、平台化。比如，广汽集团、腾讯已经开始联手布局汽车智能领域；华为牵手东风集团剑指“智慧汽车”。

二、微观领域中存在的一些难题需要统筹解决

稳不忘忧，工业平稳运行的基础才能更加牢固。当前，工业运行中客观存在一些难题，有的问题不是短期内、单方面就能解决，这些眼下的问题也有可能对2018年经济运行产生一定的扰动，需要各方面统筹施策加以解决。

1. 资源型省份、重化工产业主导的省份工业增速放缓态势仍在持续

比较测算显示，2012—2017年，东北、华北地区的一些资源型省份、重化工产业主导的省份，工业增加值增速放缓的态势还在延续，与沿海转型升级较快的发达省份形成了鲜明对比。这种区域分化有可能会加剧产业分化，延缓本地区产业转型升级的时间。长此以往，可能会出现困难行业转型升级步履维艰的局面。解决这样的问题，一靠政策，二靠改革，关键是找准提升重工业劳动生产率的发展之道，才能加快产业升级并带动经济实现高质量增长。

2. 大型企业、小型企业景气程度分化的苗头显现，需引起高度关注

当前，大企业特别是国有大中型企业发展形势良好，前三季度，规模以上工业企业中，国有控股企业实现利润总额12 577.4亿元，同比增长47.6%。反观中小企业，这方面的统计数据支撑不够，无法直接比对盈利情况。但从制造业采购经理人

小企业分项指数的变化可以看出，小型企业发展与大中型企业景气程度出现分化，形成较强的反差。2017 年 1—9 月份，小企业 PMI 指数只有 3 个月在枯线以上，其余 6 个月均低于 50%。2016 年全年则都低于 50%，如图 2 所示。

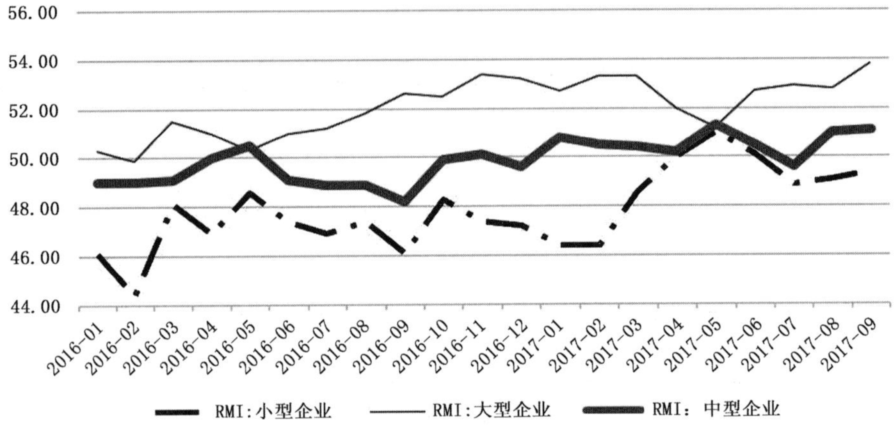

图 2　PMI 分项指数变化情况（单位：%）

数据来源：Wind 资讯。

3. 利润改善在产业链间出现较大分化

以制造业为例，从图 3 中可以看出，2017 年年初开始，上游行业的利润继续保持较高水平的增长幅度，利润的同比增幅超过了 30%。从中游看，行业的利润增速在 2017 年开始出现下降的趋势，但增速总体稳定在 20% ~30% 的区间。但反观制造业下游行业，虽然利润在改善，但利润增幅明显小于上游和中游行业，据测算，2017 年前 9 个月累计增速为 9.2%，跟上游和中游行业相比仍有较大差距。从下游利润增速变动的趋势看，已经显露出掉头向下的态势。可以佐证这一观点的另一证据就是，PPI 同比增速总体上也是上游大于中游、中游大于下游。

4. 制造业固定资产投资实际增速持续回落

前三季度，制造业固定资产投资同比增速为 4.2%，比 1—6 月份回落 1.3 个百分点。扣除价格因素，实际投资增速为-0.95%（见图 4）。制造业投资呈现出实际增速持续回落，投资实物量持续减少的态势。主要原因是：上游和中游是去产能的核心行业，受各种限制投资增速起色不大，产能出清的过程仍然会持续相当长的一段时间。下游投资受 2016 年同期低基数的影响增速快于上中游，但其利润增长空间受到了上游涨价因素的挤压，其行业扩张产能的动力也被削弱。

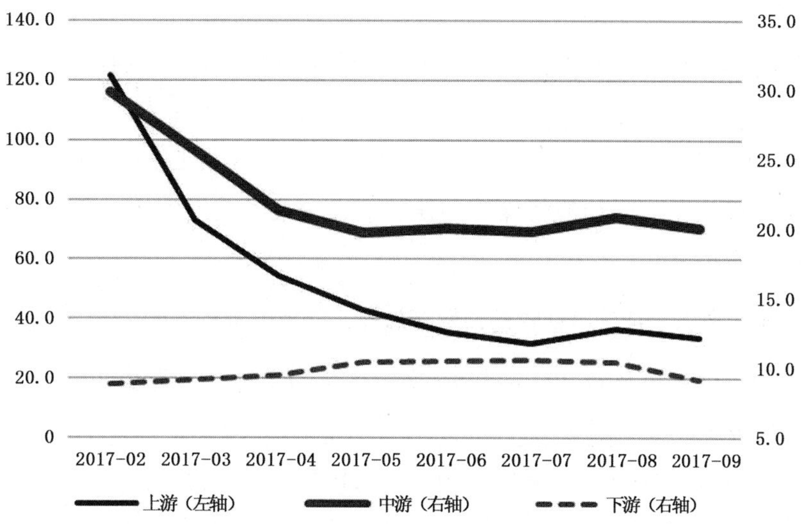

图3 制造业上中下游利润增速变化对比情况（单位:%）

数据来源：根据国家统计局有关分类标准和数据计算整理。

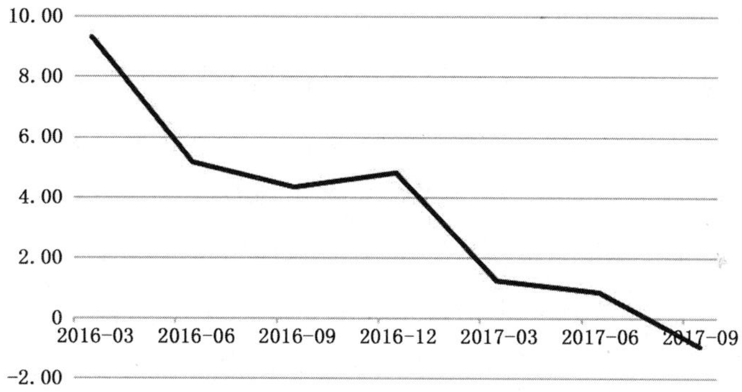

图4 制造业固定资产投资实际增速（单位:%）

数据来源：根据国家统计局数据整理计算。

5. 降低制度性交易成本仍然有较大空间

调研中很多企业反映，信息不共享问题导致企业反复跑腿，徒增了制度性交易成本。审批部门没有实现信息互通，企业反复多次提交材料。政府业务流程优化再造是一项系统工程，从技术手段到实践还有“最后一公里”的问题，实现“一站式”服务还没有一套成熟的推广应用模式。问题的原因主要有三方面，一是共享难度大。受传统观念影响，很多部门认为掌握在手中的数据是一项资产，不愿与人共享。二是对推广的安全性要求高。数据在脱密处理、清洗的过程中对安全技术要求较高，推广的同时也客观面临着数据泄露的风险。三是缺乏有效的评价倒逼机制。

三、2018 年中国工业平稳运行的态势不会改变

2018 年中国工业稳中向好的局面仍将持续。“稳”体现在速度的平稳上，综合各类因素判断规模以上增加值将保持稳定增长；“好”主要体现在结构调整上，发展质量将进一步提升。

1. 从国际上看，全球经济回暖的预期在加强，积极因素在增加

好的预期在强化，从各大主流机构最新的预测中可见。据世界银行预测，2018 年全球增长将接近 4%，为近 7 年来最好水平。IMF 预测，2018 年全球经济实现 3.7% 的经济增长，增速高于 2008—2017 年危机期间年均水平。与此同时，促进全球经济持续复苏的积极因素也在积累。一是主要发达经济体失业率下降，消费需求开始增加。二是大宗商品价格企稳对全球经济回暖形成了有力支撑。三是英国“脱欧”、特朗普新政等“黑天鹅”事件对市场的影响不及预期，客观上减缓了国际资本市场的波动。

2. 从国内看，工业生产需求增势稳定，虽有不确定因素的扰动，但稳中向好态势将持续

一是就业稳则大局定。就业形势持续保持稳定为稳增长、调结构等一系列政策提供了较为宽松的施展空间。二是改革促进高质量发展。工业领域供给侧结构性改革纵深推进，将继续改善供求关系，产能利用率将稳步回升。三是持续全面贯彻党的十九大精神、“十三五”规划中期评估、放管服改革深入推进对于优化工业营商环境、保持投资稳定具有重要意义。四是高技术制造业、装备制造业和制造业技改投资保持稳定快速增长态势，将有力增强工业发展的后劲。

综合上述判断，我们认为，2018 年中国工业运行的国际市场环境至少会延续 2017 年呈现的稳定状态。工业增长的内生动能也将不断加强。随着供给侧结构性改革的推进，工业将继续保持稳中有进的向好势头。预计 2017 年规模以上工业增加值增速为 6.6% 左右，2018 年工业增速将保持在 6.2% 左右，工业平稳运行的态势不会变。

四、政府市场“双轮驱动”有效破解工业发展难题

工业发展中存在的问题，要用更高质量的发展来解决；发展中遇到的难题，要用更坚定更深入的改革来破解。政策的导向是，将工业领域供给侧结构性改革纵深推进，优化环境、防范风险，适度扩大需求，为保持工业平稳健康可持续发展打下

坚实基础。

1. 保持政策的连续性和稳定性，重在落实

对 2017 年已经出台的与工业稳增长、调结构密切相关的政策进行落实情况的“回头看”，抓政策落地。比如，中央预算内投资的执行，去产能、降成本、去杠杆政策的贯彻，国务院第四次大督查发现问题的整改，产业投资基金的运作，棚户区改造工程进展等情况。将这些重大政策的执行效果与政绩考核挂钩，督促政策有效落实。确保党中央、国务院的决策部署在基层落地生根。

2. 营造一个良好的工业发展环境，重在公平

一是贯彻好近期出台的公平竞争审查制度相关文件精神，推动制度全面落实到位。二是杜绝违规违法排放。提高环保执法的力度，强化环保执法的严肃性。三是灵活运用多种方式降低企业制度性交易成本，为中小企业发展创造良好条件。四是切实规范涉企收费行为。纲举目张，发挥好“清单管理”政策的作用，同时要研究有效遏制变相转移费用的长效机制。

3. 继续推进去产能、降成本工作，重在分类

去产能方面，明确“僵尸企业”分类标准，紧紧扭住处置“僵尸企业”来化解过剩产能这个“牛鼻子”，加速这部分无效产能的市场出清进程。降成本方面，在落实好已出台的减税政策前提下，重点规范清理涉企收费，关键在降低制度性交易成本上取得实效，防止“上有政策，下有对策”，更要整治仍然在具体办事过程中人为设置障碍的行为，打通政策落实的“最后一公里”。

4. 加快培育促进工业发展新动能，重在引导

当前，应以提升制造业核心竞争力为目标，以智能制造为主攻方向，积极培育新动能，布局新产业，引导优质资源率先进行创新。一是加快建设智能制造示范工厂，推出一批立得住、叫得响、可操作、见成效的试点示范项目。二是提前布局工业软件设计等产业，通过设立国家实验室，在关键共性技术领域率先取得突破。三是探索工业技术创新的融资模式，发挥好政府在前期的引导、带动作用。

5. 有效防范工业领域潜在风险，重在化解

一是小企业发展空间受到挤压的风险。化解风险的关键是切实降低中小企业融资成本、制度性交易成本，切实推进“放管服”改革落地，增强政策获得感。二是部分地区工业持续减速的风险。化解风险的关键是破除体制机制障碍，凭借优势产业基础加快提质增效的步伐。三是制造业投资继续下滑的风险。化解风险的关键是扩大终端需求，大力促进居民就业和增收。

6. 关注不确定因素可能带来的冲击，重在预防

一些非工业领域的因素同样可以沿着产业链条对工业产生影响，这些因素可能带来的冲击需要关注，统筹政策做好预防。一是房地产开发投资增速放缓拉低投资增速，同时又影响钢材、水泥等产品需求。二是基础设施建设所需资金能否具有较强的可持续性，目前仍然存在较大不确定性。预防这些潜在的冲击不能单凭产业政策，关键是从根本上构建起政策协同、政策响应的长效机制。

G18 2017年房地产形势分析及2018年展望

邹士年*

摘要：2017年可以称之为房地产调控之年，也是房地产市场开启购租并举新时代的一年。这一年来，在中央对“房子是用来住的，不是用来炒的”明确定位下，各级地方政府因城施策，积极落实主体责任，不断加码调控政策，调控效果开始显现。一线城市房价停涨，二、三线房价涨幅回落，房价环比下降的城市不断增多。房地产领域去杠杆不断深入，投机性需求得到有效遏制。房地产供给侧改革不断推进，分类供给土地的政策开始实施，共有产权住房开始试点，租购并举的房地产制度开始确立。2018年，因城施策的调控政策还将继续，调控效果会更加显著，受房地产供给侧改革影响，投资回落幅度不会太大，但是成交量下滑会比较显著，房价环比下降城市增多，热点城市房价难以大幅下降，房地产市场分化继续，房地产企业集中度进一步提升。随着调控的深入，也应谨防房企资金链风险和调控带来的其他不利影响，加强研判和应对，加快长效机制的建设，促进房地产市场健康平稳发展。

关键词：房地产调控　因城施策　租购并举　长效机制

2017年房地产市场在中央“房子是用来住的，不是用来炒的”定位下，各级地方政府因城施策，不断升级调控政策。同时，房地产供给侧改革也在不断推进，热点地区土地供给增加，租赁性住房供给增速加快，租购并举体制确立，调控效果开始显现。热点地区房价上涨势头得到遏制，三、四线去库存效果良好。住房投资仍然保持较好势头，住房销售增速放缓。

一、2017年房地产市场特点

1. 国房景气指数呈平稳上升态势，一直处于适度景气水平

全国房地产开发景气指数（简称国房景气指数）是反映房地产市场景气度的综

* 邹士年，经济学博士，副研究员，主要研究方向为宏观经济政策、区域经济和房地产经济等。

合指数，2017 年国家统计局对国房景气指数进行了修订，选择 2012 年为基年，将其增长水平定为 100。通常情况下，国房景气指数 100 点是最合适的景气水平，95～105 点之间为适度景气水平，95 以下为较低景气水平，105 以上为偏高景气水平。2017 年 1—9 月国房景气指数从 100.75 上升到 101.44，一直保持小幅上升态势，仅 5 月份出现小幅的回落。一直都处于适度景气水平上半区间，虽然调控在加强，但投资和销售依然较好，景气度并未下降。如图 1 所示。

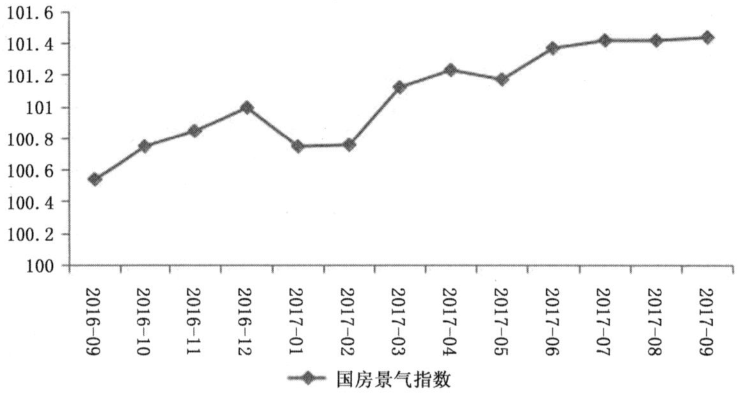

图 1　2016 年 9 月—2017 年 9 月国房景气指数

2. 房地产开发投资增速平稳，住宅开发投资高位增长

虽然房地产调控政策严厉，但是房地产供给侧改革积极推进，加上部分地区开始进入补库存周期，房地产投资仍然保持平稳增长，尤其住宅投资增速较快。1—9 月全国房地产投资 80 644 亿元，同比增速 8.1%，较 2016 年同期上升 2.3 个百分点，而且增速波动不大，一直保持 8% 左右。1—9 月全国住宅投资 55 109 亿元，同比增长 10.4%，高于 2016 年同期 5.3 个百分点，而且除了 1—2 月外，一直保持两位数的增速。1—9 月房地产开发投资和住宅投资增速都明显高于我国固定资产投资增速 7.5%。在房地产供给侧改革的继续推进下，第四季度房地产和住宅开发投资仍然会保持平稳增长态势。如图 2 所示。

3. 商品房销售面积增速逐步下滑，住宅销售面积增速下滑更快

虽然三、四线销售较旺，但是一、二线城市和热点三线地区受政策调控影响较大，加上 2016 年基数较高的原因，全国商品房销售增速下滑趋势明显。1—9 月全国房地产销售面积 116 006 万平方米，同比增长 10.3%，比 2016 年低 16.3 个百分点。住宅销售100 131万平方米，同比增长 7.6%，比 2016 年同期低 19.5 个百分点。住宅销售增速比商品房下滑更快，销售增速已经降至个位数。从目前看，第四季度调控效果还会加深，销售增速还会继续下滑，但受到 2016 年第四季度调控后基数的影响，同比下滑不会太严重。如图 3 所示。

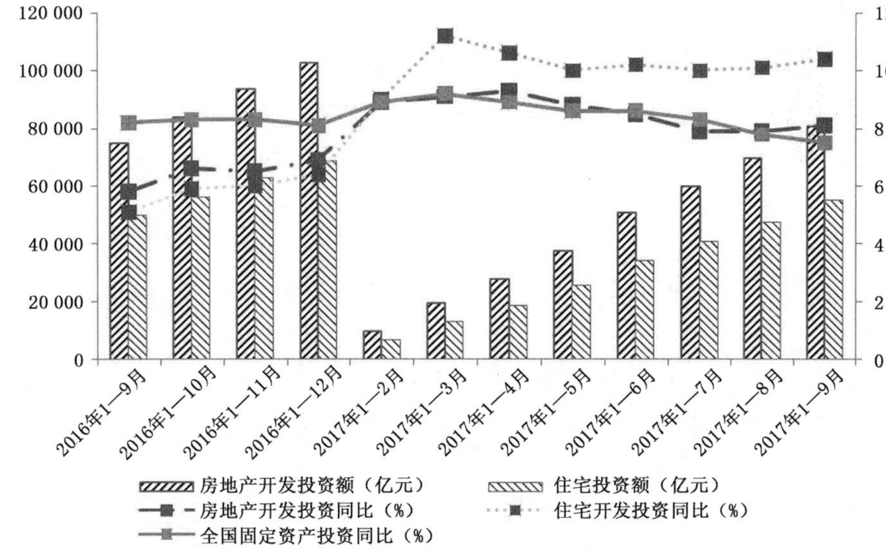

图 2　2016 年 9 月—2017 年 9 月房地产、住宅开发投资情况

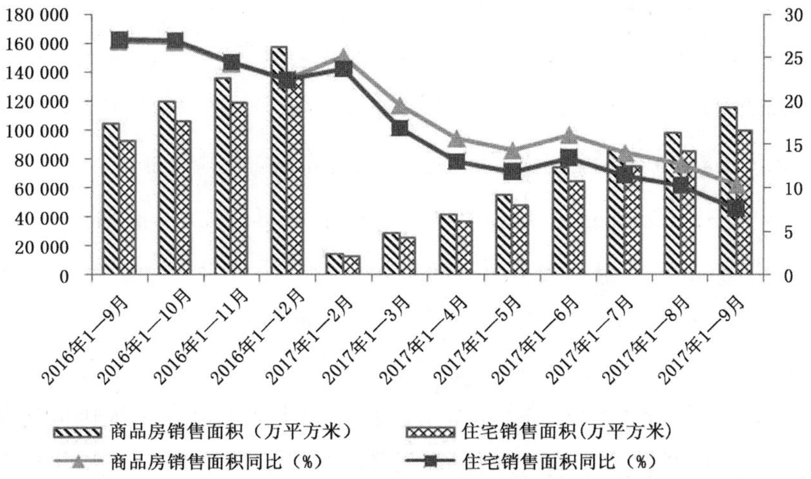

图 3　2016 年 9 月—2017 年 9 月商品房、住宅销售情况

4. 去库存效果显著，楼市库存降至近年来最低

在因城施策的调控战略实施下，一、二线及部分热点三、四线城市虽受严厉调控影响，而广大三、四线城市及以下的地区反而出台一些积极去库存政策，因此，全国总体去库存效果显著。1—9 月全国商品房待售面积 61 140 万平方米，同比减少 12.2%，住宅待售面积 32 256 万平方米，同比减少 22%，而办公楼和商业营用房待售面积分别为3 537万平方米和 15 504 万平方米，同比增长 6.1% 和 0.2%。如果按照 9 月单月商品房及住宅的成交面积 17 467 万平方米和 14 683 万平方米来计算，当前全国商品房的库存消化周期仅为 3.5 个月，住宅的库存消化周期仅为 2.2 个月，

创下2015年以来的最低，显然去库存阶段性任务已经完成。最主要的是，去库存压力大的三、四线城市效果显著，国家发展改革委副主任、国家统计局局长宁吉喆在10月10日新闻发布会上表示，过去一年，全国去库存的面积达1亿平方米，主要在三、四线城市和小城镇。如图4所示。

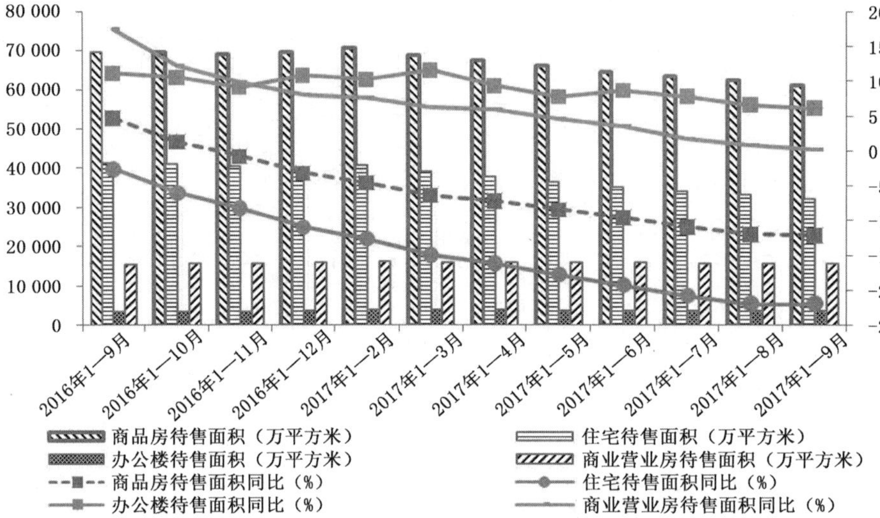

图4　2016年9月—2017年9月商品房、住宅等待售情况

5. 70城市房价同比涨幅全面回落，15个热点城市房价继续止涨

根据国家统计局发布的9月份70个大中城市住宅销售价格统计数据显示，一线城市新建商品住宅和二手住宅价格环比均下降0.2%。二线城市新建商品住宅和二手住宅价格环比均上涨0.2%，但是涨幅分别与上月相同和回落0.1个百分点。三线城市新建商品住宅和二手住宅价格环比分别上涨0.2%和0.3%，涨幅比上月分别回落0.2和0.1个百分点。15个热点城市房地产市场继续保持稳定。从环比看，新建商品住宅价格全部下降或持平；从同比看，涨幅均继续回落，回落幅度在1.8~8.8个百分点之间。同时，房价上涨的城市数量持续减少，房价下跌的城市数量略有扩容。与8月相比，9月70个大中城市中，新建商品住宅价格上涨的城市有44个，比8月少2个。70城房价的回落说明新一轮调控效果显著，实质性狙击了热点城市的投资投机需求。调控效果在第四季度将会更加显著，因此，第四季度房价环比下降的城市会更多，房价上涨城市的涨幅回落幅度也会更大。

6. 土地购置面积快速回升，住宅新开工面积大幅增长

受房地产供给侧改革的影响，加上2016年基数较低的影响，2017年以来土地购置面积一改2016年同比负增长状态，自6月土地成交面积回升以来，连续4个月相对高位。1—9 月全国土地购置面积 16 733 万平方米，同比增长 12.2%，高于 2016 年同期 18.3 个百分点。为响应“住有所居”，一线城市在第三季度土地供应显著增加，热点二线城市也密集出让土地，一线城市土地的溢价率回落。同时，供给侧发力还表现在房屋开发方面，尤其是住宅新开工加速。1—9 月房屋新开工面积 131 033 万平方米，同比增长 6.8%，与 2016 年增速持平；其中住宅新开工面积 94 113 万平方米，同比增长 12.2%，高于 2016 年同期 4.4 个百分点，但是，第三季度以来增速有明显减缓趋势。如图 5 所示。

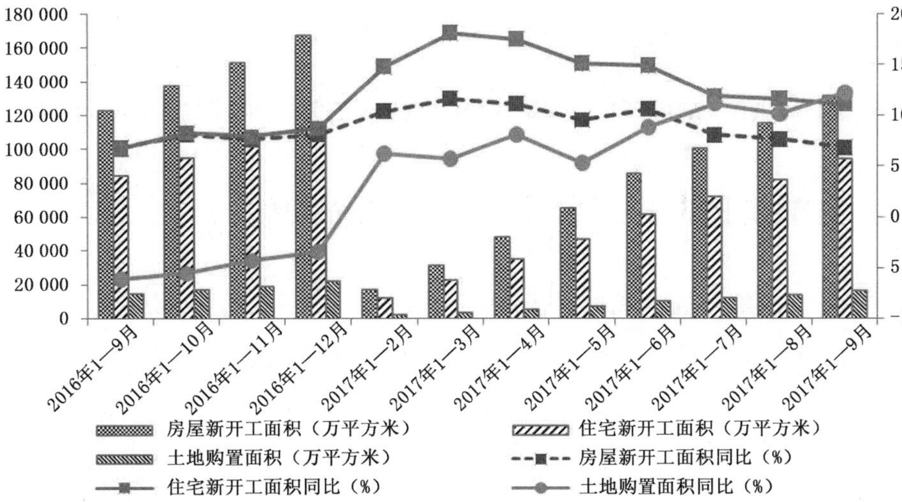

图 5 2016 年 9 月—2017 年 9 月土地购置面积、房屋、住宅新开工面积情况

7. 房地产开发企业资金到位增速回落，个人按揭贷款同比快速下滑

受严格的调控政策及房地产领域去杠杆的影响，2017 年房地产企业到位资金增速回落明显。1—9 月房地产企业到位资金 113 095 亿元，同比增速 8%，比 2016 年同期回落 7.5 个百分点。国内贷款增速受 2016 年同期基数较低影响，同比虽然呈现两位数以上的增长，但是在到位资金中占比从 2 月底的 21.8% 下降到 9 月底的 16.8%，下降 5 个百分点，可见严格调控下银行收紧了对房地产企业贷款。而个人按揭贷款1—9 月 17 739 亿元，同比 1.3%，比 2016 年同期下降 50.1 个百分点，下滑迅速，足见限购、限贷的威力，但是占房地产开发到位资金比例却波动不大，保持在 15% 左右。外来资金虽然同比有所上升，但是占比仅 0.1% 左右。房地产企业自筹资金在 1—9 月各项到位资金中唯一一直同比为负，从 1—2 月同比 -17.2% 上升到 1—9 月的 -0.3%，占比也从 2 月底的 30.1% 上升到 9 月底的 32.2%。如图 6 所示。

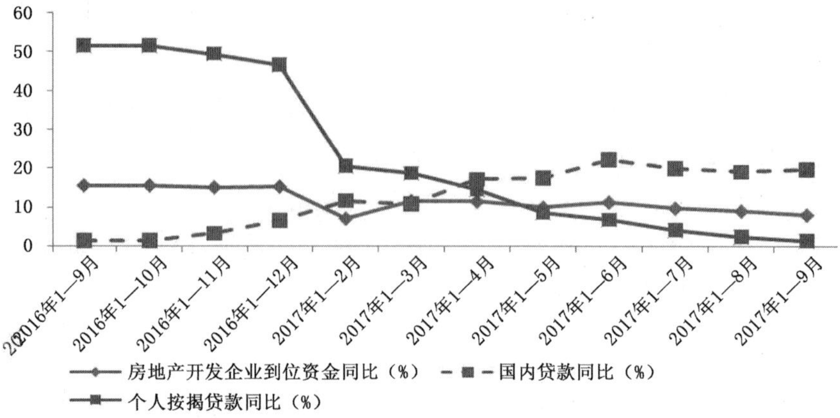

图6　2016年9月—2017年9月房地产开发企业到位资金、国内贷款及个人按揭同比

二、当前房地产市场需要注意的几个问题

当前不断升级的调控政策对于遏制房地产投机性需求和房价过快上涨趋势起到决定性作用，尤其是租购并举制度对于房地产市场预期的稳定和长效机制的建设都很关键，更是促进房地产市场的健康持续发展。但是，调控过程显然也会带来一部分不利影响，尤其是要关注调控带来的一系列风险苗头，以便早做应对，避免房地产市场的大起大落。

（一）房地产企业资金链风险

随着调控的持续和深入，房地产市场的风险也逐渐显露，其中较为突出的就是房企资金链问题。房地产企业由于投资额大、回收期长，大都需要一定的财务杠杆，一般负债率都较高。而通常企业资产负债率低于75%被认为是安全的。而我国房地产行业负债率自2008年后快速攀升，从2009年的65.02%快速攀升到2016年的76.7%。2017年上半年，中国前十大房地产公司的平均资产负债率高达79.6%，其中最高的高达91.9%。与此同时，随着土地成本的上升和调控带来的融资成本上升，房地产行业的盈利能力不断下降，销售毛利率和销售净利率分别从2009年的36.54%和16.65%，下降到2016年的27.24%和10.48%，分别下降9.3个和6.17个百分点[1]。最值得担忧的是房地产企业前期依靠大量举债快速扩张，2018年和2019年将是债务的集中兑付期（2018年为3 375亿元，2019年为4 474亿元），当前的调控加深，会使得房地产销售受到影响，回款周期将会变长，回款周期和债务

[1]　盛松成，宋红卫．当前房地产调控需谨防房企资金链风险［N］．中国房地产报，2017-10-27．

周期会产生错配，加剧偿债风险。随着房地产调控趋严和金融监管加强，房企在国内融资的难度不断上升，部分房企不得不转向海外融资。

（二）保障房土地供给大幅挤占商品住宅土地供应

大力发展公租房及共有产权等多种形式的住房供给，大力完善我国多层次住房体系，这种供给侧的改革确实很好地解决了一部分年轻人刚性需求问题，以促进“居者有其屋”目标的实现。但是，也要谨防地方以此为理由，大幅减少商品住宅的供给。以北京为例，2017 年住宅用地 610 公顷（2016 年住宅用地 1 200 公顷），这其中保障性住宅 350 公顷，与 2016 年基本持平，而商品住宅计划供地仅 260 公顷（还包括 83 公顷的单列自住型商品房项目），比 2016 年减少了近 7 成。近期上海、广州和杭州等各大城市更是不断推出只租不售地块。而深圳 11 月份即将推出的龙华地块项目建成后，租赁住房和商业用房在出让年期内须全年期 70 年自持，限整体登记，不得销售、转让。商品房供地的大幅减少必然加强市场对商品房上涨的预期，加剧未来调控政策的退出难度。

（三）部分地区商品住宅的供应开始明显下滑

受严厉调控影响，市场供需出现双向缩量的特征，价格的限制和成交的低迷使得市场观望气氛浓郁，企业只要现金流没有问题，并不急于加快开发进度和出货。虽然 2012 年 6 月国土部发布的《闲置土地处置办法》规定，闲置土地未动工开发满一年的，按出让价 20% 缴纳土地闲置费。未动工开发满两年的，无偿收回。但是这一规定并不能完全解决问题。有些开发商按时开工，但会通过各种手段拖延工期，或者在竣工后迟迟不拿预售证。第三季度以来全国商品房住宅供应大幅下滑，一线城市商品住宅供应面积同比锐减 33%，除深圳上涨外，其余城市回落明显。第三季度，北京供应面积仅 40 万平方米，同比大幅下降 70%；广州同比下降 36%。虽然 26 个二线城市商品住宅供应总量同比上涨 18%，但城市供应量同比跌多涨少，仅个别城市涨幅明显[1]。

造成这种现象的原因主要是由于调控带来调控地区楼市成交量的下滑，而新房价格又受到限价的约束，开发商推盘的积极性不高。加上 2016 年销售业绩良好，开发商有一定的基础，并不急于在低迷的情况下加快开发进度，更多是在等待调整后的机会，因为这些调控严厉的地区往往都是并不担心库存的地区。

（四）库存周期上升的城市增加

受不断升级的调控影响，多数一、二线城市市场成交持续低迷，库存开始积压，

[1] 数据来源于克而瑞。

8月末较第二季度末库存上升城市数量占48%，消化周期上升的城市占比达55%。根据克而瑞监测的40个城市库存数据显示，在一、二线城市中90%库存同比下降，重庆、杭州、武汉等市降至历史低位，同比跌幅超过50%，仅合肥、宁波和郑州库存量同比略有上升。但是，受成交持续低迷影响，有50%的城市消化周期同比上升。一、二线城市消化周期明显上升，北京、深圳、福州、厦门超18个月警戒线，沈阳、大连也高于15个月。热点城市由于严厉的调控使得供需双方都受到限制，而需求下降的速度快于供给的速度，从而使得去化周期有所延长。

造成这种现象的原因主要是受到严厉调控的地区供需都出现一定的紧缩，市场活跃度下降，而在供需都受到约束的情况下，需求下滑的幅度更大，从而导致去库存周期开始上升。

三、房地产市场2018年及未来展望

在当前中央对于住房市场的明确定位下，2018年的房地产市场调控必然还会继续执行因城施策的调控措施，房地产调控的效果也会更加显著，房地产成交面积将会出现显著下滑，但是，房地产投资由于补库存的需要和保障性住房的推进，回落幅度有限，房价出现环比下降的城市会增多，但是热点城市难以出现较大的跌幅。房地产企业会进一步分化，集中度会进一步提升。

（一）房地产政策延续因城施策，房地产景气指数会有所下滑

中央对于房地产市场的明确定位显然不是短期行为或者口号，尤其是中央要求各地落实主体责任，这就为扎实推进因城施策有了保障。可以预见，2018年各地仍然会继续贯彻因城施策的房地产调控政策，继续杜绝房地产的投机行为，落实“房子是用来住的”属性，不排除一些房价有异动的三、四线城市也会加入调控的行列。各地在加强调控的同时，还会继续落实供给侧改革，根据各地情况调整土地供给，加强保障性住房，尤其是公租房的供给。由于调控对于房地产市场影响的效果会加深，地产景气指数会有所下滑，预计会在最合适的景气水平100上下波动。

（二）房地产销售将会出现明显下滑，房价环比下降的城市增多

2017年房地产销售的良好很大程度来自于三、四线去库存的影响。在“去库存”的大背景下，超低的利率及首付等宽松的货币条件促进三、四线非限购城市需求的旺盛。另外，全国棚户区改造规模中三、四线城市占比高达87%，一、二线仅占13%，棚改及其货币化对三、四线城市商品房销售带动更强。但是，自2017年

第 2 季度以来，全国的房贷利率有明显的抬升，这将显著抑制未来三、四线城市房地产需求，而棚改货币化力度趋弱将使得其对三、四线城市的“油门”刺激作用递减。根据未来三年棚户区改造规划，2018—2020 年棚改规模将降至年均 500 万套，显著低于 2016 和 2017 年的 600 万套。而限购的绝大多数一、二线城市改善性需求受到抑制，首套刚需随着房价环比的下降又有一定的观望情绪。2018 年的市场将会是供求双方博弈最为严重的一年，成交量将会出现明显的下滑。根据房价滞后成交量几个月的规律，随着成交量的下滑，房价环比下降的城市会增多，在政策不放松的情况下，不排除大部分城市房价会阶段性见顶，但是热点城市由于刚需的存在，加上商品住宅供应缩减的预期，房价难以出现大幅下滑的可能。

（三）房地产投资增速开始回落，但回落幅度不大

2018 年房地产投资在严格调控下，增速虽然会出现一定的下滑，但是由于补库存需要和前期拿地及保障性住宅建设的推动，投资回落幅度不会太大，全年预计房地产开发投资在 5% 左右，住宅投资在 7% 左右。由于自 2015 年中央提出去库存政策后，2016 年和 2017 年全国房地产市场销售火热，去库存效果良好。实际很多热点城市在 2016 年就已经库存不足，很多二线城市在 2017 年 6 月份就已经进入补库存阶段，而很多三、四线城市也在 2017 年年末开始进入补库存阶段。另外，2015 年和 2016 年虽然土地成交面积下滑严重，但是土地购置面积都在 2.2 亿平方米以上，2017 年拿地增长更是很快。再加上以公租房为主的保障性住房在积极推进，因此，2018 年房地产投资不会下降很多。新开工面积增速会回落到个位数，但是不太可能出现负增长。

（四）房地产企业分化加剧，企业集中度进一步提升

近年来，房地产行业并购规模呈上升趋势，中、小房企被并购成为常态，并购资金规模也在扩大。房地产行业并购规模在三年内已从行业第四位跃升到第一位。2017 年前三季度房地产行业的并购规模为 2 581.83 亿元，位居所有行业首位。从 2016 年房地产企业绩效看，房企间分化明显，中、小型房企绩效指标与大型房企相比存在较大的差距，大型房企盈利能力较小型房企高出 1 倍以上。此外，大型房企在资产质量、债务风险及经营增长等方面也明显优于中小房企。2018 年，随着调控的影响加深，在融资难度不断加大、土地成本日益高涨、企业盈利能力下降的情况下，房地产企业分化加剧，中、小房企将加大其被大型房企并购的可能性，房地产企业的集中度会进一步提升。

四、房地产继续调控政策建议

当前房地产调控因城施策的政策显然还需继续贯彻下去，但是也需要关注不同区域房地产市场调控加深带来的一些负面影响，降低调控对市场正常供需的扭曲，在调控的同时应加快房地产长效机制的建设，为将来行政性调控退出做准备。

（一）加快形成多元化融资格局的房地产金融体系

房地产市场的健康持续发展需要建立一整套长效机制，包括加快形成房地产金融市场的多元化融资体系。这套融资体系需要为房地产发展提供前进的基础和台阶，拓展多元化的房地产融资渠道，不仅是债券，还有地产信托、REITs、股权融资、基金、特定资产收益、资产管理计划等多种手段。与此同时，还需建立完善的社会征信制度，规范房地产企业和金融机构的管理和经营，建立房地产金融风险预警和监测体系。房地产企业应根据自身情况，制定切实可行的发展目标。加强企业信誉建设，拓宽企业融资渠道，加快资金回笼。提高财务管理能力，优化资金结构。建立财务风险预警机制，避免债务和资金的错配。

（二）根据人口流入规模决定商品住宅土地供给

当前土地供应虽然已经考虑人口流入状况，但是在建立租购并举的过程中，还是需要把握好“租”和“购”的比例，商品房土地的供给应该充分考虑到常住人口的流入情况。而公租房的建设除了考虑常住人口流入外，更多地要考虑流动人口的情况。多层次住房供给体系的完善不能从一个极端走向另一个极端，尤其是要考虑到我国住房文化的特点，大部分人对租赁的需求只是一种过渡，因此，避免一哄而上地重视租赁房建设，大幅忽视对商品房的供给。同时，在引导住房市场消费方面，务必要处理好购房和租房的关系，引导一种“先租房，后买房；先买小房，后逐步改善”的住房梯度消费理念。各地政府在加大公租房供给的同时，还要考虑将来公租房的退出。各地公租房建设要按需而供，建造设计要考虑到国情和文化特点，一旦将来公租房过剩时，可以作为商品房退出。

在土地供给上，对照发达国家工业用地与建设用地比例，我国应大力增加城市建设用地的比重，相应减少农村建设用地比重，实施土地随人口流动的供给政策。在土地招拍中，政府掌握土地一级市场的供给，减少开发商竞标抬价和持地待涨行为。同时，加强对各地地价动态监测，及时掌握地价异常变动。加强对国有房地产开发企业的约束，防止其频频成为地王，产生恶劣社会影响。同时，各个城市应该大力加强存量土地的集约化利用，提高土地的利用效率。

（三）多措并举加快商品住宅开发供应进度

针对当前热点地区受到调控导致开发商观望情绪和放缓开发进度的现象，国土部应进一步在开、竣工环节加强督导，以加速库存形成实际供应。如果这一动作仍无法保证竣工后的项目尽快入市，也可以考虑出台强化入市的相关措施，以加强商品住宅供应的正常化。除了督促房地产企业加快商品房开发和销售进度外，在房价较高城市的商品住宅供给上，可以加快共有产权住房的供给，北京共有产权住房已从探索走向落实，未来京沪两地试点共有产权住房的经验可以在更大范围内推广。使得商品住宅不但在供给速度上加快，在供给类型上也有更多的突破，有限增加商品住宅的供应，降低市场对商品住宅供给不足带来的房价上升预期。

（四）适度放松对热点地区非投机性需求的限制

当前的房地产调控都是以行政为主的中短期行为，调控显然都具有一定的时效性，调控过程中也应适当纠偏。当前调控对于投机性需求的遏制显然取得了一定效果，但是让正常的刚需和改善性需求也付出了一定的代价。首套的刚需成本出现上升，改善性需求得到一定遏制，也就导致成交量的大幅下滑。进而会带来观望情绪的加重，显然不利于房地产市场的活跃，导致库存的重新加重。因此，在当前调控取得一定效果的条件下，可以适当放松部分热点地区的改善性需求，这对活跃市场、调动供需主体的积极性、缩短库存周期都有较大作用。但是，注意加强政策监管和执行，防止出现市场预期的改变。

（五）加快长效机制的建立及政策的完善

从长远来看，加快研究建立符合国情、适应市场规律的基础性制度和长效机制，才是促进市场稳定的治本之策。要从根本上还原房地产本来属性，即房子是用来住的，不是用来炒的，除了加大保障性住房外，还需要提高持有多套住房成本，让住房回归居住属性。同时，还应抓紧解决小产权房和70年产权到期的续期问题，给市场形成合理预期。存在于城市周边的大量小产权房，尤其是高房价城市周边，这种既成事实的规模化的小产权房显然难以都一拆了事，必须拿出彻底的解决方法。而70年产权到期和一些商住50年到期后应该如何续权也应该有明确的制度安排，虽然总理已经明确商品住宅70年产权到期后，可以续期，不需申请，没有前置条件，也不影响交易，但目前还没有出台相应的法律法规，这些法律法规的出台对当前房地产市场也有正确的引导。建议小产权房和70年产权到期后续期都可以采取税收的长效机制加以解决。

G19 2017年服务业形势分析和2018年展望

魏琪嘉*

摘要：2017年前三季度，持续平稳较快增长，经济效益持续提升，主要指标变动符合市场预期。服务业发展对国民经济增长贡献率进一步提高，供给侧结构性改革成效继续显现。行业发展不充分、不平衡的问题仍然较为突出，制约提质增效的因素仍然存在，需要下大力气破解。综合对宏观经济形势的判断和分析，预计第四季度服务业有望继续保持平稳较快发展态势，全年服务业增速将保持在7.8%。2018年增速约为7.5%。政策要在破解体制机制障碍、推动已出台举措落地落实和加快规范行业发展方面发力，促进服务业实现高质量发展。

关键词：服务业　形势　生产性服务业　新经济

一、2017年服务业发展形势分析

1. 对经济增长的带动作用加强

前三季度，服务业增加值同比增长7.8%，增速比第二季度快0.1个百分点，与2016年同期持平。从比重看，1—9月份，服务业增加值累计值占同期GDP的52.9%。从贡献率看，对GDP增长的贡献率为58.8%，拉动经济增长4.0个百分点。从景气程度看，服务业商务活动指数在前9个月连续处于景气区间内。新兴服务业带动就业效果显著。国家统计局的最新数据显示，第三季度，文娱产业、租赁业、信息技术及相关服务业等规模以上企业就业人员数比去年同期分别增长12.4%、10.8%和10.5%。总的来看，服务业在2017年保持平稳较快发展，各项指标符合市场预期，对整个经济增长保持了较强的带动作用。如表1所示。

---

* 魏琪嘉，经济学博士，国家信息中心经济预测部副研究员，研究方向为产业经济。

表 1　2017 年以来服务业相关指标变化情况（单位:%）

指标名称	商务活动指数	新订单	新出口订单	业务活动预期	投入品价格	销售价格	从业人员	生产指数	增加值增速
2 月	53.20	50.50	50.20	61.70	52.20	51.10	48.40	8.20	
3 月	54.20	51.70	48.30	60.30	51.00	48.90	48.80	8.30	7.70
4 月	52.60	49.70	47.50	58.80	51.50	49.70	49.10	8.10	
5 月	53.50	50.30	47.90	59.20	49.80	48.10	48.40	8.10	
6 月	53.80	50.70	49.30	60.00	49.60	48.80	49.20	8.60	7.70
7 月	53.10	50.20	51.60	60.40	51.90	50.60	48.60	8.30	
8 月	52.60	50.30	48.80	60.10	53.20	51.00	48.60	8.30	
9 月	54.40	51.50	50.40	60.80	54.20	51.00	48.50	8.30	7.80
10 月	53.50	50.50	50.80	60.10	53.10	51.10	48.60		

数据来源：Wind 资讯。

2. 服务业领域供给侧结构性改革稳步推进

第一，房地产库存降幅扩大。9 月末商品房待售面积同比减少 12.2%，降幅比第二季度末扩大 2.6 个百分点。第二，金融业对实体经济的支持力度增强，投向服务业中长期贷款加速增长。人民银行数据显示，截至 9 月末，本外币服务业中长期贷款余额 30.1 万亿元，同比增长 18.6%，增速比第二季度末高 1.7 个百分点。第三，服务业实体经济企业降成本效果明显。1—8 月，规模以上服务业企业每百元营业收入中成本费用为 93.07 元，比 1—6 月份减少 0.73 元。第四，服务业内部各行业均保持了良好的发展势头。数据显示，前三季度，住宿和餐饮业、批发和零售业、交通运输仓储业增加值同比分别增长 7.2%、7.2% 和 9.2%，增速比上年同期分别加快了 0.4、0.7 和 4 个百分点。

3. 重点领域投资保持稳中有进势头

前三季度，服务业固定资产投资完成额累计 271 718.38 亿元，同比增长 10.5%（扣除价格因素后实际增速为 5%）。其中，第三产业基础设施投资保持高位运行，前三季度投资增速为 19.8%，高于全部基础设施建设投资增速 4 个百分点，拉动投资增长 3.9 个百分点。其中，与民生密切相关的水利、公共设施、道路运输、铁路运输等行业保持了较高的投资增速。特别需要指出的是，即便是扣除当期的价格变动因素，投资仍然实现了较快增长。前三季度，交通运输、仓储和邮政业固定资产投资实际增速为 9.51%，道路运输业实际增速为 18.73%。如图 1 所示。

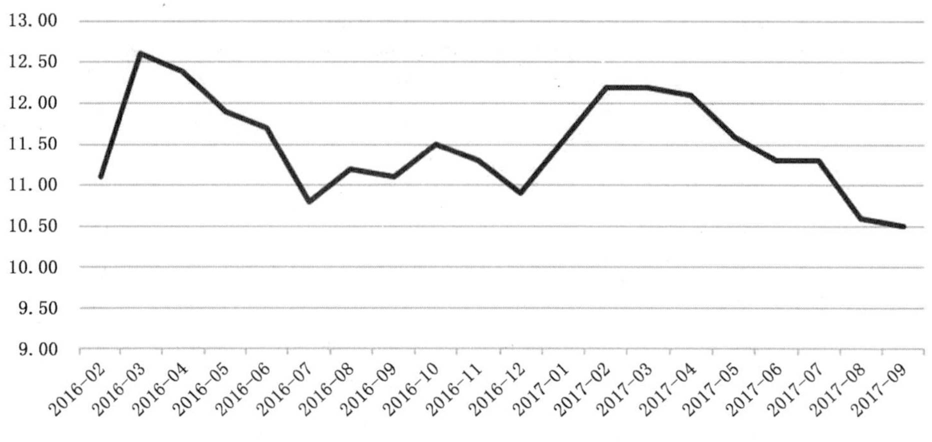

图1　2016 年以来服务业投资名义累计增速（单位:%）

数据来源：国家统计局。

4. 新业态、新模式继续保持良好发展态势

随着信息技术的广泛应用，新兴服务业朝着平台化发展，并衍生出新的商业模式，促进增长的新动能正在加快累积。一是分享经济模式在群众生活中广泛应用。行业内不乏“独角兽”企业。以住宿市场为例，住宿分享平台小猪短租于 2017 年 11 月完成了新一轮超过 1 亿美元的融资，平台的业务和经营范围不断扩大。二是“含金量”高的服务业子行业发展质量提高。前 8 个月，科技服务业营业收入同比增长 14.2%，高于同期规模以上服务业营业收入增速。软件和信息技术服务业营业收入同比增长 22.6%。三是服务业和制造业融合趋势明显。“中国制造 2025”、提升制造业核心竞争力等政策客观上促进了生产性服务业的成长。制造业服务化的趋势越来越明显。生产设计、售后服务、工业软件开发等服务业已经成为制造业产业链条的重要一环。

5. 服务业产业国际转移出现新特点

综合 2017 年以来各大跨国公司的消息公告，服务业跨国转移有三个新特点：一是涉及的行业越来越多，不再仅仅局限于后勤服务部门。二是一些技术含量高的服务业开始跨国转移。比如，设计环节、研发环节开始向新兴经济体转移。高端服务业已经成为产业转移的一个热点。三是海外服务外包市场潜力较大。安永研究报告预测，2018 年仅中东、北非地区的服务外包市场潜在规模就超过了 60 亿美元，给世界各服务业强国带来了巨大商机。很多积极响应“一带一路”倡议的沿线国家已经将服务外包列入政策重点。

二、当前服务业发展存在的问题

1. 行业规范化标准化程度不高

缺少明确、针对性强的行业规范是制约服务业发展质量提升的重要原因。家政、养老、健康、体育、文化、旅游等领域由于涉及的行业众多，边界范围太广，导致关键标准研制的难度很大。现有的标准效能发挥不充分，可操作性不强。标准应用与示范、质量监测与测评等工作缺乏有效抓手。

2. 服务业发展的市场化程度不够

一是束缚服务业发展的体制机制障碍仍然存在。除餐饮、商贸服务等传统行业外，许多行业在准入机制、定价机制上缺乏市场竞争，甚至存在“玻璃门”“弹簧门”等制度壁垒。二是一些行业垄断经营的问题较为突出。凭借优势地位拥有垄断经营权，没有来自外部竞争的压力，这些行业提供的服务质量被诟病，消费者满意度不高。服务经济发展需要的统一开放、公平竞争的市场环境尚需完善。

3. 服务业的统计技术更新滞后

当前服务业统计体系在不断完善，但与新经济、新业态的发展速度相比仍然显得滞后。一是仍然有很多数据缺口，常规调查的框架应根据新业态出现而及时调整。二是生产性服务业和生活性服务业的数据缺失，目前很多是研究人员估算的数据。三是数据更新较慢。以服务业营业收入为例，目前数据截止日期为 2015 年。

4. 生产性服务业的发展仍不充分

附加值较高的产品研发与设计、品牌营销等生产性服务业是整个服务业发展的短板。一是缺配套。虽然国内制造业种类较为齐全，但是大而不强的问题仍然突出，影响了对生产性服务业的需求。二是国际大型跨国公司开始在海外设立研发机构，特别是将生产性服务业的“外脑”放在新兴经济体，客观上挤压了我国生产性服务业发展的空间。

5. 进项税抵扣机制不完善增加企业负担

我国服务业企业多属于劳动密集型，人力资源成本较高，但可用于抵扣的进项税较少。例如，住宿餐饮企业采购的农产品，绝大多数由个体农户或小型企业提供，这些提供原材料的经营个体很难足额开具正规发票，导致采购企业无法取得进项税发票，造成企业税负的上升。企业希望扩大进项税抵扣范围的呼声强烈。

6. 个别新兴业态有出现寡头垄断的趋势

个别平台型服务业的发展，由于前期风险投资的集中涌入，一些企业迅速壮大并占有较大的市场份额。在取得市场支配权之后，往往采用收购、合并、大量投放产能等手段筑高行业壁垒，阻止竞争对手进入，有出现寡头垄断的趋势。需要引起注意的是，一些新兴平台往往通过市场上原有的服务载体先占领市场，平台成熟之后反过来又对这些载体的生存造成一定的负面影响。

三、2018 年服务业发展形势展望

1. 良好的政策环境有助于服务业发展

供给侧结构性改革强调提升供给的质量和效率，“十三五”规划指出，要加快推动服务业优质高效发展。从促进生产性服务业专业化、提高生活性服务业品质，以及完善服务业发展体制政策方面提出了具体措施；“放管服”改革优化了服务业营商环境；“营改增”大大降低了服务业领域的税负；中央政府、地方政府对服务业高度重视。这些都为行业健康快速发展营造了一个良好的政策环境。“重工业、轻服务”的观念正在转变，服务业和工业融合互动发展的局面在加快形成。

2. 贯彻新发展理念将加快拓展服务业发展空间

十九大报告指出，贯彻新发展理念，建设现代化经济体系。其中提到深化供给侧结构性改革、加快建设创新型国家、实施乡村振兴战略、实施区域协调发展战略、加快完善社会主义市场经济体制和推动形成全面开放新格局。在实现上述目标的过程中，无论是生产性服务业还是生活性服务业，都具有极大的消费潜在需求和广阔的市场空间。比如，城市化进程的加快是客观规律，据测算，2020 年城市人口规模将达到 8.8 亿人左右，比当前基数要多出 2 亿 ~ 3 亿人，这部分人口增加背后的潜在需求是服务业巨大的发展潜力所在。

3. 促进服务业提质增效的动能正在不断壮大

主要体现在三个方面：第一，平台型服务业质量提升。以分享经济为代表的新兴服务业发展加快，势头向好，已经融入人民群众的日常生活当中，对活跃服务经济起到越来越重要的作用。第二，生产性服务业在 2018 年有望加速发展。落实“中国制造 2025”、“十三五”规划中期评估等政策，对软件和信息技术服务业、研究和试验发展、专业技术服务业、科技推广和应用服务业都将产生带动作用。第三，有关部门开展的“中国品牌日”活动，以及由此产生的政策效应也将在 2018 年开始

显现，在加强品牌建设的政策导向下，服务业发展的效益和质量也将进一步提升。

4. 从一些指标的趋势看服务业发展在 2018 年将总体平稳

一是非制造业商务活动指数继续保持扩张。2017 年 10 月，服务业商务活动指数为 53.5%，高于全年均值。二是服务业生产指数前三季度一直保持在 8.3% 左右的增长水平，与 2016 年增速基本持平。稳的态势得以巩固。三是国家统计局数据显示，新兴服务业对服务业生产指数的贡献逐季增强。这些行业以仓储业、软件和信息技术服务业、互联网和相关服务等行业为代表，前三个季度对服务业生产总指数贡献分别是 34.4%、36.6% 和 38.3%，拉动服务业增长分别为 2.8、3.0 和 3.2 个百分点。这种趋势如果继续得以保持，2018 年服务业稳中有进的市场预期就会不断强化。

综合上述判断和分析，预计第四季度服务业有望继续保持平稳较快发展态势，全年服务业增速将保持在 7.8% 左右。2018 年增速约为 7.5%。

四、促进服务业高质量发展的建议

1. 开展对“两个文件”落实情况的督促检查

目前，国家已经出台了指导生产性服务业和生活性服务业发展的文件，分别是《国务院关于加快发展生产性服务业促进产业结构调整升级的指导意见》和《国务院办公厅关于加快发展生活性服务业促进消费结构升级的指导意见》。文件对服务业发展的重点任务、实现路径都进行了清楚的界定。当前，促进服务业高质量发展的关键是抓政策落实，建议对两个文件的执行情况进行全方位的评估，作为进一步施策的依据。应对落实文件政策到位的地区给予更多资金、政策的支持。

2. 力争在服务业体制改革方面有所突破

服务业领域的供给侧结构性改革重点在制度供给，破除制约行业发展的体制机制障碍是关键。应积极吸引社会资本进入金融、交通运输、公用事业等领域，引入竞争机制，有效解决垄断经营的问题。建议深化服务业领域的“放管服”改革，简化审批流程，通过进一步深化商事制度改革营造有利于服务业发展的制度环境。加强行业诚信体系建设和信用约束力度，加大对失信企业联合惩戒力度，有力维护服务业市场秩序，构建一个公平竞争有序的市场环境。

3. 选取若干生活性服务业作为标准化试点

加快推进服务业规范化标准化应坚持抓主要矛盾，防止“眉毛胡子一把抓”。

建议选取与人民群众生活密切相关的养老、旅游、家政等行业率先开展国家标准示范试点工作，出台明确的行业服务规范标准，强化标准的约束力度。在上述领域中，率先开展资格认证制度，通过标准化规范化倒逼行业提升发展质量，让优质资源和要素在市场竞争中脱颖而出，淘汰不符合行业发展规范的企业。在此基础上，按照生活性服务业、生产性服务业的顺序依次突破难点，促进标准化发展。

4. 对新业态既要包容更要有效引导管理

对服务业领域出现的新经济、新业态、新的商业模式，一方面要更新监管理念，鼓励其创新发展，但同时要坚持“鼓励并不等于放任”的原则。建议对新出现的产业组织形式从三个方面进行有效引导和管理：一是鼓励充分竞争，优胜劣汰，坚决遏制利用优势地位开展不正当竞争的企业行为。二是健全消费者投诉渠道，倒逼行业提升服务水平。三是加强事中事后监管，健全信息发布制度，引导平台或行业进行自我约束和自律。

5. 推动生产性服务业和制造业加快融合

融合的途径有四个，一是通过制造业延伸产业链促进融合。主要是在智能制造衍生出的柔性制造等领域，嵌入相关服务。二是通过制造业本身一些服务环节的剥离促进融合。鼓励企业将生产性服务环节专业化、外包化。三是通过将制造业和生产性服务业布局在临近的园区促进融合。促进制造业和服务业在园区内实现一体化协同发展，实现企业资源的集约利用。四是鼓励企业“出海”承接服务外包业务，顺应全球服务业转移的趋势，在承接国际外包业务中提升生产性服务业的发展水平。

G20　2017年银行业运行分析及2018年展望

刘　鹏*

摘要：2017年以来，银行业整体运行良好，盈利能力恢复较快，但资产负债规模增速显著回落，商业银行净息差大幅收窄，非利息收入占比创新高，不良贷款率超去年但呈现企稳迹象。当前银行业主要面临的问题包括：中小银行成本压力较大影响其盈利能力，银行缺乏多样的投资和对冲风险的工具和手段，流动性风险和信用风险值得警惕。展望来年，预计银行业资产质量将进一步好转，净利润增速有望保持较高增长，表外盲目扩张将进一步被遏制，公司结构有望明显改善，中间业务将进一步规范，逐步向健康方向发展。建议未来要紧紧围绕十九大报告提出的增强金融服务实体经济能力，守住不发生系统性金融风险的底线的要求，加强和完善“双支柱”调控框架，继续加大力度引导银行业做好服务实体经济工作，银行练好自身内功，做好“调结构”和“提转速”，不断提高经营水平。

关键词：银行业　双支柱调控框架　服务实体经济　金融风险

一、2017年银行业运行基本态势分析

1. 银行业盈利能力稳步提高，净利润增长速度加快

银行盈利能力有所恢复，净利润同比增长创2015年以来新高。随着供给侧改革的不断推进，大量清理“僵尸企业”，严格控制金融风险，银行发展逐渐恢复，2017年以来，在中央经济工作会议和金融工作会议的政策指引下，银行业资产质量稳步提高，净利润增长较快。第一季度实现净利润4 933亿元，同比增长4.6%；上半年实现净利润9 703亿元，同比增长7.92%，为2015年以来新高。从资产利润率来看，2017年第一季度商业银行资产利润率为1.07%，数据较2016年年底明显回

* 刘鹏，经济学博士，国家信息中心经济预测部财政与金融研究室副研究员，主要研究金融风险与监管、货币政策等。

升，但第二季度以来略有回落，上半年为1.04%。分类来看，大型商业银行和农村商业银行的资产利润率最高，上半年分别达到1.15%和1.09%。城市商业银行和股份制商业银行的资产利润率低于行业平均水平，分别为0.91%和0.94%。整体来看，五大类银行业金融机构资产利润率均好于2016年年末水平。但值得注意的是，除大型商业银行外，各类银行业金融机构的资产利润率均呈现出一定程度的回落。如图1所示。

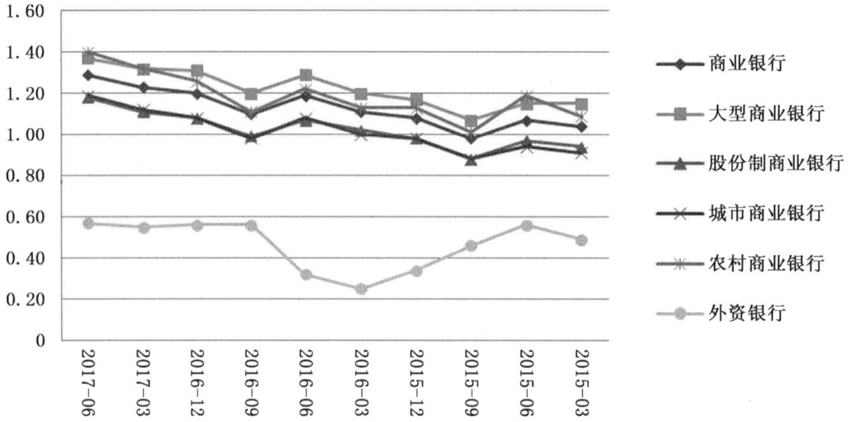

图1 商业银行2017年资产利润率情况（单位：%）

2. 银行资产负债增速显著回落，城市商业银行的同比增速相对最快

2017年以来，银行业强调回归本源，突出主业，资产负债规模增长稳健，同比增速显著回落。截至9月份，境内银行业金融机构总资产合计238.95万亿元，总负债合计220.45万亿元，两者同比增速均为10.6%，大大低于上年同期的15.7%和15.5%。资产负债规模同比增速逐月递减，并从7月份开始连续创下2003年以来新低。从结构来看，城市商业银行和其他类银行业金融机构资产负债同比增速最快，股份制商业银行增速大幅减缓，并从6月份开始落后于大型商业银行增速。具体来看，9月份城市商业银行资产/负债同比增速为16.2%/16.2%，较上年同期24.0%/24.1%的增速明显回落。其他类银行业金融机构同比增速较上年同期回落近半，9月份资产/负债同比增长14.5%/14.8%。股份制商业银行9月资产/负债同比增速仅为6.7%/6.2%，较上年同期的14.6%/15.1%回落十分明显，已经成为增速最慢的银行类别。不同类别银行业金融机构资产负债增速的变化影响了各自在银行业金融机构中的比重。以总资产为例，其他类银行金融机构的比重上升至19.9%，股份制商业银行则缩减至18.1%，前者已经反超后者，成为银行业中的第二大类金融机构。城市商业银行尽管比重仍然最低，但在2017年快速增长的势头下，占比提升较大，从2016年年初的11.7%上升至2017年年初的12.5%，到9月已经上升至

12.7%。此外，大型国有商业银行和农村金融机构的比重则变化不大。如图 2 所示。

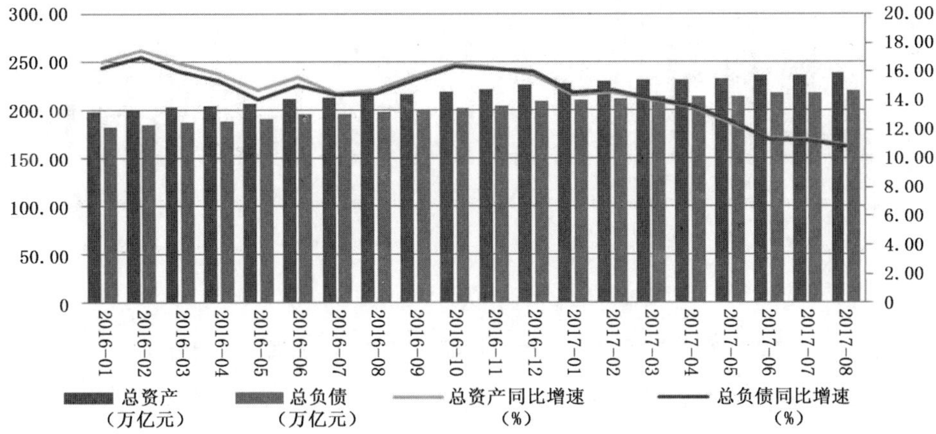

图 2 银行业金融机构资产负债情况

3. 商业银行净息差大幅收窄，非利息收入占比创新高

净息差收窄是近年来的整体趋势，继 2016 年首次降至 2.5% 以内之后，2017 年继续向 2.0% 附近收窄。2017 年第一季度，商业银行净息差为 2.03%，较上年同期下降 0.32 个百分点。第二季度净息差有所扩大，较第一季度上升 0.02 个百分点。分类别来看，民营银行和农村金融商业银行的净息差明显扩张，第二季度分别达到 4.86% 和 2.77%，主要原因是中央持续对农村金融和中小微企业的重点扶持，以及中小微企业自身议价能力普遍较差。股份制商业银行和城市商业银行的净息差第二季度分别仅达到 1.83% 和 1.95%，明显低于商业银行普遍水平，且较第一季度都呈现出较大幅度的收窄，这也加剧了两类银行在非利息收入业务市场上的争夺。大型商业银行一直较为稳健，净息差略低于商业银行平均水平，第二季度达到 2.02%，较第一季度扩张 0.03 个百分点。近年来，非利息收入逐渐成为银行业非常重要的利润来源。2017 年第一季度，非利息收入在商业银行收入中的占比达到 26.84%，创历史新高。不过随着一系列监管组合拳的出台，“穿透式”监管的实施，第二季度以来银行的非利息收入明显受到影响，半年度非利息收入占比降至 24.84%，较一季度萎缩 2 个百分点。从 16 家主要上市银行的情况来看，三季度非利息收入占比大多出现了较为明显的下降。其中，民生银行以 41.71% 的非利息收入占比位列首位，南京银行以 18.31% 的占比位列最后。非利息收入占比超过 1/3 的银行达到 8 家，较上半年减少了两家。如图 3 所示。

4. 不良贷款率较 2016 年呈现企稳迹象，资本充足风险可控但仍需警惕

2017 年银行业监管全方位升级，信贷投放更加稳健，不良贷款比例较 2016

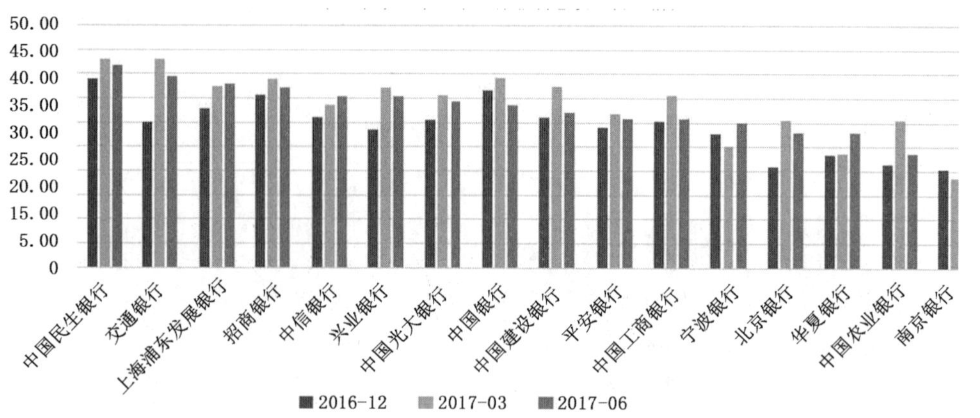

图3 2017年上半年16家上市银行非利息收入占比情况（单位:%）

年略有下降，整体保持平稳。上半年银行业不良贷款余额16 358亿元，不良贷款率比例为1.74%，与2017年第一季度及2016年年末持平，低于2016年同期0.01个百分点。其中损失类贷款0.26%，连续两个季度保持下降。城市商业银行和国有商业银行不良率较低，分别为1.51%和1.60%。农村商业银行的不良贷款比例最高，达到2.81%。从变化趋势来看，国有商业银行和股份制商业银行的不良贷款比例较第一季度有所下降，但城市商业银行、民营银行和农村商业银行的不良贷款比例均有所上升。尽管三类银行在市场中的份额较小，对银行业的整体不良率提升没有显著影响，但三类银行自身普遍规模较小，风险管理能力较弱，贷款对象又多为中小微企业和涉农企业，因此值得重视。从监管指标来看，2017年上半年商业银行资本充足率为13.16%，一级资本充足率和核心一级资本充足率分别达到11.12%和10.64%，大大高于银监会规定的水平。拨备覆盖率达到177.18%，也超过了监管要求。不过从动态来看，上述三项资本充足率水平延续了自2016年第三季度以来的下降趋势，国有商业银行、城市商业银行和农村商业银行的资本充足率水平均呈现程度不同的下降。2017年的拨备覆盖率水平尽管高于去年，但也接近于2010年以来的低值，并且第二季度的拨备覆盖率水平也低于第一季度，其中农村商业银行下降了近15个百分点。如图4所示。

二、当前银行业面临的主要问题

1. 中小银行成本压力较大影响其盈利能力

随着第三方支付和其他理财手段的快速发展，近年来银行存款成本不断提高。存款在银行负债中的地位下降，而发债、理财和同业借款大幅度增加。过去两年，

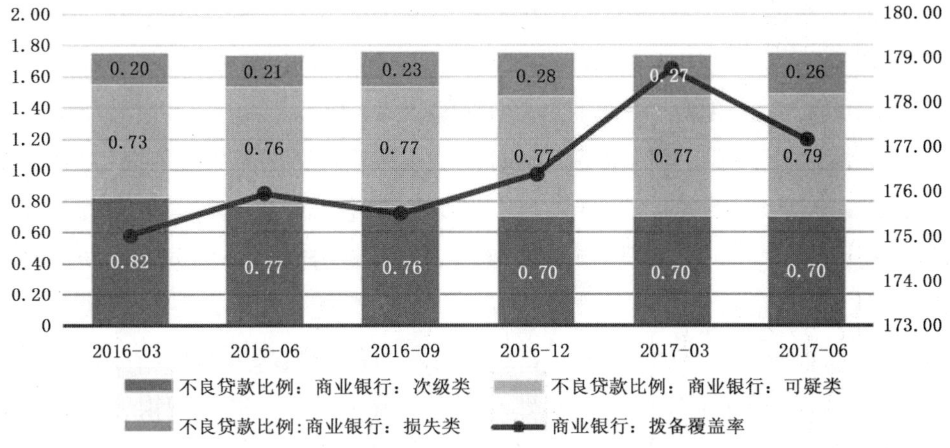

图 4　商业银行 2017 年不良贷款率情况（单位：%）

银行利用低利率的市场环境大规模发行同业存单。中小银行较国有大型商业银行在吸收存款方面存在多方面劣势，因此十分依赖同业业务。随着同业监管的加强，中小银行能够从同业拆借市场筹集的资金规模也明显缩减，而资金成本则明显上升。2017 年 9 月，银行间同业拆借成交金额为 5.98 万亿元，明显低于上年同期 8.27 万亿元的水平。同时，2017 年同业拆借加权平均利率一路攀升，9 月达到 2.92%，远高于上年同期的 2.25%，第二季度以来的整体水平也创下 2015 年 3 月以来的新高。同业监管的加强使中小银行的净息差明显收窄，从上市银行的净息差水平来看，民生银行以 1.40% 的净息差水平排名垫底，其余还有光大、兴业、中信、浦发、南京、宁波等银行的净息差在商业银行平均水平以下，几乎全为中小银行。尽管从监管指标来看，中小银行的风险可控，但如果经营状况持续不能改善，仍将最终拖累实体经济。

2. **银行缺乏多样化投资和对冲风险的工具和手段**

中国的金融市场欠缺广度和深度，银行缺乏多样的投资和对冲风险的工具和手段。近年来，随利率市场化推进，银行息差不断降低。作为获取盈利的手段，银行积极拓展中间业务。尽管银行业竞争日益加剧，但业务创新则主要表现为通过各种手段扩张信贷和资金业务，特别是依赖同业、表外理财和资管业务进行变相放贷和加杠杆。真正提供服务的中间业务拓展相对缓慢。中国银行业的杠杆日益增加，盈利随经济波动而大幅波动。在盈利增加的同时，银行的信用、市场、操作，以及流动性风险大幅度增加。中国银行业正在尝试通过证券化的方式分散风险，但目前仍然缺乏足够的工具和手段对冲风险。

3. **同业资金集中度较高带来的流动性风险不能忽视**

随着同业业务和非保本理财业务规模迅速增长，银行间市场隔夜拆借利率的重要性日益提升，金融市场对银行间市场利率变得日益敏感。招商和华夏，同业资金和债券融资加总占总负债比在10%～26%之间。而兴业银行2017年中的同业和债券资金占总负债的38.2%，浦发的这一比例也在33.9%。由于这些股份制银行的大举扩张，大幅拉高了行业整体水平。同时，由于同业资金的集中度较高，期限较短，对短期的利率波动较为敏感。那些同业占比更加集中的中小银行，面临着日益增加的短期流动性风险。中国的债券市场和理财市场都是由同业市场进行主导，使得系统风险急剧上升，而且由于资本市场不发达，风险只能在银行系统内聚集，导致银行系统内风险迅速上升。分银行来看，股份制银行的理财余额规模已经超过国有大行，其主要原因为股份制银行融资较难，而为了盈利增长，股份制银行提高风险偏好，绕开监管进行扩张。理财余额和占比较高的兴业银行、浦发银行和南京银行，都是近年扩张最为剧烈的银行。

4. 房地产市场和政府债务所引发的信用风险值得警惕

信用风险主要来自于基建和房地产。从理财资金的具体投资行业分布来看，主要集中在土木工程建筑和房地产业，据市场机构统计，这两类资产合计达到总规模的27.3%，金额从2015年年底的5万亿元左右增加到2016年上半年大约7万亿元。虽然由于种种限制，房地产企业通过银行表内获得的贷款比例和余额增长并不明显，但通过表外，房地产融资仍然增长迅速。银行通过绕开监管继续对房地产大规模放贷，而其信用风险并没有纳入银行表内衡量。只有早日针对这一领域实现穿透性监管，才能有效防范由此带来的信用风险。

三、2018年银行业前景展望

1. 资产质量进一步好转且净利润增速有望保持较高增长

当前银行资产质量稳定向好、净息差企稳、利润增长逐季提速，同时随着资产质量的持续改善，银行在拨备覆盖率较为充足的情况下，还可以通过减少拨备计提释放利润，为业绩增长带来空间。前三季度，14家上市银行共计提约3 060亿元的资产减值准备，比2016年同期多计提81.7亿元。仅有中信和浦发两家银行不良率上升，其余12家银行不良率均为企稳或下降。在宏观经济企稳向好的情况下，企业盈利能力不断改善，预计银行业资产质量将进一步好转，未来净利润增速有望继续提升。净息差的扩大也进一步增强了银行业的盈利能力。展望未来，随着货币政策和宏观审慎政策双支柱调控框架的不断健全，金融支持实体经济力度的持续加大，银行同业和理财业务得到规范发展，存款业务地位有所上升，信贷成本回归正常，贷款有望实现平稳增长，净息差收窄的趋势将得到抑制，银行业将逐步呈现复苏趋势。

2. 表外盲目扩张将进一步被遏制且公司结构有望明显改善

2017 年以来，银监会在防范金融风险、治理银行业市场乱象方面采取了一系列措施，银行业资金脱实向虚势头得到了初步遏制。当前的监管重点是防范影子银行、交叉金融、房地产泡沫、地方政府债务等领域的风险。银监会主席郭树清表示，2017 年前三季度银行业处置不良资产超 9 000 亿元，今后整个金融监管趋势会越来越严。7 月份的全国金融工作会议特别强调货币政策和宏观审慎政策的“双支柱”调控框架，提出要进一步加强金融监管协调，强化宏观审慎管理，维护系统性金融稳定。从长远来看，无疑有利于银行业的健康发展，不过从短期来看，大行由于经营稳健、股息率较高、业绩确定性强，将率先获得政策红利。而以股份制银行为代表的中小银行可能仍然需要一段较为艰难的转型期。至于下一步的工作重点，央行行长周小川表示未来将重点关注四方面问题，分别是影子银行、资产管理行业、互联网金融和金融控股公司。郭树清也表示，要进一步深化银行业改革，特别是健全银行的公司治理结构。针对当前一些银行股东发挥作用不到位，存在隐瞒股权、代持股权等突出问题，未来要特别重视董事会的建设和独立董事的选拔。

3. 中间业务将进一步规范逐步向健康方向发展

近年来，银行非息收入中投行、结算和咨询类下降较快，而理财、托管和代理类则有所上升，这与通道和理财等的业务扩张相一致。银行业非息收入的增加主要还是靠做资金业务获得，而并非源自业务深耕获得的手续和服务费。这种非息收入具有强烈的顺周期性，会与利息收入一样，随经济周期的波动而变化。事实上，2017 年银行中期报告已经反映了这样一个趋势，随着监管在通道和理财业务上的收紧，这些方面出现明显下降。作为弥补，银行正在积极拓展多样化的金融服务，包括信用卡、电子银行、结算等。培育这些新的业务增长点需要一定时间，但随着监管制度的不断完善和工作的不断落实到位，将逐渐推动银行服务型中间业务的健康发展。

四、政策建议

1. 进一步加强和完善“双支柱”调控框架

习近平总书记在十九大报告中提到深化金融改革时强调，健全货币政策和宏观审慎政策“双支柱”调控框架。实践证明，“双支柱”框架是我国在金融宏观调控政策框架实践方面取得的重要成果，在维护金融稳定方面初步发挥了功效。目前，调控框架已逐渐清晰，下一步还需要对相关机制进行加强和完善：一是出台同业业务量化监管指标。短期来看，监管应充分考虑市场的承受能力，尽量降低对中小银行的影响。长期来看，应该提出更高、更为具体的指标，引导资金脱实向虚，回归实体经济本源。二是着力加强表外业务监管，建立一套完整的资本监督指标体系，以便对表外业务经营风险进行量化分析。在表外业务的操作环节，加强资本充足率监管，加强商业银行表外业务的信息披露，同时加大现场监管的力度。三是加强政策协调，把握去杠杆与流动性的平衡。未来货币政策和监管政策需要在去杠杆的过程中更好地做好协调配合。

2. 继续加大力度引导银行业做好服务实体经济工作

十九大报告指出，建设现代化经济体系，必须把发展经济的着力点放在实体经济上。经过2017年以来的整治，银行业资金脱实向虚势头得到了初步遏制，但不能掉以轻心，还需继续加大整治力度。金融是实体经济的血脉，但目前社会资本仍有脱实向虚倾向。随着金融创新加快和金融混业经营加速，金融机构、市场、产品之间容易发生风险的交叉传染，造成系统性风险。银行在我国金融体系中居主导地位，应以服务实体经济为已任，积极主动适应利率市场化和互联网金融发展的挑战，加快改革创新和差异化、特色化战略转型，支持供给侧结构性改革。未来要继续引导银行业做好服务实体经济工作，重点支持普惠金融、小微企业融资、三农融资、脱贫攻坚方面的融资。同时，继续支持基础设施建设、安居工程等重大的公益性项目。

3. 银行自身要练好内功做好“调结构”和“提转速”

银行固然要以效益为导向，但是也不能一味追求增速，应从增量型效益向质量型效益转变，其中的关键就是做好“调结构”和“提转速”。要做好以下四个方面：一是应当从银行自身角度关注资产负债结构，合理控制同业业务占比。二是理性发展非信贷业务，推进业务模式转型。改变重规模轻风险的理念，正确理解监管意图，合理布局和发展金融市场业务及同业业务。三是加强自身投行研究团队和风控体系的建设，精心研究、加强选择合理投资产品的能力。适时调整委外业务的规模和投资方向，一些无法直接购买券商和基金产品的小型银行可考虑投顾业务。四是寻找新的业务增长点，例如投行业务和互联网金融业务可作为创新业务的发展方向。对于区域性中小银行，可梳理自身优势，立足当地特色重点支持支柱产业、基础设施领域等，深耕区域客户、挖掘内部价值，大力发展零售业务，以树立良好品牌的愿景服务好小微客户和个人客户，此外还可考虑通过投行相关业务拓展中间业务收入等。

G21　2017年汽车行业形势分析及2018年展望

祁京梅*

摘要：2017年我国经济呈现稳中向好的态势，增速连续九个季度在6.7%~6.9%的区间运行，发展的稳定性和韧性增强。国际上受益于主要经济体复苏回升势头良好，"一带一路"倡议推进，净出口对经济增长的贡献由负转正。国内供给侧结构性改革及适度扩大需求，激发了新动能的快速成长，消费贡献作用突出，投资补短板的力度加大。随着工业转型升级加快，前9个月汽车行业呈现增速上扬、销量稳定、出口高增长的良好发展态势。存在的主要问题是，行业产销过多依赖政策扶持，缺乏自主创新能力和中国品牌的竞争力。展望2018年，在十九大绿色发展理念指导下，汽车产业变革加速，新能源、新技术将主导产业发展方向，汽车升级换挡、注重节能环保、个性化运动功能的购车需求源源不断，可以支持行业稳定发展，但要实现高水平、高质量发展，必须增强科技创新、自主研发的能力，在提升中国品牌竞争力方面下功夫。

关键词：新能源汽车　产销政策　汽车需求

一、前三季度汽车业呈现升降并举的运行态势

2017年是全面落实"十三五"规划的关键一年，是供给侧改革的深化之年，新一代信息通信、新能源、新材料等技术与汽车产业加快融合，产业生态深刻变革，竞争格局全面重塑，汽车产业正处于由大变强的关键时期。1—9月份，工业经济形势明显好于上年同期，汽车行业作为战略新兴产业，在自主创新和需求回暖等因素推动下，呈现生产增速较快、销售稳中趋升、产品持续优化、效益改善的良好发展势头，对工业增速提升起到积极支撑作用。

---

* 祁京梅，国家信息中心经济预测部三级研究员，主要从事宏观经济、消费需求和产业经济等领域的研究。

（一）汽车生产增长较快，对工业贡献保持较高水平

2017 年以来，在供给侧结构性改革、适度扩大需求和振兴实体经济等政策作用下，新动能、新业态经过几年的积累和发展，规模、速度、效益不断扩张和提升，对传统工业的替代作用显著增强，在一定程度上遏制了工业下滑速度。2017 年 1—9 月，规模以上工业增加值同比增长 6.7%，比上年同期提高 0.7 个百分点。汽车行业生产形势也保持了稳步上行的增长态势，第一季度汽车制造业增加值增长 15.3%，上半年增长 13.1%，1—9 月增长 13.2%，比总体工业增速高 6.5 个百分点，在 26 个主要行业增速中排名第二位，仅次于增长 13.9% 的计算机通信制造业，对工业增长贡献有所提高。根据计算，1—9 月汽车制造业增加值增长对工业生产增长的弹性贡献为 1.065，继续保持较高水平，较好发挥了先进制造业和战略新兴产业对工业转型升级的引领和带动作用。如图 1 所示。

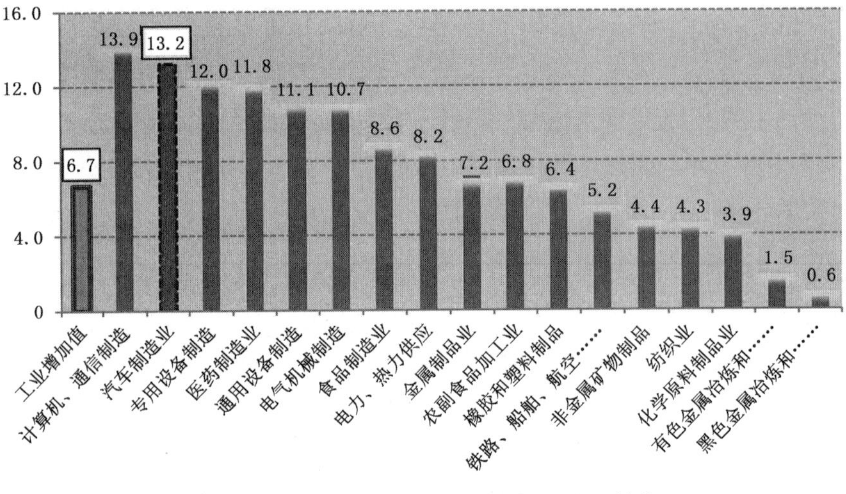

图 1　2017 年 1—9 月工业增加值增速比较（单位：%）

汽车行业实物量也呈现较快增长。根据国家统计局的数据，1—9 月工业产品产量增长面扩大，在统计的 596 种主要工业产品中，有 459 种实现同比增长，增长面为 77%，比上年同期提高 14.4 个百分点。同期汽车生产量增长表现不俗，2017 年 1—9 月，规模以上车企生产汽车 2 278.9 万辆，同比增长 4.9%，其中运动型多用途乘用车（SUV）717 万辆，增长 16.1%；新能源汽车 42.5 万辆，增长 30.8%；SUV 和新能源汽车产量增速较快，除低于工业机器人和集成电路的超高增速外，远远高于其他产品产量不足 10% 的增速。

根据中国汽车工业协会的统计，2017 年以来，汽车产量增势略逊色于上年同期，但仍保持稳定势头，特别是进入 9 月份，在旺销的带动下，产量增势上扬。1—9 月，汽车产量完成 2 034.9 万辆，同比增长 4.8%，比 1—8 月提高 0.1 个百分点。

其中 9 月份汽车产量增势迅猛。9 月我国汽车产销进入传统旺季，当月产量达到 267.1 万辆，为 2017 年前九个月最高水平，同比增长 5.5%，比 1—8 月增速加快 0.8 个百分点。

分类型看，乘用车产量增长平稳，受经济稳中向好的拉动，商用车增势强劲，一改往年低迷徘徊增长局面。1—9 月，商用车产量完成 302.1 万辆，比上年同期增长 16%，同比大幅提高 11.2 个百分点，特别是货车产量同比增长 20.3%，明显高于其他车型，从一个侧面反映出经济活跃度增强、生产物流运输畅通的良好态势。

（二）汽车销售增幅低于 2016 年，前三季度呈 V 型波动走势

2017 年以来，虽然汽车生产形势较好，但总体销售增势不及去年，1—9 月汽车销售完成 2 022.5 万辆，同比增长 4.5%，低于上年同期 8.7 个百分点。汽车销售增幅趋缓，主要受到一、二线大中城市汽车拥有率较高、个性化细分化需求突出、限行限号、提升尾气排放标准等因素影响，汽车消费已经由连续多年的爆发式高增长步入平稳增长阶段，与新常态时期经济发展节奏是一致的。深入分析，可以发现 2017 年前三季度汽车销售增长并非一味低迷，而是经历了快速增长—>平稳增长—>再度加快增长的 V 形波动变化走势。如图 2 所示。

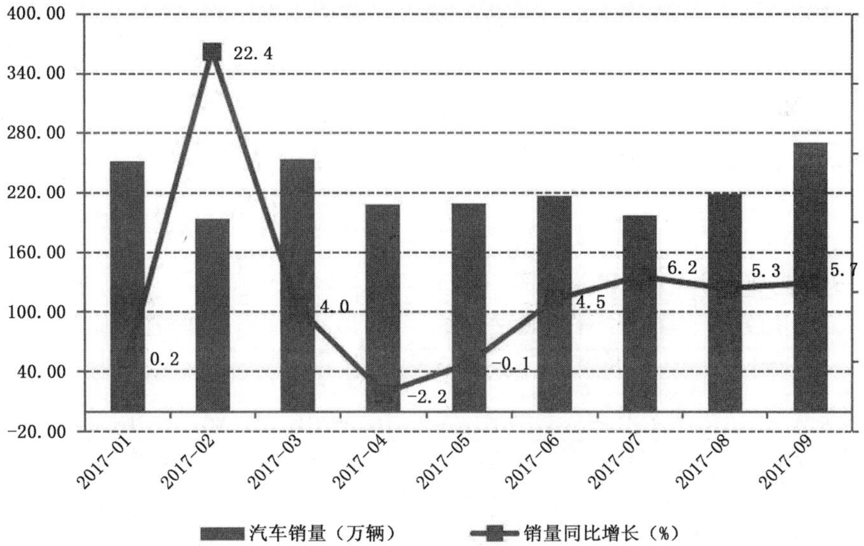

图 2 2017 年 1—9 月汽车月销量及同比增速

第一阶段：受 1.6 升及以下小排量购置税减半优惠政策即将到期、部分地区鼓励新能源汽车消费，以及停止国 4 车行驶、实施国 5 排放标准提高汽车排量政策的影响，2017 年年初伊始，汽车销售呈现较快增长，第一季度汽车销售完成 700.2 万辆，同比增长 7%，在 2016 年高增长的基础上，一季度销售增速之快，出乎大多数

人的意料。

第二阶段：进入第二季度，随着购置税优惠政策延长至2017年年底结束，更换国5排放标准新车告一段落，汽车销售增速有所减缓，上半年完成汽车销售增速回落至3.8%。

第三阶段：车燃油价格持续走低以及两孩家庭车用新需求凸显，加之9月份传统旺销季节开始，9月份汽车销售再度升温，增速加快。9月当月，汽车销售261万辆，创2017年前九个月最高水平，同比增长5.7%，比上半年增速加快1.9个百分点。总体来看，汽车销售增长前景良好，在未来较长时间内，汽车仍将是引领消费、主导消费、产生更多引致消费的重量级耐用消费品。

此外，分车型看，2017年1—9月乘用车销售情况不尽如人意。1—9月，乘用车销售1 715.05万辆，同比增长2.38%，增速低于汽车总体水平。但是，得益于全球经济增长回暖、需求增加的影响，商用车销售增长加快，增幅创近几年的新高。1—9月，商用车销售完成307.4万辆，比上年同期增长17.9%，高于汽车总体增幅13.4个百分点，其中，货车销售同比增长22.4%。如表1所示。

表1 2017年9月汽车分车型前十家生产企业销售排名（单位：万辆，%）

排名	汽车（按集团）		乘用车		商用车	
	企业名称	销量	企业名称	销量	企业名称	销量
1	上汽集团	66.38	上汽大众	21.86	北汽福田	4.82
2	东风集团	39.36	一汽大众	20.86	东风汽车	4.58
3	一汽集团	33.78	上汽通用	18.67	一汽集团	3.04
4	中国长安	26.21	上汽通用五菱	16.86	中国重型	2.56
5	北汽集团	23.30	东风有限（本部）	12.26	江铃控股	2.44
6	广汽集团	18.71	吉利控股	10.90	上汽通用五菱	2.20
7	吉利控股	11.76	长安汽车	10.08	江淮股份	2.09
8	长城汽车	10.20	长城汽车	9.07	重庆力帆	1.84
9	华晨汽车	5.97	北京现代	8.50	陕汽集团	1.70
10	奇瑞汽车	5.31	长安福特	8.31	长安汽车	1.41
合计		240.98	137.37		26.68	
所占比重		88.95	58.64		72.77	

（三）受益于全球经济趋好，汽车出口增速大幅反弹

2017年以来，得益于世界经济稳定复苏，国际市场需求日趋活跃，以及车企不断进行技术创新探索，准确定位市场端差异化需求，充分发挥中国汽车出口低成本、

低价格的竞争优势，前三季度我国汽车出口由2016年的低迷负增长跃升为20%以上的高增长。1—9月，汽车企业出口62.3万辆，比上年同期增长26.3%，增速同比大幅提高37.3个百分点。分车型看，乘用车出口43.4万辆，比上年同期增长35.6%；商用车出口18.8万辆，比上年同期增长9%，彻底摆脱了汽车出口持续负增长的阴霾。根据海关数据整理，1—8月，汽车整车累计出口64.8万辆，比上年同期增长29.1%。

汽车出口增长呈现如下特征：一是小轿车和四轮越野车是乘用车出口增长较快的车型，轿车出口量最大的是奇瑞汽车。二是电动汽车出口的国际市场占有率快速提高，比亚迪等电动车出口增长突出。三是汽车出口市场正在由中东、非洲、亚洲，逐渐向欧洲扩展，特别是东欧汽车市场需求得到大力开发，增长较快。四是我国出口汽车的结构仍以商用车为主，涌现了一批像宇通、金龙、江淮、重汽、福田、中兴这样的出口明星企业，商用车主要包括载重车、特种用途车和大中型客车，绝大多数是自有品牌。

（四）中国品牌市场份额持续提高，但MPV降幅较大

经过多年的磨砺，我国汽车产业在汽车设计、自主技术方面有了发展和突破，中国品牌汽车的市场份额连续突破天花板，由2014年的38.31%，提高为2016年的43.24%，成为汽车市场上的生力军。2017年前三季度，中国品牌乘用车销售市场份额占有率全面提高，表现出较好的成长前景和竞争力。1—9月，中国品牌乘用车共销售735.5万辆，占乘用车销售总量的42.9%，比上年同期提高0.7个百分点；其中：中国品牌轿车销售159.2万辆，占轿车销售总量的19.1%，比上年同期提高0.5个百分点；中国品牌SUV销售413.2万辆，占SUV销售总量的59.4%，比上年同期提高3.1个百分点，国产车型连续多年占据SUV销量榜的榜首。目前，中国自主品牌不仅销量和市场占有率不断提升，而且质量不断提升，与国际品牌的差距不断缩小，在价格上不断突破。10万元已不再是中国品牌天花板，积极进取的品牌已在15万元市场站稳了脚跟，并冲击18万元甚至20万元更高级别的市场。

但是，值得关注的是，2017年以来，中国自主品牌MPV销售增长和市场份额均呈现下降趋势。1—9月销售13.4万辆，同比下降32.2%，占MPV销售总量的80.8%，比上年同期下降8.5个百分点。MPV车型销售不好的原因：一是车身块头大，出行需要七座车的家庭需求比较少。二是MPV一般更像商务车，保险费用较贵，两年一检也比较麻烦，不适合普通消费者使用。三是国内可选择车型较少。在10万~20万元这个最普遍的买车预算区间，可选购的车型较少，合资品牌技术功能受到质疑。四是目前国内车企普遍瞄准SUV发力，许多车企增加了七座SUV的开

发和生产，大大冲击了对 MPV 的需求。其实，在国外 MPV 车型的需求量很大，我国要做好和挖掘这一市场，必须做好性价比和消费群体的定位研究，才能让它更好地服务和融入城市生活。

二、2018 年汽车产业发展面临新机遇和新动力

刚刚闭幕的十九大提出了新时代中国特色社会主义的重要思想，既描绘了未来 30 年中国经济发展的宏大愿景，又确定了不同阶段不同时期的中短期发展目标，对于我国经济发展有较强的指导意义和战略引领作用。2018 年是深入贯彻十九大精神、执行推动“十三五”规划的重要时间节点，这一时期，我国汽车市场会面临差异化、多元化的消费需求，但是得益于《汽车产业中长期发展规划》的有序指导，制造强国战略的实施和“一带一路”建设为汽车产业发展提供了重要的海内外需求支撑，中国汽车产业将出现深刻生态变革，汽车产业转型升级由大变强面临着难得的新机遇和新动力。

（一）把发展经济的重点放在实体经济上，为汽车产业质量跃升和创新驱动提供了新机遇

十九大报告明确指出，我国经济已由高速增长阶段转向高质量发展阶段，要实现高质量发展，要由制造业大国变为制造业强国，在现阶段要把发展经济的着力点放在实体经济上，通过深化供给侧结构性改革，技术创新驱动和精益求精的工匠精神，把提高供给体系质量作为主攻方向，力塑质量优先的全新制造业模式。可以说，十九大报告提出把发展经济的着力点放在实体经济上，为汽车产业质量跃升和创新驱动提供了良好契机和时间空间，也为由汽车大国变为汽车强国指明了路径。当前，汽车产业是国民经济的重要战略性支柱性产业，是稳增长扩消费的关键领域，汽车类产品销售额在线上消费品零售总额的比例已超过了 1/4，在扩消费中发挥着顶梁柱的作用，加快建设汽车强国，具有十分重要的意义。汽车产业作为先进制造业的代表，一要摒弃过去规模、数量型的发展模式，向提升质量和精益求精方面转型，树立质量优先的标杆。二要依托中国汽车市场的特色需求，重视自主品牌研发创新和补短板，在高技术、新工艺和多功能上下功夫，不断增强汽车产业的创新力和竞争力，为我国产业由全球价值链低端迈向中高端做出贡献，起到表率作用。

（二）我国新能源汽车超前谋划发展，成为驱动汽车业的强劲增长点

我国是能源匮乏、人口众多的汽车消费大国，发展新能源汽车是有效缓解能源

和环境压力、促进汽车产业转型升级、推动我国从汽车大国迈向汽车强国的重要战略。从 2012 年国务院出台的《节能与新能源汽车产业发展规划（2012—2020 年）》，到 2017 年 9 月工业和信息化部等五部委联合发布《乘用车企业平均燃料消耗量与新能源汽车积分并行管理办法》，一系列政策办法的出台，国家为新能源汽车的发展营造了良好的政策氛围。十九大报告把“绿色发展”摆在更加突出的位置，更将继续重视新能源汽车的研发生产及推广使用。在新能源汽车领域，我国与全球汽车制造强国站在同一起跑线上，某些领域甚至更具优势，中国发展新能源汽车恰逢其时，面临良好机遇和优势条件，有望成为汽车工业的强劲持续增长点。

1. 我国已经成为全球新能源汽车最大市场

据工业和信息化部公布的数据，2016 年我国新能源汽车产销累计突破 100 万辆，在全球市场中占比超过 50%，我国已成为全球最大的新能源汽车生产销售市场。根据预测，到 2020 年，我国新能源汽车的年产销量有望突破 300 万辆，到 2035 年，我国自主品牌的新能源汽车有望跻身世界第一梯队。在天时地利各种条件支持下，发展新能源汽车将成为我国从汽车大国迈向汽车强国的必由之路，不仅将大大拓展汽车产业的发展空间，也将成为汽车行业的强劲增长点。

2. 我国新能源汽车关键技术逐步实现突破

我国新能源车在“三电”方面与世界先进水准差距不断缩小，在一些细分领域已经达到世界领先水平。动力电池是新能源汽车的“心脏”，我国研发水平已居世界前列。江西赣州的电池企业孚能科技所生产的三元锂电池能量密度已超过特斯拉使用的日本松下电池；其所研发的电池管理系统，可以将电池包内电池间温差控制在 2℃以内，大幅度延长了电池的使用寿命。电机方面我国也并未落后，尤其是将先进的高铁电力驱动技术引入新能源汽车制造，成为技术优势。

3. 我国新能源汽车发展处于产业赶超期

此前欧洲多国已经宣布全面禁售燃油汽车时间表，个别车企也表示未来将只售电动汽车，2017 年 9 月初工业和信息化部透露我国正式将全面禁售燃油汽车工作提上日程，种种迹象表明，燃油车退出历史舞台已是大势所趋。新能源汽车发展趋势的逐渐明确，加上我国的碳积分政策，一些长期对新能源汽车持观望态度的车企，面对产业变革调整，必将采取积极行动，抢占新能源汽车在技术和市场方面的先机，这是我国新能源汽车千载难逢的良好发展机遇。

（三）国家发展改革委制定智能汽车发展战略，将加快汽车产业转型升级

发展智能汽车是汽车产业变革转型升级的另一个亮点，为了研制更加智能节能

环保、更好满足出行需求的新型汽车，国家发展改革委研究制定国家智能汽车发展战略，核心内容包括：一是强化顶层设计，制定总体战略。二是集中优势资源，构建创新平台。在国家统筹指导下，以市场化运作模式，凝聚汽车制造骨干企业、网络通信电子信息龙头企业、重点科研单位、金融机构和先进制造产业投资基金等多方力量，尽快组建引领支撑智能汽车自主发展的市场主体，形成国家智能汽车创新发展平台。三是加强科研攻关，突破重点领域核心技术。包括智能汽车系统及部件、车载智能操作系统及计算平台、高精度地图、北斗高精度定位、5G 网络及车载通讯、新一代人工智能、大数据云控基础平台、智能交通基础设施和安全管理设施等，满足高级别智能汽车应用要求。四是加快我国智能汽车领域立法进程，优化制度供给。在智能汽车软硬件接口协议、零部件规格性能、整车系统结构和智能交通基础设施等方面，加快建立我国自主技术标准体系。

国家发展改革委制定并出台国家智能汽车发展战略，将有效引领我国智能汽车的高水平、高质量的发展，目前部分车企已经捷足先登，开始布局智能汽车的研发生产。10 月 13 日，北汽集团与百度签署战略合作框架协议，在汽车智能化领域达成集团层面的战略合作。双方宣布在自动驾驶方面，将以百度 Apollo 开放平台与北汽集团车辆平台为基础，借助百度人工智能核心技术，于 2019 年前后实现 L3 级别自动驾驶车辆量产，2021 年前后实现 L4 级别自动驾驶车辆量产。北汽集团希望通过与百度的合作，在自动驾驶、智能网联和智慧交通领域提出更多解决方案，为汽车用户提供更加畅通便利的出行生活。

（四）自主品牌与国际品牌质量差距连续缩小，国产车认可度提升

经过多年的自主研发和创新发展，我国自主品牌汽车在技术、质量和服务等方面取得长足发展，与国际品牌的差距不断缩小，为中国汽车开拓更广阔的国内外市场创造口碑。J. D. Power 在全球汽车行业的调查和研究中具有较高权威性和公信力，2017 年 10 月底，J. D. Power 发布了 2017 年中国新车质量研究报告，报告显示，中国自主品牌与国际品牌新车质量的差距连续七年缩小，2017 年二者每百辆车问题数（PP100）已缩小至 13 分。中国新车质量调研被称作检验车辆品质的“风向标”，研究表明，中国自主汽车品牌连续十年进步幅度领先各合资品牌，与国际品牌间的差距逐年缩小，也逐渐得到中国消费者的认可。在国产品牌中，广汽传祺连续五年位列中国品牌第一，为了确保产品品质，广汽传祺以“零缺陷”为目标，坚持标准化作业，在生产制造环节实施生产全过程的品质保证体系，促进了汽车销售的大幅增长。2017 年 1—8 月，广汽传祺在中国汽车市场累计销售超 33 万辆，同比增长 50.5%，远远高于汽车总体销售增幅。目前，广汽传祺已完成中东、东南亚、东欧、

非洲、美洲五大板块 14 个国家的落子布局，初步构建了全球销售网络和服务体系，正在为 2019 年进入北美市场做积极准备。

（五）推广使用乙醇汽油减少尾气污染，有助于挖掘汽车潜在需求

传统燃油汽车对资源消耗和环境污染的负面影响尽人皆知，也在一定程度上限制了汽车的需求和使用。2017 年 9 月 13 日，国家发展改革委、国家能源局等 15 个部门联合发布《关于扩大生物燃料乙醇生产和推广使用车用乙醇汽油的实施方案》（以下简称《方案》），《方案》提出，到 2020 年，在全国范围内推广使用车用乙醇汽油，基本实现全覆盖，并将“以生物燃料乙醇为代表的生物能源”提高到了“国家战略性新兴产业”的地位。推广使用车用乙醇汽油不仅有助于减少污染物排放、降低一次能源消耗，而且对于减少出行限制、节能环保和提高汽车使用率有积极作用，最终实现提高汽车保有量、促进汽车产销良性循环的目的。

分析表明，使用乙醇汽油更环保，PM2.5 浓度最多可减 0.4 微克/立方米。以 2015 年北京机动车 500 万辆的保有量计算，若全部换上乙醇汽油，则排放物相当于只有 300 万辆车，此举已经接近实行“单双号”的效果了。在空气污染物方面，相比不含 MTBE（甲基叔丁基醚）的普通汽油，使用乙醇汽油可显著降低尾气管一氧化碳、碳氢化合物和一次 PM2.5 等污染物排放。目前，国家已经在山西、甘肃和贵州等省份进行乙醇汽车汽车试点工作。《方案》提出，2020 年全国范围内将基本实现车用乙醇汽油的全面覆盖。综上所述，推广使用乙醇汽油将部分缓解限行、环境污染等方面的压力，有利于挖掘汽车潜在需求，提高出行率，增加保有量。

（六）首次推出“中国乘用车市场价格指数”，将为汽车产销提供参考

全球领先的市场研究和数据分析机构 J. D. Power 近日宣布，将携手中国汽车工业协会推出国内首个全行业“中国乘用车市场价格指数”。该价格指数初期将覆盖占中国乘用车市场销量 80% 左右的全国 18 个省份，主要数据来源于这些省份 4S 经销商端的新车终端成交价格采样，同时还将参考终端零售销量、细分市场/品牌/车型映射关系，以及相关的历史数据。该价格指数将从 2017 年 10 月起每月发布，涵盖主流车和豪华车各主要细分市场，它不仅将为关注和参与汽车行业的各方提供权威的行业指数及分析报告，更将对汽车的生产、销售和定价产生积极正面的影响，有助于鼓励企业提升质量、创新品牌，通过公开透明的市场竞争和价格监督，实现优胜劣汰，推动我国汽车工业持续规范、科学稳健的发展。

三、汽车产业发展存在的新挑战和新问题

1. 宏观经济转型调整减速，汽车业发展不能独善其身

“十三五”是我国经济转型升级、结构调整的持续攻坚时期，国内经济将由高速增长转向高质量增长，经济增速减缓不可避免，立足于补短板的投资增速不会太高，消费增长仍将平稳，世界经济复苏回升中还存在不确定因素。初步预测，2018年经济增长6.6%，增速低于2017年0.2个百分点。宏观经济呈现稳中趋缓的态势，短期内对汽车产销会有下行影响，而汽车产业本身的发展将更多关注质量提升和创新驱动，增长速度也不会太高。

2. 购置税优惠政策到期，对汽车销售影响不可小觑

我国1.6L及以下排量车型购置税优惠政策从2015年开始实施至今已经两年之久，在政策刺激下，我国乘用车市场呈现回暖迹象，1.6L以下排量车型在乘用车市场占比一直在70%高位徘徊。2017年9月份，1.6L以下车型购买力再次明显释放，成为车企业绩纷创历史最佳的主要动力。按照国家的政策，2017年12月31日这一政策将全面截止，从2018年开始，小排量车购置税征收税率将从2017年的7.5%恢复到10%。随着购置税减征政策的取消，售价10万元的1.6升汽车，2018年购置税将比2017年多2 137元。此次政策调整将会对2018年车市产生不利影响，有可能造成车市的整体萎缩。

3. 全面禁售燃油汽车时间表推出，对传统汽车生产造成冲击

进入2017年以来，全球汽车产业向新能源车和智能化发展的步伐明显加快，各国汽车制造商都在努力实现从汽油发动机车到更清洁、更环保汽车的转变，欧洲各国和沃尔沃、丰田等车企分别给出了停售传统燃油车的时间表。2017年9月初，工业和信息化部透露我国正式将全面禁售燃油汽车工作提上日程。而中国的长安汽车表示，2020年长安汽车将完成三大新能源专用平台的打造；2025年，长安汽车将开始全面停止销售传统意义的燃油车，实现全谱系产品的电气化。长安汽车停售燃油车的时间定在2025年，这个时间与荷兰、挪威等欧洲国家一致，要比丰田的2050年早出了25年。基于能源和环境的压力，研制创新生产新能源汽车是大势所趋，也是汽车工业未来的发展方向。但从短期看，停售燃油车将对现有车企生产投资产生较大冲击影响，大量传统车企需要从2018年开始未雨绸缪，逐渐放弃已有的生产技术设备，在投资布局、技术研发、市场定位等方面进行调整转型，为投资生产新能源汽车、智能汽车做准备，以适应产业升级的新变化，满足消费市场的新需求。传

统汽车产业面临重大变革和调整，必将影响产业发展步伐。

4. 汽车零部件产业集群不强，影响业态发展

我国汽车生产不仅缺乏关键核心技术，而且汽车零部件产业发展落后。一是市场集中度比较低，很多国内的零部件企业集中在低附加值零部件领域，而且是分散重复的。二是目前零部件产业集群不够强，专业化水平不够高，产品的更新换代相对缓慢，轻售后、重配套的问题始终存在。三是汽车零部件的关键领域仍然是以外资零部件为主，特别是在电气化、高精密零部件领域更为突出，汽车零部件发展面临很多挑战，制约产业发展。

四、2018 年汽车行业发展趋势基本预测

综上分析，2018 年我国汽车产业发展既处于产业变革转型升级的关键时点，又承担着十九大提出的培育先进制造业集群，由制造业大国、汽车大国向制造业强国、汽车强国转变的历史重任，汽车产业通过深入落实供给侧改革，积极向产业科技前沿进军，一定会有良好的发展前景。但我国汽车产业也存在大而不强的问题，主要是关键核心技术掌握不足、产业链存在短板、商用车的安全性有待提高、国际品牌的建设相对滞后的、局部领域还存在产能过剩的风险，等等。总体看，汽车产业的发展机遇大于挑战，2018 年汽车产业有望继续保持良好发展态势。

1. 从生产看，汽车生产仍将保持两位数的较快增长

随着传统车企不断创新发展和提升质量，优秀车企通过各种方式率先向新能源汽车、电动汽车和智能汽车方向进军，我国汽车产业国际化进程提速，产业边界日益模糊，互联网等新型科技企业纷纷进入汽车产业，汇集众多因素，我国汽车生产仍将拥有较为强劲的增长动力。预计 2018 年汽车制造业增加值增长 11%，略低于 2017 年的增速，但高于整体工业增速约 4.8 个百分点，作为先进制造业和战略新兴产业继续对工业发展发挥支撑引领作用。预计全年汽车产量有望达到 3 120 万辆，比 2017 年增长 5% 左右，增速基本与 2017 年持平。

2. 从销售看，受优惠政策到期影响增速将低于 2017 年

我国汽车强大的刚性需求是中国汽车市场持续增长的基础和动力，一、二线城市汽车升级换购持续放大，SUV 等运动型、多功能车型继续受到青睐，以及三、四线城市汽车保有量明显提升、市场潜力不断释放，均将支持我国汽车市场持续旺盛发展。但是，2018 年受小排量汽车购置税优惠政策截止、部分消费提前透支的影响，汽车销售增速将有所减慢。初步预计，2018 年汽车销售将达到 3 080 万辆，比

2017 年增长 4.5% 左右，增速比 2017 年降低 0.6 个百分点。

3. 从新能源汽车看，新能源汽车产销高增长势头不减

目前我国新能源汽车发展处于有技术、有市场、有政策支持的历史较好“窗口期”，虽然清理个别企业骗补问题，财政补贴政策退坡，导致新能源车增速一度滑落，但 2017 年第三季度新能源汽车又恢复到正常发展阶段，2017 年全年增速可望达到 30% 以上。鉴于世界范围内停售燃油车、新能源车发展空间大幅提升，加之中国加快布局新能源汽车配套基础设施建设，鼓励购买新能源车，推行《乘用车企业平均燃料消耗量与新能源汽车积分并行管理办法》等利好因素，在国家政策支持和企业努力下，我国新能源汽车发展将迎来新的春天，实现新的突破。预计 2018 年新能源汽车产销量累计有望达到 170 万辆，比 2017 年增长 30% 以上，继续保持远高于其他车型的高速增长。

4. 从汽车贸易看，外需回暖支持汽车出口快速增长

2017 年我国汽车出口呈现高速增长，2018 年世界经济环境继续改善，主要发达国家和新兴经济体经济发展稳定向好，海外市场需求看涨，特别是我国继续推进“一带一路”倡议，沿线众多国家发展经济、改善人民生活，均对中国汽车需求明显增加，将推动我国汽车出口加快增长。此外，我国新能源电动汽车海外市场占有率和认可度不断提高，海外订单不断增加，也将成为促进自主品牌出口增加的重要渠道之一。预计 2018 年我国汽车出口有望达到 97 万辆，同比增长 15%，由于上年基数较高，增速比 2017 年回落约 5 个百分点，但仍保持较快增长势头。

G22　2017 年钢铁行业运行分析及 2018 年展望

耿德伟*

摘要：2017 年，围绕供给侧结构性改革，我国不断加大钢铁行业过剩产能治理力度，严厉打击取缔“地条钢”，大力开展行业环保督查和能耗督查，钢铁行业严重供大于求、无序竞争的局面有明显改善，企业经济效益进一步好转，产业发展内生动力有所增强。展望 2018 年，我国经济发展新旧动能加快转换，产业结构不断优化升级，能源、资源、环境约束持续增强，钢铁行业扩张空间进一步收紧，钢材产量保持 1% 左右的低速增长势头。继续加大过剩产能治理力度，优化行业布局，增强自主创新能力，提升有效供给能力是钢铁行业发展的重要任务。

关键词：钢铁　运行分析　展望

一、2017 年钢铁行业运行情况分析

（一）产品产量继续上升

2017 年，我国经济总体保持稳中有进、稳中向好的良好发展态势，前三季度 GDP 同比增长 6.9%，增速较上年同期提高了 0.2 个百分点。特别是，通过深入推进供给侧结构性改革，经济发展内需驱动特征更加明显，创新驱动能力显著增强，产业结构持续优化升级，经济发展的质量和效益大幅改善。一方面，良好宏观经济环境为钢铁行业发展创造了一定空间，2017 年前三季度，钢铁产量继续上升。数据显示，2017 年 1—9 月份，我国粗钢产量累计达 63 873.0 万吨，同比增长 6.3%，增速较上年同期提高 5.9 个百分点；钢材产量累计达 82 986.0 万吨，同比增长 1.2%，增速较上年同期下降 1.1 个百分点。如图 1、图 2 所示。另一方面，2017 年我国继续加大钢铁行业去产能力度，严厉打击取缔“地条钢”等落后产能。截至 7 月份，

* 耿德伟，经济学博士，国家信息中心经济预测部副研究员，研究方向为产业经济。

钢铁行业全年压减5 000万吨产能的目标任务已顺利完成，取缔关停“地条钢”企业600多家，涉及产能1.2亿吨左右，有效净化了产业发展环境。

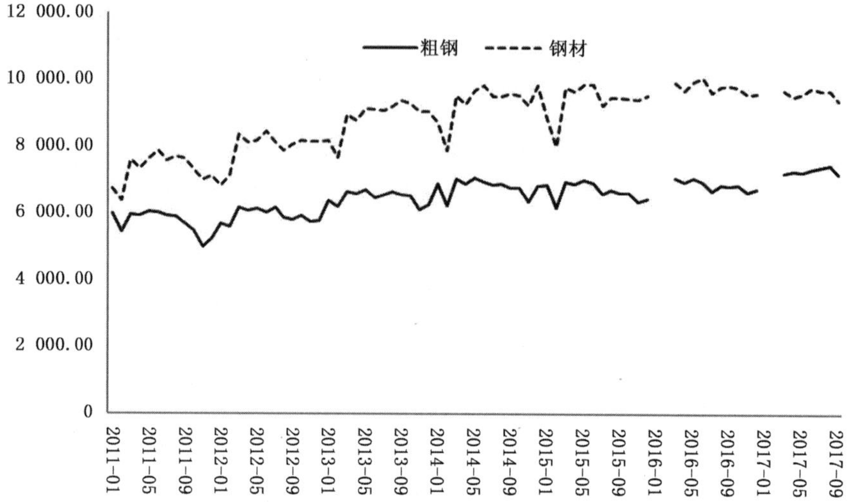

图1　2011年1月—2017年9月钢铁月产量（单位：万吨）

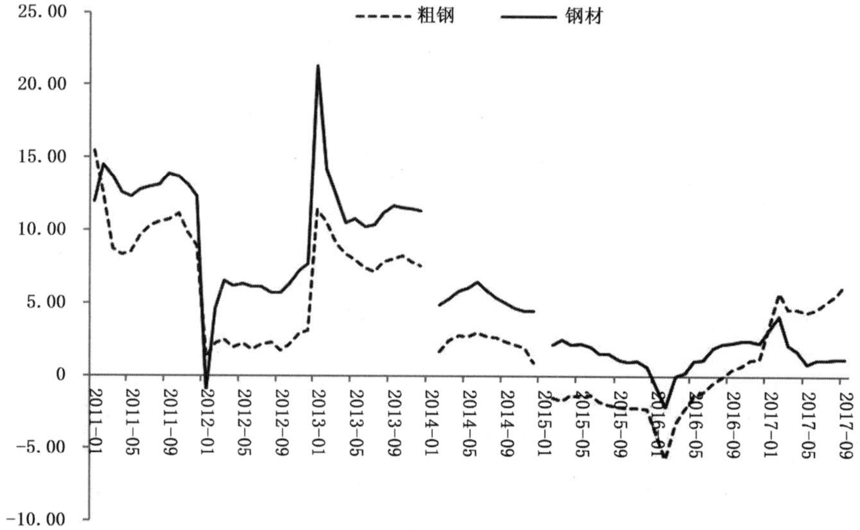

图2　2011年1月—2017年9月钢铁产量累计同比增速（单位：%）

（二）产品下游需求状况继续好转

在投资需求方面，2017年，我国围绕补短板、调结构、促创新、惠民生等领域，继续加大基础设施投资力度，有力支撑了下游市场对钢铁产品的需求。数据显示，2017年1—9月，全国固定资产投资完成额累计同比增长7.5%，较上年同期下滑0.7个百分点，降幅较上年同期缩小1.4个百分点。其中，建筑安装工程投资累计同比增长7.6%，增速较上年同期下降2.1个百分点。在房地产投资方面，2017

年我国二、三、四线城市房地产市场仍保持较为火热的行情，激发了房地产企业投资热情。2017 年 1—9 月，全国房地产开发投资完成额累计同比增长 8.1%，增速较上年同期提高了 2.1 个百分点。房地产钢铁需求占钢铁需求总量的 30% 左右，房地产开发投资增长加快，对钢铁需求形成较强支撑作用。

在工业需求方面，通过深入推进供给侧结构性改革，大力实施“三去一降一补”，2017 年我国实体经济企业发展环境不断好转，工业特别是主要用钢行业保持稳中有进的良好发展势头，有力带动了钢铁需求增长。前三季度，我国规模以上工业增加值累计同比增长 6.7%，增速较上年同期提高了 0.7 个百分点。其中，通用设备制造业、汽车制造业、铁路船舶航空航天和其他运输设备制造业，以及电气机械及器材制造业等行业工业增加值分别同比增长 11.1%、13.2%、5.2% 和 10.7%，除汽车制造业增速下降 1.4 个百分点外，通用设备制造业、铁路船舶航空航天和其他运输设备制造业，以及电气机械及器材制造业增速分别较上年同期提高了 6.2、1.0 和 2.0 个百分点。

（三）产品价格继续稳步回升

2017 年，随着基础设施投资加快步伐，房地产投资热情不减，制造业企业恢复增长，钢铁行业下游需求显著回暖。同时，通过大力化解钢铁过剩产能，严厉打击“地条钢”生产，钢铁供给告别高速增长，总体保持中低速增长态势。在供需两端共同发力的背景下，钢铁市场供需结构继续改善，推动钢铁产品价格在 2017 年继续稳步回升。数据显示，截至 2017 年 9 月底，中国钢铁工业协会钢材综合价格指数（CSPI）达 113.82 点，较上年年底上涨 14.31 点，涨幅达 14.38%。其中，长材价格指数为 118.57 点，较上年年底上涨 20.97 点，涨幅达 21.49%；板材价格指数为 110.86 点，较上年年底上涨 6.26 点，涨幅达 5.98%。（如图 3 所示。）

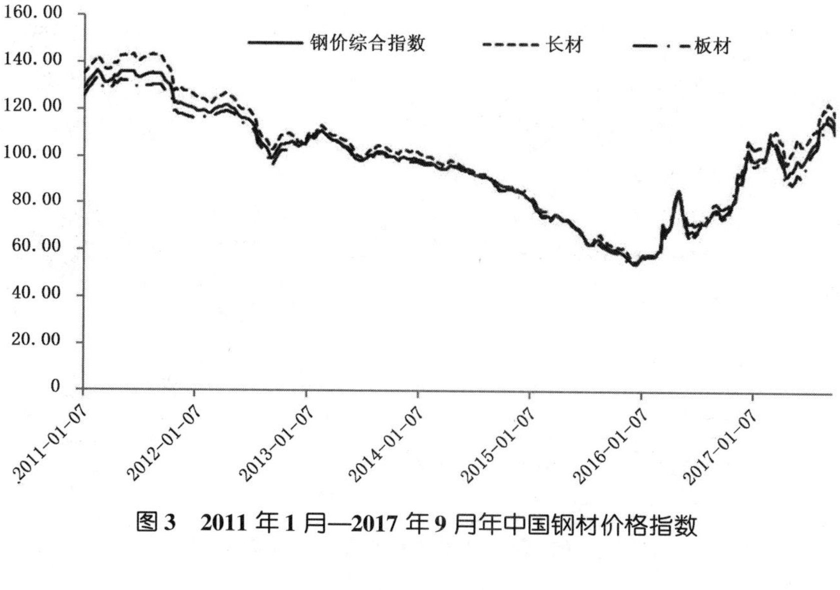

图 3　2011 年 1 月—2017 年 9 月年中国钢材价格指数

（四）产品出口数量大幅下降

近年来，通过加大产品出口力度，在一定程度上化解了我国钢铁行业产能过剩、供需失衡的问题。但同时，围绕着钢铁贸易特别是针对我国钢铁出口贸易的国际争端也趋于激烈。仅2016年，我国钢铁贸易摩擦案件就达52起，占全国贸易摩擦案件总数的一半左右。一方面，面对严峻的国际钢铁贸易环境，同时也因国内钢铁供需格局不断改善，2017年以来，我国钢铁产品对外出口规模明显缩小。数据显示，2017年前三季度，我国钢铁出口数量累计达5 960万吨，较上年同期减少2 552万吨，降幅达29.98%。另一方面，随着世界各国加大钢铁过剩产能治理合作力度，国际钢材价格进入持续回升通道，我国钢铁出口金额实现小幅上涨。海关总署数据显示，2017年1—8月份，我国钢材出口金额累计达373.08亿美元，较上年同期提高5.26亿美元，同比增长1.43%。

（五）原燃料成本涨跌互现

一方面，受前期高额利润刺激，近年来主要国际铁矿石生产商持续加大投资力度，提高产能水平，全球铁矿石供应量持续增加。在各国加大钢铁过剩产能治理力度的背景下，铁矿石生产面临严重过剩局面，并推动铁矿石价格在2017年再次步入下跌通道。数据显示，截至2017年9月29日，我国铁矿石价格指数（CIOPI）为226.30点，较上年末下降54.05点，跌幅达19.28%。其中，国产铁矿石价格指数为228.81点，较上年末下降6.81点，跌幅达2.89%；进口铁矿石价格指数为225.92点，较上年末下降62.86点，跌幅达21.77%。这表明，进口铁矿石价格大幅下降是推动我国铁矿石价格指数总体走低的主要原因。如图4所示。

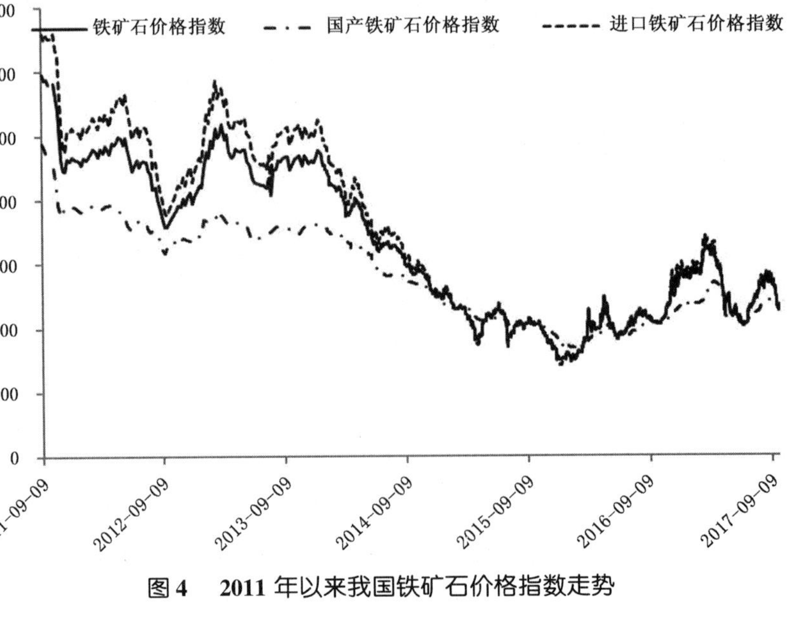

图4　2011年以来我国铁矿石价格指数走势

另一方面，围绕实体经济发展面临的突出问题，近年来我国积极推进供给侧结构性改革，大力实施“三去一降一补”，优化实体经济发展环境。在此背景下，2017 年，钢铁行业上游燃料、动力产品价格出现明显上涨。国家统计局数据显示，2017 年 9 月份，我国工业生产者购进价格同比上涨 8.5%，其中，燃料、动力类产品购进价格同比上涨 11.9%。燃料、动力等成本上涨将为钢铁产品价格上涨提供一定支撑。

（六）企业经济效益大幅提升

随着供需格局逐步趋于平衡，产品价格继续稳步回升，同时铁矿石等主要原材料成本大幅下降，2017 年我国钢铁企业经济效益在上年基础上继续大幅好转。数据显示，在主营业务收入方面，2017 年 1—8 月份，我国黑色金属冶炼及压延加工业（主要为钢铁行业）主营业务收入累计达 4.78 万亿元，较上年同期增加7 582.6亿元，同比大幅增长 18.83%；在利润总额方面，1—8 月份黑色金属冶炼及压延加工业利润总额达 2 035 亿元，较上年同期增加 1 020.2 亿元，同比大幅增长 100.53%；在销售利润率方面，2017 年黑色金属冶炼及压延加工业销售利润率达 4.25%，较上年同期提高了 1.73 个百分点，钢铁企业盈利能力显著增强。

二、2018 年钢铁行业发展环境分析及预测

（一）钢铁行业发展面临的有利机遇

1. 经济社会继续稳步发展

近年来，我国经济保持中高速增长势头，每年新增国内生产总值达 5 亿 ~6 万亿元，相当于一个中等规模发达国家经济总量。同时，新型城镇化建设继续加快推进，平均每年城镇化率提高 1.2 个百分点，相当于每年有 1 600 万 ~1 700 万农村人口进入城镇生产、生活。在此背景下，围绕着产业发展和人民生产、生活需要，我国在房地产开发及高铁、公路、桥梁、港口、机场等基础设施建设领域，还有巨大的投资需求，这必将为钢铁行业健康发展提供强大的需求支撑。

2. 产业发展格局趋于优化

针对钢铁行业发展面临的产能过剩、无序竞争、企业经营困难加剧等突出问题，近年来，我国紧紧抓住化解过剩产能的“牛鼻子”，围绕推动行业供给侧结构性改革的主线，坚持市场倒逼、企业主体、地方组织、中央支持，综合运用经济、法律、

技术、环保、质量、安全等多种手段，加快建立市场化调节产能的长效机制，积极推动钢铁行业优化结构，支持钢铁企业加快实施兼并重组，取得了显著成效。企业经济效益明显改善，优质产能对行业发展升级带动作用不断增强，优胜劣汰、有序竞争的市场环境基本确立，为行业长期健康发展打下了坚实的基础。

3. 企业“走出去”空间巨大

十八大以来，面对复杂的国内外环境变化，以习近平总书记为核心的党中央准确把握国际国内发展大势，以“一带一路”建设为统领，加快构建全方位对外开放新格局，努力形成深度融合的互利合作格局，开创了对外开放新局面，我国与世界各国特别是“一带一路”沿线国家或地区的各领域合作正在不断深化。在“一带一路”沿线国家，围绕道路、港口、桥梁、铁路、机场等交通基础设施，以及能源、电力、通信等领域，一个个重大合作项目正落地生根，开花结果。随着项目的加快推进，对钢材等产品的需求也在快速增长，从而为我国钢铁出口贸易及钢铁企业“走出去”创造了巨大空间，提供了重要机遇。

（二）钢铁行业发展面临的不利条件

1. 国内钢铁需求逐步趋于饱和

一方面，我国是世界钢铁生产第一大国，同时也是钢铁消费第一大国，近年来钢材表观消费量一直保持在10亿吨左右，占全球钢铁消费总量的一半。另一方面，随着经济发展步入新常态，我国产业结构正在加快转型升级，服务业在经济发展中的主导地位正加快确立；经济发展方式也正加快由投资拉动型向消费拉动型转变。在此背景下，我国经济社会发展对钢铁产品的需求将逐步趋于下降，钢铁需求正逐步饱和。数据显示，2014年，我国粗钢表观消费量达到7.3亿吨的峰值，2015年较2014年下降了5.0%，2016年虽有所恢复，但较2014年峰值仍低3.0%左右。

2. 钢铁企业竞争力整体偏弱

一方面，世界钢铁协会发布的《世界钢铁统计数据2017》显示，在全球产量超过300万吨的98家钢铁生产企业中，中国钢铁企业占据了半壁江山，达到53家；在排名前十的钢铁企业中，中国企业有5家。但另一方面，由于高端产能不足，低端产能规模巨大，技术水平总体偏低，我国钢铁行业整体呈大而不强的局面，与其他世界级钢铁企业相比，我国钢铁企业竞争力较弱。美国世界钢铁动态公司发布的2017年世界级钢铁企业竞争力排名显示，在前十位的钢铁企业中，我国仅有宝钢入围，排名第10位；在全球最有竞争力的36家钢铁企业中，我国大陆仅有4家企业入围。

3. 产业发展环境约束更加严格

十八大以来，我国把生态文明建设放在更加突出的位置，习近平总书记在党的十九大报告中进一步提出要“加快生态文明体制改革，建设美丽中国”。钢铁行业作为高能耗、高排放、高污染行业，产业发展面临着越来越严格的环境约束。2017年8月，环保部、国家发展改革委等10部门、京津冀晋鲁豫等6省市联合印发了《京津冀及周边地区2017—2018年秋冬季大气污染综合治理攻坚行动方案》，明确要求京津冀“2+26”城市要实施钢铁企业分类管理，按照污染排放绩效水平，2017年9月底前制定错峰限停产方案。其中，石家庄、唐山、邯郸、安阳等重点城市，采暖季钢铁产能要限产50%。

（三）2018年钢铁行业发展趋势预测

2018年，我国经济发展虽然仍将面临复杂多变的国内外环境，经济运行的风险点和不确定因素依然较多，但通过继续深化供给侧结构性改革，着力优化实体经济发展环境，加快培育经济新增长点，形成新动能，预计2018年我国经济将继续保持平稳向好的发展势头。在此背景下，钢铁行业发展也面临新的机遇和挑战。一方面，经济发展势头继续向好，将为钢铁行业发展创造一定条件，提升企业经济效益；另一方面，经济发展方式转变和产业结构转型升级步伐加快，生态文明建设持续发力，也将不断压缩钢铁行业的扩张空间。基于此，预计2018年我国钢铁行业将维持低速增长态势，全年钢材产量同比增长1%左右。

三、政策建议

1. 继续大力化解落后过剩产能

产能严重过剩、低端产能规模巨大，是长期制约钢铁行业健康发展的最突出问题。近年来，通过不断加大去产能力度，严厉取缔“地条钢”等低端产能，钢铁行业产能过剩局面有所缓解，产能利用率有所回升。2018年，应在现有成就的基础上，继续加大工作力度，严禁新增钢铁产能，依法依规去产能，加快钢铁行业“僵尸企业”清理处置步伐，努力形成更加科学、长效的过剩产能治理体制和机制，防止过剩产能卷土重来，力争取得化解落后过剩产能工作的全面胜利，为钢铁行业长期健康发展营造更加规范、有序的产业环境。

2. 加快推动钢铁行业转型升级

我国是世界钢铁第一大生产国，但由于钢铁生产技术参差不齐，低端产能占比大，每年仍需进口大量高端钢材，呈“低端过剩、高端不足”的局面。对此，应在加快化解低端落后产能的同时，深入推动钢铁行业供给侧结构性改革，围绕低能耗冶炼技术，节能高效轧制技术，全流程质量检测、预报和诊断技术，钢铁流程智能控制技术，高端装备用钢等升级需求，加大科技创新力度，着力提升自主创新能力，不断提升钢铁产品的有效供给水平，推动钢铁行业提质增效发展。

3. 稳步推进优势产能“走出去”

工业和信息化部预测表明，“十三五”期间，我国钢材消费强度和消费总量都将趋于下降，钢铁消费将步入下行期。在此背景下，推动钢铁行业优势产能“走出去”，是钢铁行业拓展发展空间、实现可持续发展的必然选择。为此，应以“一带一路”沿线资源禀赋好、配套能力强、需求规模大的国家或地区为重点，坚持企业主体、市场原则、国际惯例和政府引导，以大型成套设备“走出去”或大型基础设施建设为牵引，积极鼓励优势钢铁产能“走出去”，不断提高钢铁企业国际化经营能力。

G23　2017 年建材行业运行分析及 2018 年展望

耿德伟*

摘要：2017 年，建材行业围绕“去产能、去库存、去杠杆、降成本、补短板”，积极深化供给侧结构性改革，行业发展态势总体稳固，产品价格明显回升，企业经济效益不断好转。展望 2018 年，我国经济发展将继续保持平稳向好的发展势头，为建材行业创造一定空间，但在经济发展方式加快由投资拉动向消费拉动转变、产业结构加快升级步伐、服务业主导地位更加稳固、生态文明建设持续发力的大背景下，建材行业发展也面临越来越多的制约因素。基于此，预计 2018 年建材行业发展势头继续趋缓，行业增加值将同比增长 4% 左右。

关键词：建材行业　运行　展望

一、2017 年建材行业运行情况分析

1. 建材行业发展稳中趋缓

一方面，我国经济发展在经历多年持续放缓后实现回升，2017 年前三季度 GDP 同比增长 6.9%，增速较上年同期提高了 0.2 个百分点。宏观经济总体向好为建材行业发展创造了一定空间（见图 1）。但另一方面，经济发展步入新常态以来，我国经济发展方式和结构都出现了深刻变化，服务业取代工业成为经济增长的主要动力，内需驱动经济发展的特征更加明显，经济发展新旧动能转换步伐不断加快。在此背景下，建材行业发展面对的各类制约因素也明显增多，建材行业发展继续稳中趋缓。数据显示，2017 年 1—9 月份，非金属矿物制品业工业增加值累计同比增长 4.4%，增速较上年同期下滑 2.5 个百分点。在主要产品产量方面，1—9 月份，全国水泥产量累计达176 123.7万吨，同比下降 0.5%，增速较上年同期降低 3.1 个百分点；平

* 耿德伟，经济学博士，国家信息中心经济预测部副研究员，研究方向为产业经济。

板玻璃产量累计达 60 959.4 万重量箱，同比增长 5.0%，增速较上年同期提高 0.9 个百分点。

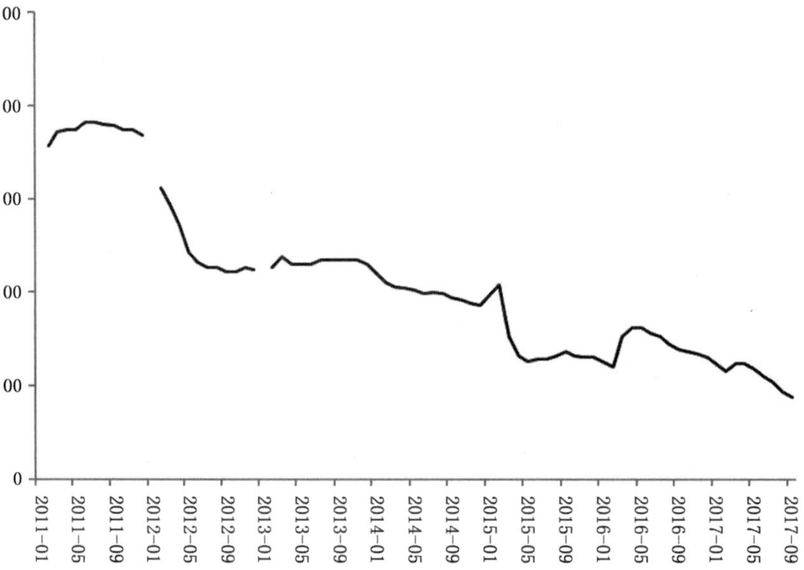

图 1　2011—2017 年建材行业规模以上工业增加值增速（单位:%）

2. **建材产品需求增长乏力**

2017 年以来，我国固定资产投资增速继续回落。1—9 月份，全国固定资产投资完成额累计同比增长 7.5%，增速较上年同期下降 0.7 个百分点，较年初则下降 1.4 个百分点。其中，1—9 月份，我国建筑安装工程投资累计同比增长 7.6%，增速较上年同期下降 2.1 个百分点，降幅较上年同期又扩大了 0.1 个百分点。在房地产开发投资方面，受房地产市场特别是二、三、四线城市房地产市场行情总体仍较火热带动，2017 年以来房地产开发投资增长较上年有所加快。1—9 月份，全国房地产开发投资完成额累计同比增长 8.1%，增速较上年同期提高了 2.1 个百分点，在较大程度上带动了建材产品需求增长。但值得注意的是，随着各地继续加大房地产调控力度，我国新开工房屋面积有所回落，自年中以来，房地产开发投资增速也已经趋于放缓，对建材产品下游需求产生负面影响。

3. **建材产品价格持续回升**

针对建材行业特别是水泥、平板玻璃等领域产能严重过剩的局面，国务院多部门于 2017 年 2 月联合启动水泥、玻璃行业淘汰落后产能专项督查，加快化解过剩产能。此外，2017 年 7 月，中国水泥协会《2017 年行业去产能强自律增效益促进大会倡议书》也提出，到 2020 年压减水泥数量产能 39 270 万吨，关闭水泥粉磨站企业 540 家。在需求总体趋缓的背景下，建材行业不断加大过剩产能治理力度，推动建材产品供需格局趋于改善，主要建材产品价格持续回升。截至 2017 年 9 月底，中国水泥网全国水泥价格指数为 112. 87 点，较上年年底提高 10. 44 点，提高幅度为 10. 2%；全国玻璃综合价格指数为 1 136. 79 点，较上年年底提高 69. 99 点，提高幅度为 6. 56%。随着供需格局改善，主要建材产品价格不断回升，全国建材家居景气指数也有所回升，9 月份达 103. 39 点，较上年年底提高 7. 22 点，提高幅度为 7. 51%。如图 2 所示。

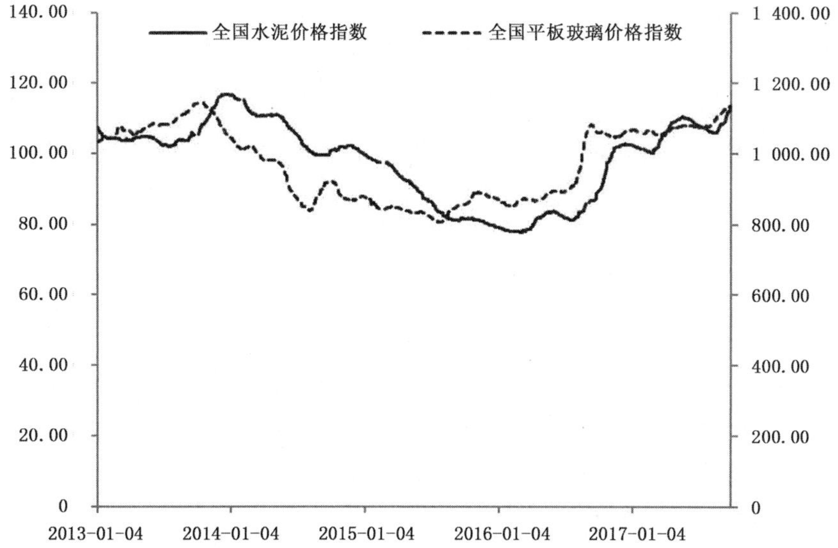

图 2　2013—2017 年主要建材产品价格指数

4. 建材产品出口继续下滑

随着国内建材市场供需结构趋于改善及主要国家贸易保护主义势头继续增强，2017 年我国建材产品出口金额继续下滑。数据显示，1—9 月份，平板玻璃、胶合板及类似多层板、花岗岩石材及制品、家用陶瓷器皿和家用或装饰用木制品等建材主要产品出口额为 232. 8 亿美元，较上年同期减少 6. 4 亿美元，同比下滑 2. 7%。分类看，1—9 月份，平板玻璃、胶合板及类似多层板、花岗岩石材及制品、家用陶瓷器皿和家用或装饰用木制品出口金额分别为 11. 3 亿、37. 1 亿、27. 4 亿、140. 5 亿和 16. 5 亿美元，平板玻璃、胶合板及类似多层板、花岗岩石材及制品出口额较上年同期分别同比下滑 1. 37%、6. 00% 和 20. 69%；家用陶瓷器皿和家用或装饰用木制品出口额较上年同期则分别提高 1. 03% 和 12. 68%。

5. 固定资产投资小幅增长

近年来，我国加快经济发展方式转型和产业结构调整，大力推进生态文明建设，建材行业发展面对的制约性因素不断增多，行业由高速扩张期迅速向低速增长期转变。在此背景下，建材行业固定资产投资也一路下滑。不过，随着建材行业供需状况不断改善，企业经济效益明显好转，行业固定资产投资在2017年实现小幅反弹。数据显示，2017年1—9月份，我国非金属矿物制品业固定资产投资累计达1.23万亿元，同比增长1.1%，增速较上年同期提高了1.6个百分点。另外，作为传统产业，建材行业扩张空间有限，在我国固定资产投资中所占比重正持续降低。2017年1—9月份，建材行业固定资产投资增速较我国固定资产总投资增速低6.4个百分点，占比由上年同期的2.84%下降至2.68%，减少了0.16个百分点。如图3所示。

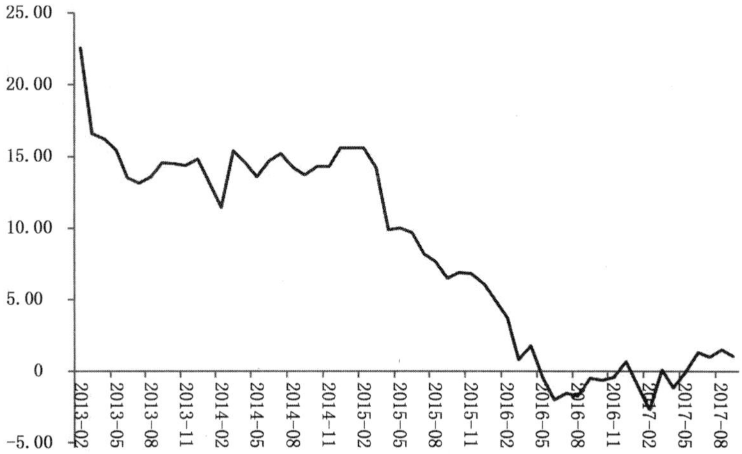

图3　2013—2017年建材行业固定资产投资增速（单位：%）

6. **企业经济效益明显好转**

2017年以来，建材行业围绕“去产能、去库存、去杠杆、降成本、补短板”，继续积极深化供给侧结构性改革，产业发展环境不断改善，产品价格继续回升，企业经济效益在上年基础上进一步好转。数据显示，2017年1—8月份，我国非金属矿物制品业主营业务收入累计达42 630.9亿元，较上年同期增加4 266.0亿元，同比增长11.1%，增速在上年基础上又提高了6.5个百分点。在利润总额方面，1—8月份非金属矿物制品业利润总额累计达2 887.3亿元，较上年同期增加570.1亿元，同比增长24.6%，增速在上年基础上提高了15.5个百分点。此外，截至8月份，非金属矿物制品业销售利润率6.77%，较上年同期提高0.73个百分点，为2014年12月以来最高值。这表明，建材行业企业盈利能力正在逐步提升。

二、2018年建材行业发展环境分析及预测

（一）建材行业发展的有利因素

1. **新型城镇化建设稳步推进**

2016年，我国常住人口城镇化率为57.35%，不仅显著低于发达国家的城镇化

水平，同时也明显低于同等发展水平国家的平均水平。随着经济发展水平的稳步提高，目前我国仍处于城镇化快速发展阶段，城镇化率年均提高 1.2 个百分点，意味着每年有 1 600 万 ~ 1 700 万农民要进入城镇生产、生活，并催生大规模的城镇基础设施、保障性安居工程、农业设施和新农村建设，以及水利、高铁、公路、港口、机场等重大项目建设投资需求。相关数据显示，我国每年有 20 亿平方米的建筑总量，接近全球年建筑总量的一半。新型城镇化建设继续稳步推进，必将为水泥、玻璃等建材行业发展提供稳定的需求保障。

2. 产业结构进一步优化

建材行业企业众多，竞争无序是长期制约建材行业健康发展的关键问题。近年来，围绕化解过剩产能，推动行业供给侧结构性改革，建材行业加快推动相关企业合并重组，产业结构不断优化。2016 年以来，中国建筑材料集团有限公司与中国中材集团公司实现合并，金隅和冀东、拉法基和华新水泥、昆钢嘉华和华润相继完成战略重组。主要龙头企业加快并购、重组步伐，推动前十家水泥及熟料产业集中度分别由 2015 年的 39% 和 51% 上升至 44% 和 58%，分别提高 5.0 和 7.0 个百分点。

3. 企业“走出去”面临良好机遇

近年来，随着我国建材行业综合竞争力稳步提升，主要建材企业加大了“走出去”力度，积极开拓国际市场，国际化经营能力持续增强。中国建筑材料联合会信息显示，目前我国建材行业与全球 130 多个国家和地区有贸易合作，建材成套技术装备出口市场份额不断增加，其中，水泥行业工程总承包业务占到全球 50% 以上的份额。随着国内市场趋于饱和，建材行业企业对外投资力度不断加大，中材集团、中国建材集团、海螺集团、华新水泥、福耀集团等大型建材企业在国外投资合作项目已经超过 30 个，投资总额达 50 亿美元左右。随着“一带一路”倡议、国际产能合作等重大战略的深入推进，相关重大项目加快落地，我国建材行业在开拓国际发展空间方面正面临前所未有的良好机遇。

（二）建材行业发展的不足和挑战

1. 主要建材产品产能过剩问题加剧

中国水泥协会的数据显示，2016 年我国水泥熟料产能利用率为 68%，水泥产能利用率为 62.74%，远低于 78% ~ 80% 的产能利用率合理区间。在产能明显过剩的情况下，中国建筑材料联合会信息显示，2016 年我国水泥产能仍在继续增加，其中，全国净增水泥熟料产能达 2 000 万吨，净增水泥产能达 1.7 亿吨。受此影响，截至 2017 年上半年，水泥行业产能利用率进一步下降至 61.8%，较上年同期下降

1.4 个百分点，行业产能过剩问题进一步加剧。

2. 房地产市场面临更大幅调度整

房地产开发建设是建材产品最重要的需求来源之一。面对近年新一轮房地产价格快速上涨周期，按照中央“房子是用来住的，不是用来炒的”的总体定位要求，我国各级地方政府，立足“因地制宜、分城施策”的基本原则，纷纷出台新一轮的房地产调控政策，加大房地产调控力度。据统计，2017 年年初以来，全国已有 100 多个县级以上城市发布各类房地产调控措施 150 余次，其中，实施限售的城市数量达 46 个。随着房地产市场调控力度不断加大，预计未来一段时期我国房地产市场面临更大幅度调整，房地产开发投资增长或将继续趋缓，从而对建材产品需求产生负面影响。

3. 生态环境约束持续强化

多年以来，由于发展模式较为粗放，我国经济社会发展造成了较为严重的生态环境问题，大气、土壤、水体污染问题日益严峻，成为社会各界关注的焦点。党中央、国务院高度重视生态文明建设和生态环境保护，在党的十九大报告中，习近平总书记明确指出，要“像对待生命一样对待生态环境……实行最严格的生态环境保护制度，形成绿色发展方式和生活方式”。我国不断加大生态文明建设和生态环境保护力度，对作为“高能耗、高排放、高污染”的建材行业发展提出了更高要求，产业发展空间面临更强的生态环境约束。

（三）2018 年建材行业发展预测

2018 年，我国建材行业发展仍面临复杂的内外环境。一方面，我国经济有望继续保持中高速发展势头，在基础设施建设带动下，固定资产投资总体保持稳定，为建材行业发展提供一定需求支撑。另一方面，2018 年，我国房地产市场继续加大调控力度，房地产投资增速趋于下行，将对建材产品需求产生一定负面影响。同时，生态文明建设持续发力也将对建材行业发展形成更强约束。在产能过剩问题仍较严峻的大背景下，预计 2018 年建材行业发展势头继续稳中趋缓，行业规模以上工业增加值同比增长 4% 左右，水泥产量与上年持平或略有下降，平板玻璃产量增速也将较上年有所回落，预计增长 3% 左右。

三、推动建材行业健康发展的政策建议

1. 加快建材行业过剩产能治理

产能过剩是目前制约建材行业健康发展的最突出问题。为此，必须在近年来工

作成效的基础上，继续下大力气治理过剩产能，推动建材行业产能利用率升至合理区间。重点就是要充分发挥市场机制倒逼作用和政府引导调控作用，坚持综合施策，综合运用市场机制、经济手段、法治办法，严格环保、安全、质量、技术、能耗标准，大力淘汰低端落后产能，严格控制行业新增产能，努力形成以市场化调节为主导的过剩产能治理长效机制，为行业发展创造更加健康的市场环境。

2. 增强建材行业创新驱动能力

高度重视创新在推动建材行业健康可持续发展方面的核心作用，加快构建和完善以企业为主体，以市场为导向，政产学研用相结合的协同创新体系，不断提升建材行业自主创新水平。瞄准玻璃基材料、工业陶瓷、人工晶体、矿物功能材料、高性能无机纤维及复合材料，鼓励发展石墨烯等前沿材料，以及对产业发展有重大影响的新工艺、新装备及共性关键技术，不断加大研发投入力度，持续提升产业发展的创新驱动能力。着力提升新一代信息技术在建材行业的应用、推广，不断增强建材行业与信息化的融合发展能力。

3. 推动建材行业绿色低碳发展

建材行业是我国大气、水、土壤污染物的重要来源。推动建材行业绿色低碳发展是我国着力推进生态文明建设，打造美丽中国的必然要求。要牢固树立“绿水青山就是金山银山”的发展理念，按照“减量化、再利用、资源化”的循环经济发展要求，加强试点示范，着力提升建材行业节能减排和资源综合利用水平，加快构建循环产业链，努力降低建材行业烟、粉尘、二氧化硫、氮氧化物的排放量和能源资源消耗规模。要牢牢把握国内建材消费持续升级，绿色消费、品质消费蓬勃发展的有利机遇，大力发展绿色环保建材，不断提高绿色建材产品市场占有率。

G24　2017 年有色金属行业运行分析及 2018 年展望

徐　斯*

摘要：2017 年起以美、日、欧为代表的国际经济逐渐复苏，国内新兴行业需求持续扩大，国际大宗商品价格大幅度回升，企业利润得到持续性恢复，有色金属行业迅速走出低谷。2017 年有色金属行业将持续保持上升趋势，但受到供给侧改革和后续环保压力的影响，上升速度将有所减缓。2018 年全球经济有望持续好转，出口将继续增加，国内下游企业的加速转型，也将进一步扩大有色金属工业需求，价格增长将逐步稳定，有色金属产品产量和工业增加值将稳步提升，行业利润仍会上升，但增速下滑。有色金属行业仍面临去库存、淘汰落后产能的压力，不断加强行业创新能力、提高产品质量和资源保障能力、积极应对贸易摩擦是持续提升行业国际竞争力的关键。

关键词：有色金属　供给侧改革　增速

一、2017 年行业运行的主要特点

1. 生产运行平稳

2017 年 1—9 月，有色金属产品运行已经回暖，产量增速有所提升，但是趋势放缓。从工业增加值来看，前三季度有色金属冶炼及压延加工业增加值累计增速为 1.5%，相比第二季度下滑了 0.6%，整体运行保持稳定。从有色金属产量来看，2017 年前三季度 10 种有色金属产品的累计产量为 4 072.9 万吨，同比增速平均为 4.1%，相比第二季度的 7.2% 下滑 3.1%，但比 2016 年同期上涨 1.6%，其主要原

---

* 徐斯，硕士研究生，国家信息中心预测部经济研究人员，研究方向为电子商务、网络产业与信息经济。

因是有色金属产品受到供给侧改革和环保政策的影响，增速逐渐减缓。铜材、电解铝、氧化铝、铝材在 1—9 月份累计产量分别为 1 542. 9 万吨、2 466 万吨、5 486. 1 万吨、4 696. 3 万吨，同比增长 5%、5%、16. 6%、9. 6%，1—9 月增速在供给侧改革和环保的压力下均有所放缓。如图 1、表 1 所示。

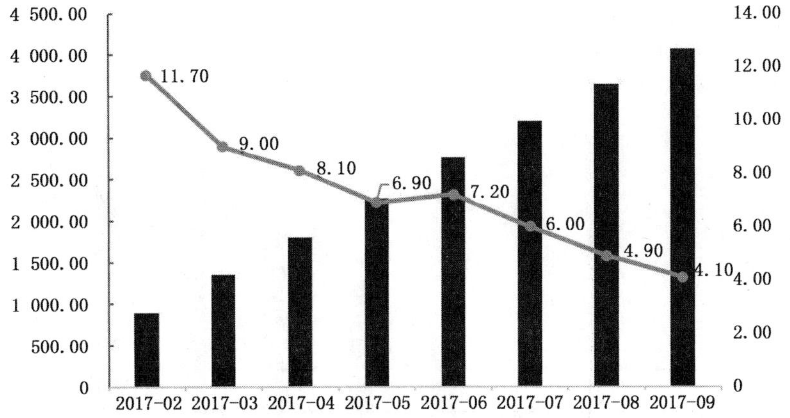

图 1　2017 年 2—9 月我国 10 种有色金属产品累计产量及同比增速（单位：万吨，%）

表 1　部分有色金属累计产量及累计同比增速（单位：万吨，%）

时间	铜材		原铝（电解铝）		氧化铝		铝材	
	累计值	累计同比	累计值	累计同比	累计值	累计同比	累计值	累计同比
2016-08	1 313. 90	12. 7	2 068. 79	-1. 8	3 890. 50	-0. 3	3 800. 80	13. 3
2016-09	1 524. 90	14. 1	2 343. 94	-1. 4	4 409. 20	0. 4	4 325. 30	13. 3
2016-10	1 766. 30	18. 1	2 618. 19	-1. 1	4 945. 80	1. 2	4 816. 90	12. 6
2016-11	1 887. 90	12. 9	2 898. 19	-0. 7	5 529. 30	2. 4	5 340. 60	11. 8
2016-12	2 095. 99	12. 5	3 187. 32	1. 3	6 090. 70	3. 4	5 796. 09	9. 7
2017-02	273. 99	14. 1	549. 00	15. 6	1 174. 54	22. 9	848. 87	3. 3
2017-03	455. 66	11. 9	820. 10	10. 9	1 806. 00	19. 9	1 383. 45	7. 3
2017-04	633. 50	9. 7	1 097. 00	10. 1	2 445. 90	21. 1	1 883. 30	5. 3
2017-05	821. 30	9. 4	1 386. 00	8. 8	3 090. 20	20. 8	2 434. 10	8. 3
2017-06	1 013. 93	7. 7	1 684. 00	8. 8	3 721. 75	19. 7	3 025. 03	9. 0
2017-07	1 217. 60	8. 0	1 953. 00	7. 5	4 295. 20	19. 0	3 592. 70	10. 3
2017-08	1 395. 90	7. 1	2 217. 00	6. 1	4 881. 20	17. 5	4 151. 00	9. 2
2017-09	1 542. 90	5. 0	2 466. 00	5. 0	5 486. 10	16. 6	4 696. 30	9. 6

数据来源：Wind 资讯。

2. 投资低位稳中有升

2017 年 1—9 月我国有色金属冶炼及延压加工业固定资产投资额为3 788. 63亿

元，同比减少4.2%，固定资产投资出现连续15个月负增长，累计额已经处于2013年以来同期的最低点。数据表明，有色金属固定投资仍处于低位，但是第三季度投资回归稳定并有上升趋势，主要有两个原因，一是2017年初供给侧改革的深入实施和环保的持续施压，不断淘汰落后产能，使投资者投资意愿下滑，出现了4月份累计下滑8.8%。二是有色金属价格普遍上升，企业利润大幅度上升，刺激投资者重新加大投资力度。如图2所示。

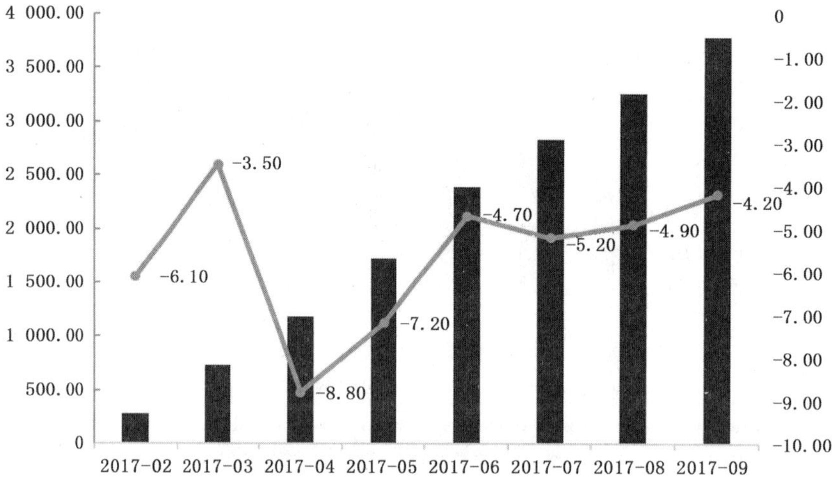

图2　2017年1—9月有色金属冶炼及压延加工业投资情况（单位：亿元，%）

数据来源：Wind资讯

3. 重点产品出口呈复苏趋势

2017年1—9月，有色金属大部分产品出口形势好转，铜材、铝材、稀土及制品、钨品、镁及其制品的出口同比上涨19.7%、3.3%、10.8%、36.8%、36%，一改近年来有色金属出口额不断下滑的颓势（见表2）。主要得益于2017年来美、欧、日经济的强势复苏（见图3），带动了中国有色金属产品出口额的增长。但是有色金属产品出口贸易摩擦不断增加，以环保、技术等为贸易壁垒的新贸易保护主义在一定程度上影响了有色金属产品的出口。

表2　有色金属主要产品出口金额累计同比变化情况（单位：%）

	铜　材	铝　材	稀土及其制品	钨　品	镁及其制品
2016-08	-16.90	-14.20	-6.70	-1.50	-13.70
2016-09	-16.70	-12.10	-6.70	-1.90	-15.40
2016-10	-16.40	-10.90	-6.60	0.80	-20.10
2016-11	-14.90	-12.50	-5.10	0.70	-17.70

续　表

	铜　材	铝　材	稀土及其制品	钨　品	镁及其制品
2016-12	-13.90	-11.90	-5.00	1.20	-15.30
2017-01	14.20	8.70	6.70	19.80	49.50
2017-02	13.20	0.10	1.20	24.30	66.30
2017-03	19.30	1.10	7.30	39.20	58.30
2017-04	19.60	2.50	9.80	53.50	52.90
2017-05	21.10	3.80	10.80	40.50	55.60
2017-06	22.40	5.50	11.20	41.60	47.60
2017-07	21.80	5.90	9.80	38.70	42.90
2017-08	20.30	4.50	9.90	37.00	40.60
2017-09	19.70	3.30	10.80	36.80	36.00

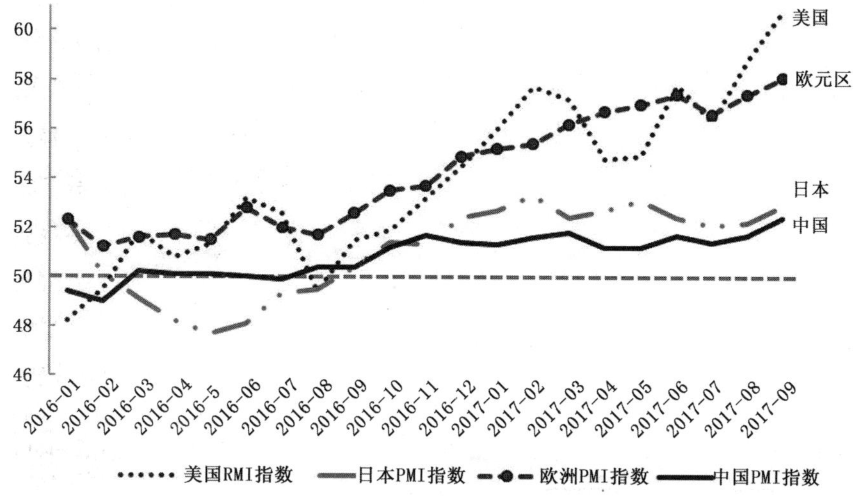

图 3　中、美、日、欧 PMI 指数变化曲线

数据来源：Wind 资讯。

4. 下游需求逐步增加

下游需求不断增加，刺激有色金属行业发展。房地产、家电、电子计算机、汽车等产品是有色金属行业的主要下游需求产业。下游产业经过几年的深度调整，2017 年以来，这些行业发展稳中有升，拉动有色金属行业发展。一是随着电子计算机、空调、家用电冰箱、家用洗衣机等下游产品的产量上涨，有色金属行业需求得以增加。以空调、家用电冰箱为例，2017 年 1—9 月，空调、家用电冰箱产量累计分别同比增长 18.9%、13.3%，相比 2016 年分别上涨 18.3%、12.5%。二是汽车产业的变革，各国的燃油汽车退出时间表的实施，加速了新能源汽车的发展，2017年1—9月我国总体汽车产量同比增加仅为4.9%，而新能源汽车产量高达42.5%，不断扩大有色金属行业的需求。三是房地产行业经过几年的深度调整，2017年1—9月地产投资完成额同比增长8.1%，相比去年同期上涨2.3%，刺激了有色金属的销量。如表3、图4所示。

表3 部分产品产量累计图（单位:%）

	电子计算机	空 调	家用电冰箱	家用洗衣机	新能源汽车
2016-08	-10.50	-1.10	-1.10	5.80	39.00
2016-09	-9.60	0.60	0.80	4.20	46.10
2016-10	-9.80	2.10	2.30	4.00	34.70
2016-11	-9.10	3.10	4.60	5.70	38.70
2016-12	-8.80	4.50	4.60	4.90	45.50
2017-02	-2.10	16.30	18.60	4.50	2.40
2017-03	-2.50	16.50	16.30	5.00	5.70
2017-04	-1.70	17.60	12.40	4.80	9.40
2017-05	-0.80	19.00	10.50	4.40	14.10
2017-06	2.70	17.90	8.90	3.60	20.40
2017-07	5.00	18.60	10.90	3.70	26.00
2017-08	7.40	18.70	11.60	3.20	32.10
2017-09	7.90	18.90	13.30	4.00	42.50

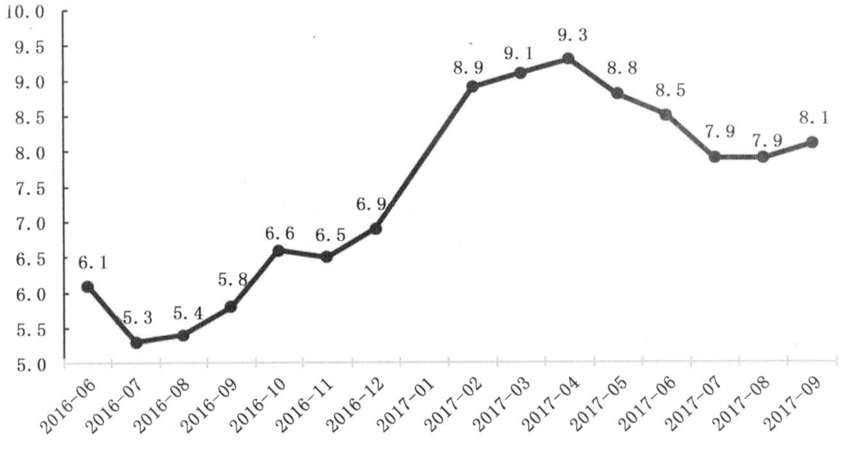

图4 2016—2017年房地产开发投资完成额同比增长（单位:%）

5. 市场价格快速上涨

2017年1—9月，有色金属冶炼及压延加工行业工业生产者出厂价格指数同比增长16.3%，比去年同期上涨22.2%，与上半年基本持平，相比第一季度18%的增速有所减缓（见图 5）。供给侧改革的实施，有效地降低了有色金属的库存量，环保政策的持续压力进一步淘汰了落后无效产能。库存的降低和产能的下降，使有色金属价格供需不平衡，价格上涨。另外，下游行业的复苏，尤其是新能源汽车产业和房地产行业需求回暖，也一定程度上促进有色金属价格的回升。

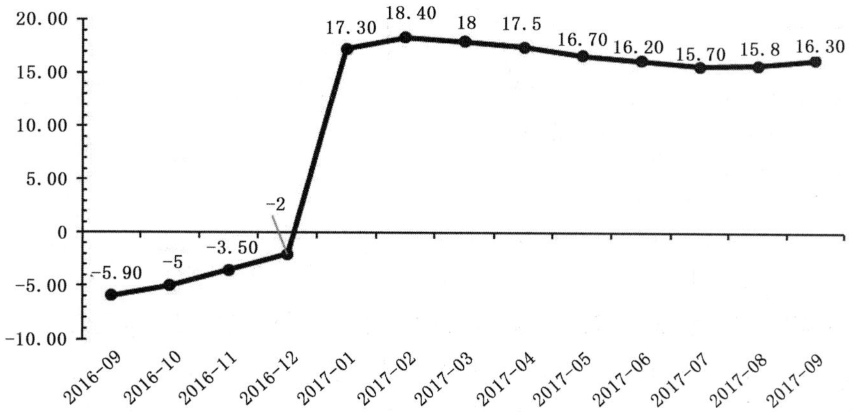

图 5　有色金属冶炼及压延加工行业工业生产者出厂价格指数同比增长率（单位:%）

6. 企业效益大幅提升并趋于稳定

2017 年 1—9 月，有色金属冶炼及延压加工行业累计利润为 1 514.3 亿元，同比去年增长 47.1%，相比 1—6 月下滑 5.6%，增速有所减缓，比上年同期快 13.9%（见图 6）。从利润增速情况来看，利润增长从 2 月的 123% 高点逐步下滑至 44.8% 后趋于稳定。前三季度有色金属行业主营业务累计实现 42 976.3 亿元，同比增长 17%，增速与第二季度基本持平，相比第一季度有所减缓，比上年同期上涨 13.6%，主营业务的快速增长得益于国际经济好转和内需不断扩大。如图 7 所示。

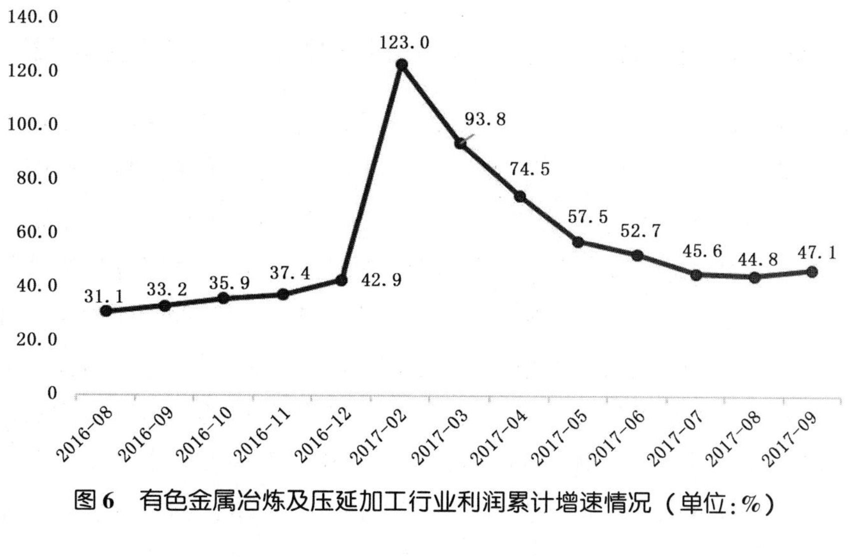

图 6　有色金属冶炼及压延加工行业利润累计增速情况（单位:%）

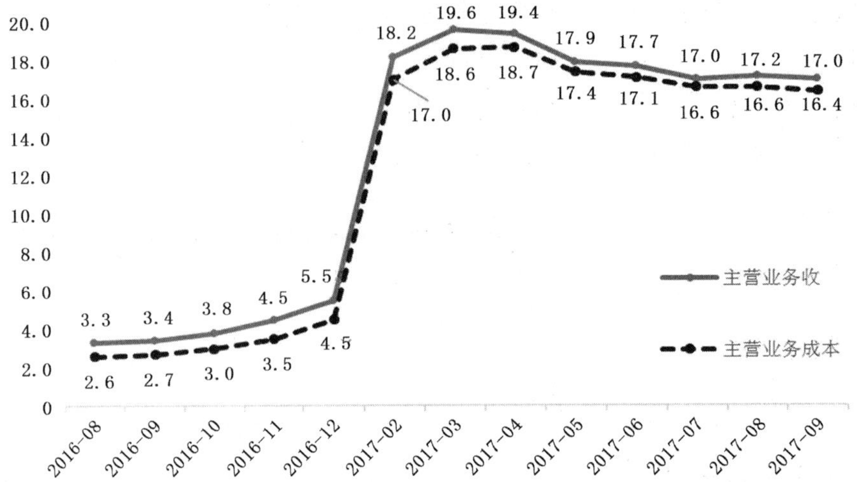

图7 规模以上有色金属冶炼及压延加工行业主营业务收入及主营业务成本增速（单位：%）

从2017年1—9月有色金属的行业状况及对有色金属行业供需关系判断，2017年有色金属行业将继续呈现稳中有升的发展趋势，在供给侧改革和环保的持续影响下，有色金属价格有望持续上涨，上涨幅度会减缓，行业利润相比2016年会大幅度提升。

二、2018年行业发展预测

2018年国内外经济呈复苏趋势。国际经济环境不断好转，但是仍面临各种挑战，国内去库存去产能成果明显，新兴产业快速崛起，为有色金属行业回暖奠定条件基础。

（一）国际经济逐渐复苏，有色金属行业形势好转，但仍面临各种挑战

随着美国、日本和欧洲的经济复苏，“一带一路”倡议继续深入，我国出口额不断增加，进而拉动了有色金属行业的发展，但是未来在国际形势上仍面临诸多挑战。一是以美国为首的发达国家和地区，已经启动“回归制造业”计划，德国的“工业4.0”、美国的“工业互联网”等计划，将进一步挤压我国有色金属行业发展的空间。二是全球贸易主义不断加剧，国际贸易摩擦持续升温，针对我国有色金属产品的“双反”调查使得部分有色金属产品出口额不断下滑，利用高技术标准等隐蔽的国际贸易保护手段不断增多。三是有色金属在国际市场竞争日益激烈，我国人口红利的时代即将消去，劳动力等成本的上升，相比新兴发展中国家，我国有色金属企业不再具有成本优势，而发达国家凭借着技术、资本、创新能力和标准等优势一直处于有色金属产业链中的高端产业。四是国际社会对环保的要求越来越高，对

碳排放的限制越来越严格，而碳排放的限制严重制约了行业的发展，传统的生产方式已难以适应目前的环保要求。五是有色金属本身具有的金融属性，极易受到国际金融市场波动的影响，汇率的动荡、国际大宗商品市场的波动都会增加我国有色金属企业进出口的操作难度，提高企业经营风险。

（二）国内环境向好为有色金属行业可持续发展提供了有利条件

1. 相关政策出台为有色金属行业发展指明了方向

"新时代中国特色主义思想"是有色金属行业未来发展的指导思想，"坚持质量第一、效益优先，以供给侧结构改革为主线"是有色金属行业未来发展的方向。《有色金属工业发展规划（2016—2020年）》及相关配套的政策进一步明确了行业发展路线。贯彻落实十九大精神，坚持"创新、协调、绿色、开放"新发展理念，实现预期发展目标，是有色金属行业未来的工作重点。

2. 供给侧改革的深入为有色金属行业发展形成了有利条件

随着供给侧改革的深入，行业内去产能去库存工作的持续推进，有色金属行业内结构不断优化，有助于行业未来的健康发展。落后产能大量退出市场，不仅为绿色先进产能提供了市场空间，而且提高了产品质量，提升了行业效益，为有色金属行业健康发展奠定基础。

3. 新兴产业的崛起和房地产等行业投资增大为有色金属行业发展提供了需求基础

新能源汽车的快速发展带动有色金属行业需求提升，而且在未来需求将不断扩大。工业机器人、高端智能装备等智能产业迅速崛起，房地产等基建行业的投资回暖，将对有色金属行业平稳运行提供重要支撑。"一带一路"倡议、"中国制造2025"和人工智能等战略的实施将创造更多的有效需求。

综合国内外的形势判断，2018年有色金属冶炼及压延加工业将会保持稳中有进的态势，随着供给侧改革的深入，有色金属价格仍有上涨空间，涨幅将逐渐放缓。全球经济的好转，新兴产业将刺激下游产品需求持续扩大，行业利润情况有望进一步提升。随着有色金属行业内的技术创新，组织结构、产品结构不断优化，将促进有色金属行业的国际竞争力不断提升。

三、相关政策建议

牢固树立创新、协调、绿色、开放、共享的新发展理念，以面对当前有色金属行业发展新趋势、新机遇和新矛盾。未来持续提高效益的同时优化产业结构，加强行业创新，不断深化供给侧改革和环保的要求，提高行业国际竞争力，处理好供给侧结构性改革和稳增长的关系，使有色金属行业形成供给和需求良性互动的局面。

1. 加速推进淘汰落后产能

一是持续利用环保标准淘汰安全、能耗、环保等不达标产能，加强监管，防止传统落后的产能死灰复燃，进一步淘汰“僵死企业”。二是继续加快提高技术质量标准的步伐，将落后产能转变为优质产能，提高产品质量，进一步提升竞争力。三是推进企业生产效率提升，坚持质量第一，效益优先，向产能高端化迈进。四是处理好去产能存在的企业债务处置和员工安置问题，合理使用相关基金，不断完善相关配套措施，积极引导企业转型。

2. 加快有色金属行业创新步伐

全面落实创新驱动发展战略，构建有色金属产业发展创新平台，实现“政产学研用”长效化，建立以企业集团、高校、科研院所为核心的协同创新机制，不断提高企业科技水平，提升科研成果转化效率。提高科技创新能力，有利于企业快速实现结构性转型，有利于推进有色金属行业供给侧结构改革，推动传统有色金属冶炼技术升级换代，提升企业竞争力，顺应时代需求。

3. 加速有色金属产业链延伸

从上游来看，加强国内主要成矿地带的勘探工作，加大对国外资源开发建设的投资，不断增加有色金属的储备量，强化对国际大宗商品市场频繁波动的抵御能力。从中游来看，提升铝合金、锂等产品的冶炼和深加工的技术水平，不断突破有色金属深加工产品的技术，满足航天、新能源汽车等领域的需求。加速实现高端装备制造国产化，加快发展新兴行业的发展，持续为有色金属行业创造稳定的需求。从下游来看，不断关注下游产业变革引发的新需求、新增长点，利用技术创新、有效沟通机制，防止出现结构性不平衡的出现。

4. 加强减税降负政策实施力度

严格贯彻落实企业减税、降负政策，减轻企业负担。一是持续实施降成本政策，坚决遏制不合理的行业协会会费、涉企经营服务性收费等，加速制定有色金属涉企收费“负面清单”。二是进一步完善减税措施，进一步减低企业生产成本，增强企业活力。三是简化程序，加快落后产能、“僵死企业”退出有色金属行业的速度，制定淘汰落后产能的相关细则，利用减税降负优化有色金属行业。四是鼓励企业通过兼并重组提高行业集中度，既增强企业竞争力，又可以释放出市场资金进一步缓解企业融资难、融资贵的问题。

Annual Report on

China and the World Economic Development(2018)

中国经济区域篇

REPORTS ON REGIONAL ECONOMICS OF CHINA

G25　2017—2018 年区域经济发展分析与判断

胡少维*

摘要：2017 年，各地区经济稳步向好，区域合作取得积极成效，东部经济转型加快，中西部地区稳步发展，东北地区增长企稳。展望 2018 年，东部发达地区由于创新能力较强，产业结构相对合理，经济相对稳定，增速波动较小；中西部地区受城镇化及产业转移带动，增速仍维持在近年平台上，但受投资影响，增速可能略有回落；东北地区增速仍将处于低位。新时代背景下，区域比较优势将发生变化，区域发展也将出现一些新趋势，比如区域发展模式，各地区的特点与分化也将更为明显。为逐步化解区域发展失衡矛盾，实现区域协调发展，建议大力改善不发达地区的营商环境，统筹协调新资源、新经济的配置，细化差异化发展政策，大力推进基本公共服务均等化。

关键词：区域经济　特点　趋势　建议

2017 年，各地区大力推进供给侧改革，积极发展新动能，经济增长普遍出现了企稳回升态势，区域协调发展不断向纵深推进。2018 年，在十九大报告的引领下，区域经济将继续呈现良好发展态势，经济增幅将保持基本平稳，经济发展质量将进一步提高，区域互动将进一步增强。

一、2017 年区域经济发展基本态势

总体来看，2017 年地区经济总体保持了平稳、协调的发展状态。东部地区经济结构调整成效明显，增长新动能逐步释放；中西部地区对抵御经济下行压力、拉动全国经济发展起到了积极作用；东北地区经济恢复性增长势头显现，触底回升迹象明显。同时，区域经济发展也出现了一些新的特点。

（一）经济增长稳步向好

在三大战略深入实施下，四大板块良性互动，区域协同发展的效应在进一步增

* 胡少维，国家信息中心经济预测部高级经济师，主要研究宏观经济、区域经济等问题。

强。东部地区转型升级继续走在前列，新的动能加快聚集；中西部地区承接了东部地区的产业转移和技术转移，后发优势突出，主要经济指标的增速快于全国。国家统计局的数据显示，前三季度，中部地区和西部地区规模以上工业增加值增速分别比全国高 1.2 和 0.2 个百分点；东北地区也出现了企稳向好的态势，工业增长 1.6%，而上年同期下降 3.1%，已经实现了由负转正。

从对短期经济增长影响较大的投资看，由于在基础设施建设加快推进的同时，投资在产业领域发生了积极的变化，高端产业的投资在持续加快，因而表现在区域投资上也出现了与前些年不同的变化，即：东部发达地区与中西部地区投资增幅变小。根据统计，2017 年 1—9 月，东部地区投资 193 335 亿元，同比增长 8.6%，其中民间固定资产投资 127 973 亿元，同比增长 8.7%；中部地区投资117 318亿元，增长 7.5%，其中民间固定资产投资 79 581 亿元，增长 7.1%；西部地区投资122 338亿元，增长 9.4%，其中民间固定资产投资 54 391 亿元，增长 4.6%；东北地区投资 22 324 亿元，同比下降 2.1%，降幅收窄 3.9 个百分点，其中民间固定资产投资 15 574 亿元，同比下降 2.3%，降幅收窄 3.8 个百分点。

中西部和东北三省进出口增速高于全国整体。前三季度，中西部 18 省市外贸整体增速为 24.7%，超过全国增速 8.1 个百分点；东北三省外贸增速为 18.5%，超过全国增速 1.9 个百分点；东部 10 省市外贸整体增速为 15.3%。

（二）跨行政边界区域经济合作取得显著成效

近年来，很多地方开始感受到区域经济合作的重要性，并愿意为之付出努力，在政府、市场的共同作用下，区域合作取得积极进展。

从谋划京津冀协同发展战略，到设立雄安新区，京津冀正朝着协同发展的目标有力迈进。三年多来，北京市加快“瘦身提质”，天津市推动“强身聚核”，河北省实现“健身增效”，交通一体化、生态环保、产业升级转移等重大领域取得突破。

长江经济带发展实现了经济发展与生态文明的双赢。2016 年，长江经济带 11 省市地区生产总值增速总体高于全国增速，沿江省市经济社会发展质量和效益不断提升，成为我国经济发展全局中的重要支撑带。

（三）新产业和新业态继续成为省区经济新的增长点

2017 年上半年，京津冀三地新动能加快成长，产业结构持续优化。北京规模以上工业高精尖产业增加值同比增长 11.6%，高于工业平均水平 5.8 个百分点，对工业增长的贡献率为 48.5%。天津战略性新兴产业规模以上工业增加值同比增长 8.2%，比全市工业平均水平高出 2.6 个百分点；高技术制造业增加值同比增长 12.9%，拉动工业增长 1.6 个百分点。

先进制造业和战略性新兴产业正成为上海工业增长的主要驱动力，上海已成为全国新能源汽车保有量最大的城市、全国最大的工业机器人研发和制造基地、全国最大的集成电路产业基地等。统计显示，上半年上海全市规模以上工业总产值同比增长 8.2%，实现 2012 年以来同期最高增速。上半年，浙江省规模以上信息经济核心产业、高端装备制造业增长 13.6% 和 8.9%，增速快于整体规模以上工业，新旧动能转换正在加快。上半年，江苏省智能制造、新型材料、新型交通运输设备、高端电子信息产业的新产品产量实现较快增长，其中，服务器、3D 打印设备、工业机器人产量增速均超过 80%。

中西部地区的很多省市也通过提质增效升级来增强发展后劲。上半年，西部地区高技术产业主营业务收入同比增长超过 20%。贵州省发展大数据产业带动作用明显，上半年新增企业数、新兴产业增加值、高新技术产业产值、电子商务交易额均保持 20% 以上增速。安徽省出台全国首个促进战略性新兴产业集聚发展的地方性法规，战略新兴产业增速超过了 20%。辽宁虽然新兴产业占整个工业比重低，但上半年一些高技术产业也实现较快增长，工业机器人产量增长 15.5%，太阳能电池（光伏电池）产量增长 25.7%。

（四）传统产业复苏为欠发达地区经济企稳回升起到了重要作用

前两年国际大宗商品价格走低和国内工业产能过剩，共同形成了能矿等工业产品“量价齐低”的低基数效应。随着工业品价格反弹和供给侧结构性改革成效初显，能矿产业比重较大省份工业增长和盈利情况明显改善，经济增速企稳回升，但增长模式并未发生根本性的变化。比如云南，经济增速的变化，主要得益于工业和固定资产投资上的改善，说明云南省投资拉动型的经济结构依然明显。同样，贵州省新兴行业虽然突飞猛进但占比不高，目前还不能弥补传统产业增速回落造成的缺口，电子信息产业占规模以上工业的比重仅为 2.3%，远远低于煤炭、烟草等传统行业；电子信息产业对工业经济的贡献率仅为 9.6%，拉动工业增长 0.9 个百分点。因此，欠发达地区经济回稳能否持续尚存很大的不确定性，未来需要加快转型步伐。

二、区域经济发展新趋势

中国特色社会主义进入新时代，面对新时代新变化新要求，需要在继续推动发展的基础上，着力解决好发展不平衡不充分问题，大力提升发展质量和效益，更好满足人民在经济、政治、文化、社会、生态等方面日益增长的需要，更好推动人的全面发展、社会的全面进步。十九大报告提出，要建立更加有效的区域协调发展新机制，这意味着在较长时间跨度中我国经济发展空间布局将发生一系列变化，区域经济发展也将出现一些新趋势。

（一）区域比较优势发生变化

随着中国经济进入新时代，区域比较优势的构成要素出现结构性变化，区域发展路径面临重塑。区域优势不再依靠大规模生产要素投入，而更依赖于生产要素质量和创新要素，以技术、人力资源、制度激活的新要素，创新成为区域竞争力的重要影响因子。在结构调整、动力转换的环境下，通过抢抓机遇，充分利用一体化的市场、开放的经济、共享的新型技术平台等，借助移植、承接、积聚、创新等手段，可以超越原有经济结构而培育形成新经济新动能。这将使一些落后地区抢占新经济新动能培育构建的制高点，实现后来居先。

（二）区域一体化成为增长模式

近年来，在区域发展战略规划指引下，在资源配置的过程中市场发挥了决定性作用，中国经济发展已经到了通过城市功能集聚化和区域产业集群化带动经济持续增长的重要阶段。增长的来源更多的是由粗放式使用资源和外延式发展转向基于区域资源整合和产业集聚而产生的报酬递增效应。这将改变以地方独立利益为核心的竞争模式，打破各自为政各自为战的局面，产生新的区域发展模式和区域治理模式。以产业集群为基础进行区域产业空间再造，形成区域范围的产业分工合作机制，区域内部基于不同主体功能和资源环境条件的地区间联系加强。区域一体化将取代地方行政区成为新的区域增长模式。

（三）网络在区域发展中的作用凸显

在互联网不断发展的今天，传统的区位因素对于经济所产生的影响正在被削弱，区位的概念也有了新的发展和内涵。在互联网快速发展的影响下，区域经济的发展不再是简单地依靠物质资源的投入，更多的则是依赖于信息和知识的贡献。而信息和知识的传递及生产很多时候都需要网络技术来推动，一些以互联网为基础的新兴产业正在不断涌现，网络金融、电子商务、文化创意、软件产业等正在改变人们生活的方方面面。这些和互联网相关的产业对于区位没有十分严格的限制，能够在全球任何领域开展，这一特征使得传统的区位选择条件正在被淡化，互联网的作用在区域经济发展过程中越来越大。

（四）区域经济增长分化还将持续

在新时代背景下，各地区均面临着发展动力机制转换的核心命题，然而禀赋条件和发展阶段的差别又导致各地经济“转型”的内涵和指向迥然不同，这种差别是引致区域经济增长率出现分化的决定因素。不同地区的增长绩效既取决于整体的国际国内经济走势，也取决于各地的结构特征及其转型使命。特别是随着各地区经济增长目标的淡化、功能特征的突出，经济制度和政策选择将更加关注空间的“异质性”特征，不再追求单纯的经济增长同步，而是着力于基本公共服务的均等化。因此，以往各省份大体齐头并进的经济增长常规走势将被日益显著的分化走势所替代，一些地方在分化中逐渐调适速度，在调整中更快完成动力转换，在错位发展中重新找到比较优势。

（五）湾区建设成为潮流

湾区是一个海洋色彩非常强烈的地理概念，湾区经济靠港而生、依湾而兴，具有天然的开放属性，其兴衰高度依赖国际贸易体系，也深刻影响国际贸易体系。湾区强调对外连接，抢占全球产业链的制高点。纵观全球经济发展，湾区已成为带动全球经济发展的重要增长极和引领技术变革的领头羊，由此衍生出的经济效应则称之为“湾区经济”。世界上最发达的区域往往集中在湾区，如纽约湾区、旧金山湾区、东京湾区等，无不是“开放、创新、宜居、国际化”的代名词。作为一个高度推崇自由贸易的国家，中国当然得有自己的一流湾区经济带。

我国通过制定湾区规划，可以引导一体化的目标，打破行政区划的制约，实现区域之间经济的内在联系。目前，粤港澳大湾区规划已经上升为国家战略。浙江和上海也在探讨杭州湾大湾区规划，环渤海湾区建设也是议论多多。可以预见，湾区建设将成为未来区域经济发展进程中的一个亮点。

（六）高铁经济带逐步形成

高铁网络的建设，在很大程度上加速了城市群和都市圈的发展。相比公路运输，高铁、城际轨道交通具有运量大、准点和安全性高等特征，是一个城市群发展的基础框架。

高速铁路的快速发展，极大地提升了区域间资源要素流动的效率与水平，对于带动区域经济社会发展，特别是推进城镇化、同城化发展发挥了积极作用。高铁最大的优势就是带动人流，进而带动物流、信息流和资金流等的汇聚，带动地区的开发和经济的建设。在高铁的基础上，高铁经济带、高铁新城等高铁经济蓬勃发展。

三、2018 年区域经济发展判断

判断 2018 年区域经济发展，一是新动能的带动力，二是城镇化，三是投资拉动，四是产业转移与升级，五是外贸。

（一）新动能

新动能与科技、教育水平及开放程度密切相关。分地区看，2016 年研究与试验发展（R&D）经费投入超过千亿元的省（市）有6个，分别为广东（占13%）、江苏（占12.9%）、山东（占10%）、北京（占9.5%）、浙江（占7.2%）和上海（占6.7%）。R&D经费投入强度（与地区生产总值之比）超过全国平均水平的省（市）有8个，分别为北京、上海、天津、江苏、广东、浙江、山东和陕西。分区域看，全国研发经费资源继续向东部地区聚集。2016年我国东部地区研发经费为10 689.4亿元，首次迈上万亿台阶；比上年增长11%，占全社会研发经费的比重为68.2%，比上年增加0.2个百分点；中部、西部和东北地区研发经费支出分别为2 378.1亿元、1 944.3亿元和664.9亿元，分别比上年增长10.8%、12.3%和0.4%，所占比重分别为15.2%、12.4%和4.2%。同时，东部地区拥有中国最优质的教育资源，包括数量庞大的研究生培养机构和高等学校，具备丰富的人才储备优势，人口质量优势比较明显。如图1所示。

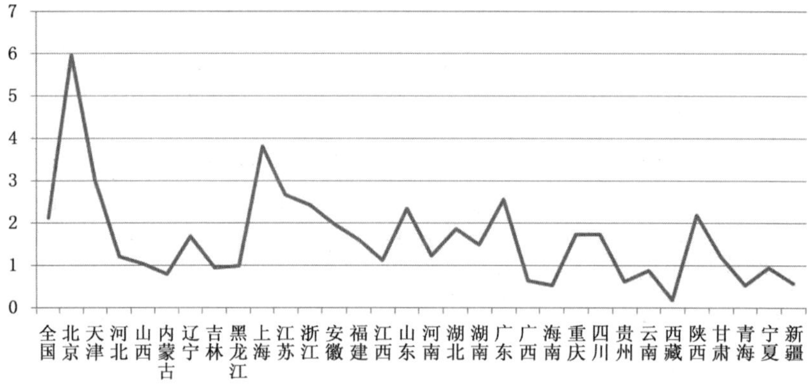

图1　R&D经费投入强度（单位：%）

新动能的发展与市场化程度密切相关。研究表明，市场化程度相对高的地区，也是民营经济活跃度高的地区，这种活跃带动了民间资本的集聚和民间投资的较快增长，促进了产业集群的形成和创新动能的增强。表1中的数据显示，东部发达地区非国有企业占比具有明显优势。

因此，就新动能带动力看，东部地区仍然将处于领先地位，成为其经济增长的内在稳定器。

表1　2016年不同区域主要经济指标

	2016年比2010年常住人口增减	城镇化率	国有控股企业单位占比	最终消费率	资本形成率	全社会投资/GDP	R&D经费投入强度
地区/单位	万人	%	%	%	%	%	%
地区合计	4 600	57.83	2.13	50.89	54.74	77.1	2.01
东部	2 287	65.94	1.64	49.62	47.20	61.7	2.61

续　表

	2016 年比 2010 年常住人口增减	城镇化率	国有控股企业单位占比	最终消费率	资本形成率	全社会投资/GDP	R&D 经费投入强度
中部	1 012	52.77	2.53	50.47	59.98	99.4	1.48
西部	1 345	50.19	2.89	53.60	68.74	100.2	1.24
东北	-45	61.67	3.44	53.99	55.71	59.7	1.27
长三角	390	70.52	1.29	51.32	43.08	56.7	2.75
京津冀	750	63.88	2.25	50.19	51.96	69.4	3.18
广东	558	69.20	1.66	50.57	42.85	41.2	2.52
长江经济带	1 794	56.91	1.85	51.40	50.71	78.9	2.08

（二）城镇化

城镇化是现代化的必由之路，既是经济发展的结果，又是经济发展的动力。推进城镇化是解决农业、农村、农民问题的重要途径，是推动区域协调发展的有力支撑，是扩大内需和促进产业升级的重要抓手。随着劳动力从生产率较低的农业转向生产率较高的工业和服务业，城乡间的劳动力迁移促进了全要素生产率的提高，中国过去的经验证实了这一点。一般认为，城镇化率由 30% 上升到 70% 的过程为经济快速发展的黄金时期。

分区域看，中西部地区城镇化率明显落后于全国水平（见图 2），相对于东部地区，仍然处于城镇化加速期。因此，城镇化以及与其相关的工业化，仍是推动中西部地区经济增长的重要动力。

同时，十九大提出的实施乡村振兴战略，强调建立健全城乡融合发展体制机制和政策体系，加快推进农业农村现代化，对中西部地区而言相对获利更大。

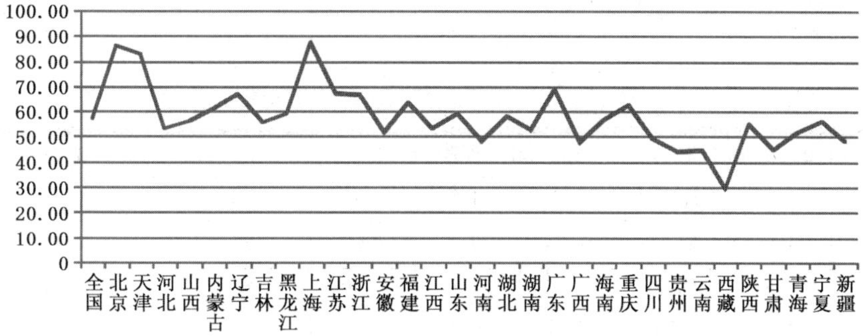

图 2　2016 年城镇化率（单位：%）

（三）固定资产投资

从固定资产投资占 GDP 比重来看，2016 年，东部省份占比最低，为 46%，中部省份占比 99%，西部地区占比最高，达 100%。这表明投资仍是短期影响（特别是中西部地区）经济波动的最重要因素。如图 3 所示。

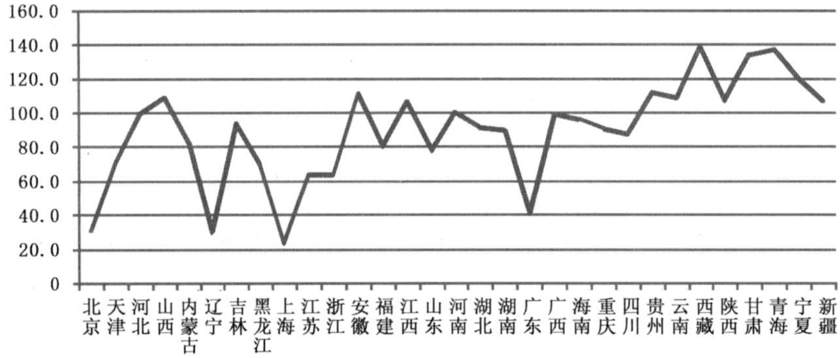

图 3　2016 年各地区全社会投资占生产总值比（单位：%）

就固定资产投资增长而言，由于我国的基础设施仍然存在薄弱环节，2017 年以来保持了 20% 左右的增速，预计 2018 年仍会保持一定增幅，中西部地区受政策支持，收益较多，但在地方财政风险控制加强下，其与东部地区增幅差距将缩小；房地产开发投资及制造业投资主要取决于民间力量，而在这方面东部地区相对有优势，表 2 数据显示，东部地区的工业企业盈利能力相对较好，投资能力及意愿也会随之高一些；民生领域中的短板——文化、教育、卫生、体育等，在新时代下区域协调发展战略的支撑下，中西部地区将得到更大的支持。

综合起来，2018 年东中西部地区可能将继续维持 2017 年以来增幅差异不大的格局。

表 2　2016 年不同区域三次产业结构及规模以上工业企业效益（单位：%）

	第一产业	第二产业	第三产业	工业占比	主营业务利润率	主营业务成本/主营业务收入	主营业务收入/总资产	负债率
地区合计	8.2	42.8	49.1	36.6	6.21	84.96	1.07	55.87
东部	5.3	42.3	52.4	37.4	6.63	85.21	1.16	53.51
中部	10.4	45.4	44.1	38.8	5.82	85.79	1.21	55.27
西部	11.9	42.9	45.2	33.8	5.93	82.97	0.78	61.53
东北	12.1	38.2	49.7	31.6	3.77	84.18	0.81	59.41
长三角	4.0	42.0	54.0	37.1	7.00	84.37	1.15	52.43
京津冀	5.1	36.7	58.2	32.0	6.96	85.22	0.82	52.90
广东	4.6	43.4	52.0	40.4	6.49	84.07	1.22	56.17
长江经济带	8.0	42.9	49.1	36.4	6.44	84.38	1.15	54.49

（四）产业转移与升级

从产业发展成本来看，中西部地区在劳动力、土地、能源价格等方面都具有较强的竞争优势，其相对较低的生产成本将进一步吸引东部产业向中西部迁移，伴随着以往制约中西部产业发展的交通基建条件不断改善，中西部承接东部产业转移的条件日趋成熟，预计 2018 年这一态势将得以延续。特别是中部地区，由于其位于我国内陆腹地，承东启西、连南通北，正成为吸引外资的强力“磁场”。由此将有利于中西部地区经济特别是工业的发展。

从产业升级方面看，东部地区发展较早，已经从简单粗放的投资驱动型增长模式向低耗能、高附加值的集约化增长模式逐步转变，第二产业向第三产业的转型升级也较为显著。在第三产业占主导地位的经济格局下，东部地区发展占有一定优势。

（五）进出口

2017 年以来，欧盟、美国经济延续复苏态势，日本经济也有所好转。新兴市场中，俄罗斯、印度经济走势也以扩张为主。根据国际货币基金组织最新预测，2017 年全球经济将增长 3.6%，比 2016 年提升 0.4 个百分点。全球经济向好带动需求回暖，为我国出口增长提供了有利的外部条件。尽管贸易保护主义有所抬头，但区域贸易协定、贸易自由化和便利化仍在快速推进。各国和地区都在寻求推进双边和单边贸易合作，如加拿大和墨西哥签订自由贸易、中国牵头推进《区域全面经济伙伴关系协定》（RCEP）谈判等。综合来看，现阶段全球经济处于较好态势，如果各国政策得当，大力促进科技进步、改善宏观治理，全球经济的增速是比较乐观的。外需的稳定将有利于促进我国经济的稳定发展，中西部地区进出口占全国比重有望继续小幅上升。

综合而言，在我国深化转型升级的新时代背景下，东部地区经济增速相对稳定，经济增速波动较小；中西部地区增速略有回落；东北地区增速仍将处于低位。

四、促进区域经济健康发展的建议

区域发展失衡，是中国特色社会主义进入新时代社会主要矛盾的具体表现之一，需要采取措施，逐步化解。

1. 大力改善不发达地区的营商环境

对于地方政府而言，投资和生态环境的改善至关重要。比如无人机，本来很多地方有航空发展的科技优势，深圳没有这些基础反而发展出该产业，这表明形成有利于企业投资和加大研发的营商环境，比直接增加财政支出或给予优惠政策更重要。因此，要加强落后地区的法制建设，着力提高社会治安水平，减少权力竞争，创造良好的营商环境。在积极抓项目的同时，更需要着力抓投资环境和生态环境的建设，要由过去追求优惠政策“凹地”，转为打造公平营商环境的“高地”，真正做到审批更简、监管更强、服务更优。大力推进“放管服”改革转变政府职能，使区域经济活力得以充分释放。

2. 统筹协调新资源、新经济的配置

新经济形态、新产业类型、新创新资源等发展集聚的速度和规模，直接决定着新时期地区发展的基础和位势。换言之，新时期地区发展的状况，直接受制于新资源的集聚利用情况和新经济的培育发展状态。因此，统筹协调新资源、新经济的配置对于促进区域协调发展、避免和化解地区分化十分重要。有关部门应通过改革试验平台等途径赋予的优惠政策空间，推动创新要素向落后地区转移集聚；强化财税、金融等政策的区域指向，为落后地区加快创新发展提供有力支持；推动重大科技创新平台和重大研发项目布局建设，整体提升落后地区科技支撑能力；通过对口协作等方式，推动先进地区对落后地区创新资源的对接应用与新型经济的联动发展。

3. 细化差异化发展政策

在新时代下，要依据各地区的差异，实行“分区指导、差异对待”，扶持各地区的主导产业，鼓励形成特色的产业结构。健全完善促进主体功能区建设的政策，明确政府投资投向。引导人口合理迁徙，在重点开发区域实施积极的人口迁入政策，鼓励城市化地区将流动人口纳入居住地基本公共服务和社会保障体系，保障流动人口与本地人口享有均等权益。细化落实针对特殊地区的专项政策。针对贫困地区、资源枯竭型城市等问题区域，以及粮食及农产品主产区、资源开发地区、生态功能区等特殊区域，制定实施专项财政、投资倾斜政策。在实施西部大开发、中部崛起战略、振兴东北计划的过程中，应进一步体现区别对待，在加大对欠发达地区基础设施和生态环境建设支持力度的同时，对由国家审批或核准的重大产业项目，在同等条件下，可优先在这些地区布局建设，以增强其吸引区外相关配套产业转移的能力。

4. 大力推进基本公共服务均等化

我国区域差距除了表现为收入差距外，还突出表现为地区间的基本公共服务不均衡。促进基本公共服务均等化，政府具有不可推卸的责任。为此，政府在社会事业发展及规划过程中，应适当向中西部倾斜，比如可将更多的公共事业机构、设施和项目安排到中西部特别是欠发达地区。鼓励支持广大中西部地区切实抓好义务教育和职业培训，加快新型城镇化建设，加大社会建设投资，促进社会各项事业快速发展。

G26　2017 年长三角地区经济形势分析及 2018 年展望

刘伟良　韩　磊*

摘要：2017 年，长三角地区深入推进供给侧结构性改革，结构调整稳步推进，质量效益持续改善，动能培育取得进展，保持稳进趋好的运行态势，地区经济从高速增长阶段步入中高速、质量发展阶段。展望 2018 年，长三角地区需要按照供给侧结构性改革要求，以空间功能再造为重点促进区域协调发展，以创新集聚为路径促进区域创新驱动发展，以实体经济为载体促进区域转型升级发展。预计 2018 年，长三角地区将继续在新确立的增长区间内保持稳进趋好态势，深入推进的结构调整、不断加深的效率变革、稳步实施的动能培育将成为中高速、质量发展阶段的重要任务。

关键词：长三角地区　供给侧结构性改革　稳进趋好　中高速

2017 年以来，长三角地区深入推进供给侧结构性改革，加快调整经济结构，积极转换发展动能，推动经济发展质量变革、效率变革、动力变革，地区经济从高速增长阶段步入中高速、质量发展阶段，继续保持平稳趋好的运行态势。

一、前三季度长三角地区经济运行基本形势及主要特征

前三季度，长三角地区经济保持在中高速增长区间，呈现出稳进趋好发展态势，经济稳定性、趋好性进一步增强，促进经济中高速、质量发展的动能要素逐步积累。

1. 前三季度长三角地区经济运行基本形势

前三季度，长三角地区实现地区生产总值 140 991.4 亿元，加权平均增速

---

* 刘伟良，经济学硕士，江苏省信息中心副主任，研究员，主要研究领域为数量经济、区域经济；韩磊，经济学硕士，江苏省信息中心经济师，主要研究领域为产业经济、经济体制改革。

7.6%[1]。其中，浙江、上海、江苏、安徽实现地区生产总值 36 958 亿元、21 617.5亿元、62 604.5 亿元、19 811.4 亿元，增长 8.1%、7.0%、7.2%、8.3%，经济增速快于全国，延续了中高速平稳运行态势。基本形势可以概括为：在经济保持稳进的基础上确立了新中高速增长区间。从 2011 年长三角地区进入经济增速拐点，增长区间逐步调整下移，目前已经确立新中高速增长区间，基本完成经济新常态背景下的经济增速区间换挡，如图 1 所示。

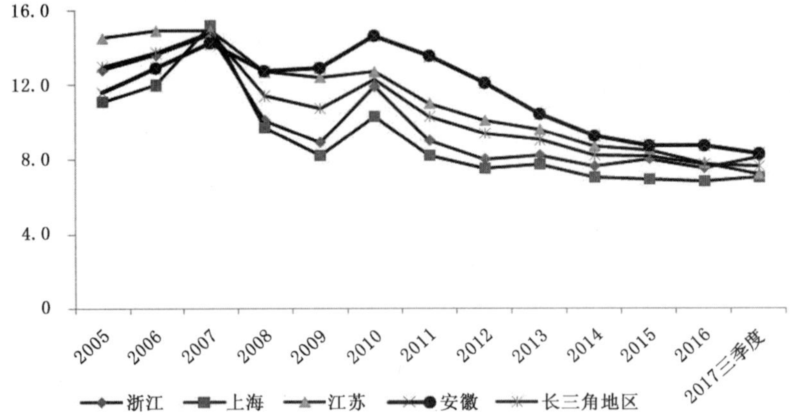

图1　长三角地区及三省一市生产总值增速变化趋势（单位:%）

同时，经济运行稳定性增强。浙江经济经过缓慢下行之后重新恢复到 8.1%；上海经济增长速度维持在 6.9% 左右，第三季度提高到 7.0%；江苏经济经过较大幅度下降后，重新确立了 7.2% 左右的增速区间；安徽作为经济后发地区，依然维持在 8.3% ~8.7% 较高增速区间。2017 年以来，各省市每个季度经济增速变化幅度在 0.2 个百分点以内，如表 1 所示。

表1　2016 年以来长三角地区各季度累计 GDP 增长情况（单位:%）

地　区	2016 年第一季度	2016 年上半年	2016 年第三季度	2016 年第四季度	2017 年第一季度	2017 年上半年	2017 年第三季度
浙江	7.2	7.7	7.5	7.5	8.0	8.0	8.1
上海	6.7	6.7	6.7	6.8	6.8	6.9	7.0
江苏	8.3	8.2	8.1	7.8	7.1	7.2	7.2
安徽	8.6	8.6	8.7	8.7	8.4	8.5	8.3
全国	6.7	6.7	6.7	6.7	6.9	6.9	6.9

[1] $G_{\simeq区}=\sum_{i=1}^{n}G_i \times A_i$。其中 $G_{\simeq区}$ 表示地区 GDP 增长率、G_i 表示第 i 省（市）GDP 增长率、A_i 表示第 i 省（市）占区域 GDP 总量的比重、n=4、区域 GDP 总量由区域内所辖省（市）GDP 加总获得。

2. 前三季度长三角地区经济运行基本特征

前三季度，长三角地区经济运行呈现出三个阶段化特征：

（1）结构调整稳步推进

长三角地区经济发展正处于从工业、投资拉动向服务业、消费驱动转型阶段，需求结构、产业结构优化调整稳步推进。

①需求结构逐步优化，呈现出内需引领与高端升级特征。前三季度，长三角地区投资保持较快增长，浙江、上海、江苏、安徽固定资产投资增速分别为 9.6%、6.4%、7.5%、10%。消费对经济增长的基础性作用持续增强，除上海外，浙江、江苏、安徽社会消费品零售总额均超两位数增长，以共享经济、网络零售为代表的新商业模式发展态势良好。前三季度，浙江、上海、江苏、安徽网上商品零售额分别为8 613亿元、1 180.1 亿元、701.9 亿元、205.2 亿元，增长 35.9%、16.4%、56.4%、34.3%。同期，长三角地区对外贸易恢复性增长态势形成，浙江、上海、江苏、安徽对外出口同比增长 10.3%、17.4%、10.5%、21.8%，扭转了近三年以来弱增长（负增长）局面。如表 2 所示。

表 2　前三季度长三角地区需求侧同比变动情况（单位:%）

地区	固定资产投资增速			社会消费品零售总额			出口（人民币计价）		
	2016 年前三季度	2017 年前三季度	变动幅度	2016 年前三季度	2017 年前三季度	变动幅度	2016 年前三季度	2017 年前三季度	变动幅度
浙江	11.1	9.6	−1.5	10.9	10.6	−0.3	2.7	10.3	7.6
上海	6.4	6.4	0	7.9	8.0	0.1	−2.4	17.4	19.8
江苏	8.5	7.5	−1	10.8	10.9	0.1	−6.8	10.5	17.3
安徽	11.5	10	−1.5	12.2	11.7	−0.5	−24.9	21.8	46.7
全国	8.2	7.5	−1	10.4	10.4	0	−1.6	12.4	14

②产业结构调整程度加深，呈现出服务化取向和中高端发展特征。除安徽外，浙江、江苏、上海完成第二产业主导向第三产业主导的演化进程（见表3）。安徽正处于快速工业化阶段，第二产业产值从阶段性高点下降至 50%；浙江、江苏产业结构服务化程度还在进一步加深，第三产业比重已经达到 51.5%、50.5%；上海已经进入到产业结构稳定期，产业结构服务化程度远高于其他三省。产业继续迈向中高端，传统制造业专业分工深化。前三季度，上海重点行业工业总产值 17 039.88 亿元，增长 12.1%；江苏高新技术产业产值 5.47 万亿元，占规模以上工业总产值比重达 42%。

表3 2011—2017年度（前三季）长三角地区产业结构变动情况（单位:%）

地区		2011	2012	2013	2014	2015	2016	2017前三季度
浙江	第一产业	4.9	4.8	4.7	4.4	4.3	4.2	3.4
	第二产业	50.5	48.9	47.8	47.7	46.0	44.2	45.1
	第三产业	44.6	46.3	47.5	47.9	49.8	51.6	51.5
上海	第一产业	0.7	0.6	0.6	0.5	0.4	0.4	0.4
	第二产业	41.3	39.0	37.2	34.7	31.8	29.1	30.7
	第三产业	58.0	60.4	62.2	64.8	67.8	70.5	68.9
江苏	第一产业	6.3	6.3	5.8	5.6	5.7	5.4	3.4
	第二产业	51.3	50.2	48.7	47.4	45.7	44.5	46.1
	第三产业	42.4	43.5	45.5	47.0	48.6	50.1	50.5
安徽	第一产业	13.2	12.7	11.8	11.5	11.1	10.5	7.6
	第二产业	54.3	54.6	54.0	53.1	49.8	48.4	50.0
	第三产业	32.5	32.7	34.2	35.4	39.1	40.1	42.4

（2）质量效益持续改善

长三角地区粗放式发展方式得到矫正，集约型发展方式正在形成，有力促进经济质量效益持续改善。

①居民收入稳步提升，与经济发展实现基本同步。前三季度，长三角地区居民收入保持较快稳定增长，浙江、上海、江苏居民人均可支配收入分别为32 414元、44 360元、26 530元，分别增长8.9%、8.5%、8.9%。同期，安徽城镇居民人均可支配收入23 600元，增长8.3%，农村居民人均可支配收入9 715元，增长8.9%。各省市基本上完成居民收入增长与经济发展同步的预期目标，农村居民收入增速持续快于城镇居民，城乡居民收入差距逐年缩小，如表4所示。

表4 2011—2017年度（前三季度）浙苏皖城乡居民收入情况（单位：元,%）

地区		2011	2012	2013	2014	2015	2016	2017前三季度
浙江	城镇居民	30 971	34 550	37 851	40 393	43 714	47 237	39 108
	农村居民	13 071	14 552	16 106	19 373	21 125	22 866	20 108
	比例	2.4	2.4	2.4	2.1	2.1	2.1	1.9
江苏	城镇居民	26 341	29 677	32 538	27 173	37 173	40 152	33 161
	农村居民	10 805	12 202	13 598	14 958	16 257	17 606	14 504
	比例	2.4	2.4	2.4	1.8	2.3	2.3	2.3

续　表

地　　区		2011	2012	2013	2014	2015	2016	2017 前三季度
安徽	城镇居民	18 606	21 024	23 114	24 839	26 936	29 156	23 600
	农村居民	6 232	7 161	8 098	9 916	10 821	11 720	9 715
	比例	3.0	2.9	2.9	2.5	2.5	2.5	2.4

②财政收入增长态势转好，民生支出力度加大。前三季度，浙江、上海、江苏、安徽一般公共预算收入分别为 4 739 亿元、5 559.9 亿元、6 022.5 亿元、3 793.9 亿元，分别增长 13.2%、8.3%、5.1%、12.1%。需要关注的是，各地区税收收入逐步好转，基本消化了营改增等因素影响。如江苏税收收入增速 7 月份由负转正，上海增值税收入2 074.33亿元，增幅超过 15%。民生支出规模逐步扩大，其中上海社会保障和就业支出 931.24 亿元，增长 19.9%；安徽民生支出增长 14.3%，占全部财政支出比重由上年同期的 83.1% 提高到 84.1%。

③企业生产有序平稳，利润实现超预期增长。在产品价格逐步回升的影响下，长三角地区企业利润出现了超预期增长，增速超过两位数，企业效益继续保持向好态势。1—8 月份，浙江、上海、江苏、安徽规模以上工业企业实现利润总额分别为 2 999亿元、2 073.56 亿元、7 120 亿元、1 346.1 亿元，分别增长 13.6%、15.7%、15%、18.8%，处于近三年以来利润增长的高位阶段。

（3）新动能培育取得进展

长三角地区把激发新动力、培育新动能作为基本着力点，以此带动经济尽快摆脱对传统生产要素的依赖，培育以知识、技术、信息、数据等新生产要素为核心的新动能，目前已经取得积极进展。

①供给侧动能逐步释放。前三季度，上海突出降成本、补短板和去产能等工作任务，推动宝钢、高桥石化等布局调整，淘汰一批与城市功能不匹配的落后产能。江苏退出钢铁产能 584 万吨、水泥 240 万吨、煤炭 18 万吨；浙江在全国率先推广企业亩产效益综合评价，规模以上工业产能利用率为 83.0%，为近年来的较高水平。安徽退出炼铁产能 62 万吨，彻底清除“地条钢”企业，关闭煤矿 4 对、退出产能 705 万吨。

②创新驱动机制逐步形成。江苏提出加快建设苏南国家自主创新示范区、建设具有全球影响力的产业科技创新中心、扬子江城市群建设等具体方案，安徽提出深入实施调转促“4105”行动计划创新驱动发展工程，上海提出加快建设具有全球影响力的科技创新中心，浙江加快推进“一转四创”建设“互联网+”世界科技创新

高地行动计划，长三角地区创新发展格局正在形成。数据显示，2014 年以来，江苏、上海、浙江、安徽区域创新能力分别居全国第 1、4、5、9 位[1]，科技贡献率均超过 58%，R&D 投入占 GDP 比重均超过 2%。

③新型经济逐步壮大。前三季度，匹配消费升级和战略发展新型经济快速发展，上海战略性新兴产业制造业完成总产值7 524.05亿元，同比增长 7.9%，增速比上半年提高 1.1 个百分点；江苏规模以上工业新产品产值 1.1 万亿元，同比增长 14.3%；安徽工业机器人产值增长 62.7%，新能源汽车产值增长 27.9%，24 个战略性新兴产业集聚发展基地工业总产值增长 21.7%；浙江信息经济核心产业总产出、文化及相关特色产业总产出已超过万亿元，以新产业、新业态、新模式为代表的经济增加值占到地区生产总值的 20% 以上。

二、保持长三角地区经济稳定发展需要解决的主要问题

1. 区域经济发展需要进一步协调

长三角地区内部发达地区与相对滞后地区分化明显，存在发展阶段不协调、经济总量不平衡的问题。从四省市之间对比看，江苏经济总量远远大于上海、浙江与安徽，工业、服务业总量也远远大于其他三省市。前三季度，江苏规模以上工业增加值是浙江的 2.5 倍，是安徽的 3.5 倍，上海第三产业增加值是安徽的 1.8 倍。从四省市内部看，江苏苏南地区经济总量占全省经济总量的比重超过 55%；浙江工业经济主要集中在杭州、宁波、温州一带，浙北发展相对滞后；安徽皖江地区经济实力明显高于皖北地区，呈现出从南向北递次减弱的空间分布规律；上海经济中心主要集中在徐汇、虹口、杨浦等中心城区，经济发展速度、质量明显高于嘉定、金山、青浦等近郊区。

2. 实体经济发展仍然面临较大压力

长三角地区供需两端的结构性矛盾依然突出，新实体经济发展动力机制尚未完全建立。从实体企业效益看，目前实体效益改善主要集中在煤炭、钢铁、有色等上中游行业和纺织、皮革等传统工业领域。以江苏为例，前三季度，31 个制造业门类中，增速超过 15% 的主要集中在冶金、石化和轻工三个领域。从实体经济投资看，前三季度，工业投资虽然保持平稳，除安徽外，上海、浙江、江苏制造业投资增速低于工业投资增速、工业投资增速低于全省规模以上工业增加值和固定资产投资增

---

[1] 资料来源：相关年份中国科技发展战略研究小组和中国科学院大学中国创新创业管理研究中心发布的《中国区域创新能力评价报告》。

速的局面没有改变，表明实体经济后续发展没有得到资金和项目的有效支撑。从价格指数看，前三季度，工业生产者出厂价格指数与工业品购进价格指数差距继续扩大，浙江、上海、江苏、安徽分别达到 4.4 个、6.1 个、5.1 个、0.9 个百分点，企业盈利空间继续受到挤压。

3. 产品竞争能力亟须提高

长三角地区虽然正在形成创新驱动发展机制，创新投入、创新能力均处在全国前列，仍需关注长三角地区产品竞争能力问题。从市场占有率来看，长三角地区在国际市场占有率增长缓慢，以制造业大省江苏为例，制造业产品国际市场占有率基本维持在 3% 左右，落后于美、德、日本等制造强国。从产品结构看，长三角地区是基于国际产业分工调整机遇，利用低成本、低价格优势嵌入到国际产业链中，零部件生产、加工组装低增值贴牌产品较多，缺乏自主品牌支撑。根据亚洲品牌网公布的《2017 亚洲品牌 500 强》，长三角地区只有阿里巴巴、上海汽车两个品牌进入前 20 强，可见长三角地区产品处于国际产业链低端。

三、2018 年长三角地区经济形势总体判断

当前，长三角地区经济发展的外部环境正在发生变化。从国际形势看，全球经济总体保持复苏态势，国际货币基金组织（IMF）和经合组织（OECD）相继上调了 2017 年全球经济预期，发达地区如美国、欧元区、日本等经济状况持续改善，新兴经济体均保持了较快增长。但不容回避的是，全球经济依然处于深度调整周期内，发达国家货币政策转向后复苏态势持续基础并不稳固，去全球化和贸易投资保护主义风险依然存在。从国内形势看，党的十九大报告明确提出了“坚持质量第一、效益优先”“以供给侧结构性改革为主线”“加快建设制造强国”等宏观经济领域重大战略部署，后续将有相关政策推进。同时，国内经济发展的稳定性、协调性和可持续性增强，产业结构调整持续深入，新型城镇化、现代服务业、高端制造业及消费升级提供了新的经济增长点。当然，国内深层次结构性矛盾并未化解，总杠杆水平仍然偏高，制约经济发展的短板领域如区域发展不均衡等并没有解决。

结合前三季度长三角地区运行趋势和国内外发展环境，考虑到长三角地区经济发展的阶段性特征，总体判断：2018 年长三角地区继续在新确立的增长区间内保持稳进趋好态势，深入推进的结构调整、不断加深的效率变革、稳步实施的动能培育将成为中高速、质量发展阶段的重要任务，预计 2018 年浙江、上海、江苏、安徽经济增长分别为 8.1% 左右、7.0% 左右、7.4% 左右、8.5% 左右。

表5　2017—2018年浙江、上海、江苏、安徽GDP增长预测（单位:%）

地　区	2016年（实际数）	2017年（预测数）	2018年（预测数）
长三角地区	7.7	7.6	7.7
浙江	7.5	8.0	8.1
上海	6.8	7.0	7.0
江苏	7.8	7.2	7.4
安徽	8.7	8.3	8.5

四、下一阶段长三角地区经济发展的政策建议

从经济长周期运行和转型调整程度看，长三角地区经济已经进入到新的发展阶段。下一阶段，长三角地区需要围绕建构经济新结构、确立竞争新优势、重塑发展新动能等重点任务，继续深入推进供给侧结构性改革，加快推动经济发展质量变革、效率变革、动力变革，保证地区经济中高速、高质量稳定发展。

（一）以空间功能再造为重点促进区域协调发展

针对长三角发达地区与相对滞后地区分化明显的不协调、不平衡问题，在强化原有区域间合作机制建设基础上，强化空间功能再造，促进地区内部与各省市内部协调发展。

1. 以城市群为重点构建空间发展新格局

积极提升上海核心带动作用和综合服务功能，协调处理好上海与区域性中心城市发展的关系，化解城市利益冲突，推动南京、苏州、杭州、合肥等区域性中心城市建设。要根据不同等级城市规模、范围和辐射能力、集聚能力，推进南京都市圈、杭州都市圈、合肥都市圈、苏锡常都市圈、宁波都市圈同城一体发展步伐。

2. 以功能区建设促进各省市内部协调发展

各省市要改变传统梯度转移理论下区域发展格局，按照比较优势和特色路径建设支撑地区内部发展的功能区。上海应充分发挥国际经济、金融、贸易、航运中心作用，提升上海与近边功能协同区的关联程度，积极建设浦东滨江沿海战略协同区、杭州湾北岸战略协同区、长江口战略协同区和环淀山湖战略协同区；江苏应按照功能互补原则积极打造以扬子江城市群、沿海经济带、江淮生态经济区、徐州淮海经济区中心城市为支撑的“1+3”功能区；浙江应突破传统县域经济小格局构建都市经济走廊，强化杭州、宁波、温州、金义四大都市区支撑和引领作用；安徽可以利用皖江、皖北、皖南、皖西先后上升到国家战略的机遇，高层次打造合肥都市圈、皖江、皖北、皖南、皖西五个区域板块组成的“1+4”功能区格局。

（二）以创新集聚为路径促进区域创新驱动发展

长三角地区需要充分把握科技创新动向，着眼于供给侧结构性改革的基本要求，以提高全要素生产率为目标，实现创新集聚发展。

1. 明确企业在构建创新集群中的主体定位

长三角地区要增强企业的创新主体地位，充分尊重企业在技术创新决策、研发投入、科研组织和成果转化中的主导作用，建设企业研究院、工程技术研究中心、企业院士工作站等，促进技术、人才等创新要素向企业研发机构集中。

2. 加快推进产学研深度合作

长三角地区需充分发挥市场机制激励效应，改革完善产业技术创新战略联盟形成和运行机制，以高校知识创新为中心，支持企业与高等学校、科研院所联合设立研发机构或技术转移机构，共同开展研究开发、成果应用与推广、标准研究与制定等，促进产业链和创新链深度融合。

3. 加快形成区域创新集群

鼓励和支持产业集群与高校、科研机构建立产学研协同创新网络，推动产业集群共性技术研发和推广应用，强化战略性新兴产业、生产性服务业等关键领域创新集群建设，加快形成若干个具有示范带动作用的创新集群。特别需要在江苏苏北地区、安徽皖北地区、浙江浙北地区、上海周边地区形成一定数量的创新集群。

（三）以实体经济为载体促进区域转型升级发展

长三角地区是实体经济集中的地区，区域经济转型升级的重要载体就是实体经济。

1. 加快现代产业新体系构建

通过“对接+建设”这一思路，即对接国际制造业最前沿合作平台、研发平台、转化平台和建设一批制造业创新中心、国际化智能制造技术服务平台，突破新一代信息技术、高端装备、新材料等重点领域关键核心技术，为实体企业发展提供技术支撑。江苏、浙江、安徽、上海可以根据本地实际建立“专项资金+重大项目”的联动机制，充分发挥各类专项资金的作用，优先支持工业企业技术改造、先进装备制造业和智能制造等领域重大项目，为现代工业发展新体系提供资源支撑。

2. 加快改造提升传统工业行业

立足于长三角地区纺织、冶金、石化、建材等传统产业发展实际，鼓励企业使用新技术、新工艺、新装备和新材料，解决传统产业价值链层次较低的问题，推动产业结构加快由中低端向中高端迈进。同时，结合生产型制造向服务型制造转换的新趋势，培育扶持新业态、新模式等，积极引导制造型企业向服务端延伸生产链条，适应市场出现的定制化、高端化等新需求。

3. 继续化解实体企业发展约束条件

按照供给侧结构性改革的要求，各省市要落实有关实体经济企业降成本、去杠杆等政策措施，采取财政补贴、税收抵扣、贷款贴息、加速折旧等多种方式，为实体经济企业“减压降负”，切实提高实体经济投资回报，激发实体经济企业发展活力。同时，江苏、浙江实体企业较为发达的地区应加快全产业链布局，促进产业上下游之间、大中小企业之间、传统产品生产与新产品生产之间的融合协作，尽快形成实体企业竞争优势形成、集聚、释放局面。

附：前三季度长江经济带沿线省市经济运行简况

长江经济带横跨我国地理三大阶梯，覆盖上海、江苏、浙江、安徽、江西、湖北、湖南、重庆、四川、云南、贵州等11省市。前三季度，长江经济带沿线11省市（以下简称沿线省市）宏观经济运行基本平稳，经济增速全部高于全国整体增速。就经济总量来看，前三季度，长江沿线地区生产总值总和为267 037.4亿元，占全国总量的45%，上海、江苏、浙江经济总量较大，三省市占沿线省市经济总量的45.4%。就增长速度来看，鉴于沿线省市处于不同的发展阶段，经济增长呈现出分化趋势，处于不同的增长区间。一般而言，长江下游省市经济增速明显慢于长江中上游省市。如表5所示。

表5　2017年前三季度长江经济带经济发展总量与增速

地　　区	地区生产总值（亿元）	同比增长（%）	高于全国增速（千百分点）
上海	21 617.5	7.0	0.1
江苏	62 604.5	7.2	0.3
浙江	36 958	8.1	1.3
安徽	19 811.4	8.3	1.4
江西	14 725.1	9.0	2.1
湖北	25 076	7.8	0.9
湖南	24 492.3	7.5	0.6
重庆	14 309.2	10.0	3.1
四川	27 297.2	8.1	2.0
云南	10 646.7	9.0	2.1
贵州	9 499.5	10.1	3.2
全国	593 288	6.9	—

G27 2017年中部地区经济形势分析与2018年展望

阮华彪 常彬斌*

摘要：2017年以来，中部六省深入贯彻落实新发展理念，大力推进供给侧结构性改革，深入实施创新驱动战略，积极有效应对各种挑战，发展动能和质量效益稳步改善，经济运行继续保持平稳增长，稳中有进、稳中向好态势持续巩固。随着十九大的胜利召开，政策落实改革落地加快推进，区域合作不断深化，中部地区须突出发展新定位，找准区域新优势，推动中部崛起步伐加快。展望2018年，随着国际环境逐步回暖及新发展理念的贯彻落实，中部经济有望继续保持相对较快增长。

关键词：中部地区 经济运行 稳中向好

一、2017年中部地区经济运行基本情况

（一）经济增速高于全国，总体保持较快增长

2017年以来，中部六省主动适应经济发展新常态，切实推进供给侧结构性改革，经济运行保持总体平稳、稳中有进、稳中向好的态势。前三季度，六省GDP总量达到127 461.9亿元，平均增速达到8.0%，高于全国水平1.1个百分点，六省增速均在全国平均水平之上。从季度走势来看，中部六省经济仍处于回升态势，前三季度增速较上半年持平，较一季度上升0.2个百分点，与全国走势基本一致。从分省情况来看，河南经济总量突破3万亿元，居中部首位；江西增速达9%，居六省首位；山西经济增长在14个季度后首次超过全国平均水平，由疲转兴态势进一步明

* 阮华彪，经济学硕士，安徽省经济信息中心预测处副处长，高级经济师，主要研究宏观经济分析与预测、区域经济、产业经济等问题；常彬斌，经济学硕士，安徽省经济信息中心预测处经济师，主要研究宏观经济、区域经济等问题。

确。如图 1 所示。

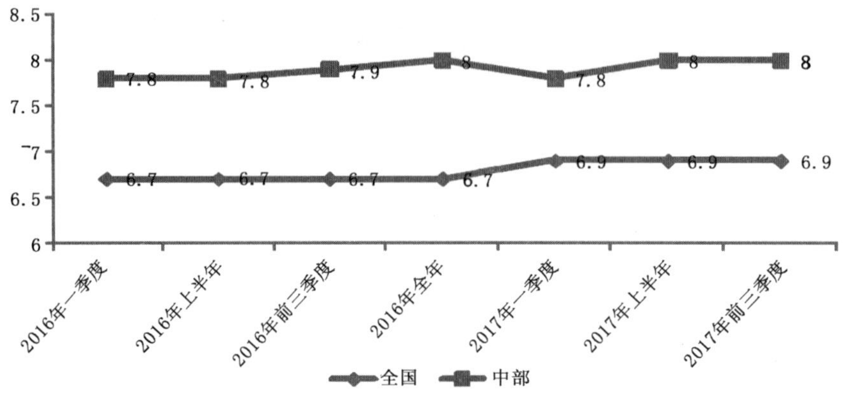

图 1　2016 年以来全国及中部地区 GDP 增速（单位:%）

（二）工业保持快速增长，行业结构持续优化

前三季度，六省规模以上工业增加值增速均超全国平均水平，除湖南（6.7%）外，其余五省均保持 7% 以上的增长。其中，江西规模以上工业增加值增速超过 9%，位列全国第五、中部第一。工业结构转型升级步伐加快。前三季度，湖北装备制造业、高技术制造业增加值分别增长 12.8%、17.8%，分别高于规模以上工业增速 4.9、9.9 个百分点。山西非煤工业增加值增长 8.9%，快于煤炭产业 2.8 个百分点，对工业增长的贡献率达 64.8%。安徽战略性新兴产业产值增速持续加快，达到 21.9%，超上年同期 6.1 个百分点，高出规模以上工业 6.1 个百分点。企业效益稳步提升。1—8 月，江西规模以上工业实现利润总额增长 27.0%，同比提高 14.8 个百分点；安徽主营业务收入利润率提高 0.17 个百分点；山西全部规模以上工业实现利润较上年同期增加 631.4 亿元，是 2012 年以来同期最好水平。

（三）固定资产投资增幅小幅回落，投资结构继续改善

前三季度，中部六省固定资产投资平均增速达 10.5%，较上年同期回落 1.9 个百分点，但仍高于全国平均水平 3 个百分点。其中，江西、湖南以 12.6% 的增速并列中部第一。投资量增质优的特点更加明显。民间投资保持活力，1-9 月份，江西民间投资占全部投资的 71.7%，对投资增长的贡献率达 71.5%；湖南民间投资增长 13.3%，比第一季度和上半年分别快 6.7 个和 1.8 个百分点，比上年同期快 10.4 个百分点，回升态势明显。优化升级步伐加快，河南工业技术改造项目投资增长 48.8%，高于工业投资 43.1 个百分点，占工业投资比重同比提高 4.2 个百分点；山西高技术产业投资增长 20.1%，快于上半年 5.8 个百分点。基础设施和民生领域补

短板投资力度加大，安徽基础设施投资增长 25. 1% ，比全部投资高 15. 1 个百分点，拉动全部投资增长 5. 4 个百分点。如图 2 所示。

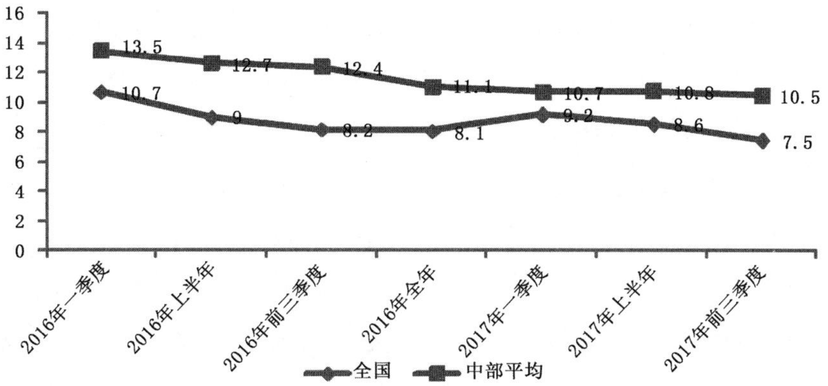

图 2　2016 年以来全国及中部六省固定资产投资增速（单位:%）

（四）消费品市场总体平稳，消费需求升级趋势明显

前三季度，中部六省社会消费品零售总额平均增长 10. 8% ，较上年同期小幅回落0. 2 个百分点，高于全国平均水平 0. 4 个百分点。其中，除山西（6. 8% ）低于全国平均增速，其余各省均保持两位数快速增长。如表 1 所示。

表 1　2016 年以来全国及中部六省社会消费品零售总额增速（单位:%）

地　区	2016 年一季度	2016 年上半年	2016 年前三季度	2016 年全年	2017 年一季度	2017 年上半年	2017 年前三季度
山西	5. 3	6. 4	6. 9	7. 4	5. 8	6. 6	6. 8
安徽	12	12. 1	12. 2	12. 3	11. 9	12	11. 7
江西	11. 9	11. 9	11. 9	12	12. 4	12. 7	12. 6
河南	11. 5	11. 5	11. 7	11. 9	12	12	11. 8
湖北	11. 7	11. 4	11. 4	11. 8	11	11. 8	11. 8
湖南	11. 2	11. 4	11. 6	11. 7	11. 4	11	10. 5
中部平均	9. 7	10. 8	11	11. 2	10. 7	11	10. 8
全国	10. 3	10. 3	10. 4	10. 4	10	10. 4	10. 4

1. 网购消费大幅增长

安徽网上零售额增长 46. 3% ，实物商品网上零售额增长 40. 6% ，比全国高 11. 5 个百分点；山西限额以上网络商品零售额增长 29. 4% ，快于限上消费 26. 5 个百分点。

2. **消费升级类商品快速增长，文化时尚消费凸显**

江西限额以上单位汽车类、家用电器和音像器材类、电子出版及音像制品类商品零售额分别增长 16.4%、14.0% 和 13.8%；安徽化妆品类和金银珠宝类等时尚用品分别增长 13.7% 和 11.2%，增速比上半年分别提高 2.8 个和 0.5 个百分点，比上年同期分别提高 6 个和 12.9 个百分点。

3. **发展享受型消费快速增长**

随着生活品质的提高，旅游消费持续活跃。山西旅游总收入增长 26.7%，较上半年加快 2.3 个百分点，接待国内旅游者和海外旅游者人数分别增长 27.1% 和 6.0%，分别加快 1.9 个和 0.5 个百分点；安徽快递业务量、业务收入分别增长 32.4% 和 31.9%；湖南限上法人企业零售额中，石油制品类商品零售额增长 10.9%，较上年同期提高 11.3 个百分点。

（五）外需形势明显向好，对外贸易呈现高速增长

前三季度，中部地区进出口贸易快速增长，进出口总值平均增长 23.1%，较上年同期提升 20.8 个百分点，高于全国 6.5 个百分点，其中出口值增长 21.6%，同比提升 18.6 个百分点，超出全国 9.2 个百分点。安徽各季增速均保持在 30% 以上，且连续 7 个月快于全国；湖南实施的出口“破零倍增”计划成效显著，进出口总额增速高达 56.5%，跃居全国第二、中部首位。如表 2 所示。

表 2　2017 年前三季度全国及中部六省外贸情况（单位：亿元，%）

地　区	进出口	增幅	出口	增幅
山西	837.6	4.8	508	6.1
安徽	2 657.7	33.8	1 533.1	21.8
江西	2 427.6	22.5	1 836.7	21.7
河南	3 167.3	5.5	1 905.85	10.7
湖北	2 286.6	22.5	1 488.2	21.8
湖南	1 656	56.5	1 056.87	52.7
中部	13 032.8	23.1	8 328.7	21.6
全国	202 930	16.6	111 630	12.4

中部六省在外贸结构优化、动力转换、效益提升上亮点频现。

1. **商品结构优化明显，科技含量提高**

安徽注重优化加工贸易布局，出口机电产品增长 25.4%，占出口总值的

55.2%，比上年同期提高 1.6 个百分点，高新技术产品出口增长 40.4%，占出口总值的 23.5%，比重提高 3.1 个百分点。

2. 民营企业成为拉动外贸的重要引擎

湖南省民营企业日益活跃，外贸额占全省外贸总额的 61.5%，同比提升 4.6 个百分点，电子信息、汽车生产、手机装配等高附加值产业成为外贸行业新高地。

3. "一带一路"红利助外贸持续升温

湖南对"一带一路"沿线国家进出口额同比增长达 45.8%，其中对俄罗斯、乌克兰、匈牙利等 9 个沿线国家出口同比增长一倍多。

4. 贸易方式更加优化，一般贸易出口占比稳步提升，跨境电子商务、市场采购贸易等新业态快速发展

河南一般贸易大幅增长，加工贸易占比相对回落，一般贸易进出口增长 20.5%，占同期我省外贸总值的 36.3%，加工贸易进出口比上年同期下降 2.7 个百分点；跨境电商进出口商品总值已经超过上年全年。

二、2017 年中部地区经济运行中的主要问题

2017 年以来，中部地区经济运行总体平稳，向好因素不断累积，但经济运行中的不确定性因素仍然较多，经济发展中不平衡不充分问题仍较突出，持续向好基础尚需进一步巩固。

1. 融资难融资贵加剧，企业负担加重

受金融监管收紧、金融机构去杠杆加力等影响，资金供给明显偏紧，近期企业融资难度加大、成本提高。9 月末，江西金融机构人民币各项存款余额同比增长 11.7%，比 6 月末回落 2.1 个百分点；安徽的人民币各项贷款余额 33 622.3 亿元，同比少增 565.5 亿元。房地产领域仍然占有大量金融资源，惜贷、限贷、抽贷等现象也仍然存在，债券市场发行规模下降、成本上升，金融支持实体经济仍需加大力度。

2. 固定资产投资稳中略缓，增长后劲仍显不足

投资作为稳增长利器，在经济运行中发挥着关键作用，但近来投资面临着下行压力不容忽视。当前，江西、湖北等省固定资产投资增速出现明显回落，安徽新开工项目下降 6.1%，投资后续增长乏力。从短期内看，民间投资虽然有所复苏，但由于 PPP 模式的推广不够深入，项目签约率低、落地难，民营企业参与积极性不

高，民间投资在重大项目投资中占比偏低，民间投资的关键性作用发挥仍十分有限。

3. 房地产对整体经济回升有一定影响

2017 年以来，受市场调控政策影响，房地产市场总体进入调整阶段，开发投资增速稳中有降，商品房施工和竣工面积增幅收窄，商品房销售增长放缓。前三季度，安徽商品房销售面积增速仅有 6.5%，较上年同期大幅回落 40.8 个百分点；河南房屋新开工面积同比下降 5.6%。随着楼市调控政策的长期化，短期内对房地产投资增长可能会有所影响，对经济增长有一定抑制作用。

三、2018 年中部地区面临的发展环境

1. 全球经济趋于活跃，新兴经济体增长加快

2017 年以来，全球经济活动的回升力度持续加强，在中国、欧洲、日本和美国，以及亚洲新兴市场经济体的周期性回升加快的情况下，IMF 预计 2017 年和 2018 年全球 GDP 分别增长 3.6%、3.7%，显著高于 2016 年 3.2% 的全球增长率（全球金融危机以来的最低水平）。有利的全球金融环境和发达经济体的复苏将有助于新兴市场和发展中经济体加快增长，中国和亚洲其他新兴经济体的增长保持强劲，拉美部分大宗商品出口国、独联体国家和撒哈拉以南非洲经济增长虽面临困难，但已出现改善迹象。发达经济体有望在 2017 年普遍提速，美国、加拿大、欧元区和日本的经济活动日趋活跃。

2. 国内政策保持稳健，经济有望延续平稳态势

在供给侧结构性改革、创新驱动发展战略推动下，宏观经济发展的稳定性、协调性和可持续性增强，稳中有进的态势有望延续。IMF 对我国 2018 年经济增速预计达 6.5%。初步预计，2018 年的财政政策整体仍将保持积极，但会更加侧重“积极有效”，注重提高财政资金的使用效率。一方面，加大力度减税降费，降低企业负担；另一方面，扩大财政支出力度，对补短板、惠民生等领域给予重点支持。货币政策短期内仍会延续定向宽货币、加大行业监管力度的调控思路，继续加大金融领域去杠杆力度，同时也加强对关键领域和薄弱环节的支持力度。

3. 市场环境继续改善，行业效益改善仍有望持续

十九大召开以后，市场化改革的力度将会进一步加大，市场环境将进一步改善。2017 年“三去一降一补”政策取得新进展，特别是去产能、去库存进展明显，超出市场预期，去产能目标有望提前完成。煤炭、钢铁价格也出现明显上涨，未来去产

能政策重点在坚持淘汰落后产能的同时平衡好去产能与保供应、稳价格的关系，进一步建立和完善市场化长效机制，企业盈利的改善有望持续，债务负担有望缓解。房地产去库存加快推进，不同城市房地产市场运行分化出现变化，热点一、二线城市房地产市场有所降温，三、四线城市销售火热。重点产业调整和振兴措施效果正逐步显现，有利于中部地区在改革进程中夯实发展后劲。

综合分析，2018 年中部各省将继续以供给侧结构性改革为主线，围绕创新驱动和工业升级战略、金融监管去杠杆、金融服务回归实体、住房制度探索，不断加快经济结构转型力度，推动经济发展质量变革、效率变革、动力变革。随着各项改革措施的稳步推进，高端制造、先进制造业、互联网、大数据、人工智能等新技术新产业的加速发展，市场信心和发展预期将持续改善。初步预计，2018 年中部地区经济增速在 8% 左右。

四、加快中部地区发展的几点建议

党的十九大报告明确指出，中部地区要发挥优势推动中部地区崛起。中部地区找准自身优势所在至关重要。《促进中部地区崛起“十三五”规划》对中部地区的定位从过去注重发挥传统优势的“三基地、一枢纽”调整为“一中心、四区”，即全国重要先进制造业中心，全国新型城镇化重点区、全国现代农业发展核心区、全国生态文明建设示范区、全方位开放重要支撑区。中部地区必须突出发展新定位，找准区域新优势，推动中部地区的加速崛起。

1. 突出创新支撑，推动制造业发展水平提升

十九大报告已经明确提出，创新是引领发展的第一动力。中部地区要进一步强化创新对区域发展的带动力，围绕全国先进制造业中心的定位，依托湖北武汉、安徽合芜蚌区域全面创新改革试验区等平台，聚焦前瞻性基础研究、引领性原创成果，加大政策的引导支持力度，加速创新要素在中部地区的集聚。尤其是强化资本对创新的推动力，切实提升科技成果转化率，形成一批带动力强的创新型领军企业，带动制造业的加速转型升级，使中部地区的要素、产业、环境等方面优势更加充分地发挥。

2. 注重统筹协调，深入推进新型城镇化建设

与东部地区相比，中部地区的城镇化进程和水平仍然明显滞后，中心城市的带动能力比较弱，县城城镇化质量不高。十九大报告提出，要以城市群为主体构建大中小城市和小城镇协调发展的城镇格局。中部地区要以加快武汉、郑州等国家中心

城市和长沙、合肥、南昌、太原等省会城市建设为重点，强化中心城市的要素集聚能力和对周边城市的辐射带动作用，推动形成更加合理的城镇体系。深化长江中游城市群、中原城市群、皖江城市带、山西中部城市群之间的合作，在发展机制协调、基础设施互联互通、生产要素自由流动、生态环境联动治理等方面探索合作新模式，形成发展合力。

3. 强化优势基础，加快农业现代化进程

尽管中部地区农业资源优势明显，但农业本身的效益仍然不高，在装备水平、产业组织形式、现代要素投入等方面距离现代化的要求仍有较大差距。中部地区应在创新农业经营体制机制上下功夫，做大做强农业生产经营主体，积极探索“订单+保险+期货”的生产经营新模式，稳定农业生产的收益。培育建立农业产业化联合体，形成家庭农场生产、农业合作社服务、龙头企业带动的多元主体分工协作机制。推动农业要素物权、债权、股权、知识产权等交易服务为一体的公共服务平台建设，盘活农村各类要素资源，激活农村发展活力。

4. 夯实生态基础，打造绿色发展先行区

十九大报告提出，建设生态文明是中华民族永续发展的千年大计。作为我国重要的水源涵养区、水土保持区、洪水调蓄区和生物多样性保持功能区，中部地区必须把生态保护放在更加突出的位置，在形成绿色生产生活方式方面走在全国前列。牢固树立“绿水青山就是金山银山”的发展理念，加大生态环境保护的投入力度，完善流域生态补偿机制，通过发展生态旅游、碳交易等多种形式，实现生态资源向生态资本的转化。大力推进绿色循环生产，通过政策引导企业进行技术改造，实现资源的减量化和再利用，使有限的资源实现最大的经济效益。

5. 全面扩大开放，努力培育开放发展新优势

国家区域战略的变化使中部地区面临前所未有的开放新机遇。在立足自身优势的基础上，中部各省应统筹考虑长江经济带建设与国家“一带一路”倡议实施，通过强化区域间协同发展，不断提升外向型经济发展能力。一方面，加强中部各省在大通关协作、“水路空铁”联运、投资便利措施、政府服务等领域的合作，共同培育区域发展环境新优势。另一方面，通过产业链合作、园区平台共建等多种模式抱团推进海外投资，共同拓展海外发展新空间。

G28 2017年西部地区经济形势分析及2018年展望

朱 敏*

摘要：2017年以来，西部地区在国家“三大战略”推进实施、供给侧结构性改革、承接东部产业转移、培育发展新动能等积极因素的带动下，经济发展延续了“十二五”以来的快速增长态势，新兴产业快速增长，转型升级持续推进。然而，尽管2017年以来西部省市经济增速快于中东部地区，但其经济增长方式仍以投资驱动为主，尤其是政策拉动的基建投资，而以民间投资为主体的市场内生投资动力不足，可能拖慢经济发展步伐。同时，新兴产业规模依然较小，尚不足以填补传统行业增速放缓留下的空白。展望第四季度及2018年西部地区经济发展环境，西部地区依然处于较快发展的战略机遇期，推动经济稳中向好的积极因素没有改变，预计2018年经济增速有望达到7.7%左右，继续领跑全国。未来西部地区应努力改变经济发展对投资的过度依赖，积极扩大消费需求，培育壮大新动能，促进新旧动能及时接续转换。

关键词：西部地区 经济运行 问题 趋势展望

2017年以来，西部地区在国家“三大战略”推进实施、供给侧结构性改革、承接东部产业转移、培育发展新动能等积极因素的带动下，新兴产业快速增长，转型升级持续推进。尽管2017年以来西部省市经济增速快于中东部地区，但其经济增长方式仍以投资驱动为主，尤其是政策拉动的基建投资，而以民间投资为主体的市场内生投资动力不足，可能拖慢经济发展步伐。同时，新兴产业规模依然较小，尚不足以填补传统行业增速放缓留下的空白。展望第四季度及2018年西部地区经济发展环境，西部地区依然处于较快发展的战略机遇期，推动经济稳中向好的积极因素没有改变，预计2018年经济增速有望达到7.7%左右，继续领跑全国。未来西部地区

* 朱敏，高级经济师，就职于国家信息中心经济预测部，从事宏观经济、区域规划、新动能、新能源等方面的研究工作。

应努力改变经济发展对投资的过度依赖，积极扩大消费需求，培育壮大新动能，促进新旧动能及时接续转换。

一、2017 年西部地区经济运行情况分析

2017 年以来，西部地区牢牢把握稳中求进的工作总基调，深入推进供给侧结构性改革，加快转型升级，经济社会发展呈现稳中有进、稳中向好的良好态势，各项指标普遍快于全国平均水平，在四大板块中继续走在前列。

1. 经济增幅相对较高

2017 年西部地区经济运行延续向好趋势，在全国 31 个省区市中，西部省市包揽了前三季度经济增速三甲，贵州、西藏和重庆分别增长 10.1%、10.1% 和 10%。云南、四川、陕西、宁夏、新疆 GDP 同比分别增长 9.0%、8.1%、8.1%、7.8% 和 7.5%，增幅分别比全国平均水平高 2.1、1.2、1.2、0.9 和 0.6 个百分点。贵州经济增速自 2011 年第 1 季度以来，已经连续 27 个季度保持在全国前三位。重庆在 2013—2016 年，GDP 增速连续 4 年保持 10% 以上。

2. 固定资产投资较快增长

在“稳增长”的背景下，通过投资拉动经济增长成为许多地方政府的首选手段。而房地产在国家数轮政策的严厉调控下，市场主体开始变得小心翼翼；制造业在预期经济增幅放慢、需求下降、各项成本上升、利润下滑的大背景下，也开始收缩投资；唯一有可能快速增长的就是以“铁公机”为代表的基建投资，这也是政策容易拉动的领域。而西部地区恰恰对于基建投资有巨大需求，相比东部较为完善的基础设施，西部许多地方高铁不通、道路不畅，基建投资的空间很大。2017 年初，西部许多省市为拉动经济增长，纷纷出台了规模宏大的投资计划。如陕西 2017 年安排省级重点项目 600 个，总投资额 3.7 万亿元，年度投资 4 820 亿元，这些项目包括基础设施、能源化工、装备制造、战略性新兴产业等。2017 年重庆交通建设计划投资 820 亿元，其中，铁路投资 285 亿元，公路投资 470 亿元，民航投资 25 亿元等。在这些政府投资项目带动下，2017 年以来西部地区固定资产投资快速增长，前三季度完成投资 122 338 亿元，增长 9.4%，增速快于全国 1.9 个百分点，比东部、中部和东北增速分别快 0.8、1.9 和 11.5 个百分点。

3. 消费市场实现平稳增长

2017 年以来，西部各省区消费环境日益改善，城乡居民收入不断增长，新业态和新商业模式蓬勃发展，对经济的拉动作用不断增强。前三季度，西部大部分省市

社会消费品零售总额增长均快于全国平均水平，并且各省区之间差距较小，呈现协调发展态势。前三季度，西部地区社会消费品零售总额增速快于全国平均水平的省市依次为西藏、云南、贵州、四川、陕西、广西和重庆，同比分别增长 14%、12.3%、12.3%、12.1%、12%、11%和 11%，增速分别比全国平均水平高 3.6、1.9、1.9、1.7、1.6、0.6 和0.6 个百分点，宁夏、青海、内蒙古、甘肃、新疆5 省区社会消费品零售总额增速慢于全国平均水平，增速最高的西藏与最低的新疆仅相差6.7 个百分点。而与上年同期相比，社会消费品零售总额增速上升和下降的省市各占一半，并且上升和下降的幅度都不是很大。如表 1 所示。

表1　近一年来西部各省社会消费品零售总额累计增速（单位:%）

地　区	2017 年9 月	2017 年6 月	2017 年3 月	2016 年12 月	2016 年9 月
西藏自治区	14	14.2	14.6	12.5	12
云南省	12.3	12.4	12.3	12.1	12
贵州省	12.3	13.1	13	13	12.8
四川省	12.1	12.4	12.3	11.7	11.5
陕西省	12	11.9	11.5	11	10.6
广西壮族自治区	11	10.6	9.9	10.7	10.2
重庆市	11	11.7	12	13.2	13.1
宁夏回族自治区	9.5	9.7	9.2	7.7	7.2
青海省	9.5	10.5	9.5	11	11.2
内蒙古自治区	8.4	9.4	9.8	9.7	9.6
甘肃省	8.4	8.9	9.1	9.5	8.9
新疆维吾尔自治区	7.3	7	6.5	8.4	8

4. 经济新动能不断壮大

2017 年以来，西部地区积极实施创新驱动战略，工业转型升级步伐不断加快，新兴产业持续快速发展，初步形成了具有地方特色的新经济发展模式，部分省市已经形成了以高附加值、高技术含量为特色的产业结构，经济新动能不断壮大，对经济的拉动作用不断增强。近年贵州在大数据等新经济领域发展迅速，1—9 月，计算机、通信和其他电子设备制造业、仪器仪表制造业、电气机械和器材制造业、汽车制造业增加值分别比上年同期增长 91.0%、60.6%、24.1%和 20.7%，均不同程度高于规模以上工业增速。2017 年前三季度，重庆电子制造业增加值增长 26.1%，装备制造业增长 10.8%，化工医药行业增长 12.4%。手机产量 25 185.33 万台，增长 28.4%；液晶显示屏产量 6 641.29 万片，增长 198.1%。云南新动能持续发力，计算机、通信和其他电子设备制造业增加值比上年同期增长1.35倍，医药制造业增长18.8%、汽车制造业增长39.6%。

二、前三季度西部地区经济发展中存在的主要问题

尽管前三季度西部经济运行继续保持平稳较快增长态势，但市场内生投资动力不足、新旧动能不能及时转换导致部分经济指标波动风险较大，结构性矛盾还较为突出，经济向好的基础仍需进一步巩固。

1. 市场内生投资动力不足可能会拖西部经济后腿

尽管近年来西部省市经济增速快于中东部地区，但其经济增长方式仍以投资驱动为主。进一步分析投资内部结构可以发现，西部投资快速增长主要依赖以“铁公机”为代表的基建投资，政策拉动的特征非常明显，而以市场力量为主体的房地产投资、民间投资均不温不火，与政府拉动的基建“投资热”形成了鲜明对比。市场内生投资动力不足，某种程度上也预示西部这一轮“投资热”或许难以持久，可能拖慢经济发展步伐。2017年前三季度西部地区投资增长9.4%，增速快于全国1.9个百分点。其中，房地产投资同比增长3.6%，比1—8月回落0.4个百分点，增速比全国平均水平低4.5个百分点，比东部地区低5.4个百分点，比中部地区低9.7个百分点。民间投资也表现出类似特征，西部地区前三季度民间投资同比增长4.6%，比1—8月回落0.8个百分点，增速比全国平均水平低1.4个百分点，比东部地区低4.1个百分点，比中部地区低2.5个百分点。

2. 新旧动能转换亟待进一步提速

尽管西部新兴产业发展取得较大突破，但在经济发展新常态形势下，由于新兴产业规模依然较小，尚不足以填补传统行业增速放缓留下的空白，西部要想保持经济平稳较快增长，新旧动能转换亟待进一步提速。西部地区受交通、市场资源要素聚集能力等限制，目前土地、融资、物流、行政等四大成本仍然较高，中小企业融资成本攀升，公路物流成本普遍高于全国平均水平，在一定程度上抑制了传统产业的投资动力。同时，随着多条高铁线路的开通，尽管极大方便了西部省市与周边省市的联系，但也使得一部分居民消费流失到外省市。如云南的工业产品主要以矿产、烟草制品、茶、水泥为主，在国家提出减少生产计划的情况下，2017年烟草经济继续增长或难以实现。贵州情况与云南相似，皆以烟酒茶及矿产资源开采加工业为主，贵州新兴行业虽然突飞猛进但占比不高，电子信息产业占规模以上工业的比重仅为2.3%，远远低于煤炭、烟草等传统行业。电商企业起步晚，竞争力不强，轻工产品

没有外省企业丰富，导致消费外流，对传统商业模式的冲击较大。

3. 民营经济发展缓慢影响经济转型

大量理论分析和实践经验均表明，民营经济产权明晰的特点使其具有比国有经济更强的激励机制，在市场竞争压力下，民营经济更具活力，对于促进经济增长发挥着举足轻重的作用。私营企业是民营经济主要成分之一，西部地区私营企业单位数约为 141.8 万个，仅占全国私营企业单位总数的 16.4%，与私营企业单位数全国占比 65.7% 的东部地区相差甚远。由于西部地区民营经济发展缓慢，使得经济转型缺乏市场主体支撑，经济转型步履沉重。西部许多省市是资源大省，资源型经济转型会使大量人员从该行业退出，民营经济因发展滞后而不能充分吸纳这些人员，导致失业大量增加，影响社会稳定。此外，民营经济发展缓慢严重影响研发创新活动，抑制了新兴产业的发育壮大，无法及时为转型经济提供新的增长动力，经济增速下降导致收入下降和失业率上升，使经济转型阻力增大。

4. 政府债务风险不容忽视

地方政府债务风险是一个全国性的问题，但与东部地区相比，西部地区这一问题更需引起重视。因为西部地区地广人稀，总体经济规模较小，财政收入较低，基础设施建设及民生投入的压力又大，因而政府负债率普遍高于中东部地区。2016 年，全国地方政府负债率为 19.9%，有 14 个地方政府负债率超过全国水平，西部地区除西藏外，其余 11 个地方政府负债率均超过全国水平。如果西部新旧动能不能及时接续转换，经济增速下降，进而财政收入下降，将使政府债务风险浮出水面，亟须提前防范。

三、2018 年西部地区经济发展环境分析及趋势展望

展望第四季度及 2018 年西部地区经济发展，西部地区依然处于快速发展的战略机遇期。

1. 国家将一如既往支持西部地区发展

国家提出的“一带一路”倡议顺应了我国改革开放转型和产业转移升级趋势，使我国对外开放态势从以东南沿海为重点，转变为东中西部平衡发展，尤其是经西部向西亚和欧洲开放，使占国土面积2/3的中西部地区成为对外开放前沿，2018 年“一带一路”倡议将进一步推进实施。2016 年 8 月底，党中央、国务院决定在重庆市、四川省、陕西省等西部省份新设立自贸试验区。2016 年 12 月公布的《西部大开发“十三五”规划》提出：西部地区应坚持开放引领，促进互利共赢的共享理

念，促进西部大开发与“一带一路”建设、长江经济带发展紧密衔接、相互支撑，加快内陆沿边开放步伐。这些战略与倡议的推进实施及后续配套政策的出台，将为西部地区提供难得的政策机遇期。

2. 西部地区新动能将进一步培育壮大

人工智能、大数据、物联网、互联网等新兴产业对交通条件、地理位置的要求没有传统产业高，西部地区完全可以和东部站在同一起跑线上。目前，西部多个省份在培育新动能方面已经走在了全国前列，如贵州的大数据产业发展蒸蒸日上，重庆电子信息产业渐成气候。《贵州省人民政府关于加快发展新经济培育新动能的意见》提出，到2020年，新经济成为全省经济发展的重要支撑，新经济十大产业增加值“十三五”期间年均增长15%以上，基本构建以数字经济、绿色经济、旅游经济等为重点的新经济产业体系，数字经济增加值占地区生产总值的比重达到30%以上，绿色经济“四型产业”增加值占地区生产总值的比重达到50%左右。目前，西部各省市正在大力推进新兴产业发展，培育壮大新动能，这将为未来经济增长提供强劲动力。

3. “放管服”及降本增效等一系列改革举措将为经济增长注入体制动力

为缓解经济下行压力，培育壮大新动能，促进经济结构调整，遏制生产经营成本持续攀升势头，西部省市认真贯彻落实中央关于供给侧结构性改革的安排部署，落实中央关于政府文件和规章清理工作的要求，为“放管服”改革、企业降本增效提供更加完善的制度保障。如甘肃省政府对2000年1月1日至2015年12月31日期间的文件进行了全面清理，宣布废止487件政府文件，以及18件政府规章。云南省政府印发《关于印发云南省降低实体经济企业成本实施细则的通知》，突出“降成本”政策的普惠性、针对性和差别化，进一步落实企业税费、融资、交易、社保、物流等优惠政策，着力推进供给侧结构性改革“降成本”工作。该通知对合理降低企业税费、降低企业融资成本、降低制度性交易成本等11个方面做出明确要求。

4. 西部省市项目建设对经济的拉动作用将会增强

为稳定经济增长，西部省市结合地区实际情况和经济发展需要，研究、筛选、储备了一批可拉动经济增长的大项目，这些项目建设，不仅可以创造较大的市场需求，而且建成以后，将形成强大的产品生产能力和市场供应能力，从而有效推动经济平稳较快增长。西部多地在部署第四季度工作时强调，确保固定资产投资持续快速增长，重点抓好重点工业项目建设，为2018年做好政策储备和项目储备。2017年贵州全省共安排重大工程和重点项目2 620项，陆续推出三大基础设施、大数据、大生态、大健康、“4+1”重大工程包和 PPP 项目工程包，以及新经济工程项目包，在项目建设方面将形成项目不断档、建设不停步、时时有增量的局面。截至 9 月底，全省共有施工项目13 535个，比上年同期增长 26.2%。云南旅游资源丰富，省委省政府在确定旅游三年行动计划中，确定了 177 个大项目，4 700 多亿元投资，打造云南旅游发展新引擎。

然而，西部经济尽管目前增速领先其他三大板块，但其结构性矛盾依然较为突出，经济增长在很大程度上还是依赖投资拉动，尤其是政府主导的基建投资拉动，以民营经济为代表的市场内生增长力量发育迟缓，新动能培育壮大仍然面临一系列体制机制障碍，新兴产业规模还比较小，这些不确定因素将对经济增长构成一定的制约，影响到西部地区经济发展的后劲。多地在分析第四季度经济形势时强调，影响经济增长的不确定因素仍然存在，经济提速增长的压力增大。

综合来看，未来西部地区经济增长将继续保持稳中向好的态势，第四季度随着“放管服”和降本增效改革的深入推进，低端无效产能的有效有序化解，相关产品价格上涨，企业盈利空间增大，生产积极性提高，全年经济增速有望达到 8% 左右，约比全国平均水平高 1 个百分点，继续领跑全国。2018 年，如果我国经济增速总体放慢，西部地区市场需求下降，投资对经济的拉动作用可能下滑，经济增速将会小幅下滑，预计在 7.7% 左右。

四、促进西部地区经济高质量持续协调发展的政策建议

西部地区未来要以党的十九大精神为统领，坚定不移地推动供给侧结构性改革，突出抓重点、补短板、强弱项。

1. 培育壮大新动能，促进新旧动能及时接续转换

十九大指出，目前我国社会主要矛盾已经转化为人民日益增长的美好生活需要和不平衡不充分的发展之间的矛盾，当前西部地区正处在产业转型升级、协调发展阶段，经济发展更需要朝高水平、高质量增长方向迈进，推动经济转型升级、大力发展新兴产业、满足人民对更高质量产品需求将是必然趋势。然而，目前我国培育壮大新动能、促进新兴产业发展的配套政策还很不完善，包括融资政策、财税政策、知识产权政策均存在诸多不利于新动能发展的体制机制障碍。未来应认真研究技术专利、知识产权等无形资产评估作价方法和标准，完善相关政策法律规定，引导银行制定适应新经济融资需求的衡量标准。财税扶持政策应注重公平，做到精准补贴，国家工程实验室、招标项目的申请标准应适度向西部地区倾斜，适当考虑西部人口分布、经济发展与发达地区的差异。

深化知识产权领域改革，加强知识产权保护。通过一系列体制机制改革，培育壮大新动能，促进新旧动能及时接续转换。

2. 进一步激发民间投资活力，促进民营经济发展

民营中小企业不仅是就业的主体，也是技术创新的重要载体。如果没有民营经济的充分发展，单靠国有经济单打独斗不仅难以“稳增长”，而且也不利于培育新动能。因此，要切实把民间投资优惠政策落到实处，进一步开放民用机场、基础电信运营、油气勘探开发、配售电、国防科技等领域，鼓励民间投资进入。在医疗、养老、教育等民生领域完善已有的配套政策，重点解决民办养老机构在设立许可、土地使用、医保对接、金融支持、人才培养等方面的难题，民营医院在职称晋升、政府补贴、土地使用等方面的突出困难，民办学校在办学资格、职称评定等方面的突出矛盾。大力推广政府和社会资本合作（PPP）模式，进一步完善公共服务和基础设施领域鼓励民间投资参与的政策措施。研究出台相关行业、领域的 PPP 实施细则，切实解决民企与国企公平竞争问题。加快推动相关立法工作，明确适用范围、条件和程序，去除不合理门槛，保障各方的合法权益。

3. 积极扩大消费需求，改变经济发展对投资的过度依赖

目前，西部大部分省区消费对经济增长的拉动作用尚未充分发挥，内需结构失衡状况比较严重。因而，未来西部地区应努力改变经济发展对投资的过度依赖，积极扩大消费需求，尤其是要大力挖掘农村消费潜力。由于西部地区主要是以政府投资为主导模式的投资体制，完善财政投融资体系显得尤为重要。在继续支持经济结构调整和技术进步的前提下，要抵制低水平重复建设，提高财政资金投资效益，将资金重点投资于农业、科技进步、区域发展、环境保护等过去忽视的范围和领域。大力实施乡村振兴战略，积极推进乡村市场工程建设，引导和支持大中型流通企业，连锁公司将经营触角向农村地区延伸，促进农产品进超市、进商场，改善农村市场购物环境。采取有效措施，解决农产品出售难问题，切实增加农民收入，扩大消费规模，不断把农村市场的巨大潜力变成现实的购买力。

4. 采取有效措施推进地方政府债务去杠杆工作

近年来，西部部分地方政府债务增长仍然较快，必须采取有效措施，妥善应对，严防区域性、系统性风险发生。首先，明确地方政府债务类型及偿还责任。明确区分地方政府负有偿还责任的债务、地方政府负有担保责任的债务及地方政府可能承担一定救助责任的债务三种债务类型及其不同的偿还责任，为地方政府债务风险评估提供科学依据。其次，要严格区分地方国有企业和地方政府债务的界限。严格贯彻中央对地方政府融资平台转型的要求，适度允许地方国有企业发生违约，以便加强对投资者的教育。最后，量力而行开展 PPP 项目。地方政府在充分评估政府财政可承受能力、项目类型和项目盈利能力的基础上，可量力而行开展 PPP 项目。中央可从执行层面上加强金融监管，限制地方政府利用 PPP 方式变相举债，有效地降低隐性表外债务和地方政府融资担保所带来的风险隐患。

G29　2017年京津冀运行特征及2018年形势展望

杨永恒　邹　锐*

摘要：2017年，京津冀协同发展加速推进，三省市协同发展全面提速，交通、产业、环保等重点领域取得率先突破。区域经济增长速度虽有所放缓，但转型升级步伐加快，新动能不断积蓄。展望2018年，京津冀协同发展进入全面实施、纵深推进的关键阶段，首都非核心功能疏解、交通一体化、产业转移升级、生态环保一体化、公共服务一体化等方面的持续推进，以及雄安新区建设项目的陆续落地建设，将带动京津冀地区经济实力进一步提升，区域协同发展程度不断增强。

关键词：京津冀　协同发展　一体化　经济增长

一、2017年京津冀地区经济发展形势分析

2017年，京津冀地区协同发展加速推进，交通、产业、环保等重点领域取得率先突破；区域经济增长有所放缓，产业结构持续优化；工业生产分化运行，企业效益稳步提升；服务业支撑作用增强，优势行业发挥带动作用；投资增速有所放缓，三地呈现不同特点；消费结构持续改善，拉动经济作用增强；创新驱动引领发展，动能转换步伐加快。

（一）协同发展加速推进，重点领域率先取得突破

在京津冀协同发展国家战略进程加速推进的大背景下，2017年，北京、天津、河北三省市积极贯彻落实《京津冀协同发展规划纲要》精神和《"十三五"时期京津冀国民经济和社会发展规划》，紧紧牵住疏解北京非首都功能这个"牛鼻子"和

---

* 杨永恒，博士，高级经济师，北京市经济信息中心研究部副主任，主要研究方向为宏观经济；邹锐，硕士，经济师，北京市经济信息中心研究部研究人员，主要研究方向为居民消费。

主要矛盾，调整经济结构和空间结构，深化改革、创新驱动、重点项目和试点示范有序推进，体制机制障碍加快破除，区域协同发展取得显著成效。

2017 年以来，京津冀在符合协同发展目标且现实急需、具备条件、取得共识的交通一体化、产业升级转移、生态环境保护等重点领域率先取得突破。交通一体化方面，轨道、公路、航空、港口等方面建设稳步推进，一体化交通网络加速构建。产业转移升级方面，遵循《京津冀产业转移指南》，坚持产业转移与产业转型升级、创新能力提升相结合，与培育产业集群竞争力、适应资源环境承载力相结合，有序进行产业疏解转移，积极推进京津冀产业转移承载平台和承载园区建设，开展不同层次、不同行业、不同规模的产业转移对接活动，积极促进三省市要素资源合理配置，产业链上下游合作。生态环境协同方面，京津冀地区生态环境保护和治理的行政区域限制正在打破，水污染防治、水资源保护、大气污染联防联治、生态补偿等方面持续开展协作，生态共建和联动程度不断加强。此外，在公共服务方面，京津冀积极补齐“短板”。目前，京津冀三省市已在社会保障、医疗卫生、教育合作、文化建设、旅游合作等方面进行了有益探索实践，优质资源共享成果初步显现。

（二）区域经济增长有所放缓，转型升级步伐加快

1. 区域经济增长有所放缓，产业结构持续优化

经济增长略有回落，呈现中低速运行特点。2017 年 1—9 月，京津冀地区实现生产总值 58 622.8 亿元，增长 6.6%[1]，比上年同期放缓 0.7 个百分点。其中，北京、天津、河北分别增长 6.8%、6%、6.7%，三省市经济增速呈现中低速运行特点（见表 1），增速走势有所差异，与上年同期相比，北京、河北增长较为平稳，天津增速下降较为明显，预计 2017 年全年京津冀地区经济增长 6.5% 左右。

从三次产业结构来看，产业结构更加优化，第三产业对经济增长贡献持续提升。具体来看，北京市紧密结合首都城市战略定位推动工作，加快“瘦身提质”，服务主导型特征更加突出，“高精尖”经济结构加快构建。1—9 月，三次产业结构比例为 0.5∶17.5∶82，第三产业比重同比提高 0.2 个百分点。天津市注重改革创新的带动作用，深入推进产业转型升级，加快新旧动能转换，积极承接非首都功能，推动重点领域协同发展，不断“强身聚核”。三次产业结构比例为 1.1∶38.1∶60.8，第三产业比重同比提高 7 个百分点，经济转型发展成效继续显现。河北省在承接京津产业转移中加大力度推动产业结构调整，持续“健身增效”。1—9 月，三次产业

[1] 京津冀地区经济增速=北京市经济增速×北京 GDP 占区域比重+天津市经济增长率×天津 GDP 占区域比重+河北省经济增长率×河北省 GDP 占区域比重

结构比例为9∶49.4∶41.6，第三产业同比提高0.2个百分点，产业支撑由二产向服务业加快转换，产业结构调整更趋合理。

表1　京津冀地区三省市2017年1—9月主要经济指标情况

项　目	北京		天津		河北	
	绝对值（亿元）	增速（%）	绝对值（亿元）	增速（%）	绝对值（亿元）	增速（%）
GDP	17 367.8	6.7	13 339.44	9.1	22 496.1	6.8
第一产业	86.9	-4.6	140.38	2.9	2 309.8	3.4
第二产业	3 429.6	5.4	5 128.49	3.2	12 650.3	3.9
工业	—	6.0	—	3.2	—	3.7
第三产业	16 053.3	7.1	8 180.63	8.5	10 643.4	11.0
固定资产投资额	6 093.7	5.0	10 458.81	-0.3	24 787.9	5.1
社会消费品零售额	8 174.9	5.4	4 295.63	4.3	10 938.7	10.8
出口额	2 808.2	17.5	2 181.57	-1.2	1 592.8	6.6
CPI	—	1.9	—	2.2	—	1.5
居民人均可支配收入	42 641	9.2	29 448	8.9	15 776	9.3

数据来源：北京、天津、河北省统计局网站。

2. 工业增长“一稳两缓”

北京工业增长平稳，津冀工业增长放缓。2017年1—9月，北京、天津、河北三地规模以上工业增加值分别增长6%、3.2%、3.7%，北京工业增速同比提高2.1个百分点，天津和河北分别比上年同期下降5.6、1.9个百分点。具体来看，北京市工业增长虽受汽车生产减速影响，但在高技术制造业和战略性新兴产业增长较快的带动下，实现平稳增长。1—9月，高技术制造业和战略性新兴产业增加值分别增长16.7%和14.4%，给工业增长有力支撑。天津市工业生产有所放缓，但从结构看，调整升级持续推进。1—9月，高技术（制造业）产业增加值同比增长12.9%，对全市工业增加值增长的贡献率高达52.9%，较上年同期提高43.7个百分点；装备制造业增加值同比增长5.8%，贡献率达69.5%，较上年同期提高26.0个百分点。河北省工业生产略微放缓，继续向中高端迈进。受大力发展装备制造业和高新技术产业带动，工业主导产业由钢铁工业加快向装备制造业转换，装备制造业无论是速度、比重和贡献稳居七大主要行业首位，继续领跑工业。1—9月，装备制造业增加值增长12.5%，比全省规模以上工业增速高8.8个百分点；对规模以上工业的贡献率达83.8%。

工业企业效益持续提升，发展方式更加绿色。2017年1—8月，北京工业企业利润总额同比增长，增速比上年同期提高 9.9 个百分点。天津工业企业利润总额同比增长 19.5%，比上年同期提高 16.5 个百分点。河北规模以上工业企业利润总额同比增长 18.7%，规模以上工业亏损企业亏损额同比下降 35.1%。1—9 月，北京规模以上工业单位增加值能耗下降 7.3%，降幅大于上半年 3.6 个百分点。天津 39 个行业大类中，有 28 个行业的万元增加值能耗呈现不同程度的下降。河北六大高耗能行业增加值下降 0.7%，降幅比上半年扩大 0.5 个百分点。

3. 服务业增速均快于经济增长速度

京津冀三地服务业增速均快于经济增长速度，其中京冀服务业加快发展，天津服务业增速虽有所减缓，但仍发挥经济稳定器的作用。2017 年 1—9 月，北京、河北、天津第三产业增加值分别同比增长 7.1%、11%、8.5%，分别快于经济增速 0.3、2.5、4.3 个百分点，与上年同期相比，北京和河北同比提高 0.2、2 个百分点；天津同比下降 1.3 个百分点。具体来看，北京市服务业占全市 GDP 的比重为 82%，同比提高 0.2 个百分点。其中，金融、科技服务、信息服务等优势行业保持稳定增长，对全市经济增长的贡献率合计达到 53.2%。天津市服务业占 GDP 比重达到 60.8%，同比提高 0.7 个百分点。规模以上营利性服务业营收增长较快，尤其互联网和相关服务、软件和信息技术服务、租赁和商务服务业起到了强有力的支撑作用。河北省服务业占 GDP 比重达到 41.6%，同比提高 0.2 个百分点。金融业、住宿和餐饮业、批发和零售业、交通运输和仓储邮政业增长较快，分别增长 11.2%、10.5%、9.8%、8.6%。

4. 投资增速受房地产投资拖累均有所放缓

在房地产投资增长减速拖累下，京津冀三地投资增速均有所回落。1—9 月，北京、天津、河北固定资产投资增速分别增长 5%、-0.3%、5.1%，分别比上年同期下降 1.2、11.5、4.6 个百分点。具体来看，北京市受工业投资和房地产投资增长下降影响，固定资产投资小幅回落，补短板惠民生作用增强。工业投资增长 15.5%，同比下降 10.2 个百分点。房地产开发投资下降 6.8%，同比下降 4.1 个百分点；占全市投资比重为 52.7%，同比下降 4.8 个百分点。基础设施投资在交通、能源、园林绿化等项目带动下，增长 26.9%，同比提高 12.3 个百分点；占全市投资的比重为 32.2%，同比提高 5.6 个百分点。天津市投资增速明显放缓，新兴产业投资保持良好增长态势。工业优势产业投资增长 4.3%，同比提高 1.8 个百分点；高技术服务业投资增长 65.4%，同比提高 18.4 个百分点。房地产开发投资同比增长 4.2%，同比下降 16.6 个百分点。基础设施投资增长 2.1%，同比提高 10.4 个百分点。河北省投资增速有所减缓，大项目带动作用突出。1—9 月，河北全省亿元以上在建项目

7 169个，同比增加 1 491 个，增长 26.3%；完成投资16 745.6亿元，增长 15.1%，同比提高 0.9 个百分点；占河北投资比重为 67.6%，同比提高 5.9 个百分点。房地产开发投资 3 757.6 亿元，同比增长 5%，同比下降 8.6 个百分点。

5. 消费增速“两快一慢”

京津冀三地消费增速“两快一慢”，但均呈现出向更高层级、更高质量的消费升级趋势。具体来看，北京市服务性消费是拉动消费增长的主要动力。1—9 月，北京市场总消费额增长 8.6%，同比提高 1 个百分点；消费增长快于投资 3.6 个百分点，主导经济地位更加突出。其中，服务性消费额增长 11.7%，同比提高 0.6 个百分点；占市场总消费额的 52.3%，同比提高 7.3 个百分点；对总消费的贡献率达到 69.6%。社会消费品零售总额增长 5.4%，同比提高 0.6 个百分点。天津市消费增速有所放缓，发展享受型商品销售较旺。1—9 月，社会消费品零售总额同比增长 4.3%，同比下降 3 个百分点。其中，体育娱乐用品限额以上零售额增长 1.1 倍，家具、化妆品、通信器材等限额以上零售额分别增长 57.0%、13.8% 和 12.8%。河北省消费品市场稳中向好，消费升级步伐加快。1—9 月，全省社会消费品零售总额增长 10.8%，同比提高 0.7 个百分点。在限额以上批发和零售商品大类中，建筑及装潢材料类、中西药品类商品、石油及制品类、通信器材类商品增长较快。

（三）创新驱动引领发展，动能转换步伐加快

京津冀科技投入不断增加，创新表现活跃。2017 年，区域协同创新能力和创新成果转化率明显提升，“双创” 综合发展水平进一步提升。北京市研发支出实现稳步增长，创新引领作用进一步突出。1—8 月，规模以上大中型重点企业 R&D 经费支出 292.1 亿元，同比增长 10.8%，比上年同期提高 2.9 个百分点。中关村创新表现活跃，示范区规模以上高新技术企业研发经费支出增长 16.9%，拥有有效发明专利 7 万余件，占全市企业的 6 成以上。天津市加快建设创新平台，加速成果转化，积极打造高端创新要素聚集、产业特色鲜明、可持续发展的示范园区和双创基地。2017 年，天津深入推进中欧先进制造业产业园、西青电子城建设，加快建设金融创新运营试验区和全国双创示范基地，目前已组建产学研用创新联盟 30 个，众创空间 139 家。河北省以科技创新引领产业选择，积极促进“京津研发、河北转化”，突出项目引领，集聚创新要素，全面推进创新型河北建设。2017 年，河北积极推进协同创新战略平台建设，完善“一南一北一环” 布局，推动环首都现代农业科技示范带、河北·京南国家科技成果转移转化示范区等建设，重点实施“大智移云” 等十大技术创新专项。积极抓好苗圃、雏鹰、小巨人和上市四大工程，推动科技型中小企业“量质齐升”。重点支持石、唐、秦争创国家创新型城市，加快提升区域创新功能。

二、2018 年京津冀地区发展环境分析及展望

2018 年，国际经济复苏换挡提速，国内经济运行缓中趋稳，随着京津冀协同发展国家战略的持续推进，首都非核心功能疏解、交通一体化、产业转移升级、公共服务一体化等方面的持续推进，以及雄安新区建设项目的陆续落地建设，将带动京津冀地区经济实力进一步提升。

（一）全球经济复苏换挡提速，仍面临反复风险

2018 年，全球经济进入复苏换挡的关键阶段，并有望借助政策搭配的重心转移，实现从“脆弱慢增长”向“稳健快发展”的长期状态转换。2017 年 10 月，IMF 公布年度经济展望，将 2018 年全球经济增长预期上调至 3.71%。根据 IMF 的预测，全球经济增长有望强势复苏，全球经济增长的动力引擎从发达国家转向新兴市场，中美经济的双核稳定作用持续显现，科技进步、政策微调、治理改善、信心趋强和微观崛起将有力促进全球经济内生复苏动能的自我修复。与此同时，复苏换挡仍面临反复风险，贸易保护主义升温，以及经济和政治政策的高度不确定性或为全球经济带来挑战；且全球经济增长处于“旧力已弱、新力未强”的状态转换阶段，换挡风险在短期和长期均广泛存在，复苏能否在新挡位长期运行尚存较大变数。

（二）国内经济缓中趋稳，经济结构持续优化

2017 年以来，我国持续深化供给侧结构性改革，适度扩大总需求，经济增长呈现出回稳向好的良好发展态势，但是金融、财政、房地产、投资等领域的风险和矛盾仍然存在，经济增长的基础有待夯实。展望 2018 年，中国经济持续在由投资驱动转向内部消费驱动的再平衡过程，经济结构持续优化，新产业新业态蓬勃发展，积极的财政政策和稳健中性的货币政策继续延续，开放型经济体制逐步健全，社会预期有所改善，保持经济稳定增长的有利条件仍然较多，继续延续稳中向好的态势。但国际环境不确定性较多、整顿地方债务、房地产市场调控、去杠杆产生关联风险等因素会抑制经济增长，宏观经济将呈现稳中趋缓态势。

（三）京津冀协同发展全面提速，区域经济实力进一步提升

2018 年，着眼于建设世界级城市群这一战略目标，京津冀协同发展进入全面实施、纵深推进的关键阶段，《京津冀协同发展规划纲要》和《“十三五”时期京津冀国民经济和社会发展规划》逐步落实，高起点高标准的雄安新区规划建设将加速推

进，京津冀区域三省市战略合作全面深化，京津冀一体化建设全面提速，区域整体经济实力将进一步提升。

1. **交通领域**

从城市轨道交通、市郊铁路、轨道干线铁路、城际铁路这四个方面加快融合。充分发挥轨道交通的先导作用，继续推进京唐、京滨、京张、京沈等城际铁路建设，推动市域（郊）铁路建设，完善城市副中心与中心城、其他新城及周边区域的轨道连接，完善多层次轨道线网，引导城市沿轨道走廊有序发展。推进北京与雄安交通基础设施直连直通。全面提速北京市与雄安新区之间的高速铁路、城际铁路、高速公路等交通基础设施规划建设。按照2022年冬奥会交通承诺，加快京张铁路、崇礼铁路、张家口宁远机场等项目建设。加快北京新机场的“五纵两横”配套设施项目建设。同时，加快构建现代化的津冀港口群。持续扩大京津冀交通一卡通的使用覆盖范围。

2. **生态领域**

京津冀及周边地区大气污染和水污染防治协作机制将进一步完善，环首都国家公园体系、2022年北京冬奥会绿化工程等加快实施建设，环境遥感数据监测信息平台等智慧环保平台建设将进一步推进。

3. **产业领域**

2018年，在京津冀三地产业协同发展路径上，北京仍将承担京津冀地区产业研发、设计、服务等功能，继续进行产业输出及外扩，放大北京技术外溢效应的覆盖范围。以中关村国家自主创新示范区为主体，重点提升创新能力，推进高端共性技术研发和关键核心部件研制，加快工业设计、信息服务、咨询等生产性服务业发展。天津以产业链合作为基础，聚焦总部经济、研发转化、金融创新、航运物流等重点承接方向，引导产业转移项目有序落地；打造一批优质承接平台和企业合作项目，继续加强天津滨海-中关村科技园、宝坻京津中关村科技城等创新平台建设，用好天津未来科技城京津合作示范区、电子城·天津西青科技产业园等平台，深化对接合作；同时，发挥天津先进制造研发优势，主动向河北延伸产业链条，有计划地开展对冀产业转移。河北以承接产业转移为主，先进装备制造、新一代信息技术、现代商贸物流等产业是重点承接方向，同时环保产业将得到重视。京南国家科技成果转移转化示范区、北京（曹妃甸）现代产业发展试验区一系列合作共建园区将持续推进，带动产业集群发展，加速优势互补、相融互促。在推动京津冀协同发展战略落地实施的过程中，产业协同必然带来要素的流动和资金的聚合，金融协同和公共服务协同将成为推动产业进一步协同发展的重要抓手。

鉴于潜在增长率变动的长期性和区域经济生产驱动的特征，初步预计，2018 年京津冀三省市经济运行总体保持稳定，三省市 GDP 增速与 2017 年经济增速基本持平，在 6.5% 左右。消费对经济增长的贡献率进一步提升，投资结构更趋合理，外需进一步恢复。产业结构持续优化调整，传统工业转型升级，高端制造业表现强劲，服务业保持较快发展。

三、推动京津冀区域协同发展的政策建议

（一）加快推进产业转型升级，实现优势互补、共赢发展

一是加大产业合作的财税扶持力度。发挥京津冀产业协同发展投资基金的作用，引导京津冀地区内企业跨行政区域进行产业协作配套、技术合作、资本合作及并购重组等；深化税收协同共建，以产业为导向形成税收协调基础，尝试建立区域一体化税收征管平台。二是加大科技创新协同。加快北京中关村和天津滨海高新区国家自主创新示范区发展，打造我国自主创新的重要源头和原始创新的主要策源地；做好北京原始创新、天津研发转化、河北推广应用的衔接，构建分工合理的创新发展格局。鼓励高校、国家级重点实验室等创新源头在新的功能定位区开设实验基地或实验室分站，与当地企业及创新链合作。加强区域科技人才的交流与共享。三是加大对民营企业及中小企业力量的重视，研究制定有利于民营企业及中小企业跨区协作的政策，充分发挥金融、培训、人才招聘、技术服务、物流等现代服务企业对要素流动的引导和支撑作用，引导民营经济及中小企业参与到京津冀产业链配套体系中。四是发挥央企在京津冀产业转移协作中的行业整合作用，特别是在钢铁、有色、装备制造、电子等行业领域，可以为区域产业链、创新链和价值链的融合发展发挥特殊的作用。

（二）加快公共服务一体化改革，补足区域发展短板

一是推进社会保障一体化。加快推进医疗、养老、失业保险政策一体化，加强区域内医疗、养老和失业保险统筹。二是推动教育医疗一体化。加强跨域教育医疗合作政策创新，引导一批京津医疗、教育资源向河北转移，支持有条件的优质高等教育资源在河北办分校，建立区域优质教育医疗资源共享机制。三是建立统一公共就业服务平台，共建区域实体和网上人力资源市场。建立区域统一规范就业服务对接，促进区域劳动力规范、有序、合理流动。

（三）推动要素市场一体化改革，增强区域协同发展程度

一是完善要素市场体系，鼓励京津两地产权交易所、金融资产交易所、环境交易所等专业交易平台开展广泛合作，积极推进建设高效、顺畅的土地、金融、技术和信息等要素市场。二是打破市场壁垒，建立统一的政府采购支持科技创新产品的政策体系，建设创新发展战略高地。三是推动三地在区域要素市场、促进投资贸易便利化、统一征信体系建设、区域金融市场一体化、区域金融风险防范等方面进行深入合作。

（四）不断完善促进区域协同发展的体制机制

一是建立沟通对接机制。将现有对接沟通制度化，具体工作层面对接常态化，形成高层互访推动、部门协调组织、企业主体落实的协同发展工作格局。二是建立共建共享机制。加强三地在各专门领域的信息共享，推进曹妃甸协同发展示范区、津冀循环经济产业示范区等共建平台建设，探索建立生态、扶贫、公共服务等方面的共享机制。三是建立市场推进机制。借鉴共同组建铁路公司、港口等市场化运作的成功经验，发挥市场机制作用，推进京津冀协同发展重大项目实施。四是构建利益分配机制。创新税收分享制度，建立区域税收征管合作机制和税收收入区域归属争议协商解决机制，加强跨区域税收利益分配协调；跨省市合作项目带来的地区生产总值、固定资产投资额统计方面，按比例分别计入参与合作的地区。

G30 2017年东北地区经济形势分析与2018年展望

肖若石*

摘要：2017年东北地区经济运行筑底回稳，在多重政策合力的推动下，经济结构调整、新旧动能接续转换初见成效，但东北地区仍然存在一定的经济下行压力，新旧动能成功转换接续还需要一定的时间。东北三省围绕贯彻落实新一轮东北振兴战略部署，以深入推进供给侧结构性改革为主线，在深化国企改革、优化营商环境、推动产业结构调整、落实大众创新万众创业等方面的工作中有不少亮点，积累形成了一些好的经验做法。2018年，东北地区经济发展企稳回升的态势不会改变，新旧动能接续转换加速，政策红利将持续释放，东北地区的经济增长有可能出现小幅提升，增速缓慢的辽宁省经过两年的经济调整巩固，有望在2018年出现大幅度的提升。

关键词：东北地区 产业转型 国企改革 运营环境

自2014年以来，东北地区的经济出现了断崖式的下跌，近几年东北三省GDP增速均排在全国倒数水平，其中辽宁省甚至出现了罕见的经济负增长。更令人担忧的是，东北地区经济下滑已经逐步传导到社会领域，双鸭山煤矿的讨薪事件引起了国内外媒体的广泛关注。针对这些问题，2015年年底国务院印发了《关于深入推进实施新一轮东北振兴战略 加快推动东北地区经济企稳向好若干重要举措的意见》，既从优化营商环境、深化国有企业改革、扩大对内对外开放方面，又分年度明确了127个总投资1.6万亿元项目。近两年来，东北三省围绕贯彻落实党中央、国务院关于新一轮东北振兴战略部署，以深入推进供给侧结构性改革为主线，东北地区经济发展情况出现了明显的好转，但总体看东北地区经济增速水平仍然是全国最低，经济下行压力仍然较大，市场化建设仍然迟滞，产业转型升级步伐仍需加快。

---

* 肖若石，经济学博士，就职于国家信息中心经济预测部，主要研究方向为经济体制改革、区域经济、收入分配、发展规划等。

一、东北地区经济发展的基本情况

2017 年前三季度，辽宁、吉林、黑龙江三省 GDP 增速分别为 2.5%、6.5%、6.4%，平均为 5.3%左右，低于全国增速 1.6 个百分点，是全国经济增长最慢的区域。相较于 2016 年，东北地区 GDP 增速出现一定程度的提升，辽宁、黑龙江分别比上年提高了 4.7 与 0.4 个百分点（见表 1）。从投资看，截至 8 月份，东北地区除黑龙江固定资产投资同比增长外，吉林、辽宁均有所下降。从工业增长看，前三季度辽宁、吉林、黑龙江规模以上工业增加值增速分别为-1.8%、5.4%、2.3%，相比第一季度的-6.2%、4.9%、2.1%出现明显好转，其中辽宁 8 月份规模以上工业增加值增速为 1.9%，是自 2014 年 9 月份以来首次正增长。

表 1　东北地区 GDP 增速及变动情况（单位:%）

项　目	2016 年上半年	2016 年前三季度	2017 年上半年	2017 年前三季度	2016 年比上年同期	2017 年比上年同期
辽宁	-1.0	-2.2	2.9	2.5	3.9	4.7
吉林	6.9	6.9	6.5	6.5	-0.4	-0.4
黑龙江	5.7	6.0	6.3	6.4	0.6	0.4
平均	3.9	3.6	5.2	5.1	1.3	1.5

二、东北地区经济筑底回升的主要因素分析

（一）挖掘内部潜力 工业逐步回暖

东北地区是我国的老工业基地，工业在支撑经济发展上有着举足轻重的作用。但从 2014 年年底开始，东北三省的工业陷入全面衰退，大幅低于全国增长水平，辽宁省在 2016 年月工业增加值平均增速甚至为-10.9%。工业快速下滑是造成东北地区经济断崖式下跌的主要因素。但 2017 年 1—8 月份，东北地区规模以上工业增加值同比增长 2.2%，连续 5 个月正增长，增速比上年同期提高 4.2 个百分点。同时，东北地区工业企业效益持续快速增长，1—8 月份东北地区规模以上工业总利润增长 39.8%，是四大板块增长最快的。其中，辽宁规模以上工业利润增长 57.5%；成品库存下降 4.3%；应收账款净额同比增长 5.1%。各项指标反映出辽宁省的工业企业经营质量有了明显好转。工业增长的良好态势，为东北地区经济企稳回升打下了坚

实的基础。

东北工业发展基础好、底子厚，有巨大的发展潜能可以挖掘。东北地区的劳动力素质较高，劳动力人均受教育年限仅次于北京、上海、天津三大直辖市。东北地区的高校和科研院所同样拥有雄厚的科研实力，航空航天、新材料、机器人、3D 打印等新兴产业领域的技术处于世界领先水平。最为重要的是，东北长期以来作为我国重要的工业基地，经过几十年的积累，在装备制造、军工、汽车等行业均具有相当明显的竞争优势。近两年，东北地区深入实施创新驱动战略，挖掘自身的工业传统优势，整合各类创新要素，工业发展才整体出现好转。

（二）全面深化改革 营商环境逐步优化

东北地区整体市场化程度较低、政府管理方式转变较为迟缓、法制环境与信用体系建设相对滞后，企业营商环境是全国最差的区域，有“资金不过山海关”一说。东北民营经济对经济增长的贡献率要低于全国平均水平 10 个百分点以上，2014 年全国 500 强民营企业东北地区只有 14 家。在推动东北地区市场化的过程中，确实存在客观困难，东北是最晚退出计划经济体制的地区，国企改革的历史包袱重。东北地区共有央企、国企 3 000 余家，资产总额超过 4.6 万亿元，职工人数近 200 万人，企业大都集中在产能过剩行业。随着经济下行压力不断增加，国有企业经营状况不断恶化，到 2015 年东北的国企整体处于亏损的状态。仅辽宁省无资产、无生产、无偿债能力的“三无僵尸企业”就高达 830 余家，涉及企业职工 16.5 万人。国企的全面衰退严重地拖累了举步维艰的东北经济，但当地政府仍然维持着保守残缺的态度。因此，东北若要进一步地优化市场环境，就要加大改革力度，从根本上破除制约发展的体制机制障碍，全面对标国内先进地区，深化国企改革，加快转变政府职能。

针对营商环境差、市场化程度较低的问题，东北地区在全面深化改革上下了大力气。国务院印发的《关于深入推进实施新一轮东北振兴战略部署 加快推动东北地区经济企稳向好若干重要举措的意见》和《东北振兴“十三五”规划》两大推动东北转型发展的顶层设计文件，均把深化改革作为核心的政策内容。主要包括推进行政管理体制改革、全面深化国有企业改革、加快民营经济发展等。在东北地区先行试点企业投资项目承诺制，实行企业投资项目管理负面清单制度。开展优化投资营商环境专项行动，推进“法治东北”“信用东北”建设。提出，要在 2016 年年底前出台深化东北地区国有企业改革专项工作方案，选择部分中央企业开展综合改革试点，引导中央企业加大与地方合作力度，加快解决历史遗留问题。加快在东北地区开展民营经济发展改革示范，2017 年 6 月底前在东北地区至少设立一家民营银行。

两年时间里，东北各级政府按照文件的相关要求，切实落实好各项改革任务，使得东北地区的市场化程度与营商环境有了显著的提升。2017 年上半年，东北地区新登记的企业数量同比增长 19.2%，增速在四大板块居首。东北地区已经逐步成为民间资本投资新的热土。

（三）加快扩大开放 培育新兴需求

东北地区是我国面向东北亚及俄罗斯远东地区对外开放的桥头堡，但东三省并未发挥和利用好优势，区域经济的外向程度较低。从贸易依存度看，辽宁省是我国东部沿海地区贸易依存度最低的省份，而吉林、黑龙江省的贸易依存度仅比一些西部偏远省份略高，相较于中部的安徽、河南等省份都要低。从人均吸引外商投资看，东北三省大致处于我国中等偏上水平，但这个排名与其吸引外资的内在条件并不相符，东北有完善的产业基础、高素质的劳动力、得天独厚的区位优势，是有能力吸引到更多的外商投资。造成东北地区对外开放程度较低的主要原因还是在国家层面缺乏对东北对外开放的顶层设计和战略定位，甚至由于东北亚地缘政治的因素，东北的对外开放一度陷入了进退两难的窘境。

新的时期，“一带一路”建设将东三省定位为向北开放的重要窗口，加强东三省与俄远东地区陆海联运合作，构建北京—莫斯科欧亚高速运输走廊。在落实“一带一路”建设中，东北等老工业基地以制造业转型升级为目标，根据资源分布特点，加快构建双向性、开放型、跨区域、连内外的多个产业园区组成的大平台，为东北老工业基地全面振兴提供产业发展载体，创新合作机制，拓展对外开放空间。1—8 月份，辽宁、吉林、黑龙江进出口累计额同比增长 17.4%、-0.6%、17.7%，辽宁和黑龙江高于全国平均增速近 1 个百分点。

三、东北三省推动转型发展的主要经验和做法

2017 年，东北三省在深化国企改革、优化营商环境、推动产业结构调整、落实大众创新万众创业等方面的工作中有不少亮点，积累形成了一些好的经验做法。

（一）辽宁省

1. 狠抓投资营商环境建设

着力构建制度性保障。颁布实施了《辽宁省优化营商环境条例》，是全国首部省级优化营商环境地方性法规，为辽宁省完善投资营商环境建设提供了法制保障。印发实施《关于优化投资环境的意见》，将 2017 年确定为“辽宁省优化营商环境建

设年”，成立软环境建设领导小组，组建东北地区首家省营商环境建设监督局，各地市也组建了专门的行政管理机构，实现了“一个章子管审批”。全面对标学习先进找差距。沈阳市按照世界银行投资营商环境评估标准，对全市投资营商环境开展全面分析评估，加快补齐短板，力争通过 3 年努力使沈阳市达到世界银行营商环境排名前 50 名经济体的水平。鼓励各地积极探索新模式新办法。探索以政策性条件引导、企业信用承诺、监管有效约束为核心的新管理模式。中德（沈阳）高端装备制造产业园实施企业“零收费”，力争帮助企业“无门槛进入、无顾虑投资、无干扰建设、无障碍发展”。

2. **大力推进大众创业万众创新**

加强创新平台建设。全省累计组建产业技术创新平台 38 个、创新战略联盟 12 家。2017 年以来，辽宁省已备案众创空间 98 个，入驻企业和团队超过 5 400 个。着力解决成果转化“最后一公里”问题。打通科技成果供给侧与需求侧通道，举办“科技成果转化年”活动，2017 年以来共举办对接活动 68 场，推进转化落地成果 800 多个。在沈阳浑南区组建东北科技大市场，目前已有 39 家服务机构实体入驻，吸引 126 家高校、科研院所成为科技资源供应商。上半年，辽宁省登记技术合同成交额同比增长 7.2%。强化人才培养和智力引进。落实百千万人才培养计划，充分发挥大连“海创周”作用，强化人才培养和智力引进，全省 2017 年引进海内外高层次人才 500 多人，众创空间在孵科技创业人才团队超过 5 000 个。

（二）吉林省

1. **多措并举扩大有效投资需求**

完善创新项目推进机制。研究制定推进项目建设的若干措施，围绕推进前期工作、抓项目建设、项目融资和督导奖惩等方面提出 26 条具体措施。就重大项目前期审批、资金落实、开工条件等落实情况逐项对接，现场答复解决问题，为项目尽早开工建设奠定良好基础。积极保障项目建设资金。举办项目推介会，争取项目资金支持，认真落实本省配套资金，确保项目资金到位率。积极创新 PPP 推介方式，谋划建立基础设施领域 PPP 项目库，向社会进行公示，吸引社会资本参与重大项目建设。目前，PPP 项目库中已签约项目 47 个，引入社会资本 193 亿元。

2. **全力支持民营经济发展**

着力优化投资营商环境。吉林省专门出台《关于进一步加强经济发展软环境建设的实施意见》，开通投诉举报电话和软环境微信平台。积极推动金融支持民营经济发展。建立东北地区首支省级企业信贷周转基金，各地市积极开辟创业担保贷款

“绿色通道”，设立工业企业发展周转资金，解决企业“倒贷”难题。设立东北地区首家民营银行，加快吉林股权交易所发展，推动组建通化市股权交易中心，推动与“新三板”建立挂牌企业转板机制。深入开展为企业清费减负行动。2016 年组织召开 47 场软环境建设清费减负座谈会，梳理解决企业反映问题近 200 项，全年减轻企业负担 263 亿元。

3. 大力推进长春新区建设

长春新区坚持规划引领、基础先行、项目立区、服务为先、先行先试，高效快速推进各项工作。2017 年上半年，长春新区地区生产总值、规模以上工业产值、固定资产投资、一般公共预算收入同比分别增长 8.5%、11.7%、23% 和 17.6%，实际利用外资同比增长 33.9%。着力推进新区体制机制创新。扎实推进市级管理权限下放，力争实现“新区事全部新区办”，对项目审批实行承诺审批制，同时推行并联审批和分段审批，健全完善招商工作机制，加强优质项目储备，提升招商服务效率，上半年开工项目 387 个，新能源汽车产业园、航天信息产业园、长德智能装备产业园、长春铁路综合货场等一批重大项目进展顺利。强化金融、人才等创新支撑能力建设，为企业设立“助保贷”，储备上市企业 79 家，推进人才改革试验区建设。

（三）黑龙江省

1. 积极推进国有企业改革

推进厂办大集体改革，全省地方国有企业“三供一业”分离移交基本完成，除大庆油田外，驻黑龙江省央企“三供一业”分离移交也已基本完成。哈尔滨铁路局与全省 11 个市签订了“三供一业”分离移交协议，大庆油田与大庆市正在开展工作对接。支持龙煤等重点国有企业改革脱困。黑龙江省支持龙煤集团大力精简管理机构、盘活非经营性资产、清缴应收账款，集团在册职工由 2015 年 8 月的 22.4 万人下降到 2016 年年底的 15.4 万人，2016 年同比减亏 23.7 亿元。2017 年 1—5 月，在煤价上升的有利条件下，实现利润 8 亿元。

2. 着力培育发展新动能

推动传统优势产业升级。启动实施技术改造升级专项行动和新一轮工业项目“双百工程”，推动哈电、一重等骨干企业“走出去”开辟新市场，与 60 多个央企签订对接合作项目，投资额 1 342 亿元。引导产业链条向高附加值端延伸。推动石油、煤炭、农业精深加工，建设大庆石化产业基地、双鸭山市全力打造现代煤电化产业示范区等。积极落实创新驱动战略，实施千户科技型企业三年行动计划，累计新注册科技型企业近 5 000 家，其中主营业务收入 500 万元以上科技型企业超过 1 000家，一批重大科技成果转化和产业化步伐加快。加快推进旅游、健康、养老、体育、文化等产业融合发展，2016 年夏季，来黑龙江休闲度假的外地老年人数量同比增长 90%。黑龙江省能源工业增加值占地区生产总值的比重由 20%下降为 8%，产业结构得到明显优化。

四、2018 年东北地区经济发展展望

（一）影响东北地区未来经济发展的主要因素

1. 国际因素

2018 年全球经济将处于微弱的筑底复苏期，民粹主义与民族主义抬头，各国政治动荡加剧，“黑天鹅”“灰犀牛”事件交织发生风险不断上升，美元进入加息周期，世界主要经济体的发展分化加剧。从世界主要经济体的指标看，9 月份美国非农数据低于预期，就业增长疲软，PMI 扩张也出现收缩，GDP 增速虽然达到 3%，但国内库存快速增长；日本第三季度 GDP 增长呈现良好势头，创造 2014 年以来的最高增速值，国外需求持续走强，钢铁、电子制品出口增加，但国内需求仍然疲软，人民收入水平没有出现明显增长。欧洲主要国家经济增长也持续偏软，移民事件、加泰罗尼亚脱西事件为欧洲的发展蒙上阴影。新兴经济体的增速同样有所放缓，其中巴西、印度、越南、巴基斯坦等国家 GDP 增速较上年均有所下降。国际环境对于东北地区而言是挑战与机遇并存，挑战是全球经济复苏缓慢，发达国家重返制造业，外部竞争加剧，会加剧东北地区装备机械出口的竞争，而机遇是东北各省积极参与国际产能合作，进一步加强双向开放，打造新的经济增长引擎。

2. 国内因素

党的十九大提出，要守住不发生系统性金融风险的底线，强化金融监管，防范风险仍然是 2018 年货币政策的主基调。但同时又进入“十三五”的关键时期，一些规划期内的重大项目在逐步落地，为保证投资项目的顺利完成，会强化财政政策的支撑力度。东北再振兴计划投资 1.6 万亿的项目 2018 年将如期落地，一些重大的交通基础设施项目 2018 年也会先后上马，这保证了 2018 年东北地区固定资产投资仍然可以保持稳定增长，夯实了东北经济企稳回升的基础。2018 年东北地区将进一步释放《关于深入推进实施新一轮东北振兴战略 加快推动东北地区经济企稳向好若干重要举措的意见》各项政策的红利，通过深入贯彻落实创新驱动战略与供给侧结

构性改革，新旧动能的接续转化进程也将进一步加快。

（二）东北地区经济发展的主要指标预测

通过分析国际经济环境与国内宏观形势、改革政策及区域内部的经济结构，可以判断，2018 年东北地区经济发展企稳回升的态势不会改变，新旧动能接续转换加速，政策红利将持续释放，东北地区的经济增长有可能出现小幅提升，其中东北地区增速缓慢的辽宁省，经过两年的经济调整巩固，有望在 2018 年出现大幅度的提升，GDP 增速有望提升 2 个百分点。

表 2　东北三省经济增速预测（单位：%）

地　区	2016 年增速	2017 年预测	2018 年预测
辽宁	-2.5	2.5	4.5
吉林	6.9	6.5	6.6
黑龙江	6.1	6.4	6.5

数据来源：各省统计公报及笔者测算。

（三）保持东北地区经济快速发展的相关政策建议

1. 加快国有企业改革，激发东北市场活力

加快东北地区国有企业的兼并重组力度，积极鼓励东部地区的优质国企参与，推动东北国企做大做强，提升东北国企的竞争力，努力培育 3 ~5 个世界一流企业。加快推动国企市场化改革，要从传统的企业体制退出，从传统的实物形态中退出，从传统的过重产业结构中退出。实物形态转向资本形态，形成更大的灵活性、更强的资源重新配置能力。要把“僵尸企业”作为东北国企改革的突破口，充分利用好国家推动去“僵尸企业”的相关政策和扶持资金。加快扩大混合所有制改革企业的覆盖范围，在土地、财税、员工持股、薪酬机制、股东治理等方面赋予东北地区更多的混改政策优惠。国企改革过程中，要依法保护国企职工的正当权益，要在职工下岗分流之前补齐未缴纳的社保金，重视下岗职工的生存生计问题，出台下岗职工免费培训和自主创业的优惠政策。

2. 加快技术创新与人力资本培养，全面提升创新能力

目前而言，东北三省的创新能力是较为薄弱的，2015 年黑龙江、吉林、辽宁研发经费占 GDP 的比重分别为 1.17%、0.94%、1.66%，均低于 1.70% 的全国平均水平；另一项衡量创新能力的重要指标——每十万人申请专利数量，东北地区仅是全国平均水平的一半。积极调动企业技术创新的积极性，鼓励建立企业国家重点实

验室，培育国家级高新技术产业化基地，支持引进国内外先进生产技术。加快多样化技术平台建设，建立技术研发中心、工程技术中心、产学研用联合实验室、技术创新联盟等支撑企业创新发展。东北要积极改善就业环境，打破限制劳动力合理流动的制度壁垒，加快公平、公正、公开的人力市场建设。围绕重点产业发展，编制年度引进人才计划与目录，在国内外权威媒体、知名网站及人社部门网站上发布。整合就业补助资金、创业担保贷款、人才专项经费等各类资金，设立人才发展基金，用于推动人才队伍建设和支持人才创新创业。

3. **强化与沿海地区合作，加快推动产业转型升级**

加快落实好《东北地区与东部地区部分省市对口合作工作方案》。要以合作园区建设为突破口，引进东部地区的先进经验、管理团队，创新管理体制和运行机制，吸引优势产业集聚。支持东部地区重点园区在东北地区设立分园区，鼓励东北地区与东部地区合作发展“飞地经济”，探索跨地区利益分享机制。争取在 2018 年东北主要产业区，均新设立一个合作园区，园区主要产业尽量避免东北已有的一些重化工业，主要发展机器人、智能装备、生物医药、新材料、高端装备、新能源等产业，依托园区积极推进东北地区产业转型。加快引导东部地区投资东北地区的旅游、文体、休闲、康养等生活服务业，鼓励和倡导互为生活服务客源地和目的地的合作。

G31　2017年广东经济形势分析及2018年展望

龚联华　蒙卫华　隋艳颖　马晓玲*

摘要：2017年，广东延续了2016年下半年以来稳中有进、稳中向好的发展趋势，经济运行呈现出增长加快、结构优化、质量效益提升的较好态势。展望2018年，广东经济将保持平稳增长、稳中向好的态势。预计2018年广东经济有望增长7.6%。广东将加大创新发展、振兴实体经济和区域协调发展力度，使经济更有效地高质量增长，促进广东加快建设现代化经济体系。

关键词：广东经济形势　新产业　新动能　现代经济体系

2017年以来，广东认真贯彻落实中央关于经济工作的各项决策部署，以习近平总书记对广东提出的“四个坚持、三个支撑、两个走在前列”为统领，坚持稳中求进的工作总基调，大力抓好促进经济增长的各项任务，积极推进结构调整和新旧动能转换。全省主要经济指标朝着积极向好的态势转变，有力地促进了广东加快建设现代化经济体系。

一、2017年广东经济运行的主要特征

1. GDP增速回升，产业结构优化

2017年，广东全省经济运行总体平稳，延续了2016年下半年以来稳中有进、稳中向好的发展态势。前三季度，广东实现地区生产总值64 815.38亿元，同比增长7.6%，增幅同比提高0.3个百分点；一产、二产、三产分别增长3.4%、6.6%和8.8%，同比分别提高0.3、0.4和0.2个百分点。产业结构进一步优化。前三季度三次产业结构优化调整为4.1∶42.6∶53.3，服务业占比同比提高0.9个百分点。

---

* 龚联华，广东省宏观经济分析中心副主任，高级经济师；蒙卫华，广东省宏观经济分析中心预测部部长，高级经济师；隋艳颖，广东省宏观经济分析中心预测部经济师，博士；马晓玲，广东省宏观经济分析中心预测部经济师，硕士。

2. 工业生产稳步增长，新产业新动能加快成长

前三季度，广东实现规模以上工业增加值2.51万亿元，同比增长7.2%。支柱产业保持较快增长。电子信息、电气机械、汽车制造三大支柱产业增加值分别增长13.4%、9.9%和11.6%，对规模以上工业增长的贡献率为63.3%，同比提高8.4个百分点。先进装备制造业发展势头良好。通用设备、专用设备制造业增加值分别增长11.3%和16.9%。珠江西岸装备制造业快速发展，形成了智能制造装备、新能源汽车等产业集群，珠江西岸装备制造业增加值增长12.7%，工作母机类制造业增加值增长19.4%。新动能加快成长。技术含量高、资源消耗少、符合转型升级方向的新产业新产品快速增长，仪器仪表、医药制造业增加值分别增长13.7%和11.3%，工业机器人、集成电路分别增长57.3%和24.8%。

3. 投资增长加快，基础设施投资大幅增长

前三季度，广东完成固定资产投资2.56万亿元，同比增长14.6%。基础设施投资大幅增长为投资增长提供有力支撑。基础设施投资增长28.1%，同比提高21.9个百分点；对投资增长的贡献率为40.5%，同比提高29.3个百分点。铁路、公路、机场投资分别增长59%、33.4%和32.9%，同比分别提高43.5、46.1和14.4个百分点。民间投资增速持续回升。民间投资增长14.2%，民营企业对新产业、新业态、新商业模式的投资不断加大，装备制造、电子通信设备、医疗设备制造业民间投资分别增长22.6%、22.3%和92.3%。

4. 市场消费平稳增长，新兴消费增长较好

前三季度，全省实现社会消费品零售总额2.80万亿元，同比增长10.3%。全省消费升级呈加快态势。通信器材类消费增长17.5%，平板电脑、超高清4K电视、微单相机销量分别增长25.7%、15.5%、22.2%。分享经济快速发展，共享单车、在线教育等新服务模式层出不穷，快递业务量增长34%，移动上网流量增长1.5倍，移动支付业务金额增长超过1倍。

5. 外贸稳步增长，结构进一步优化

前三季度，广东实现外贸进出口总额4.93万亿元，同比增长11%，同比提高12.1个百分点；其中出口增长9.3%，进口增长13.7%，同比分别提高10.3、15个百分点。外贸结构更趋优化。一般贸易进出口增长14.5%，占进出口总额比重为46%，比加工贸易占比高9.6个百分点。对美国、欧盟、“一带一路”沿线国家进出口分别增长13.3%、15.2%和18.5%。高端产品进出口增长较快，一般贸易高新技术产品进出口增长12.6%。民营企业进出口增长18%，比国有、外资分别高9.3、12.9个百分点。

6. 物价保持平稳

前三季度，广东CPI上涨1.4%，同比下降0.9个百分点。广东工业生产者购进价格指数同比上涨5.7%，上年同期却下降3.3%；广东工业生产者出厂价格指数同比上涨3.6%，上年同期却下降1.4%。PPI的积极变化，意味着市场供求关系逐渐得到改善。

总体来看，2017年广东经济运行“稳”的格局在巩固，“进”的态势在延续，呈现“四稳三进”的特点，“四稳”即工业、内需、外贸稳步增长，房地产稳定运行，“三进”即产业结构进一步优化、创新活力进一步增强、质量效益进一步改善。

二、广东经济需要重点关注的问题

1. 经济稳中向好是否具有可持续性

广东经济能否持续向好势头的潜在隐患：一是工业生产增速回升力度不及预期。规模以上工业增加值不能稳定增长，累计增速在2017年5月、7月、8月均有回落，其中5月和7月回落到与上年同期基本持平的水平。二是地区工业回升力度极不均衡。2017年1—8月，21个地级市中有5市规模以上工业增加值增速低于4%，广州、深圳增速也仅分别为4%和7.4%。同时，企业生产经营成本上升较快，2017年1—7月规模以上工业企业主营业务成本增长13.2%，同比提高了9.6个百分点。三是进出口恢复还不够稳固。2017年以来进出口累计增速整体较上年高出很多，但7月开始逐月下降，到9月降为11.0%。2018年，诸多国际不稳定因素仍然存在，从而为我国保持外贸稳定乃至经济持续稳中向好增添了不确定性。

2. 工业实体经济能否健康发展

近年来，广东工业增速一直低位运行，2012年开始，广东规模以上工业增加值增速降到10%以下，到2014年降为8.4%，其后再也没有回到8%以上。广州、韶关、河源、清远、揭阳等部分市工业发展乏力，2017年1—8月规模以上工业增加值增速比上年同期分别下降2.8、6.0、5.4、9.2和3.7个百分点，在4%及以下运行。工业投资规模虽然不断增长，但增速却在下降，由2015年的20.8%降为2016年的8.9%，到2017年9月增速也仅为10.5%。工业企业成本仍然较高，工业企业利润空间被挤压。1—8月，规模以上工业企业每百元主营业务收入中成本为84.6

元，同比增加0.1元；主营业务收入利润率仅为6.24%。财务费用增长较快，自上半年增速较第一季度提高11.8个百分点以来，持续高速增长，到8月累计增速为18.9%。工业企业普遍存在应收账款多、占比较高、回收较慢，容易造成企业流动性不足。工业是广东经济的支柱，如果工业实体经济发展上不去，则谈不上广东经济有了根本好转，因此，关注工业实体经济发展对经济平稳发展具有重要意义。

3. 房地产市场是否平稳健康发展

自2016年北京“9·30”认房又认贷房地产调控政策出台后，全国各地纷纷开启楼市调控，掀起调控“小高潮”。广东调控力度全国领先，其中广州、深圳自2016年10月就实施限购又限贷，二套房首付提至七成；2017年广州继续加力限购，本市户籍成年单身限购1套住房，连续缴社保3年变5年。在史上最严最密调控政策下，房地产市场能否继续平稳健康发展对其自身和关联产业增长乃至整体经济平稳运行至关重要。总体来讲，广东的调控政策成效显现，房地产市场实现了稳定增长，广州、深圳等珠三角热点城市投资投机性购房需求得到有效遏制，但是在供需矛盾尚未有效解决的情况下，房价上涨压力仍然很大，如果限购、限贷等调控政策出现松动，将面临反弹压力，甚至引发风险。同时，广州拟于2017年10底率先上线政府住房租赁交易服务平台，深圳、佛山等市平台也在抓紧推进，这些举措将引导市场稳定预期，也有可能存在引起市场过激反应的风险。据统计，前三季度广州、深圳和中山房地产投资大于工业和基础设施投资总和，且三市房地产投资占固定资产投资比重超过40%，这种资金流向房地产大于实体经济的现象需引起格外重视，以防房地产市场动荡对整体经济造成巨大冲击。

4. 金融及地方债务风险值得关注

近年来金融行业快速发展，金融业增加值占服务业的比重显著提高，由2014年的13.4%上升为2015年的15.6%，2016年为15.7%，支付宝、微信支付等互联网金融形式不断涌现。金融业的多层次快速发展势必为金融监督管理增加了难度，但是目前为止地方金融监管力量仍然薄弱，监管机制不顺畅，金融秩序混乱、对金融机构监管不到位等问题仍然存在，农合机构、P2P平台、非法集资等领域金融风险比较突出，金融风险防控工作有待加强。同时，在贷款买房政策的支持下，很多银行等金融机构资金进入了房地产领域，2017年前三季度新增房地产业各项贷款5 964亿元，占新增各项贷款比重达48.9%。房地产行业绑架金融，一旦房价出现持续下跌，很多加杠杆炒房客易遭受损失，从而有引发金融风险的可能。此外，金融部分杠杆率上升过快，已达68%，金融市场不稳定因素进一步增加。而美元加息产生的虹吸效应，也加大了资本外流的风险。部分地方政府债务风险较高，广东有5个市、11个县被列入财政部债务风险预警名单，同时叠加政府通过各类投资基金、平台公司、资本合作、购买服务形成的隐形债务，地方政府的债务风险将严重很多。

三、2018年广东经济面临的国内外环境分析

2018年广东经济发展既面临着诸多有利条件，但同时也面临着各种挑战：

1. 从国际环境分析

2017年以来，全球金融市场持续活跃，制造业和贸易领域进入周期性复苏，主要国家经济同步转好，世界经济持续向好发展。受财政刺激政策影响，美国经济继续转暖回升，预计2018年也将延续增长势头。新兴经济体和发展中经济体经济增长将提速。全球经济的有力复苏，将为广东提供更加稳定的外部环境，为广东外贸经济发展带来更多积极因素，从而有利于广东经济保持健康稳定发展。但同时也要看到，欧元区、加拿大、日本经济增长的中长期前景仍然不佳，欧洲贸易保护主义抬头，英国脱欧，德国、法国、荷兰大选后面临政治经济政策调整，美国新政府在对外保守政策下可能对中国实施惩罚性关税，中东地缘政治持续紧张等各种不确定性因素仍然较多，发生“黑天鹅”事件的概率仍然较大，对广东的外部冲击可能性仍然存在。因此，广东仍需挖掘内需，增强内需对经济增长的支撑作用。

2. 从国内环境分析

一是党的十九大顺利召开，提出了中国特色社会主义进入了新时代，明确新时代中国社会主要矛盾是人民日益增长的美好生活需要和不平衡不充分的发展之间的矛盾，并做出决胜全面建成小康社会和2020年后的30年分两个阶段建成富强民主文明和谐美丽的社会主义现代化强国的重大战略安排，这为中国经济今后发展指明了方向。二是我国继续实施积极的财政政策和稳健的货币政策，财政政策将继续从推进减税降费、试点项目收益专项债券、规范PPP模式等方面入手；货币政策将保持连续性、稳定性、针对性，根据形势变化加强相机调控，适时预调微调。三是不断推出一系列促进经济转型发展的政策措施，提高供给结构对需求结构的适应性，通过实施“中国制造2025”，推动产业结构迈向中高端，通过实施创新驱动发展战略，打造发展的新引擎。随着各项措施逐步落实，实体经济增长结构不断优化。以“一带一路”建设为重点，加快建设陆海内外联动、东西双向互济的开放格局，推进贸易强国建设。总体来看，2018年我国经济将延续稳中有进、稳中向好的态势，

为广东经济实现更高质量增长提供了较好的国内环境。

3. 从广东省内环境分析

广东以习近平总书记对广东提出的“四个坚持、三个支撑、两个走在前列”为统领，坚持稳中求进工作总基调，坚持以新发展理念引领经济发展新常态，坚定不移地推进供给侧结构性改革，深入实施创新驱动发展战略，增强经济发展的稳定性、协调性和可持续性。一是广东出台了一系列稳增长促改革的政策措施，加快推进基础设施供给侧结构性改革。优化重大基础设施项目库管理和投资项目审批流程，加快设立基础设施投资基金和基金管理公司，加强项目对接，吸引社会资本参与广汕铁路、赣深铁路等基础设施项目建设。二是狠抓实体经济特别是中高端制造业发展，增强工业经济发展后劲。广东大力落实降低实体经济企业成本、扶持制造业发展 10 条政策措施，全年为企业减负 2 000 亿元以上。瞄准国际国内先进装备制造业龙头骨干企业，重点在工作母机、机器人、新能源汽车、海洋工程装备及海上风电装备等领域，促进一批能带动产业链上下游发展的龙头企业产业集聚发展。三是加快实施创新驱动发展战略，培育产业发展新动能，经济发展方式转变和发展动力转换迈出坚实步伐。全社会研发投入占 GDP 比重达 2.56%，技术自给率达 71%，为广东加快新产业新动能的形成提供了较好的基础。四是大力推进“一带一路”外贸发展，积极优化营商环境。深入推进广州、深圳国家服务贸易创新发展试点，大力培育发展外贸综合服务企业、跨境电商、市场采购贸易等外贸新业态。全力开拓国际市场，大力发展一般贸易，培育壮大外贸民营企业，加大自主品牌培育、口岸通关、退税融资等支持力度。五是防范化解重点领域潜在风险，确保不发生系统性风险。贯彻落实全国和全省金融工作会议精神，切实履行属地金融监管和风险处置责任，出台金融服务实体经济防控金融风险深化金融改革的 10 条政策措施，大力抓好农合机构、互联网金融、非法集资、交易场所四大领域的风险防控工作，坚决守住不发生区域性系统性金融风险的底线。密切关注房地产市场变化情况，分类调控、综合施策，注重防止出现房价和成交量的大起大落，加快建立房地产市场长效机制，促进房地产市场平稳健康发展。这些政策措施针对性强、作用大，对稳中向好的经济增长将发挥积极有效作用，必将有力地促进广东加快现代化经济体系建设步伐。

四、2018 年广东经济主要指标预测

结合“广东省宏观经济季度预测模型”对广东主要经济指标进行测算，预测 2018 年广东经济将持续稳中向好态势，GDP 总量可能超 10 万亿元，增长 7.6%。主

要经济指标预测如表 1 所示。

表 1 广东主要经济指标 2017—2018 年预测值（单位：亿元，%）

主要指标	2017 年前三季度		2017 年		2018 年	
	实际值	增速	预测值	增速	预测值	增速
地区生产总值	64 815.38	7.6	90 182.26	7.6	100 272.75	7.6
第一产业增加值	2 643.16	3.4	3 770.81	3.4	3 863.76	3.5
第二产业增加值	27 621.04	6.6	38 705.76	6.6	42 577.88	6.8
第三产业增加值	34 551.18	8.8	47 705.70	8.8	53 831.11	8.5
规模以上工业增加值	25 136.45	7.2	35 407.47	7.3	39 204.93	7.5
固定资产投资	25 599.70	14.6	37 906.76	14.8	43 554.86	14.9
社会消费品零售总额	28 041.12	10.3	38 288.61	10.4	42 347.20	10.6
进出口总额	49 256.60	11.0	68 402.64	8.5	74 926.40	9.5
出口总额	30 615.50	9.3	42 114.05	6.7	45 483.17	8.0
进口总额	18 641.10	13.7	26 288.59	11.5	29 443.22	12.0
CPI（上年同期=100）	101.4	1.4	101.5	1.5	101.8	1.8

注：主要经济指标总量及增速预测是在“广东省宏观经济季度预测模型”基础上，结合经验调整后得到的结果。

1. 消费将稳中有升

2017 年以来，与城乡居民消费升级相关的产品消费延续较快增长，消费新业态发展势头保持良好，消费增长新动能继续增强。国际大宗商品价格普涨，工业生产者购进价格和出厂价格有所上涨，2018 年将可能传导到市场消费端。但是，工业消费品总体仍处于供过于求阶段，上涨幅度有限。预计 2018 年广东消费品零售总额将保持平稳回升态势，增长 10.6%。

2. 固定资产投资将保持稳定增长态势

2017 年以来，投融资管理体制改革进一步深化落实，民间投资保持较快增长，重大基础设施项目投资明显加快。2017 年房地产调控措施效应逐步显现，过热的房地产需求得到有效的遏制，2018 年房地产开发投资将趋于正常。预计 2018 年全省固定资产投资增长将稳中趋缓，增长 14.9%。

3. 外贸将平稳增长

2017 年全球经济复苏力度强于预期，国际货币基金组织（IMF）、世行、经合组织（OECD）等机构多次上调全球经济增长预期值。全球经济加快复苏为广东外向经济提供了较大的发展机遇。广东省大力推进“一带一路”建设，沿线国家经贸往来日益紧密，新兴市场潜力不断挖掘，外贸结构更趋优化。此外，2017 年以来，国际主要大宗商品价格大幅攀升，也是导致广东进口总额呈现较快增长的主要因素之一。2018 年全球经济有望平稳提速，在人民币汇率保持相对稳定的情景下，预计 2018 年广东进出口有望保持平稳回升态势，增长 9.5%左右。

4. **居民消费价格将温和上涨**

2017 年，食品价格涨幅有所回落，受劳动力成本、输入型成本等非食品因素涨价的影响，居民消费价格保持温和上涨。国际主要大宗商品价格大幅上涨，工业生产者购进价格和出厂价格由跌转升，但我国主要商品产能仍处于供过于求的去库存阶段，对消费品市场传导影响有限。预计 2018 年广东 CPI 将可能仍呈温和上涨态势，上涨 1.8%左右。

五、促进广东经济 2018 年稳中向好发展的政策建议

1. **大力实施创新驱动发展战略，促进新产业新动能加快成长**

坚定不移地把创新驱动发展战略作为广东经济社会发展的核心战略和经济结构调整的总抓手，举全省之力推进创新发展。一是大力推进粤港澳大湾区国际科技创新中心建设。加快把广东打造成为国家科技产业创新中心，大力推进广州深圳创新走廊建设，统筹规划促进广州科学城、东莞松山湖、深圳光明新区等创新走廊高起点发展。二是加快实施高新技术企业培育、新型研发机构建设、企业技术改造、孵化育成体系建设、高水平大学建设、自主核心技术攻关、创新人才队伍建设、科技金融融合等“八大举措”，充分发挥广东市场化程度高、科技成果转化能力强的优势，聚焦产业发展、突出科技支撑、强化技术转化，推动更多科技成果转化为实际创新能力促进科技产业集聚发展。三是抢抓创新发展的重点领域。壮大发展一批新兴产业，推动新一代信息技术、生物产业、高端装备制造、绿色低碳、数字创意、新材料等战略性新兴产业壮大发展。四是促进科技成果产业化。建立健全科技成果产业化长效机制，举办科技成果与产业对接会，提高转化效率，促进科技与产业紧密结合。

2. **大力振兴实体经济，着力促进中高端制造业发展**

一是大力促进实体经济结构性降本增效，切实降低企业税收负担、运输成本、用电成本、用地成本。二是要狠抓工业大项目建设，有效带动全省工业增长，加快发展战略性新兴产业，积极谋划打造更多的大工业大项目。三是加大招商引资力度，大力吸引外资进入中高端制造业领域发展，重点吸引美国、德国等制造业强国的资

金和技术，大力支持珠江西岸先进制造业产业带招商引资。大力推进工业技术改造，制定落实好事后奖补等技改政策，引导金融机构支持企业技术改造。

3. 大力培育新型消费，促进消费有效增长

大力发展服务消费，加快发展健康消费，推动健康消费多样化发展。加快发展网络视听、移动多媒体、数字出版、动漫游戏等新兴文化产业，大力推进传统文化消费升级。积极发展乡村旅游、南粤古驿道旅游、自驾车房车旅游、邮轮旅游、工业旅游。加快发展信息消费。把握跨区跨境、线上线下、体验分享等新兴消费业态蓬勃发展的趋势，着力推进互联网等信息技术与相关产业融合发展，刺激信息消费，带动其他领域消费。积极倡导绿色消费。大力培育时尚消费。加快培育广东时尚产业，提升时尚产品研发、制造、营销水平。

4. 提升对外开放水平，促进外贸平稳增长

一是加大国际市场开拓力度，鼓励企业深入开发欧美等发达国家和地区传统市场。鼓励企业收购和租用国际品牌，兼并国际品牌企业及建设境外生产基地，拓展境外仓储、物流和销售等业务。二是积极开拓“一带一路”沿线国家市场。积极布局丝绸之路经济带和21世纪海上丝绸之路沿线国家等重点新兴市场，支持企业在“一带一路”沿线国家合作建设产业园，为推动广东省产品出口搭建平台。三是积极鼓励扩大进口。鼓励企业开展新一轮技术改造，促进先进技术、关键设备和重要零部件等进口，支持重要物资进口。发挥自贸试验区进口促进功能，大力发展进口促进平台。

5. 积极防范化解重点领域潜在风险

以“严控增量、清理存量、化解风险、确保平稳”为基本原则，加强政府性债务和隐性债务管理，合理控制政府债务规模，坚决遏制隐性债务增量，积极稳妥化解存量隐性债务风险，建立债务风险监测预警机制。切实履行属地金融监管和风险处置责任，积极抓好金融服务实体经济防控金融风险深化金融改革的各项政策措施，重点抓好农合机构、互联网金融、非法集资、交易场所四大领域的风险防控工作，坚决守住不发生区域性系统性金融风险的底线。密切关注房地产市场变化情况，分类调控、综合施策，注重防止出现房价和成交量的大起大落，加快建立房地产市场长效机制，促进房地产市场平稳健康发展。

6. 优化促进珠三角和粤东西北区域协同发展

大力推进珠三角国家自主创新示范区建设，深入践行新发展理念，深入实施创新驱动发展战略和新一轮技术改造，大力推进智能制造，建设珠江西岸先进装备制造产业带，提升珠江东岸电子信息产业带，以广东自贸试验区建设和参与“一带一路”建设为新契机，大力推进粤港、粤澳合作，全面深化对外开放合作，促进开放型经济发展不断提升。大力推进粤东西北地区坚定不移践行新发展理念，突出抓好交通基础设施、产业园区、中心城区建设“三大抓手”和对口帮扶，振兴实体经济，加快推进基本公共服务均等化，实现振兴发展，加快粤东西北地区全面建成小康社会。

Annual Report on China and the World Economic Development(2018)

世界经济篇

REPORTS ON INTERNATIONAL ECONOMICS

G32 2017 年世界经济形势分析与 2018 年展望

程伟力*

摘要：2017 年，全球经济增速止跌回升，国际贸易实现恢复性增长，能源和大宗商品价格趋稳，采掘业在全球经济中“四两拨千斤”的作用凸显，全球 CPI 低位徘徊但资产价格不断上扬，失业率普遍降低但结构性矛盾依旧突出。展望 2018 年，传统产业对经济增长的贡献将会弱化，价格上涨对全球贸易的积极效应降低，全球货币政策正常化步伐加快，资产价格存在逆转的可能。不过，国际金融市场抗风险能力进一步增强，各国经济政策逐步发挥作用，创新发展对经济增长的贡献逐步发酵，世界经济增长新动能正在形成，不平衡不充分之中蕴藏着机遇，2018 年仍然有望延续 2017 年良好的发展势头。

关键词：同步增长　新动能　资产价格　货币政策　贸易

一、2017 年世界经济形势分析

（一）全球经济增速止跌回升，主要经济体十年来首现同步增长

2009 年，全球经济出现衰退，在各国经济政策的刺激下，2010 年出现快速反弹，当年增速达到 5.4%，随后经济增速呈现逐年下滑趋势，只有在 2014 年出现小幅反弹，2016 年下降到 3.2%。2017 年以来，世界经济增速结束了持续多年的下滑，国际货币基金组织（IMF）预计全年增速将达到 3.6%，比上年高出 0.4 个百分点（见图 1）。与此同时，经合组织（OECD）的研究指出，该组织追踪的 245 个国家 2017 年将全部实现增长，其中有 33 个国家经济增速将超过 2016 年，这是 2007 年以来所有被调查国家首次全部实现经济增长。

从发达国家的情况来看，2017 年美、日、欧三大经济体复苏态势良好。作为最

* 程伟力，经济学博士，国家信息中心副研究员，主要研究方向为世界经济、计量经济。

大的经济体，美国经济逐季走高，前三季度GDP折年数同比增速分别达到2%、2.2%和2.3%，预计全年增长2.2%，高出2016年0.5个百分点。前两季度，日本经济增速为1.5%和1.4%，IMF预计全年增速将达到1.5%，比2016年高0.5个百分点。第一季度，欧元区GDP增速高达2.6%，为过去六年来最好水平，第二季度增长1.7%，预计全年增长2.1%，比2016年高0.3个百分点。

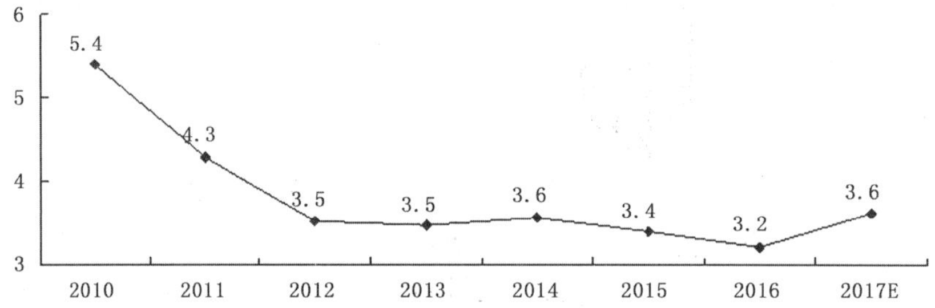

图1 全球经济增速（单位：%）

数据来源：IMF。

与此同时，新兴和发展中经济体在推动世界经济增长方面仍然发挥着重要的作用。之前被西方唱衰的俄罗斯和巴西等国表现出较强的韧性和反危机能力，2017年并没有出现金融及国家主权债务危机，反而走出衰退，开启了复苏步伐。IMF预计俄罗斯和巴西2017年经济分别增长1.8%和0.7%，而2016年衰退的幅度分别是0.2%与3.6%。受此影响，独联体国家及拉美和加勒比海地区经济增速均有所回升。受益于欧洲经济的复苏及“一带一路”建设的影响，欧洲新兴与发展中经济体呈现加速增长态势，IMF预计2017年该地区经济增长4.5%，比2016年高1.1个百分点。

（二）国际贸易实现恢复性增长，各国经济继续从全球化中受益

从图2可以看出，2012年以来全球货物与服务贸易呈现低速增长态势，需要指出的是，IMF统计的这一增速是按不变价格计算的，如果考虑价格因素，全球贸易最近两年应该是持续负增长。以现价计算，2014—2016年美国商品和服务贸易额分别为5.24万亿、5.03万亿和4.92万亿美元，换言之，2015年和2016年分别下滑4.1%和2.1%。同样，以现价计算，2015年和2016年日本贸易总额下降了1.7%和6.8%。

不过，2016年第四季度以来，主要经济体贸易出现了同步复苏现象，2017年第一季度则出现爆发式增长，大多数国家都出现了两位数以上的增长。IMF预计全年商品和服务贸易将增长4.2%，创2012年以来最好水平。之所以出现这一现象，主要有两方面的原因，一是价格上涨因素，二是经济复苏与贸易繁

荣的相互促进。

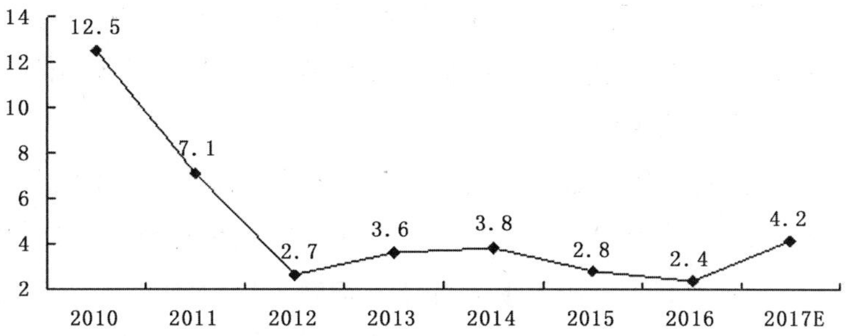

图 2　全球货物与服务贸易增速（单位:%）

数据来源：IMF。

以美国为例，2017 年前三个月石油和石油制品价格指数同比分别上涨 60%、74% 和 53%。除了石油之外，其他进口商品的价格也由持续下跌转向稳步上涨。2014 年 12 月份以来，美国剔除石油和石油制品的商品进口价格指数持续 24 个月同比下降，直到 2016 年 12 月才实现上涨。2017 年以来，这一指数始终保持上涨的态势，9 月份同比上涨 1.2%，而前两年同期分别下降 3.2% 和 0.6%。如图 3 所示。

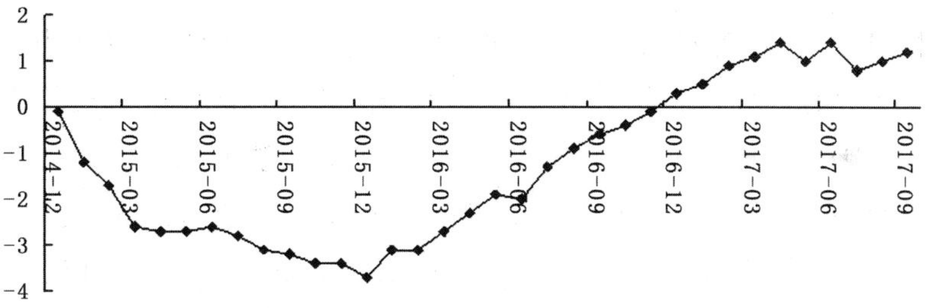

图 3　美国剔除石油和石油制品进口价格同比涨幅（单位:%）

数据来源：美国劳工部。

IMF 之前的研究表明，全球贸易增长放缓的主要原因是经济疲软，同样，2017 年全球贸易的繁荣主要缘于经济的复苏。需要指出的是，经济复苏和贸易繁荣是相互促进的，石油和大宗商品贸易的繁荣自然会促进相关行业的生产和投资，资源输出国出口收入的增长也会增强对全球资本品、消费品及服务的进口能力，从而拉动全球经济增长。因而，不论是资源输出国还是进口国，都继续从贸易繁荣和经济全球化中受益。

（三）能源和大宗商品价格趋稳，采掘业在全球经济中“四两拨千斤”的作用凸显

2016 年年初，能源和大宗商品价格急剧下滑，国际原油价格一度跌破每桶 30

美元，能源和大宗商品价格的下滑拖累了全球经济增长。在现代经济中，以原油为代表的采掘业在经济中的比重很低，但影响不可小觑，石油在全球经济稳定中仍然发挥着“四两拨千斤”的作用。对资源输出国而言，这是不言而喻的，即使对进入后工业化时期的美国也不例外。

2014 年美国采掘业的名义增加值为 4 827 亿美元，2015 年下降到 3 278 亿美元，直接导致名义 GDP 下降了 0.9 个百分点，占 GDP 的比重也由 2.8% 下降到 1.8%，2016 年进一步下滑到 1.4%，2017 年又出现了逆转。以现价计算，第一季度采掘业增加值同比增长 39.1%，对名义 GDP 拉升了 0.5 个百分点。如图 4 所示。

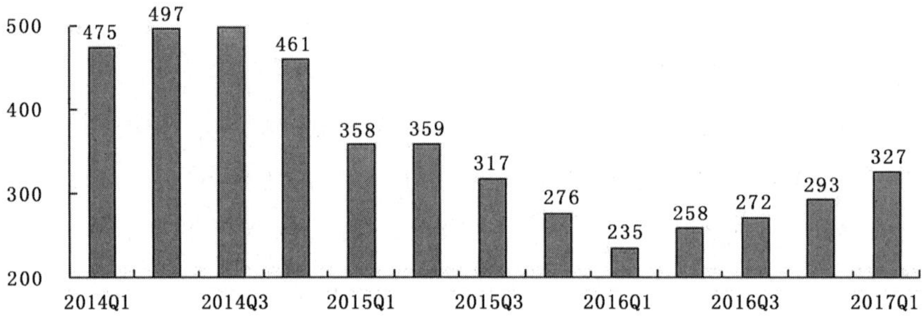

图 4　美国采掘业季度折年增加值（单位：10 亿美元）

数据来源：美国经济分析局。

除了对 GDP 的直接贡献之外，采掘业对经济稳定与增长的间接贡献也不可低估。一是价格的上升促进了投资。仍以美国为例，2007 年美国能源建造支出占非住宅建造支出的比重一直在 10% 以下，2014 年攀升到 17.5%，当年世界经济增速也创 2012 年以来最好水平。2017 年前八个月能源建造支出快速回升，占非住宅建造支出的比重比 2016 年提升了 0.6 个百分点（见图 5）。二是大宗商品价格的稳定对全球清洁能源、节能及相关产业的发展起着重要的作用。三是价格的稳定对收回前期投资成本，增强再投资能力，保障贷款安全，稳定国际金融市场同样具有重要意义。

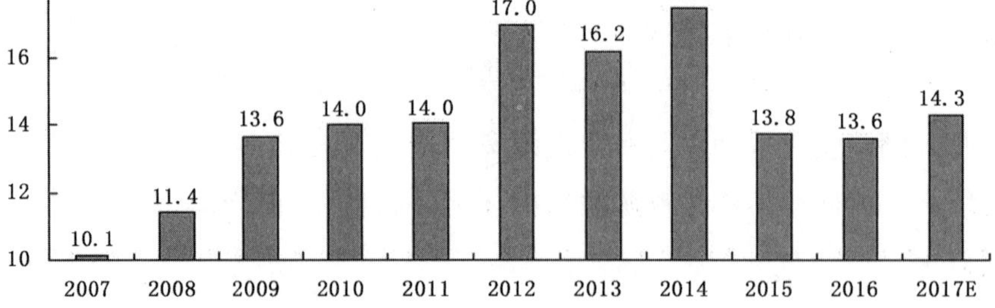

图 5　美国能源建造支出占非住宅建筑支出比重（单位:%）

数据来源：美国商务部。

（四）全球 CPI 低位徘徊，资产价格不断上扬

2017 年以来，不论是发达国家还是新兴市场国家，以 CPI 衡量的通货膨胀均处于较低水平。9 月份，美国、日本和欧元区三大经济体 CPI 同比涨幅分别为 2.2%、0.7% 和 1.5%，饱受高通胀困扰的巴西和俄罗斯两大新兴市场经济国家都回落到 3% 以下。通胀压力下行为各国提供了宽松的货币政策，9 月 7 日，巴西央行再度降低基准利率，这也是 2016 年 10 月份以来第八次降息。

不过，各国发放的货币并没有消失，而是流到了资产领域，推动了资产价格的不断上涨。除了欧美国家股指不断创新高之外，房地产价格也出现不断上扬的趋势。2013 年第二季度，美国住房价格同比上涨 4.3%，之后每个季度的同比涨幅均在此之上，2017 年第二季度达到 6.4%。2014 年以来，欧盟房价与美国同步上涨，2017 年前两季度涨幅分别为 4.3% 和 4.4%。如图 6 所示。房价长期低迷的日本，近年价格同样出现上涨趋势，2017 年前两个月全国不动产价格同比分别上涨 5.5% 和 6.3%。

资产价格的上涨产生的财富效应会扩大抵押贷款规模，促进借贷消费和投资，从而带动经济增长。更为重要的是，房地产是产业链条最长的企业，房地产的繁荣自然拉动经济快速增长。

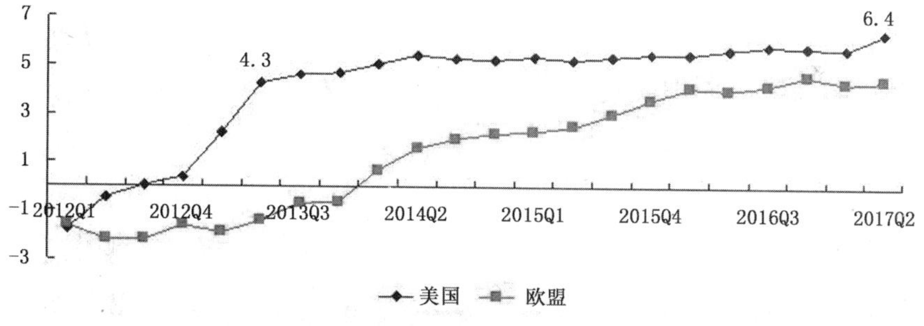

图 6　美国和欧盟房价同比涨幅（单位：%）

数据来源：美国住房企业管理办公室、欧盟统计局。

（五）失业率普遍降低，结构性矛盾制约经济发展的同时也在催动新兴产业发展

在经济复苏加快的背景下，全球就业市场明显改善。2017 年 9 月，美国失业率下降到 4.2%，比上年同期下降 0.7 个百分点；欧元区也下降到 8.9%，同比下降 1 个百分点；日本失业率一直保持在 3% 以下；俄罗斯 9 月份失业率也下降到 5%。

从整体上看，就业市场似乎并无问题，但就业结构存在一定问题，民生问题依

然突出。就美国而言，9月份劳动参与率才上升到63.1%，而2009年则始终保持在65%以上，这说明大量失业者退出劳动力市场，同时美国黑人失业率一直保持在7%以上水平。更为严重的问题是，青年失业率仍保持较高水平。9月份，美国青年失业率为12.9%，欧元区则高达18.7%；日本青年失业率为4.9%，但与2.8%的总体失业率相比仍然较高。如图7所示。

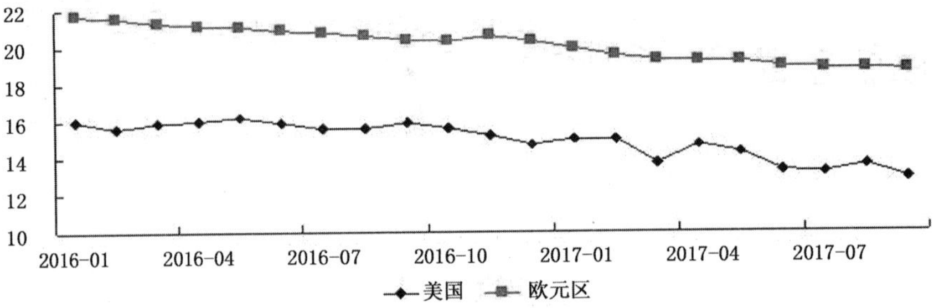

图7　美国和欧元区青年失业率（单位:%）

数据来源：美国劳工部、欧盟统计局。

一方面，发达国家就业市场不充分、不均衡，各国均存在大量青壮年失业；另一方面，各国又普遍缺乏熟练工人，这在很大程度上制约了经济的发展。这一矛盾正在加速能够取代人工的新兴产业与技术的发展，诸如无人机、无人商场、机器人、人工智能，等等。

二、2018年世界经济发展影响因素及趋势分析

（一）不利因素

1. 传统产业对经济增长的贡献弱化，新的动能尚未占据主导地位

在本轮经济复苏中，传统产业发挥着重要作用，能源和大宗商品、建筑与房地产对经济增长的贡献突出。以美国为例，2017年前三季度私人建筑投资同比分别增长8.7%、10.7%和6.9%，房地产投资分别增长6.8%、5.7%和5%。由于建筑和房地产行业增加值占GDP的比重较高，2016年为16.3%，这两大行业投资快速增长对经济的拉动作用较大。除了直接贡献之外，间接拉动也非常明显。以粗钢为例，截至2017年10月28日，美国粗钢产量累计同比增长3.8%，远远超过经济增速，而2016年同期下滑1.9%。问题的关键在于，从环比数据来看，建筑和房地产投资均出现下滑迹象，第二季度开始美国房地产投资开始下滑，建筑投资随之下滑。欧洲和日本同样出现类似现象，欧元区

5 月份建筑产出就开始停滞不前，8 月份环比下降 0.2%；日本已开工建筑面积 6 月份见顶之后也开始下滑。如图 8 所示。

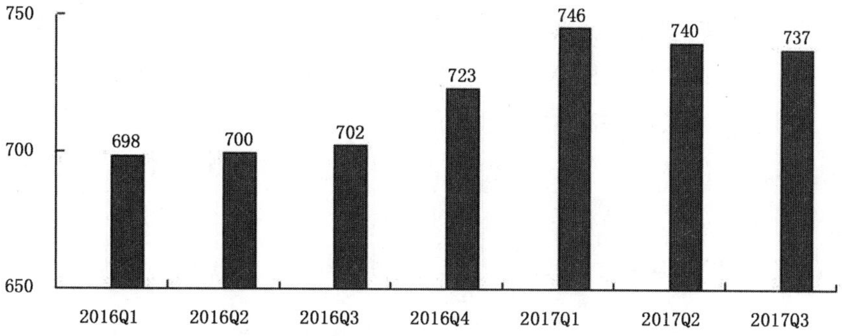

图 8　美国房地产固定资产投资折年数（单位：10 亿美元）

数据来源：美国经济分析局。

预计 2018 年传统产业对经济增长的贡献将继续弱化，但以高新技术为核心的新动能尚未成为拉动全球经济增长的主导力量。根据美国商务部普查局的统计口径，高新技术包括生物技术、生命科学、光电、信息及通讯、电子、柔性制造、先进材料、航天、武器、核技术等十大行业，2017 年前八个月，美国高新产品出口2 303亿美元，同比增长只有 2%；进口 2 908 亿美元，同比增长 5.7%；贸易逆差 605 亿美元，同比增长 22.6%。逆差的扩大说明美国经济的增长的确在拉动其他国家的高新技术产业发展，但高新技术产品的贸易增速明显低于普通商品，这说明新一轮技术推动经济增长周期尚未形成，新的经济增长动能尚未占据主导地位。

2. 全球货币政策正常化步伐加快，国际金融环境发生变化

当前全球经济复苏的主要原因之一是发达国家央行不断推出的量化宽松货币政策，从央行资产负债表来看，如今美联储资产负债表比金融危机前扩大 5 倍，欧央行扩大 3.7 倍，日本央行扩大 4.5 倍，一些国家甚至推出了负利率的政策。

随着经济的复苏，各国货币政策正常化步伐将会加快，美联储已率先加息并启动缩减资产负债表进程；10 月 26 日，欧央行宣布从 2018 年 1 月开始缩减当前每月 600 亿欧元的资产购买规模至 300 亿欧元，意味着欧元区超宽松货币政策时代正在终结；11 月 2 日，英国央行金融危机后首次宣布加息；日本央行也在研究宽松政策退出路径的问题。尽管货币政策正常化是全球经济健康发展的表现，但在短期内也将在一定程度上抑制全球投资，尤其是对利率更为敏感的房地产行业及建筑业，从而制约经济增长。同时，不排除多次加息之后导致全球金融市场动荡的可能。

3. **价格上涨因素的效应消失，国际贸易相对减速**

国际能源和大宗商品价格在2016年4月份之后开始回升，并在2017年年初达到高点，之后价格波动趋缓。从供需的角度来看，能源和大宗商品全球供大于求的格局没有发生变化；从货币因素来看，美联储加息和收缩资产负债表的行动将抑制价格上涨。因此，未来能源和大宗商品价格上涨空间有限，价格上涨因素对贸易额的影响将逐步消失。在此背景下，能源和大宗商品的贸易增速将回归常态。受此影响，其他商品和服务的贸易也会相对减速。IMF的秋季展望也认为，全球商品和贸易增速将比2017年低0.2个百分点。如图9所示。

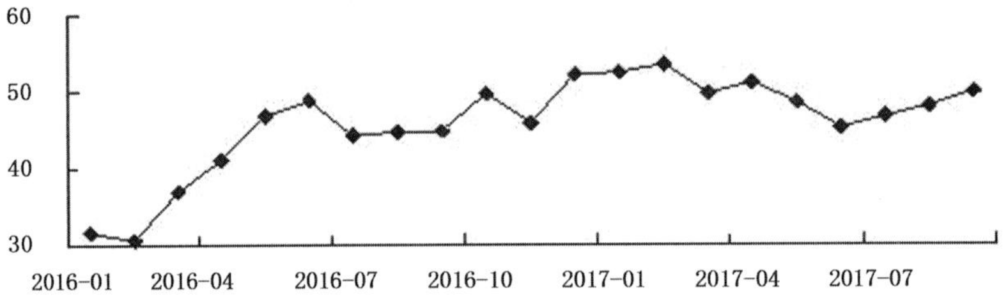

图9　美国原油WTI现货价格（单位：美元/桶）

数据来源：Wind。

4. **资产价格存在逆转的可能，抵押债务风险上升**

随着资产价格的不断上涨，各国抵押债务规模均在不断扩大。以美国为例，2017年第二季度家庭抵押债务规模上升14.6万亿美元，接近次贷危机爆发前后的水平。需要指出的是，当前美国房屋价格已经超过金融危机前的水平（见图10）。在美联储加快加息步伐的情况下，住宅及金融资产价格都存在回落的可能，从而形成新的金融风险，欧洲国家同样存在类似问题。

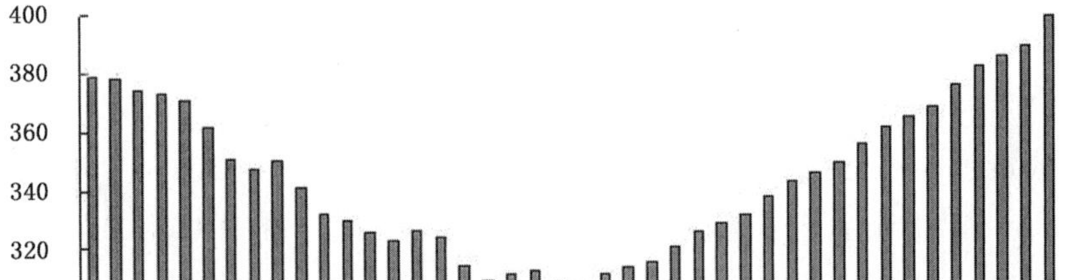

图10　美国房屋价格指数（1980年3月=100）

数据来源：美国住房企业管理办公室。

（二）有利因素

1. 国际金融市场稳定，抗风险能力进一步增强

与2016年相比，2017年全球经济的特点之一是金融市场稳步上扬。全球金融市场稳定的原因是多方面的：一是特朗普经济政策改善了投资者预期。二是国际金融市场抗风险能力进一步增强。美国次贷危机以来，国际金融市场经历了多轮市场动荡，但无论哪一次金融动荡，在各国及国际社会的共同干预之下，最终都能够得以平息。国际投资者也趋向成熟，逐步认识到美联储加息是经济健康、货币政策正常化的表现，因此，美联储第二次加息并没有对国际市场形成冲击。三是新兴市场经济国家经济好转，以巴西和俄罗斯为代表的新兴市场国家结束衰退，在美联储加息的情况下，没有出现大规模资金外流现象。

展望2018年，上述有利因素仍然存在，金融市场可能面临全球货币政策正常化的冲击，但这种冲击将是短暂的。

2. 各国经济政策逐步发挥作用，政策的外溢性进一步增强

近年来，各国都在采取各种经济政策刺激实体经济发展。从发达国家的情况来看，美国强调重振美国工业，欧盟提出容克投资计划，日本加快机器人产业发展，等等。改革则是新兴市场经济体的主旋律，为了应对国际经济环境变化带来的压力，各国都在加大改革的步伐。在遭受西方经济制裁之后，俄罗斯推出了系列“反危机”计划，加快实施进口替代战略、推动经济多元化、促进农业发展、积极扶持中小企业，并创立了“超前发展区”，从而为经济发展注入了新的活力。面对持续的衰退，巴西政府在采取各种措施加大基础设施投资、降低贸易保护、促进经济多元化、提高创新能力。当前印度的改革在短期内对经济增长形成了一定冲击，但从长期来看，有利于经济的持续发展。

任何一项政策都有滞后效应，系列政策的累积效应有望在2018年集中显现，从而为全球经济增长提供新动能。需要指出的是，大国的政策具有很强的外部效应，美国即将推出的减税政策有望带动其他国家减税，从而降低企业负担，提高企业活力，促进全球经济增长。

3. 创新发展对经济增长的贡献逐步发酵，世界经济增长新动能正在形成

当前世界各国都在采取创新发展战略，新技术、新知识和新产品得到广泛的推广和应用。以美国为例，金融危机后私人知识产权产品投资呈直线上升趋势，按不变价格计算，2010—2016年年均增速达到3.9%，其中2016年增长6.3%，对抑制经济下滑发挥了重要作用。在2016年高位增长的基础上，2017

年第一季度折年数同比增长5.1%，第二、三季度均增长3.3%（见图11）。前文指出，美国高科技产品贸易逆差是在扩大的，美国知识产权产品投资的扩大不仅会增强本国的内生增长动力，也将促进全球高科技产业的繁荣，从而为世界经济增长培育了新动能。

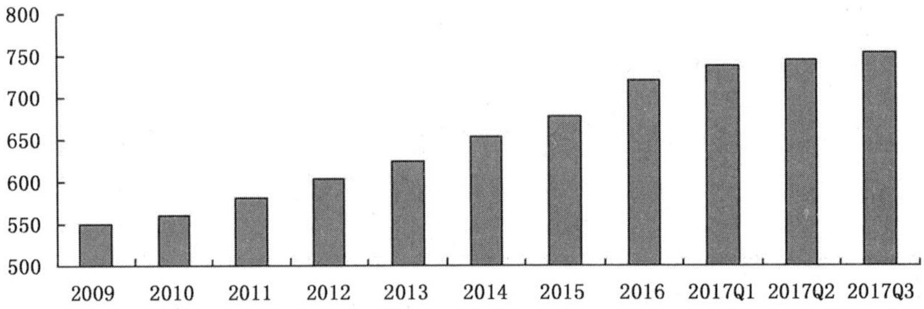

图11　美国私人知识产权产品投资（单位：10亿美元，不变价）

数据来源：美国经济分析局。

4. 不平衡不充分蕴藏着机遇，新兴经济体仍然是推动世界经济发展的重要力量

影响潜在经济增长的因素可以分解为资本、技术、劳动力和全要素生产率，这些因素在发达国家和发展中国家之间是不平衡的，正是这些不平衡，使新兴市场与发展中国家都具有相对竞争优势。在基础设施建设方面，新兴市场与发展中国家明显落后于发达国家，潜在的投资增速必然远远超过发达国家，这也是我国三十多年经济保持持续快速增长的原因。在工业方面，新兴市场与发展中国家大多处于工业化的初期或中期，工业投资增速同样会超过发达国家。新兴市场与发展中国家可以通过吸收发达国家的成熟技术，发挥后发优势，实现跨越式发展。劳动力方面，新兴市场与发展中国家劳动力普遍年轻，人口优势容易转化为人口红利，从而促进经济快速增长。制度方面，新兴市场与发展中国家更容易变革，从而提高全要素生产率。综上所述，在未来相当长的一段时期，新兴市场与发展中经济体仍将是全球经济增长的动力和源泉。

（三）趋势判断

2017年全球经济增速实现止跌并出现0.4个百分点的回升，展望未来，IMF预测2018年全球经济增速为3.7%，高出2017年0.1个百分点，基本持平。其中，发达经济体增长2%，增速下降0.2个百分点；新兴和发展中国家增长4.9%，增速提高0.3个百分点。另外，IMF预测全球商品和服务贸易增长4%，比2017年回落0.2个百分点；全球物价基本稳定，发达经济体CPI平均为1.7%，新兴和发展中经济体为4.4%。我们认为，在国际社会的共同努力下，上述预测指标有望实现，但需要重视资产价格回落带来的系列风险。

三、政策建议

1. 联合国际社会，坚决抵制逆全球化浪潮

近年来，贸易和投资保护主义势力有所抬头，逆全球化趋势明显。不论是从长期还是短期看，逆全球化都会降低全球劳动生产率，对新知识、新技术的推广也是极为不利的，贸易和投资的倒退只能加剧全球经济停滞不前的局面。我国应通过联合国、G20（二十国集团）、APEC（亚太经济合作组织）等国际组织及有关国际会议，加强国际协调，促进经济全球化，坚决抵制逆全球化趋势。

2. 加强国际舆论引导，正确认识中国经济和世界经济“新常态”

作为世界第二大经济体，国际社会对我国的关注程度日益提高，但是不良的国际舆论容易造成市场的恐慌。因此，我国应加强舆论引导，让国际社会正确认识中国经济“新常态”和世界经济“新常态”。一是要正确认识美联储加息，货币正常化是未来全球金融市场的新常态，也是经济向好的标志，不应成为金融动荡和资本外逃的诱因。二是正确认识经济增长和就业的关系。美国、德国和日本都在经济低速增长的背景下基本实现了充分就业，低增长和低失业将是未来相当长一段时期世界经济的新常态。三是正确认识我国经济增速。未来我国经济增速有可能进一步回落，但同发达国家一样，就业市场是稳定的，只要就业稳步增长，经济就是健康的。

3. 加快“一带一路”建设，促进实体经济发展

从前文分析可以看出，金融和房地产的繁荣对世界经济复苏做出了重要贡献，随着利率的提升，这两大行业的发展必然受到冲击，今后更需重视实体经济的发展，以“一路一带”为中心，加大投资合作力度，为构建人类命运共同体做出积极贡献。基础设施落后是“一带一路”沿线国家的经济发展瓶颈之一，加强与东道国之间的基础设施建设合作有利于消除东道国发展瓶颈，并可以实现“一带一路”与这些国家路网的成功对接。另外，“一带一路”沿线国家大多在实施经济多元化战略，产业园区的建设可以促进这一战略的实现。

G33 2017年世界贸易形势分析及2018年展望

陶丽萍*

摘要：2017年以来，世界贸易强劲反弹，而且全球各区域贸易扩张的同步性为历年来少见。为此，近期国际组织纷纷大幅上调世界贸易增长率预测。世界贸易组织（WTO）9月预计，2017年下半年世界贸易将继续保持上升态势，全年增长率为3.6%，远高于其4月2.4%的预测，与2016年1.3%的增速相比显著改善，为2011年以来全球贸易增长首次超过3.0%。展望2018年世界贸易走势，我们认为，尽管世界贸易前景改善，但其面临的风险和挑战仍不容低估，受贸易保护主义升温及主要发达经济体货币政策收紧等因素影响，世界贸易增速将放缓至3.4%左右，略低于2017年。

关键词：世界贸易　强劲反弹　略有放缓

一、2017年世界贸易强劲反弹

2017年上半年，受亚洲贸易好转和北美需求强劲的影响，世界贸易同比大幅增长4.2%，2016年同期为下降0.3%。其中，发达经济体进出口同比分别增长2.1%和3.1%，发展中经济体进出口同比分别增长6.9%和5.9%。

分地区来看，2017年上半年，全球各区域贸易扩张的同步性为历年来少见，除南美贸易增长同比基本持平外，其他所有地区的贸易增速同比均有所回升。其中，亚洲贸易增长最为强劲，进出口同比分别增长8.9%和7.3%，亚洲地区金融环境改善并趋于稳定，提振了企业和消费者信心，是该地区贸易增长的主要原因；北美贸易增速位居第二，进出口同比分别增长3.9%和4.9%；欧洲进口同比增长1.2%，出口同比增长2.6%；南美进口同比增长1.0%，出口同比下降0.7%；其他地区（包括非洲、中东和独联体国家）由于部分初级产品价格上涨，进口同比增长2.5%，出口同比仅增长0.1%，主要是由于全球对该地区石油和其他自然资源的需求非常稳定。

---

* 陶丽萍，国家信息中心经济预测部高级经济师，主要研究世界经济、能源等问题。

考虑到中国经济上半年的强劲增长对亚洲进出口贸易的拉动作用等因素，近期国际组织纷纷大幅上调世界贸易增长预期。世界贸易组织（WTO）9 月预测，2017 年下半年世界贸易将继续保持上升态势，全年增长率为 3.6%，远高于其 4 月 2.4% 的预测，与 2016 年 1.3% 的增速相比显著改善，为 2011 年以来全球贸易增长首次超过 3.0%。其中，发达经济体和发展中经济体出口将分别增长 3.0% 和 4.7%，进口将分别增长 3.0% 和 5.1%（见表 1）。亚洲出口增长最快，增长率为 6.4%，其次是北美 4.2%、欧洲 2.5%、南美和中美洲 0.5%、其他地区 0.5%。亚洲进口增长也最为强劲，增长率为 5.8%，其次是北美 4.1%、其他地区 4.0%、欧洲 2.4%、南美和中美洲 1.1%。国际货币基金组织（IMF）10 月也预测，2017 年世界货物和服务贸易增速为 4.2%，比其 4 月预测值上调了 0.4 个百分点。

表 1　2013—2017 年世界贸易增长率（单位:%）

指　标	2013 年	2014 年	2015 年	2016 年	2017 年 *
世界贸易	2.4	2.7	2.6	1.3	3.6
出口：发达经济体	1.7	2.4	2.7	1.4	3.0
发展中经济体	4.0	3.0	1.9	1.3	4.7
进口：发达经济体	0.0	3.6	4.7	2.0	3.0
发展中经济体	4.7	1.7	0.5	0.2	5.1

注：*2017 年为预测值。

资料来源：WTO《世界贸易预测》，2017 年 9 月。

从历史上来看，世界贸易增速一般约是世界经济增速的 1.5 倍，在 20 世纪 90 年代甚至是两倍多。但自 2008 年国际金融危机以来，这一比例已经下降到 1∶1 左右，2016 年下降到 0.6∶1。预计 2017 年这一比例将提升至 1.3∶1，如见图 1 所示。

图 1　2001—2017 年世界贸易增速与世界经济增速比率（单位:%）

资料来源：WTO《世界贸易预测》，2017 年 9 月。

二、2018 年世界贸易增速略有放缓

展望 2018 年世界贸易走势，我们认为，尽管世界贸易前景改善，但其面临的风险和挑战仍不容低估，预计世界贸易增速将放缓至 3.4% 左右，略低于 2017 年。WTO 9 月预测，2018 年世界贸易将增长 3.2%。其中，发达经济体出口将增长 2.8%，发展中经济体出口将增长 4.1%；发达经济体进口将增长 2.9%，发展中经济体进口将增长 3.7%，如表 2 所示。

表 2 国际组织对 2017—2018 年世界贸易增长率预测（单位：%）

类 别	WTO		IMF	
	2017 年	2018 年	2017 年	2018 年
世界贸易	3.6	3.2	4.2	4.0
出口	—	—	—	—
发达经济体	3.0	2.8	3.8	3.6
发展中经济体	4.7	4.1	4.8	4.5
进口	—	—	—	—
发达经济体	3.0	2.9	4.0	3.8
发展中经济体	5.1	3.7	4.4	4.9

资料来源：WTO《世界贸易预测》，2017 年 9 月；IMF《世界经济展望》，2017 年 10 月。

1. 世界经济稳健复苏推动世界贸易增长

2008 年国际金融危机爆发后，世界经济维持了多年的低速增长。但自 2016 年下半年以来，世界经济持续复苏。为此，国际组织多次上调世界经济增长预期。IMF 10月预测，2017 年全球 75% 的经济体经济增速都将加快，为全球经济近 10 年来最大范围的增长提速，预计全年增长率为 3.6%，其中发达经济体整体复苏趋于稳固，增速为 2.2%；发展中经济体增速 4.6%，新兴经济体复苏尤为均衡，中国引领作用突出。2018 年世界经济增长将加速至 3.7%，为自 2011 年以来增长最强劲的一年，其中发达经济体增长 2.0%，发展中经济体增长 4.9%。世界经济稳健复苏将带动需求明显回升，从而推动世界贸易增长。

2. 先行指标变化预示世界贸易止跌回升

波罗的海干散货指数（BDI）是世界贸易的重要先行指标，该指标通常能提前反映未来世界贸易的走势。由于需求下降与运能提升，BDI 下跌趋势已延续多年，该指数从金融危机前接近 12 000 点的高位大跌至 2016 年 2 月 11 日 290 点的历史低

位，此后便开启了反弹模式。2017 年下半年以来 BDI 增势显著，9 月 22 日越过 1 500点，这也是该指数自 2014 年 3 月 26 日以来首次突破 1 500 点大关；而 10 月更是创出连续 12 个交易日上涨的成绩，10 月 24 日该指数报收于 1 588 点，创 3 年半以来的新高（见图 2），暗示全球贸易止跌回升。从 BDI 分类指标看，除了代表大型铁矿石运输主力船型运价的 BCI 指数大幅上涨外，近期代表中小散货运输船型运价的 BSI、BHSI 等指数也出现了不同程度的上涨。

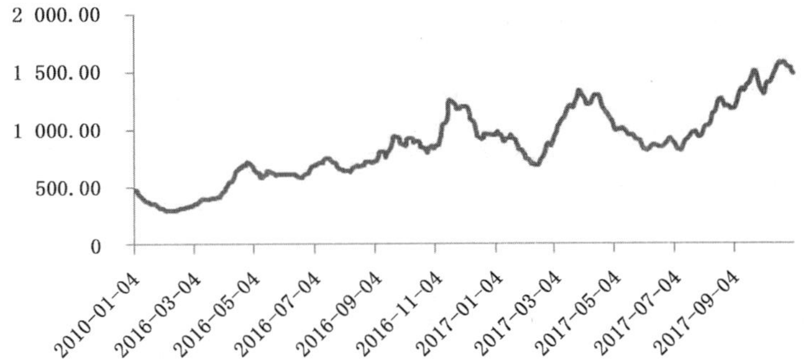

图 2　2016 年以来波罗的海干散货指数变化

3. 贸易保护主义威胁上升阻碍世界贸易发展

自国际金融危机以来，发达经济体收入增长缓慢、分配日趋恶化，部分欧美国家对经济全球化的质疑增加，导致政策内顾加剧，保护主义升温。美国曾是 19 世纪以来全球化的重要倡导者，但在 2016 年美国总统大选及特朗普政府执政中都体现出严重的保护主义等逆全球化倾向，不少国家也同样纷纷采取贸易保护主义措施。除了关税壁垒、禁令和配额等传统贸易保护手段外，出口鼓励政策、紧急贸易救助、政府采购优先权、政府补贴，以及本地化要求等新型贸易保护手段和措施层出不穷。据 WTO 的统计报告，2017 年上半年，全球范围内共发生 309 项贸易保护措施，其中仅二十国集团（G20）成员国就占了 256 项。这意味着，2017 年上半年 G20 国家平均每天就有 1.4 项贸易保护措施产生，为金融危机以来的最高水平。G20 成员贸易占全球贸易总额的 80% 以上，这表明全球贸易的 4/5 正在遭遇金融危机以来最严重的贸易保护主义措施的影响。日益增长的反全球化情绪和民粹主义兴起，将会在一定程度上导致各国采用限制性贸易措施，对世界贸易和产出产生负面影响。

4. 主要发达国家货币政策趋紧严重影响世界贸易

当前主要发达国家货币政策趋于紧缩。美联储自 2015 年 12 月正式开启加息通道以来已经加息 4 次，并且在 2017 年 10 月开始缩减总额高达 4.5 万亿美元的资产负债表，以逐步收紧货币政策，实现货币政策正常化。这是美联储自 2008 年国际金融危机以来首次缩表，且 2017 年 12 月还要加息 1 次，2018 年再加息 3 次；欧洲央行从2017年4月开始缩小每月购债规模，10月又决定从2018年1月起继续缩减每月购债规模至300亿欧元，持续至2018年9月，为逐步退出实行数年之久的宽松货币政策铺路。这意味着欧洲央行将跟随美联储，进入货币政策收紧的通道中。主要发达国家货币政策一旦收紧，将带来全球流动性持续收缩，带动跨境资本向发达经济体回流，可能引发全球资产价格和汇率大幅波动，严重影响世界贸易，产生的叠加效应影响不容忽视。

5. 非经济因素对世界贸易增长构成重要压力

过去几年里发生的重大自然灾害、欧美对俄的制裁等，都对世界贸易的正常往来在一定时期内形成重大干扰。当前世界范围内的恐怖主义、地缘政治紧张局势升级及自然灾害频繁等，可能会对经济活动造成破坏，进而影响世界贸易。

三、当前世界贸易的新特征

1. 全球贸易规则面临更多不确定性

当前，WTO主导的全球多边贸易谈判受阻，世界各国纷纷调整国际战略，积极构建新的自由贸易体系，试图通过双边或区域等多种形式的经济合作来改善贸易机制，为本国寻求更多的经济发展机会。然而，在各国之间的竞争日益激烈的同时，各方利益协调难度也在不断加大，区域和双边平台遭遇重大挫折。美国总统特朗普正式上台以来，美国政府已经宣布了一系列行政令，其中最重要的两项与国际贸易有关，包括美国从TPP（跨太平洋伙伴关系协定）中退出，以及美国宣布计划与加拿大和墨西哥重新就NAFTA（北美自由贸易协定）条款进行谈判。显然，特朗普的上台给全球贸易规则带来了更多的不确定性。由此，各方对未来全球贸易治理应该如何推进的分歧进一步加剧，贸易规则标准提升的方向更加具有不确定性。

2. 全球价值链分工放缓

金融危机前30年，世界贸易以平均两位数的增长，持续高于世界经济增速，其对世界经济的巨大推动作用，在于细化分工，形成了基于全球价值链的分工合作格局。这种分工不但扩大了参与世界贸易的国家，让最不发达的国家也开始了工业化的进程，也极大地拓展了世界可贸易产品的数量，开发出大量中间产品的贸易机会。但近期的研究发现，全球价值链分工趋于放缓。一方面，危机前以贸易发展起来的许多发展中国家和新兴经济体，工业化进程得到推动，工业技术水平能力大幅提高，出口对经济增长的贡献开始下降，这在危机后贸易下滑阶段更加明显，对全球价值链重构的意愿和能力大幅增长。另一方面，危机后发达国家制造业回归和再工业化战略的推行，本地生产出现增长，也推动现有全球价值链重构。伴随着世界经济、贸易和投资的回暖，全球价值链有望形成新格局。

3. **服务贸易快速发展**

近年来，全球服务贸易增长较快，在推动全球自由贸易进程中的作用更加突出。主要表现为：第一，服务贸易增长成为全球贸易增长的重要引擎。2005—2016 年，全球服务贸易年均增速快于同期货物贸易增速 1.5 个百分点，而且有 30% 的货物贸易是由服务贸易带动的。第二，服务贸易规模和占比提高较快。2016 年服务贸易占全球贸易额的比重达到 23.5%，如果按增加值统计，目前服务贸易占全球贸易额的比重为 50% 左右。第三，服务贸易发展潜力巨大。与服务经济占全球经济总量 70% 的比重相比，服务贸易占全球贸易的比重明显偏低，还有巨大提升空间。尤其是新兴经济体的经济服务化进程加快，将进一步释放服务贸易增长的潜力。可以说，在经济全球化新的十字路口，以服务贸易为重点的国际贸易新趋势正在形成，为经济全球化增添了新动力。

四、中国的应对策略

1. **积极参与全球贸易规则制定**

当前全球贸易竞争正在演变成“规则之争”，成为新一轮全球化博弈的角力点。发达国家强调在全球治理中的领导权、高标准，主张建立更“开放、公平、自由”的规则体系，而新兴经济体则更强调合作，注重贸易与自身发展的关系，倡导建立适合本国经济发展阶段的贸易规则。在这场“规则之争”中，中国也不能当旁观者和跟随者，而是要做参与者和引领者，在全球贸易规则制定中发出更多中国声音、注入更多中国元素，维护和拓展中国发展利益。一方面，应主动积极地参与新一轮全球贸易规则制定，从双边、多边两个方面加快构建中国版本的自贸区网络，深化与自贸区伙伴的经贸合作。另一方面，也要借自贸区谈判为契机，通过更高标准的全球贸易规则，倒逼市场化改革，加快经济结构调整，增强中国经济的国际竞争力。

2. **打造以中国为主导的全球价值链**

作为制造业大国，中国制造业规模已经跃居世界第一，成为全球价值链的重要参与者。然而，由于中国制造业核心竞争力不强、创新能力不足，中国制造产业整体仍处于全球制造业链条的中低端。当前，全球制造业已进入更多维度、更深层次、更高水平的全方位竞争阶段，中国产业迈向中高端面临着严峻挑战。在中低端领域，发展中国家之间的低成本、低价格竞争日趋激烈。在中高端领域，发达国家牢牢把控重点行业和领域的关键核心技术，以品牌质量稳占竞争高地，并在创新设计、关键技术创新、国际标准制定等方面掌握着话语权。中国应积极鼓励国内出口企业的技术研发与创新，调整产品加工模式，不断走向全球价值链的中高端，构建自己为主导的全球价值链和全球生产服务网络，由单纯参与全球价值链向建立自己的区域及全球价值链转变，从整体上提升中国在全球价值链中的竞争力，推动贸易结构和产业结构全面升级。

3. **积极维护和稳步推进贸易自由化**

当前贸易保护主义在全球贸易格局中愈演愈烈，中国是贸易保护主义的最大受害国。2016 年，中国出口产品共遭遇来自 27 个国家和地区发起的 119 起贸易救济调查案件，涉案金额 143.4 亿美元，同比分别上升 36.8% 和 76%，双双创下纪录，中国已连续 21 年成为遭遇反倾销调查最多的国家，连续 10 年成为遭遇反补贴调查最多的国家。2017 年上半年，中国产品共遭遇来自 15 个国家和地区发起的 37 起贸易救济调查案件，涉案金额 53 亿美元。在当前贸易保护主义明显抬头的情况下，中国应积极维护和稳步推进贸易自由化，维护 WTO 的主体地位，利用 WTO 争端解决机制切实保护中国企业权益，为中国对外贸易持续健康发展营造良好环境。此外，中国也应积极探索通过双边、区域，以及单边的自由化来保持全球化的势头，遏制反全球化的扩散。

4. **加快从贸易大国向贸易强国转变**

从长远来看，尽管中国经济发展需要更多依靠内需尤其是消费需求拉动，但"十三五"时期，对外贸易仍然是我国开放经济体系的重要驱动力，是国民经济发展的重要组成部分，保持其稳定的发展和升级，无论是对扩大就业、增加国家税收，还是缓解资源能源约束和带动产业发展等各个方面，均有不可或缺的作用。但从目前的情况看，中国虽然在贸易规模上取得了优势，进入了贸易大国行列，却离贸易强国还有很大的差距。因此，我国应转变外贸发展模式，推进外贸加速升级，大力促进服务贸易发展，推动我国从以数量扩张为主的贸易大国向提升质量的贸易强国转变。同时，中国仍需加强"一带一路"建设，要通过"一带一路"战略，使更多的国家更加公平合理地参与到国际贸易中，同时也使我国经济从国际贸易中受益。

G34　2017年国际金融市场分析及2018年展望

张　鹏*

摘要：2017年，在主要经济体增长超预期、国际贸易投资走出低谷、货币政策环境平稳等有利条件下，国际金融市场短期风险有所化解，稳定性明显增强。展望未来，由于世界经济在经历了长期调整后，正处于新一轮增长周期的初期，系统性风险较低，因此，2018年国际金融市场的风险系数和波动系数有望保持较低水平。但也应看到，随着货币政策逐步收紧，资产重新定价可能性上升，在高杠杆条件下可能引发国际金融风险。

关键词：国际金融市场　缩表　国债收益率

2017年，国际金融市场稳定性有所增强，表现出股市波动降低、债市牛市仍未结束、非美货币升值，以及国际资本市场信用风险下降等特点。展望未来，由于世界经济在经历了长期调整后，正处于新一轮增长周期的初期，系统性风险较低，因此2018年世界金融市场风险系数和波动系数仍将较低。但是，金融风险依然存在。从短期看，随着美联储启动缩表进程，其他发达经济体货币政策酝酿变局，可能引发现有资产定价机制崩溃；从长期看，全球债务不断累积，仍将是悬在世界经济头上的“达摩克利斯之剑”。

一、2017年全球金融市场稳定性增强

2016年，受英国脱欧、美国大选等频发的重大政治事件及货币政策分化加剧等不利政策因素的影响，国际金融市场出现动荡。但进入2017年以后，股市、债市和汇市的稳定性提升。

* 张鹏，国家信息中心经济预测部政策仿真实验室主任，副研究员，博士研究生，主要研究宏观经济预测、国际经济、政策分析和数量经济模型等。

（一）股市：波动性降低

2014 年美联储结束第三轮量化宽松（QE3）后，国际股市波动明显加剧。但进入 2017 年之后，以美国股市为代表的发达国家股市出现了股价连续突破新高和波动性持续降低的“一高一低”格局，如见图 1 所示。

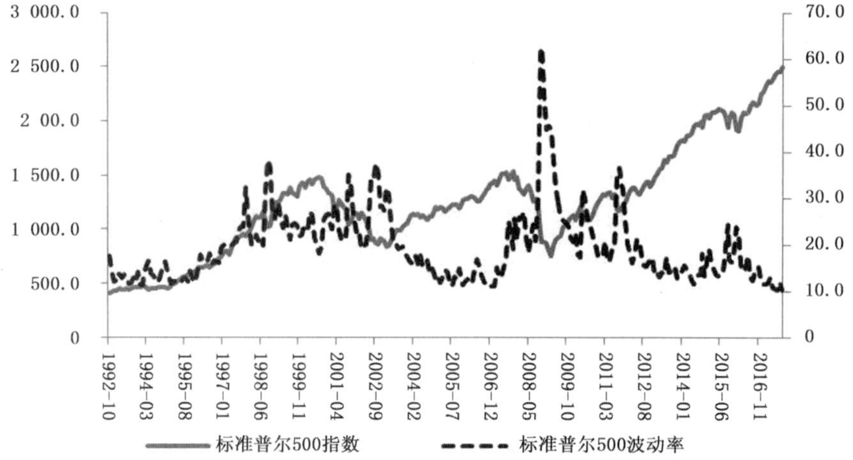

图 1 美国标准普尔 500 指数及波动率（VIX）

波动性是金融产品的基本属性，也是投资者高抛低吸从而获利的主要渠道，但如果波动性过大，投资者会因无法把握风险而降低交易频率，甚至完全放弃交易。股市中，在股指不断升高的过程中，随着投资者意见分歧加大，波动性也逐步加大，对于抑制股指继续上涨、降低市场交易意愿可以发挥自动调节作用。20 世纪 90 年代末和 21 世纪初的两次股市大牛市中，股价上升往往都伴随着波动率指数（VIX）的上升，符合“高收益高风险”的资产定价规律。但 2017 年全球股市明显异于往年。2 月 3 日道琼斯指数突破 2 万点大关后，全球股市总体处于上涨通道，例如 10 月份日本股市以连涨 15 个交易日创下了第二次世界大战后最长连涨纪录。全球股市持续大涨的同时波动性却在下降，以美国股市为例，不仅标普 500 指数收盘涨跌幅度连续不超过 0.5% 的“冷静期”天数创下 1969 年以来的新高，而且股指波动率指数也下降到该指数 1993 年创立以来的最低点 9.19（2008 年 11 月该指数曾高达 80.86）。波动率逐渐下降，反映出市场的主流看法是风险并没有随着股市创新高而上升，这既说明投资者可能过于乐观，也说明资金尚未流出股市。

（二）债市：牛市仍未结束

1980 年美国 10 年期国债收益率曾经高达 15%，其后一路下滑，目前仅在 2.4%

左右（见图 2）。由于固定收益投资是高杠杆交易且价格与收益率成反比，因此，收益率下滑意味着巨额资金流入债市和债券价格大幅上涨，从而造就了 30 多年的全球债券大牛市。在过去 200 多年里，虽然大部分时间投资股票的收益高于投资债券，但在过去 30 多年里情况出现了反转，即投资债券收益更高。这一现象对于投资者资产配置和国际资本流动产生了较大影响，是当前金融市场的基本特征之一。2016 年，在美联储加息的背景下，10 年期美国国债收益率从历史性低点 1.37 大幅跃升到 2.60，很多投资者预计债市大牛市将结束。但在 2017 年，虽然短期国债收益率明显上升，但 10 年期美国国债收益率却略有下降，在 11 月初仅为 2.37。经济复苏和货币政策趋紧速度均慢于预期，是长端利率受到抑制的主要原因。目前看来，虽然短期利率有所上扬，但长期利率平稳，债市仍处于牛市阶段，从而对于国际金融市场和国际资本流动保持平稳发挥了重要支持作用。

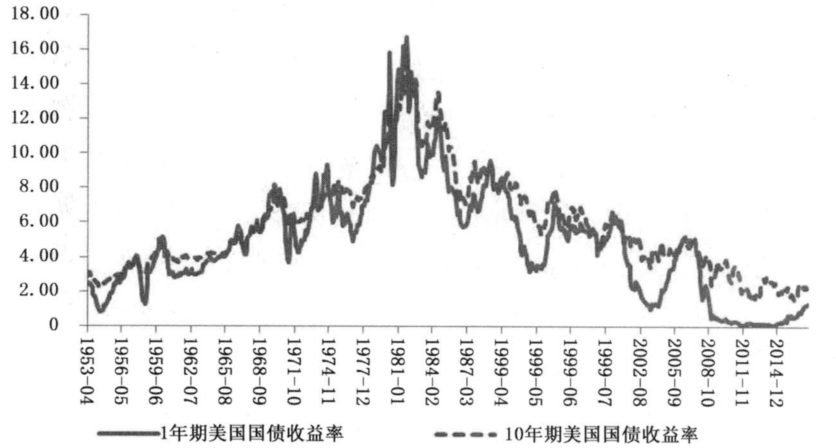

图 2　美国国债收益率

（三）汇市：非美货币大幅升值

2014 年美国结束 QE3 后，由于经济基本面及货币政策面的分化，美元大幅攀升，给欧元、人民币、印度卢比等主要非美货币带来巨大贬值压力，进而造成发展中国家汇率市场不稳定。但 2017 年里，由于投资者对美国经济前景、美联储加息进程，以及特朗普政策实施效果产生怀疑，美元出现明显下挫（见图 3）。受美元持续走弱的助推，欧元、人民币等非美货币汇率企稳回升。特别是欧元，在经济好转、政治风险下降和结束量化宽松预期强化的背景下，兑美元汇率从年初的 1∶1.05 上升到近期的 1∶1.18，升值幅度已达到 12%，对于舒缓国际资本回流美国压力、稳定全球金融市场产生了巨大的积极作用。

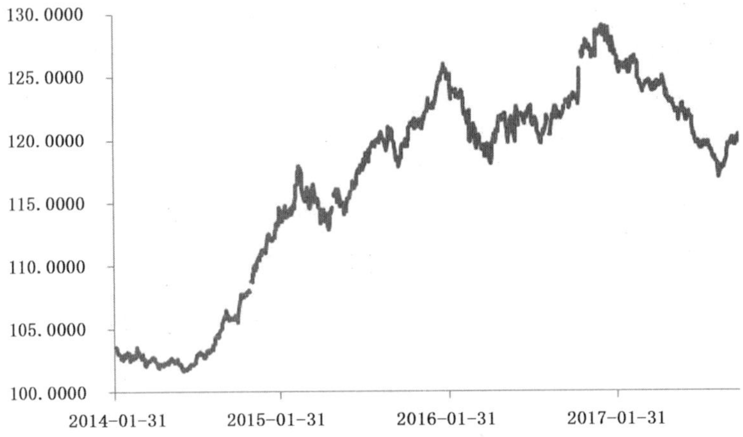

图3　名义美元指数

（四）国际资本市场：信用风险下降

信用违约互换（CDS）是在一定期限内买卖双方就指定的信用事件进行风险转换的合约，是国际金融市场中最常见的信用衍生产品。信用违约互换指数（包括主要反映北美及新兴市场的CDS指数和主要反映欧洲等地的iTraxx指数）能够有效反映国际信用市场（包括信贷市场、债券市场及外汇市场等）投资者信心及资金供需格局。在2008—2009年的美国次贷危机和2011—2012年的欧洲主权债务危机期间，投资者对市场交易对手的信用状况极其担忧，因此信用违约互换指数大幅上升，并由此产生了国际金融市场的“美元荒”，推动反映美元需求的交叉汇率基点急剧上涨（见图4）。2014年以后，欧洲、日本等发达经济体的货币政策与美联储出现较大分化，欧洲和日本国债收益率走低，甚至出现负收益率，从而导致投资者对美元资产需求再次上升，套利交易盛行，国际资本市场供需再次失衡，信用违约互换指数及联动的交叉汇率基点又一次上升。除此之外，随着金融监管日趋严格，国际银行业降低了在金融衍生品市场的做市和互换等交易行为，也在一定程度上造成国际金融市场供给不足，加剧了市场不稳定。但在2017年，信用违约互换指数大幅下挫，反映出金融市场交易者对于违约的担忧有所减弱，信心不断增强。目前，不仅欧洲银行业借贷行为有所恢复，而且随着初级产品价格反弹，作为国际金融市场美元重要来源的主权基金也开始重新回到市场中来，提供了新供给。因此，目前国际资本市场供需总体基本稳定，风险系数有所下降。

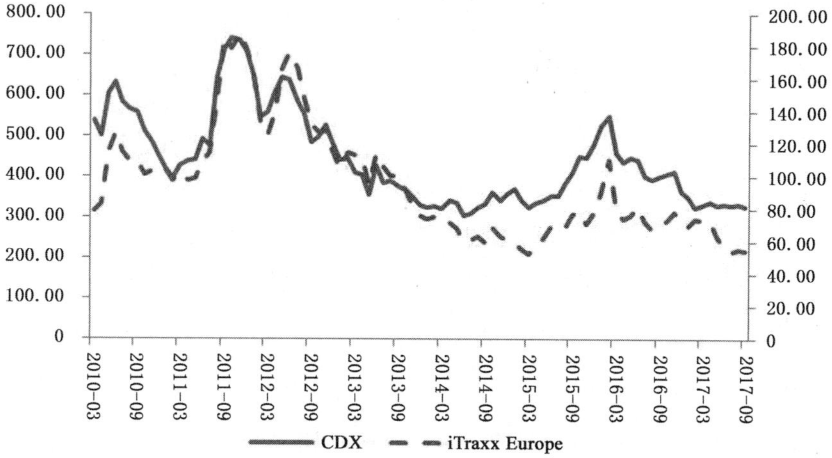

图 4　信用违约互换指数

二、全球金融市场稳定性增强的原因

2017 年，全球金融市场稳定性增强，既有基本面的支撑，也有政策面的扶持。

（一）世界经济超预期复苏

当前世界经济复苏步伐加快。OECD 近期指出，该组织追踪的所有 45 个国家 2017 年都有望实现经济增长，其中 33 个国家的增速将快于 2016 年。这是 2007 年以来所有 45 个国家第一次全都实现经济增长，也是 2010 年以来经济增速加快国家数量最多的一次。尽管大多数国家的经济增速并不高，为低速增长，但毕竟实现了同步正增长。当前不仅中美经济前景看好，欧洲和日本经济也出现超预期的增长。欧洲央行总裁德拉吉表示，欧元区经济增长表现为十年来最佳，复苏“既广泛又稳健”。目前，欧洲经济不仅仅依靠传统经济引擎德国的独自拉动，意大利、法国和希腊等国经济也明显好转。欧洲央行已经将 2017 年 GDP 增速预测由此前的 1.9% 上调至 2.2%，创 2007 年以来新高。截至 2017 年第二季度，日本 GDP 已经实现了连续六个季度的增长，为过去 11 年来首次，同时失业率也创下了数十年来新低，企业盈利开始恢复。随着大宗商品价格走出底部，新兴市场国家经济趋稳迹象明显。近期，经济形势的改善也促使 IMF 将对 2017 年、2018 年的 GDP 增速预测上调到了 3.6% 和 3.7%，各调高 0.1 个百分点。如图 5 所示。

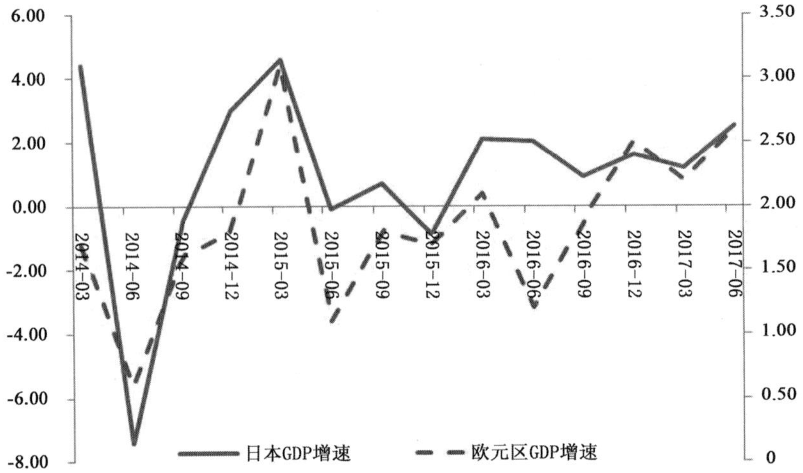

图5　欧元区（17国）和日本季度GDP增长率（单位：环比折年率，%）

（二）全球投资和贸易走出低谷

2016年全球贸易形势恶化，增速仅为1.3%，为2009年以来最低。但从2016年后期开始，全球贸易出现了复苏迹象，进入2017年后复苏势头加快。韩国出口数据历来受到广泛关注，因为韩国主要出口商品包括汽车、手机、电脑等个人消费品，所以能够较准确反映全球需求的边际变化。2017年前9个月，韩国出口月度增速均保持两位数增幅，9月份单月出口增速甚至达到35%。从波罗的海干散货指数（BDI）也可以看出全球贸易势头向好，2016年2月BDI曾创下290的历史性低点，但到2017年10月底已经跃升至1 588点。2017年上半年，世界贸易组织（WTO）预计全年全球贸易增速仅为2.4%，但由于主要经济体贸易形势同步好转，到9月份WTO将预测值上调到3.6%。如图6所示。

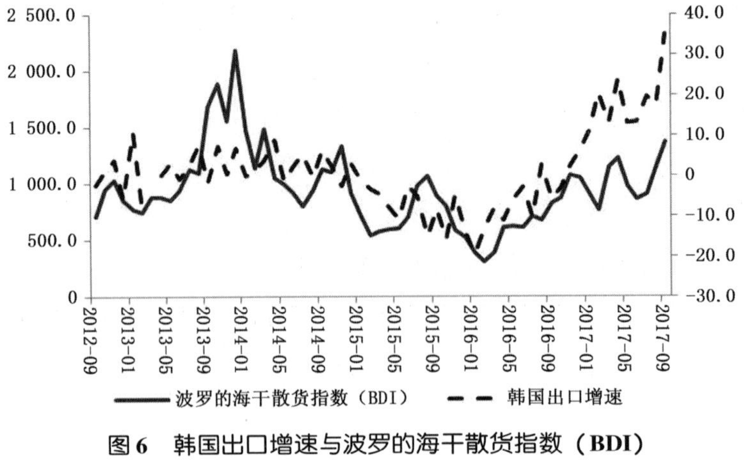

图6　韩国出口增速与波罗的海干散货指数（BDI）

全球直接投资也显著回升。受全球经济低迷影响，2016年全球直接投资负增长

1.5%，但在 2017 年随着世界经济增长加快、贸易复苏和跨国企业利润回升，联合国贸发会议（UNCTAD）预计全年直接投资将达 1.8 万亿美元，较 2016 年增长 5%。

（三）物价保持稳定

目前，一方面美日欧物价温和上涨，基本终结了对通缩的担忧；另一方面虽然就业市场情况良好，但通胀率迟迟没有显著攀升，出现菲利普斯曲线扁平化现象，缓解了各国央行收紧货币政策的压力。可以说，如此“温顺的”物价水平有利于宏观经济和金融市场的稳定。

此次金融危机中各国失业率曾经大幅攀升，美国、欧元区和日本的失业率分别高达 10%、12.1% 和 5.4%，危机后随着经济复苏就业市场已经基本恢复到危机前的水平，截至 2017 年 9 月，美国、欧元区和日本的失业率分别为 4.2%、9.1% 和 2.8%，接近充分就业水平。但就业增加并没有推动物价上升，欧元区和美国的 CPI 仍明显低于危机前。出现这一情况，一方面，因为各国仍处于产业结构调整和技术进步深化中，对劳动力工资形成压制；另一方面，发达国家国内工业消费品依赖进口，而国际产能过剩仍然存在，因此输入型通缩压力也制约发达国家物价上涨。

（四）货币政策有助于流动性保持充裕

不仅基本面有利于金融稳定，政策面也有利于金融稳定。美联储结束 QE3 和开始加息后的一段时间里，市场曾因为担心流动性收缩而发生剧烈动荡。但此后美联储政策偏向鸽派，谨慎地避免加息步伐过快危害经济增长。截至 2017 年 9 月，虽然美联储终止了债券购买计划，但为了防止资产负债表收缩，把到期债券进行再投资，市场流动性基本没有受到影响。2015 年 12 月美联储进入加息周期后，已经上调了 4 次利率，但从对市场的冲击来看，前期影响较大，而 2017 年 3 月和 6 月的后两次加息影响较小，显示市场资产定价已经完全吸收了加息预期。目前，投资者对于美联储、欧洲央行和英国央行等中央银行的货币政策较为认同，市场情绪较为稳定，对金融市场呈现波澜不惊的局面发挥了决定性作用。

（五）政治风险溢价降低

2016 年先后出现英国脱欧公投和美国大选等一系列牵动世界政治走向的重大事件，且结果均出人意料，从而造成金融市场政治溢价上升。进入 2017 年后，特朗普政策不确定性与欧洲分裂倾向等国际政治风险因素弱化，为全球金融市场的稳定提供了有利的政治环境。特朗普上台后积极推进减税，改善了公众预期，对于刺激投资、增加消费有积极作用，虽然其移民政策充满了争议，但对经济的冲击尚不强烈。在欧洲，马克龙击败右翼勒庞当选法国总统，防止了民粹主义在欧洲蔓延。有“欧洲铁娘子”之称的默克尔第四次担任德国总理，使得作为欧洲经济“引擎”和政治“稳定器”的德国保持政治连续性。在英国脱欧后，法、德稳住了阵脚，防止了欧洲一体化出现进一步挫折，欧洲政治风险降低。在日本，安倍晋三第三次连任首相，出现日本国内罕见的政坛稳定性。

三、全球金融系统性风险隐患依然存在

近几十年来，历次全球金融危机都与债务问题有关，而目前全球债务问题并未有效解决，依然可能成为系统性金融危机的导火索。

美国次贷危机和欧债危机的先后爆发，暴露了发达国家家庭、企业和政府超出自身承受能力无节制过度举债的严重问题。危机后，各国意识到需要降低债务负担、压低杠杆率，从而避免违约风险的再度发生。但从实际效果来看，全球债务负担没有减少，反而不断膨胀。据国际金融协会（IIF）统计，过去十年全球债务总额增加了70多万亿美元，大约相当于世界上每人增加了一万美元债务。随着债务累积，到2016年，全球债务总规模创下215万亿美元的历史新高，相当于全球GDP的325%。据IMF统计，2006年后，G20国家非金融部门增加了60万亿美元的债务，其中美国和中国各贡献了增量的1/3。很明显，全球债务问题并没有化解，债务风险隐患依然存在。近期，美国联邦政府债务上限危机虽被推迟至年底，但反映出债务风险只是被不断推后，并没有从根本上得以解决。当前全球债务持续高企，已成为威胁世界经济稳定与复苏的重要风险点，值得我们高度重视。

（一）全球债务问题的成因

1. 增长乏力和低通胀导致债务消化能力下降

各国应对债务的途径不外乎：违约、开动印钞机兑付国债、借新还旧、通胀和经济增长。几种途径中，通胀和收入增长（经济增长）是有效消化债务的理性方式。但当前全球通胀率较低，无法降低债务的实际价值以实现隐性债务违约，是债务问题久拖不决的一个重要原因。而长期疲软的经济环境限制了政府、企业和家庭的收入增加，则是全球范围债务不断累积的另一个重要成因。

2. 低利率导致债务需求增加

危机后全球利率处于历史低位，美国基准利率降至零附近，日本、欧洲甚至出

现负利率，刺激了借贷。例如，对于日本政府来讲，短期融资实际上能获得收益，因此日本国库短期证券数量在危机后大幅上涨。在低利率环境中，还出现了杠杆率国际转移，即新兴市场国家大量吸收欧美量化宽松的超发货币，增加了债务负担。

（二）全球债务问题的影响

1. 如果债务风险持续积聚最终会触发新一轮金融危机

低利率货币环境改变了很多企业的资本结构，使得债务成为一种“廉价商品”，企业杠杆率上升。目前，在低利率、资产价格膨胀和低波动性的条件下，企业债务违约发生概率较小，但是一旦各国央行加快升息和缩表步伐，市场流动性条件变化将导致违约概率飙升。从过去几次危机得到的教训是：在高杠杆环境下加息，对金融市场的冲击是致命的。

2. 巨额负债限制消费和投资

过度负债意味着过度投资和过度消费，在巨额债务不能有效化解之前，企业不愿意投资、消费者不愿意购买的现象将常态化，实体经济复苏步伐将被高负债所拖累。即使在现金流充裕和存在市场需求的条件下，高债务也会抑制企业扩张，从而出现典型的日本式“资产负债表衰退”，引发整个社会经济链条的长期萎缩与萧条。

总的看来，虽然目前全球市场高度稳定，投资者情绪高度乐观，但由于高杠杆格局没有改变，发达国家货币政策收紧很可能在一夜之间造成市场恐慌和流动性短缺，资产价格随之剧烈下挫，最终出现大规模违约。

四、2018 年国际金融市场趋势

预计短期内国际金融市场波动性较低，出现系统性风险的概率较小。展望 2018 年，全球金融市场存在稳定与动荡两种走势，我们认为前者的概率高于后者。

（一）全球金融市场基本稳定

我们认为这种走势的可能性较大，主要原因在于预计 2018 年“缩表+加息”的政策影响尚不强烈。欧债危机后，在经济保持弱复苏的态势下，政策面对全球金融市场走势的影响大于基本面，因此，未来金融市场形势在很大程度上取决于货币政策进程。按计划，美联储从 10 月份开始缩表，并设定了每月缩表上限：缩表初期每月缩减 60 亿美元国债、40 亿美元 MBS（抵押支持债券）；此后每季度上调 60 亿美元国债、40 亿美元 MBS 缩减规模，直到达到每月缩减 300 亿美元国债、200 亿美元

MBS 为止。但截止到 10 月底，美联储资产负债表不仅没有缩减，反而比 9 月底略有增加，说明美联储虽然已开始缩表，但没有“一刀切”式地按照上限减少购债规模，而是根据经济运行和市场反应灵活掌握尺度，若经济形势不及预期，则以较慢步伐进行缩表。2017 年 10 月 20 日，耶伦在华盛顿发表了题为《充满挑战的十年和未来的问题》的重要讲演，阐述了对未来货币政策发展态势的看法。她认为，美联储的非常规货币政策在过去十年应对危机的过程中发挥了巨大作用，未来仍可能需要使用这一政策工具应对利率滑入超低水平。耶伦的讲话显示出美联储认为未来充满了不确定性，“流动性陷阱”有可能再次出现。新的美联储主席鲍威尔在货币政策立场上也比其竞任对手泰勒偏向鸽派，因此预计 2018 年美联储将保持较为温和稳健的货币政策。目前，除了美国，欧元区、英国、加拿大等国的货币政策也将逐步收紧，有助于抑制资金回流美国和美元升值，在短期内有利于全球金融市场稳定。除了政策面，在基本面上，世界经济在经历了长期调整后，同步复苏迹象显现，正处于新一轮增长周期的初期，实体经济的系统性风险较低，也将有利于金融市场的整体稳定。

（二）全球金融市场发生剧烈动荡

虽然可能性较小，但若 2018 年主要经济体货币政策调整超预期，这种走势出现的概率依然存在。正如我们分析的，危机后全球整体上仍处于加杠杆过程中，巨额债务得以维持的技术条件是“借新还旧”顺利进行，一旦投资者预期改变，现有资产定价体系崩溃，“借新还旧”机制就面临“休克”。发生资产重新定价的最大风险点在于债券超低收益率不复存在。根据美联储资产负债表和美国财政部国际资本流动报告可以发现，目前大约 2/3 的债券被官方所掌握（包括美联储和国际储备机构），因此债券价格已经失去反映“真实”利率水平的能力。美联储估计，在 1995—2010 年由于中国购买了 1.1 万亿美元的美国国债，压低了实际利率 2 个百分点。与此类似，由于美联储大规模购债，必然造成债券价格过高，未来随着美联储实质性缩表，债券价格可能会持续走低。如果私人投资者预期债券价格将加快降低，会抢先于央行进行抛售，将造成市场的整体性崩溃。根据 IMF 的估计，如果资产重新定价引发融资成本上升和资本从新兴市场流出，所带来的冲击大约相当于 2008 年金融危机的 1/3，降低全球产出 1.7 个百分点。

五、新形势下我国国际资本流动态势及建议

从 2014 年开始，我国连续三年资本净流出，主要原因包括：第一，产能过剩严

重，经济增长的质量与速度均下降；第二，2014 年下半年美元开始走强，不仅强化了人民币贬值预期，还吸引资本回流美国；第三，2015 年我国股票市场断崖式下跌，造成广义人民币资产失去吸引力，被抛售；第四，2015 年“8·11 汇改”带来人民币汇率的不确定性，放大了跨境资本流动的规模与波动性。

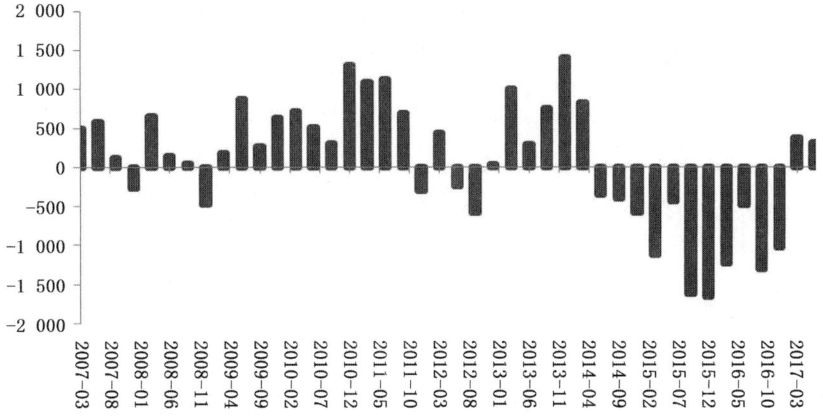

图 7　非储备性质的金融账户差额（单位：当季值，亿美元）

2017 年上半年，我国的资本外流状况显著改善，前两个季度非储备性质的金融账户净流入 679.5 亿美元（见图 7）。资本流动状况好转的原因在于以前引发资本外流和人民币贬值的诱因逐渐消失：第一，供给侧结构性改革取得实效，产能过剩有效化解，创新驱动转型升级，经济重新焕发活力；第二，2017 年美元走弱，包括人民币在内的非美货币普遍反弹；第三，人民币汇率形成机制得到市场认可，市场情绪趋向稳定和理性，人民币贬值预期减弱。

展望未来，预计全球金融市场系统性风险不会很快上升，金融环境仍较稳定。危机后的长期调整，使发达国家和新兴经济体的金融结构和经济结构有所优化，为避免金融动荡提供了较好条件。由于发达国家货币政策收缩速度将以温和步伐推行，新兴经济体的增长动能继续恢复，国际资本流动格局不会剧烈改变。

由于人民币贬值预期减弱、国内外利差较大、资本外流管理仍较严格，预计 2017 年下半年资本账户顺差有望进一步扩大，2018 年全年也有望继续实现资本净流入。在此背景下，我国应稳步推进汇率市场化和人民币国际化进程，逐步放宽私人部门海外投资的限制，稳步推进国内金融市场开放吸引国际资本流入，最终在资本自由流动的更高层面实现国际收支动态平衡。

G35　2017 年国际大宗商品价格走势分析及 2018 年展望

袁剑琴[*]

摘要：2017 年，全球经济同步复苏，但复苏基础仍不牢固。发达经济体超预期复苏，美国、欧元区和日本经济普遍回暖；新兴经济体稳中向好，巴西和俄罗斯由此前的衰退转为强劲复苏，中国继续引领增长，全球货币政策分化有所缓解，流动性总体宽松的格局不变。然而，复苏基础脆弱，主要经济体通胀仍低于目标水平，薪资增速较为疲软，结构性强劲增长仍未出现，中期经济风险犹存。此外，美国新一轮政治周期中特朗普税改、基建和医改等一系列政策实际效果的不确定性成为当前全球经济金融的最大不确定因素。与此同时，国际大宗商品市场整体升温，但市场结构分化。展望 2018 年，全球经济复苏将在分化中日渐改善，新兴经济体引领经济增长，全球政策重心从“需求侧”向“供给侧”转换，全球产出缺口有望收窄，大宗商品整体价格将继续保持温和上涨，但不同产品分化依旧；同时，特朗普政策实施效果和全球主要经济体货币政策的不确定性，以及由于潜在地缘冲击造成的对商品需求和供给的影响，将导致大宗商品价格震荡。

关键词：大宗商品　脆弱复苏　货币政策紧缩　结构分化

一、2017 年国际大宗商品市场整体升温，但市场结构分化

（一）国际大宗商品价格总体震荡上行

2017 年以来，国际大宗商品价格呈现先跌后涨的态势。上半年受国际油价拖累，大宗商品整体在延续了 2016 年强势反弹的趋势并达到年内高点后，开始阶段性

* 袁剑琴，国家信息中心经济预测部助理研究员，主要从事数量经济模型开发及应用、国际贸易、国际商品市场研究、全球价值链研究。

震荡下行。RJ/CRB 商品期货价格指数于 1 月下旬达到 195.14 的高点后大幅下挫，截至 6 月下旬 RJ/CRB 商品期货价格指数累计下跌幅度达到 14.6%。此后，大宗商品价格止跌回升，总体水平比 2016 年温和上涨，截止到 10 月下旬，2017 年 RJ/CRB 商品期货价格指数均值为 183，同比上涨约 1.3%。如图 1 所示。

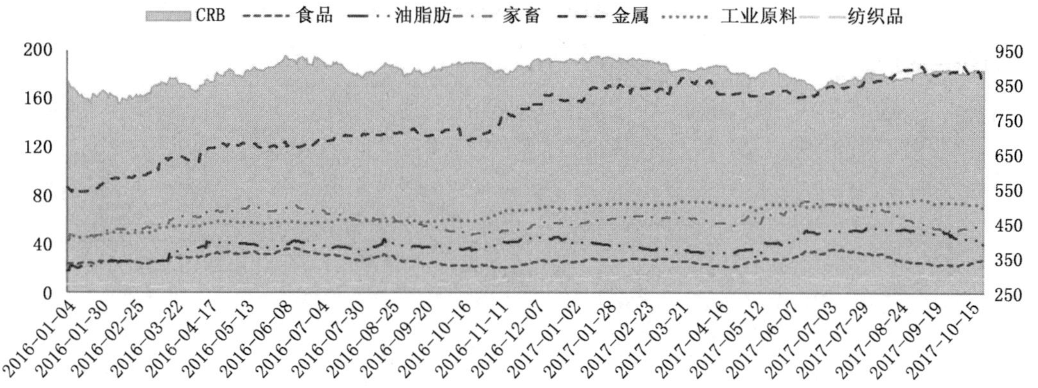

图 1　2016—2017 年 RJ/CRB 商品期货价格指数

数据来源：Wind 资讯，国家信息中心。

大宗商品市场价格分化走势加剧，原油和基本金属成为下半年大宗商品价格上涨的主导因素。原油价格走势与大宗商品价格的整体趋势一致，基本金属维持震荡上涨，家畜价格先升后降，油脂则先抑后扬，工业原料温和上涨，食品价格保持相对稳定。从全年情况来看，金属价格涨幅最大，与 2016 年同期相比上涨约 25.1%，其次为原油，Brent 与 WTI 的期货结算价分别比上年同期上涨 17.1% 和 14.0%，工业原料次之，涨幅约 7.5%，食品价格涨幅最小，且不到 1%。本文将重点分析基本金属、农产品和黄金的价格走势。

（二）大宗商品市场分化加剧

1. 黑色金属宽幅震荡，有色金属震荡上行

2017 年，主要金属价格走势分化依旧，黑色金属宽幅震荡，有色金属震荡上行，如图 2 和图 3 所示。黑色系以铁矿石为例，目前全球铁矿石市场呈现供应寡头、需求集中的格局，四大主流矿山（淡水河谷、力拓、必和必拓与 FMG）提供全球铁矿石贸易量的 70% 以上，同时，自 2004 年起中国超越日本成为全球第一大铁矿石消费国，“中国特需”开始成为影响铁矿石价格变动的主导因素。2016 年中国房地产投资增长和钢铁行业供给侧结构改革推动铁矿石需求恢复性增长，价格持续走高，此轮价格上涨持续到 2017 年年初，2 月中旬 TSI 62% 铁矿石价格指数上升至 94.5 美元/吨，为年内最高点，之后由于主要矿山产能扩张过快，供过于求矛盾加剧，企业

由主动补库存转为被动补库存，价格大跌，截至 7 月初 TSI 62% 铁矿石价格指数下跌至 53. 0 美元/吨，累计下降 44%。尽管如此，受中国钢企高品矿需求偏好提升、刚性增强与供给不匹配的影响，铁矿石价格在 7 月出现反弹。之后，随着四大矿山高品位矿产能的释放及废刚比提升，铁矿石价格再一次回落。2017 年年底之前，中国企业受采暖季限产措施影响，铁矿石需求将减弱，供过于求的局面还将延续，铁矿石价格趋于下行。

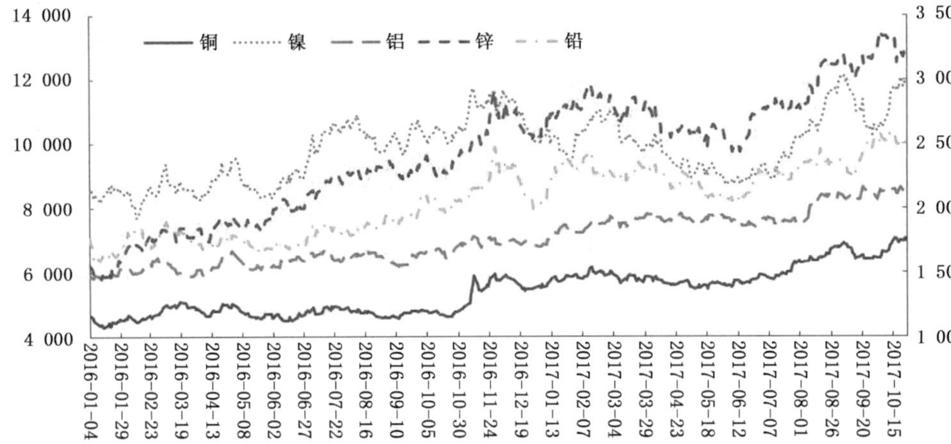

图 2　2016—2017 年伦敦金属交易所主要有色金属价格走势（单位：美元/吨）

资料来源：Wind 资讯，国家信息中心。

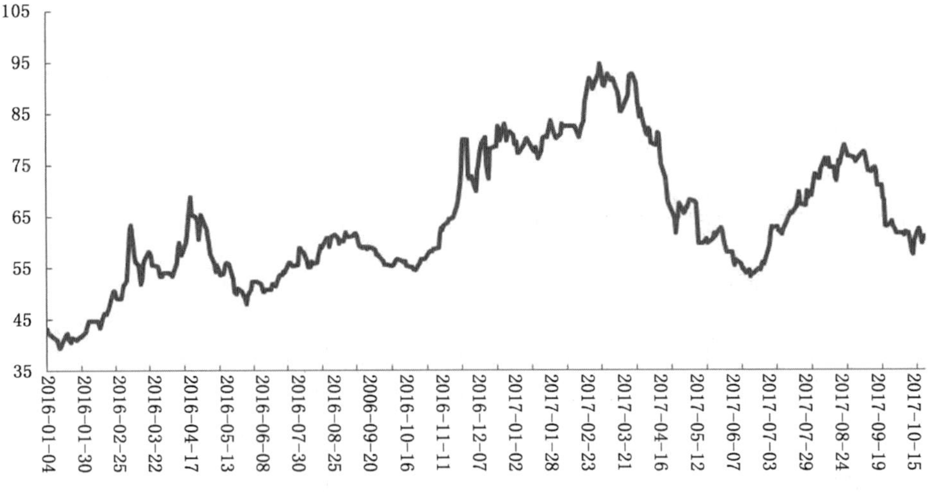

图 3　2016—2017 年 TSI 62%铁矿石价格指数（单位：美元/吨）

资料来源：Wind 资讯，国家信息中心。

有色金属经过 2016 年的触底反弹后，2017 年上半年，主要产品都呈先涨后跌态势。在 6 月 14 日美联储宣布本年度第二次加息后，又出现一波快速反弹上涨，此后震荡上行。截止到 2017 年 10 月下旬，伦敦金属交易所（LME）铜现货结算价报收7 008. 5美元/吨，谷峰差达到 1 597 美元/吨，累计上涨 25. 0%；铝现货结算价报收2 175. 0美元/吨，年内高点为 2 164 美元/吨，累计上涨 27. 8%；锌现货结算价报收3 301. 0美元/吨，年内高点为 3 370. 0 美元/吨，累计上涨 29. 3%；铅现货结算价报收2 492. 0美元/吨，年内高点为 2 585. 0 美元/吨，累计上涨 24. 2%；镍现货结算价报收 11 845. 0 美元/吨，累计上涨 16. 1%。

2017 年，铜市由高库存转为以供给为主导的短缺局面，铜价在阶段性下挫后应声上涨。铜库存的高企成为上半年铜价下行的主要推动力，上半年，LME 铜库存不断攀升，创下年内高点后逐步回落，上半年全球铜库存处在近两年高位，铜价因此跌至5 466美元/吨的低点，与年初相比，跌幅达到 11. 0%；之后受到智利、秘鲁和自由港印度尼西亚铜矿罢工事件的影响，以及智利遭遇暴雨等极端天气的影响使得铜供给受阻，加之中国去产能的持续推进及“废七类”进口禁令的出台，共同开启了铜市供给短缺的局面，推动铜价反弹；同时，中美经济数据的好转，以及对美联储加息预期的反复也支撑了铜价的上涨，10 月初 LME 现货铜价突破 7 000 美元/吨，相比年内低点涨幅达到 29. 4%；年底之前需求还将保持低速增长，铜矿薪资谈判带来的罢工风险成为全年铜价波动的主要风险。

供给缺口扩大，库存持续下降，以及消费好转等因素是支撑铝价上涨的主要原因。据世界金属统计局（WBMS）数据显示，2017 年 1—7 月期间，全球原铝市场供应短缺 138. 1 万吨，2016 年全年短缺 75. 1 万吨，供给缺口呈扩大的趋势；同时，自 2016 年 3 月份以来，LME 铝库存一直处于下降的趋势，从 590 万吨的高位一路下跌，截至 2017 年 9 月，LME 铝库存已下降至 270 万吨。年初至 5 月中旬，铝价延续了 2016 年以来的上升趋势，之后受强势美元及不断增加的供应压力影响，LME 铝价格阶段性下挫至 1 890 美元/吨，此后随着中国供给侧改革的持续推进，库存和产量的持续下降及美元疲软，铝价止跌回升，并震荡走强。

2. 全球粮食供应宽松，价格低位震荡

2017 年全球大宗粮食仍处于供求过剩格局，全球粮食价格相对较低且保持稳定，与 2016 年年底相比，小麦价格上涨 7. 1%，玉米和大豆的价格则分别下降 0. 2% 和 1. 3%，如图 4 所示。在供给端，虽然局部的不良天气导致短暂性的粮食减产，但区域间的此消彼长和恢复性的增产使得粮食供给依然充足。分品种来看，全球大豆产量小幅下降，宽松的供应格局保持不变，价格低位震荡。据美国农业部最新产品供需报告显示，2017 年大豆产量预计达到 3. 48 亿吨，同比下降 0. 96 个百分点，但库存保持连续增长态势，将达到 9 605 万吨，同比增长 1. 25%。2017 年以来，全球小麦总体上供需双弱，供给相对强势，去库存的压力使得小麦价格持续走

低。据美国农业部最新数据显示，2017 年小麦产量将达到 7.51 亿吨，较上年同期下降 0.3 个百分点，在需求相对弱势的情况下，库存将达到 2.68 亿吨的历史高点。同时，由于美国大平原北部的干热天气持续，春麦主产区减产推动小麦价格阶段性大幅上涨，从年初到 7 月初阶段，涨幅达到 37.8%，此后，随着冬麦的丰收及市场对前期消息的消化，小麦价格逐渐回落。

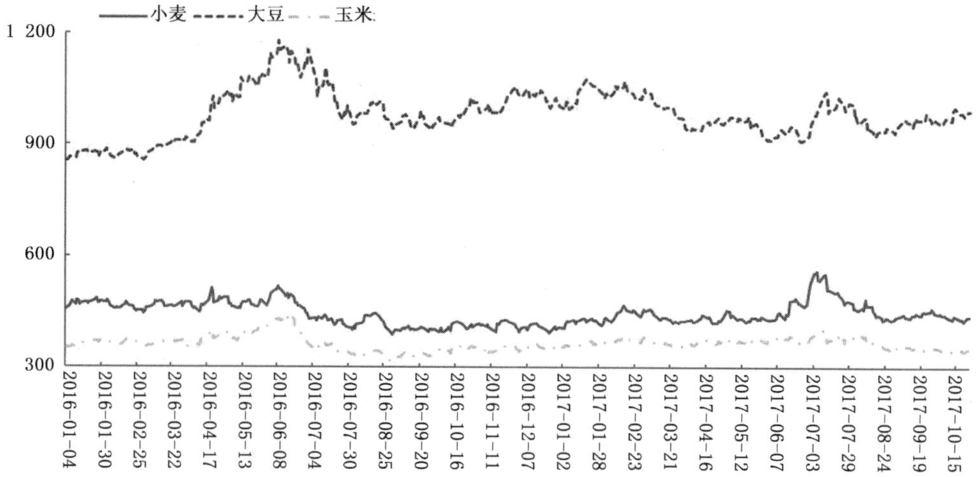

图 4　2016—2017 年 CBOT 主要粮食产品价格走势（单位：美元/吨）

资料来源：Wind 资讯，国家信息中心。

受玉米种植的季节性影响，玉米价格呈现周期性特点，一般来说，年度价格从 11 月合约或 1 月合约的低点开始启动，逐步走高，至 7 月或 9 月合约达到年度最高点，随后价格在供应压力下出现回落逐步探底。2017 年玉米价格的走势与周期性特点基本一致，且年内高点增长幅度高于往年，这是由于中国和美国播种面积的减少，使得全球玉米产量下滑。美国农业部（USDA）最新数据显示，2017 年全球玉米产量预计为 10.4 亿吨，同比下降 3.3%。同时，全球玉米消费温和增长，尤其是中国消费的刚性增长，尽管初期库存庞大，也使得玉米价格大幅上涨，7 月上旬，CBOT（芝加哥商品期货交易所）玉米的现货交易价格达到年内高点 402 美分/蒲式耳，与年初相比，上涨 13.0%。之后，随着玉米大量上市，阶段性的供大于求使得玉米价格再度下跌。

3. 黄金价格震荡上行

黄金价格在经历了 2016 年的大起大落之后，2017 年总体呈现震荡上行的态势，截止到 10 月下旬，黄金价格累计上涨 9.4%。一方面，由于美元的持续下跌，美元黄金“跷跷板效应”推动国际金价大涨，2017 年 1—8 月美元指数累计下降 10.8%；另一方面，政治不确定性引发的避险需求是驱动金价阶段性上涨的又一因素，特朗普在上任后的“百日新政”期限内未能成功推出减税等财政刺激措施，令市场失望，同时，美国 10 年期国债收益率下行，导致美元贬值；另外，美国空袭叙利亚、朝鲜核试验、法国大选等地缘政治事件阶段性提振金价，如图 5 所示。

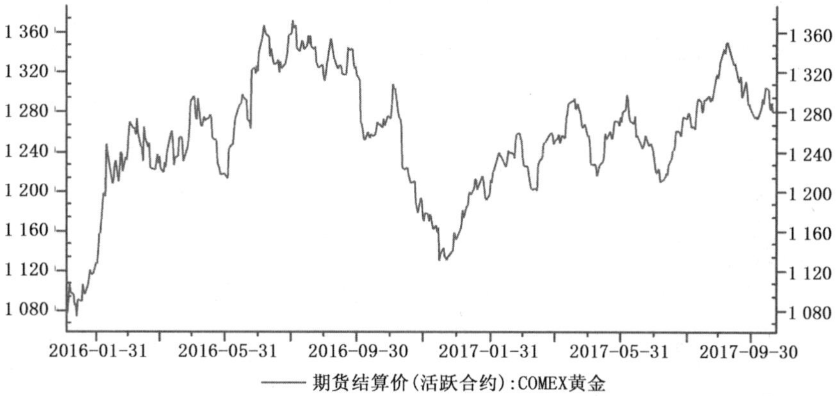

图 5 2015—2016 年纽约商品期货交易所黄金价格走势（单位：美元/盎司）

资料来源：Wind 资讯，国家信息中心。

二、经济基本面的好转是此轮大宗商品价格上涨的决定因素

2017 年，国际大宗商品市场整体升温，但市场结构分化严重。从经济基本面来看，全球经济同步复苏，但复苏基础不牢固，发达经济体超预期复苏，美国、欧元区和日本经济普遍回暖；新兴经济体仍稳中向好，巴西和俄罗斯由此前的衰退转为强劲复苏，中国继续引领增长，全球货币政策分化有所缓解，流动性总体宽松的格局不变。然而，复苏基础脆弱，主要经济体通胀仍低于目标水平、薪资增速较为疲软，结构性强劲增长仍未出现，中期经济风险犹存。从政策层面来看，美国新一轮政治周期中特朗普税改、基建和医改等一系列政策实际效果的不确定性，成为当前全球经济金融的最大不确定因素。此外，中国供给侧改革的稳步推进也助力大宗商品价格上涨。

1. 供求矛盾缓解提振大宗商品市场

2017 年以来，发达经济体超预期复苏，新兴经济体企稳向好，全球供过于求的局面有所好转，推动大宗商品价格上涨。企业部门的生产、投资和超预期的居民消费带动了美国经济的增速回升，第三季度实际 GDP 环比折年率达到 3.0%，高于预期 2.6% 的增长速度，第二季度为 3.1%，创下 2015 年初以来最好的两季度表现；其中，消费支出增长 2.4%，高于预期 0.3 个百分点，第二季度为 3.3%；企业固定资产投资增长 1.5%，增速提高 0.25 个百分点。欧元区复苏稳健，生产端延续扩张趋势，第一、二季度，欧元区实际 GDP 同比分别增长 2.5 和 2.1%，经季节调整后，

环比均增长0.6%，折年率分别增长2.3%和2.1%，9月，欧元区制造业PMI在高位继续震荡上行，创2011年2月以来新高。此外，新兴经济体仍然是全球需求增长的主力，一方面，巴西和俄罗斯由此前的衰退转为强劲复苏，生产端保持扩张，2017年第二季度，巴西GDP由第一季度同比下降0.4%转为同比上升0.3%，为2014年第二季度以来最好经济表现，同时，7、8、9月制造业PMI分别为50.0%、50.9%和50.9%，连续六个月保持在扩张区间；俄罗斯第二季度GDP同比增长2.5%，较第一季度提高2.0个百分点，7、8、9月制造业PMI分别为52.7%、51.6%和51.9%，整体高于第二季度水平。另一方面，中国经济延续企稳向好，钢铁、有色等行业去产能稳步推进；前三季度，中国经济同比增长6.9%，需求得到有效提振，供过于求的矛盾得到改善，从而推动国际大宗商品价格的回升。

2. 政策影响下的美元走弱助推大宗商品价格上涨

一方面，2017年，强势美元并非美国政治诉求，由于当前美国巨大的非能源贸易逆差，过强的美元将会打压美国企业出口，增加通缩压力，影响经济复苏，因此，美国当局以减税和扩大基础设施建设的财政刺激为核心政策来实现经济增长的目标，然而这一系列财政刺激政策的出台并没有实际的落地效果，导致3月开始美元持续走弱。另一方面，支撑美元走强的分化货币政策的影响持续减弱，美联储9月公布缩表计划，从2017年10月开始缩减总额高达4.5万亿美元的资产负债表，以逐步收紧货币政策，实现货币政策正常化；4月，澳洲央行表示收回宽松货币政策，并开启加息进程；一向对量化宽松政策持有激进态度的日本央行也一改无下限宽松政策的立场，明确表示，目前日本通胀还未达到2%的目标，但正在摆脱物价下降通货紧缩的情况，一旦达到政策目标，日本央行就可以退出宽松政策，其中上调超额准备金利率及缩减资产负债表将是考虑退出策略的首要方式。此外，亚太区域新兴市场货币政策也开始调整，印度央行维持基准利率不变，将货币政策立场从先前的“宽松”转变为“中性”，这是该行自2015年6月以来首次改变货币政策立场。因此，在实施多年量化宽松货币政策后，本轮政策周期已经接近尾声，这意味着全球货币政策分化而导致的美元升值压力大为减轻。美元指数从3月103.28的高点一路下行到91.33的低点，累计下降11.6%，美元走弱带动了有色金属及贵金属的价格迎来了基本面之外的修复。

3. 全球流动性总体宽松，大宗商品金融属性凸显

2017年以来，虽然全球货币政策分化有所缓解，但流动性总体宽松的格局不变，大宗商品金融特性凸显，推动大宗商品价格温和上涨。国际清算银行（BIS）最新发布的数据显示，2017年第一季度全球“非美地区的非银部门美元计价债务存量”增速为6.2%，高于去年第四季度0.6个百分点，随着美联储年内两次加息，美国货币政策由宽松向正常回归；同时，欧元区每月的债券购买（即量化宽松）规模不断缩小，其10月宣布将从2018年1月份起由600亿欧元削减至300亿欧元，至此，欧元区宽松货币政策落幕。因此，欧美货币政策的边际收紧使得全球流动性收紧，第二季度全球“非美地区的非银部门美元计价债务存量”增速下降为5.1%，但总体仍保持宽松，支撑了大宗商品价格的上涨。

三、2018 年国际大宗商品价格温和增长

1. 国际大宗商品价格温和增长

2018年，全球经济复苏将在分化中日渐改善，新兴经济体引领经济增长，全球大宗商品整体价格将保持温和增长，但不同产品分化依旧。根据IMF最新发布的《世界经济展望》数据显示，2017年和2018年的全球经济增长率分别为3.6%和3.7%，其中，发达经济体增速较2017年下降0.2个百分点，其中美国、日本、欧元区的经济增长预期分别为2.3%、0.7%和1.9%；新兴经济体整体增长较2017年上升0.3个百分点。全球政策重心从“需求侧”向“供给侧”转换，全球产出缺口有望收窄，提振大宗商品价格，但特朗普政策实施效果和全球主要经济体货币政策的不确定性，以及由于潜在地缘冲击造成的对商品需求和供给的影响将导致大宗商品价格震荡。根据世界银行最新《大宗商品市场前景》报告预测，2018年能源和农产品价格将分别上涨4%、1.2%；基本金属和贵金属价格整体则分别下降0.7%和0.8%。

2. 金属价格降温

2018年，铁矿石价格的下跌将抵消其他商品的强势，金属价格整体降温。目前全球铁矿石需求快速上升的阶段已随着中国需求见顶而结束，国际铁矿石供需格局已进入了新的发展阶段，短期内，供应过剩的现象难以改变，而长期走势一方面取决于中国需求的可持续性，另一方面也取决于是否有新的增长点带动铁矿石需求的再次上升。对于铜，长期来看铜矿需要开启新一轮扩产周期，未来几年供给将保持低速增长。本轮铜矿扩产周期进入尾声，铜矿由供过于求逐渐扭转为供给短缺，据WBMS的最新数据显示，2017年1—5月，全球铜矿山产量为830万吨，全球铜市场供应短缺6.5万吨，而2016年全年铜市场的短缺为6.9万吨，这反映出2017年铜矿供给缺口正在逐渐被拉大；同时，据国际铜业研究组织（ICSG）最新数据显示，2019年全球铜矿产能预计将达到2 650万吨/年，相比2010年的1 920万吨，增

幅高达38%。增速方面，全球铜矿产能增速将在2017年达到此轮顶峰6%后逐步回落至2018年的2.7%左右，至此，这一轮的全球铜矿产能的扩张告一段落。对于铝，作为全球最大的铝生产国，随着去库存去产能的进一步推进，预计未来我国铝产量增速也将进一步放缓，供给缺口将会放大，俄罗斯铝业数据显示，2018年全球铝市供应短缺量将从2017年的130万吨扩大至170万～180万吨，铝价存在上行的动力。

根据世界银行的预测，2018年铁矿石平均价格为57美元/干吨，较2017年大幅下降18.6%；铜平均价格为6 118美元/吨，较2017年小幅上涨1.1%；铝平均价格为1 968美元/吨，较2017年小幅上涨0.9%。

3. 粮食价格稳中有升

2018年，在中国“去库存”的任务下和无极端气候的条件下，全球粮食市场将保持稳定，小幅增长。从供给角度来看，全球主要粮食产区的气象条件是影响产量和国际粮食价格的主要因素之一，同时，中国的供给侧结构改革成为未来粮食价格走势最大的不确定性因素，中国农业的突出问题是品种结构的不平衡，尤其是某些农产品庞大的库存和过剩，我国农业部因此明确了“去库存”的总体战略，这对农产品价格是一利好因素。此外，从目前所掌握的资料来看，2018年出现极端天气的概率很小，因此，2018年全球粮食产量将有所下降，但仍将保持供应充足的局面。需求端，全球经济复苏日渐改善，粮食有效需求将继续得到提振。根据世界银行预测，2018年小麦、玉米、大米和大豆的平均价格将分别比2017年上升2.3%、2.6%、0.8%和2.3%。

4. 黄金价格小幅下降

2018年，黄金价格受美国加息预期影响将出现回落。市场对美联储货币政策收紧前景仍过于乐观，预计美联储将继续升息，这将利空黄金；同时，美联储从2017年10月开始的缩表计划将会提升美国长端利率，使得美元升值，进而黄金贬值；欧美货币政策的收紧将使得全球流动性进一步收紧，黄金的“抗通胀”属性减弱，也将利空黄金；据世界银行预测，2018年黄金价格将小幅下降1.0%。

G36　2017 年国际油价走势回顾及 2018 年展望

牛　犁*

摘要：2017 年以来，全球经济增长好于预期，石油需求保持稳定增长，欧佩克及俄罗斯等产油国执行限产协议抑制石油供应，好在美国页岩油复产起到较好补充作用，以及美元相对走弱、飓风天气等因素影响下，国际油价呈现出先抑后扬、震荡回升走势。1—10 月份，Brent 和 WTI 原油期货均价每桶分别为 53 和 49.6 美元，分别同比增长 20.6% 和 17%。展望 2018 年，全球经济有望延续回暖态势，全球石油需求增量基本稳定；欧佩克限产协议是否延续，以及美国页岩油复产的程度，将成为影响全球石油供应的最重要因素；美国总统特朗普威胁要废止伊核协议等地缘政治风险增添国际油市变数；此外，美联储将会延续加息和缩减资产负债表计划，欧洲和日本也会启动退出量宽进程，主要国家货币政策同步回归正常化，将会抑制流动性扩张，进而影响商品期货市场投机炒作。因此，总体来看，2018 年国际油价将呈稳中趋涨态势，在 50 ~ 65 美元之间波动，运行区间将略有回升，初步预计，Brent 和 WTI 原油期货均价每桶分别为 58 和 53.5 美元左右，分别上涨 6.0% 和 5.0% 左右。

关键词：国际油价　先抑后扬　中枢小升

一、2017 年国际油价呈先抑后扬走势

2017 年上半年国际油价总体走势偏弱，呈震荡回落态势。2017 年初，国际油价尚且延续了上年较为强劲的上涨势头，随后在 3 月中旬、5 月初和 6 月中下旬经历了三波明显下挫探底过程。Brent（布伦特原油）和 WTI 原油期价由年初的每桶 55.5 和 52.3 美元震荡回落至 6 月中下旬跌破 45 美元关口，6 月 21 日创年内最低点 44.82 和 42.53 美元，分别较年初下跌了 19.2% 和 18.7%。下半年国际油价走势较

---

* 牛犁，国家信息中心经济预测部副主任，副研究员，主要研究国内外宏观经济、能源、国际油价等领域。

强，呈逐月震荡回升态势。7—10 月份，WTI 月均油价分别为每桶 46.7、48.1、49.9、51.6 美元，环比分别上涨 3.3%、3.0%、3.8%、3.4%。11 月初，Brent 和 WTI 原油期价分别回升至 60 和 55 美元之上，较年内最低点反弹了 38.5% 和 30.8%。此外，墨西哥湾飓风导致美国炼厂停产，原油需求锐减，加之美国本身原油供应过剩，因而 WTI 油价走势弱于 Brent，二者价差较上年有所扩大。从累计均价来看，1—10 月份，Brent 和 WTI 原油期货均价每桶分别为 53 和 49.6 美元，分别同比增长 20.6% 和 17%。总体来看，2017 年世界经济回暖拉动石油需求稳定增长，尽管产油国实施限产举措，但成本降低和油价回升使得美国页岩油产量逐步恢复，美元走弱支撑油价，商品期货市场上投机炒作有所加强，加之基数因素，国际油价较上年同比涨幅较大。初步预计，2017 年 Brent 和 WTI 原油期货价格分别为每桶 54.7 和 50.8 美元，同比上涨 21.2% 和 17.0% 左右。如图 1 所示。

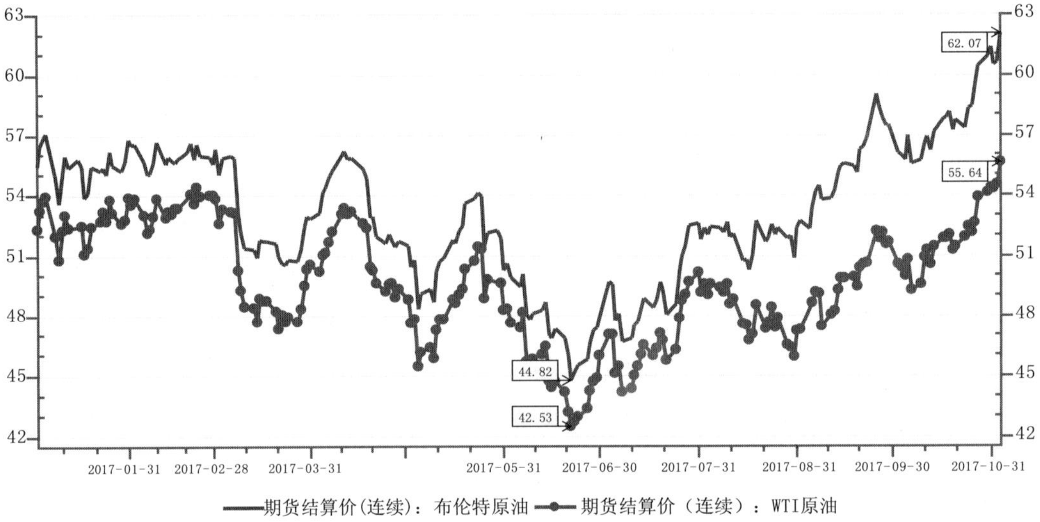

图 1　2017 年 Brent 和 WTI 原油期货价格走势图（单位：美元/桶）

数据来源 Wind 资讯，国家信息中心。

二、多重因素影响 2018 年国际油价走势

（一）全球经济将延续回暖态势，石油需求稳定增长

展望 2018 年，全球经济有望延续回暖态势。自 2016 年下半年以来，全球经济逐步走出金融危机以来的低增长、低通胀、低利率的“三低状态”。一是经过几年的经济结构调整，主要国家就业形势明显好转，制造业回暖，企业利润回升，社会信心逐渐恢复，带动全球经济复苏动能增强。2017 年 10 月，IMF《世界经济展望》

秋季报告将 2018 年全球经济增长预期上调至 3.7%，改变了过去几年来多次持续下调增长预期的状况（见表 1）。二是随着大宗初级产品价格的持续上涨，全球通胀有所抬头。自 2015 年 11 月起美国核心通货膨胀在 2% 左右，2017 年 9 月 CPI 上涨 2.2%，欧洲、日本也逐步走出通缩状态，2017 年 9 月 CPI 分别上涨至 1.5% 和 0.7%。主要新兴发展中国家物价也出现回升势头。三是全球主要国家告别了最宽松的货币供应状态，货币政策开始回归正常化，美国已经连续 5 次加息，并启动缩减资产负债表计划。欧洲和日本央行将会启动退出量化宽松政策。

表 1　世界及主要经济体经济增长预测表（单位：%）

国家或地区	实际		预测	
	2015 年	2016 年	2017 年	2018 年
世界经济	3.4	3.2	3.6	3.7
发达经济体	2.1	1.7	2.2	2.0
美国	2.9	1.5	2.2	2.3
欧元区	2.0	1.8	2.1	1.9
日本	1.1	1.0	1.5	0.7
新兴和发展中经济体	4.3	4.3	4.6	4.9
中国	6.9	6.7	6.8	6.5
印度	8.0	7.1	6.7	7.4
俄罗斯	-2.8	-0.2	1.8	1.6
巴西	-3.8	-3.6	0.7	1.5
南非	1.3	0.3	0.7	1.1
世界贸易总量	2.8	2.4	4.2	4.0
石油价格	-47.2	-15.7	17.4	-0.2

资料来源：2017 年 10 月 IMF《世界经济展望》秋季报告。

从中期来看，当前全球经济增长由宽松政策支撑逐步向内生增长动力拉动转变，全球技术革命逐渐由单一领域“裂变”引领转向新能源、新材料、人工智能、新一代信息技术等多领域“聚变”。当然，贸易保护主义、保守主义抬头，发达国家宏观政策存在负面溢出效应，以及地缘政治局势紧张等不确定性因素将会影响全球经济稳定增长。

全球经济回暖特别是制造业的好转，有助于拉动石油需求增长。作为世界石油需求增量的主要拉动力量之一，中国经济由减速下行转向逐渐趋稳，将会稳定石油需求；同时，中国继续补充战略石油储备也会增加石油需求。当然，中国大力推进供给侧结构性改革，传统高耗能行业将转型升级，而新兴业态能耗相对较低，特别是经济增长由高速增长阶段转向高质量发展阶段，更加重视节能减排和污染防治，大力发展新能源汽车等，将会抑制中国石油需求增量。总体来看，2018 年全球石油需求将保持稳定增长。根据国际能源署、欧佩克和美国能源情报署三大机构的预计，2018 年全球石油日需求增量分别为 138 万、140 万和 158 万桶，分别增长 1.43%、1.4% 和 1.61%。如表 2 所示。

表 2 全球石油需求变化预测表（单位：百万桶/天）

年度	2015	2016	2017	2018
OECD	46.44	46.88	47.24	47.62
美国	19.53	19.69	19.92	20.34
加拿大	2.37	2.38	2.4	2.41
欧洲	13.83	14.05	14.25	14.26
日本	4.12	4.03	3.92	3.81
其他 OECD	6.28	6.46	6.47	6.49
非 OECD	48.99	50.08	51.07	52.27
欧亚大陆	4.68	4.76	4.82	4.9
欧洲	0.67	0.71	0.72	0.73
中国	12.02	12.45	12.85	13.2
其他亚洲	12.53	12.91	13.2	13.67
其他非 OECD	19.09	19.26	19.48	19.78
世界总消费	95.43	96.96	98.31	99.89

数据来源：美国能源情报署，2017 年 10 月。

（二）全球石油供应比较宽松

1. 全球石油生产将保持较快增长

近年来，自从美国页岩油气技术突破、大规模商业化开采以来，全球石油供应中心再次西移至北美地区，美国成为全球石油供应市场上具有决定性影响的因素。由于 2014 年下半年以来油价持续大幅下跌，导致页岩油大规模关井，使得 2016 年美国原油产量有所下降。而 2016 年年初以来国际油价触底反弹，目前已基本恢复到页岩油盈亏平衡水平之上。据 HIS 报告显示，过去几年由于服务成本大幅下降、资本效率提高，美国页岩油盈亏成本由 2014 年的 75 美元/桶大幅下降至 2017 年的 44 美元/桶，而且常规资源与美国页岩油盈亏成本已经基本接近。因此，预期 2018 年美国原油增产潜力较大。从欧佩克产油国来看，本轮减产协议计划延长至 2018 年年底，并且不排除进一步延长期限的可能。但是，尼日利亚、利比亚和伊朗等国享有限产豁免权，欧佩克国家仍有一定原油增产空间。此外，加拿大、巴西、哈萨克斯坦等国原油生产将保持较快增长。当然，如果产油国继续实施并严格执行限产计划，以及近年来石油领域投资减少会影响到后续产能的释放。

总体来看，全球石油供应将保持较快增长。根据美国能源情报署预计，2018 年全球石油日供给量将历史性突破 1 亿桶关口，为 10 007 万桶，较上年增加 208 万桶，同比增长 2.1%。其中，美国原油日产量将增加 123 万桶，占全球增量的约 59.5%；欧佩克石油将增加 59.2 万桶左右；加拿大、巴西和哈萨克斯坦分别增加 16.2 万、12 万和 11.6 万桶。如表 3 所示。

表 3 全球石油供给变化预测表（单位：百万桶/天）

年 度	2015	2016	2017	2018
OECD	26.84	26.54	27.14	28..6
美国	15.12	14.86	15.43	16.66
加拿大	4.51	4.59	4.76	4.92
墨西哥	2.62	2.49	2.31	2.28
其他 OECD	4.59	4.6	4.64	4.72
非 OECD	69.88	70.69	70.85	71.47
OPEC	38.24	39.23	39.36	39.95
原油	31.67	32.68	32.5	32.99
其他石油气	6.56	6.55	6.86	6.96
欧亚大陆	14.09	14.22	14.33	14.42
中国	5.15	4.87	4.79	4.72
其他非 OECD	12.4	12.37	12.37	12.38
世界总产量	96.72	97.23	97.99	100.07

数据来源：美国能源情报署，2017 年 10 月。

2. 欧佩克石油剩余产能有所下降，发达国家商业石油库存仍较多

近年来，由于油价持续下跌拖累勘探开采投资，同时，伊拉克、利比亚等国石油工业战后逐步恢复，伊朗达成核协议后石油产能释放，使得欧佩克剩余产能有所下降。根据美国能源情报署预计，2018 年欧佩克原油剩余产能预计将为 142 万桶/天，较上年减少 67 万桶/天，也低于过去十年平均约 225 万桶/天的水平。如图 2 所示。

2017 年，发达国家经济复苏好于预期，石油需求有所转暖，但其需求增量有限，石油商业库存保持历史高位。据美国能源情报署预计，2018 年末 OECD 国家商业石油库存将高达 30.24 亿桶，可供满足 OECD 国家 63.5 天左右的需求，接近过去五年平均水平的上限。如图 3 所示。

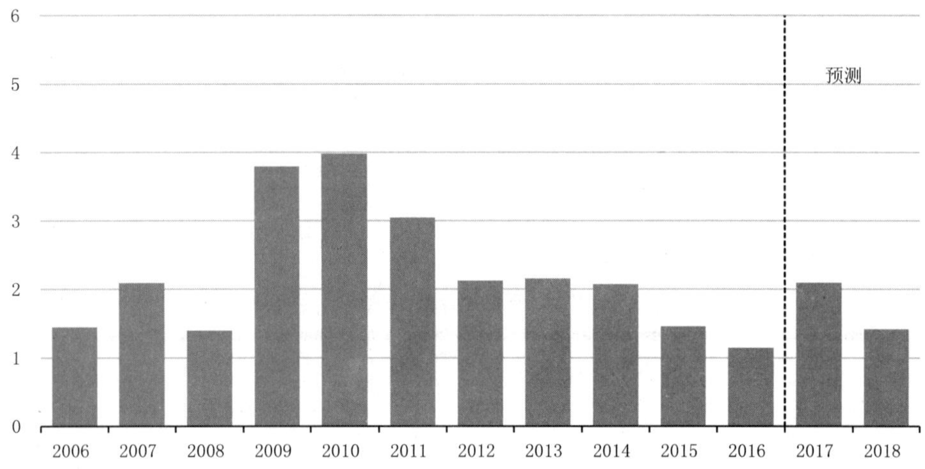

图 2　2006 年以来欧佩克原油剩余产能变化图（单位：百万桶/天）

数据来源：美国能源情报署，2017 年 10 月。

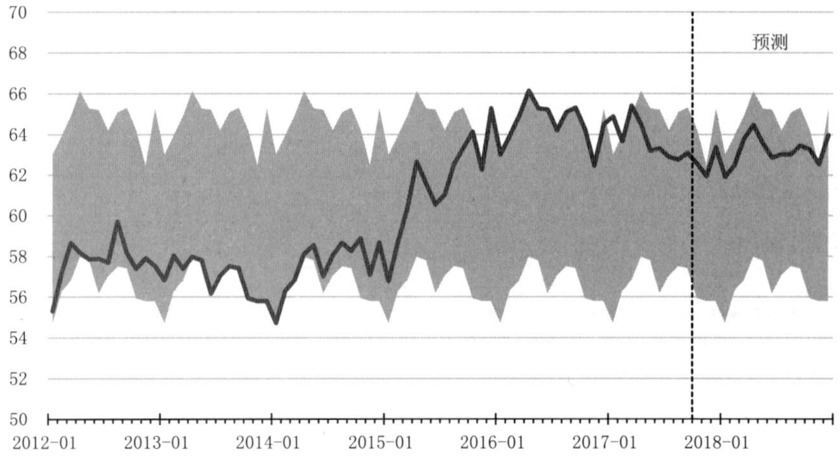

图 3　OECD 石油商业库存可供应天数变化图（单位：天）

数据来源：美国能源情报署，2017 年 10 月。

（三）美元走势相对疲软

美国经济保持稳定复苏态势，美联储计划 2018 年将有 3 次左右加息，并有序缩减资产负债表，货币政策延续回归正常化，这将有助于美元币值稳定。但是，特朗普政府将要出台上万亿美元基础设施投资计划，因而财政赤字压力仍较大，债务规模占 GDP 比重将持续在 100% 的高位，同时贸易逆差短期内难以扭转。同时，特朗普总统主张美国优先政策，不仅退出《跨太平洋战略伙伴关系协定》（TPP），而且退出了《巴黎气候变化协定》、联合国教科文组织等，不利于美元保持强势地位。此外，特朗普政府为了缩减贸易赤字，需要弱势美元配合。因此，美元指数将保持相对疲软态势，对国际油价的影响不会很大。如图 4 所示。

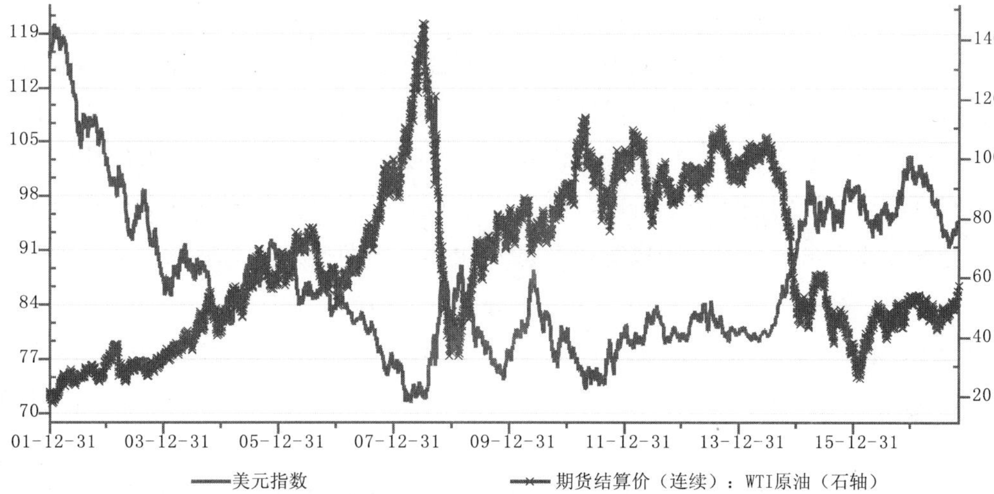

图 4　2002 年以来美元与 WTI 原油期价走势对比图（单位：美元/桶）

数据来源 Wind 资讯，国家信息中心。

（四）从金油比价来看油价仍有回升空间

金油比是黄金价格和原油价格的比值，金油比通常被看作判断大宗商品价格是否合理的重要参考指标。从 1974 年 1 月至 2017 年 10 月伦敦现货黄金与美国进口原油的月均价格比值来看，金油比均值为 15.6，2017 年 1—10 月份金油比为 26.8，较 2016 年的 32.3 有所回落，但仍高于历史均值。金油比较高意味着国际油价存在一定的上升空间，同时，金油比异常伴随着地缘政治动荡升级，进而会推高油价。

（五）地缘政治风险是影响国际油价的重要变量

当前，地缘政治局势依旧复杂严峻，尤其是中东地区连年战乱及动荡局势直接影响到全球石油市场，美国承认耶路撒冷为以色列首都将极大地损害巴以和平进程，加剧中东地区动荡局势。同时，美国总统特朗普拒绝向美国国会确认伊朗遵守伊核协议，并且威胁要废止伊核协议。特朗普批评该协议是“美国有史以来最糟糕、最片面的交易之一”，并指责伊核协议未能完全、永久限制伊朗的核计划。如果美国重新恢复对伊朗的制裁，欧洲有可能停止从伊朗进口原油，一旦制裁影响了伊朗出口航运途径及保险政策，伊朗原油流向亚洲也可能受阻。因此，各类地缘政治风险进一步加剧了国际油市的不确定性。

三、2018 年国际油价运行区间将有所回升

综上所述，2018 年全球经济将保持回暖态势，全球石油需求稳定增长，中印等新兴经济体仍是石油需求增量的主力，但增速会逐步减缓，而越南等东盟国家石油需求增量会加快。从供给来看，欧佩克产油国可能会延长“限产保价”政策，但是增长空间较大的尼日利亚、利比亚和伊朗等国享受限产豁免，欧佩克国家仍保持一定的石油增长。特别是随着油价回升到盈亏平衡水平之上，美国页岩油增产潜力较大，全球石油供求关系仍处于较宽松状态。此外，预期美元相对疲软、金油比价较高，以及地缘政治动荡等因素将会支撑油价上行。因此，总体来看，2018 年国际油价运行中枢将小幅上升，在每桶 50 ~ 65 美元之间波动。初步预计，Brent 和 WTI 原油期货均价为每桶 58 和 53. 5 美元左右，分别上涨 7. 0% 和 5. 0% 左右，增幅较上年明显缩小。

近期，部分国际机构对 2017 年、2018 年国际油价走势做出了预测。2017 年 10 月，IMF 秋季报告预计，2017 年、2018 年世界油价（WTI、Brent、Dubai 简单平均）为每桶 50. 28 和 50. 17 美元，分别同比上涨 17. 4% 和微降 0. 2% 。美国能源情报署《10 月份短期能源展望》预计，2018 年 Brent 和 WTI 原油期货价格分别为每桶 54. 1 和 50. 6 美元，分别同比上涨 3. 1% 和 1. 8% 。2017 年 10 月底，路透社调查显示，2018 年 Brent 和 WTI 原油期货价格分别为每桶 55. 71 和 52. 5 美元。

G37 2017年美国经济形势分析及2018年展望

赵硕刚*

摘要：2017年美国经济延续稳定复苏势头，其动力源自国际金融危机以来美国经济结构上的调整和改善，因而具有较强的内生性和连续性。随着美国经济接近充分就业水平，新增就业和GDP增速都将进一步向长期趋势水平靠拢。2018年美国经济存在“三大隐患”和“一大不确定性”，如在特朗普减税计划落实的情景下，美国经济短期内可能进一步加速。

关键词：美国经济　特朗普　减税　美联储

2017年以来，美国经济延续了稳定复苏的势头，尽管第一季度增长受季节性因素影响放缓，但第二、三季度GDP增速显著回升，维持在近两年以来的最快增速。同时，年内美国就业、房地产市场持续改善，制造业加速扩张，物价保持温和上涨，贸易逆差不断收窄，为此，美联储货币政策正常化进程也得以有序推进，继年内连续两次加息后，10月份美联储又正式启动缩表。

一、年内美国经济保持稳步增长

（一）前三季度经济增长前低后高，第二、三季度保持两年以来的最快增速

2017年以来美国经济保持温和增长。在第一季度GDP环比折年增速因季节性因素降至1.2%后，第二季度如期回升至3.1%，并创2015年第一季度以来的最快增速，第三季度也达到3%，显示美国经济具有较强增长韧性。消费是拉动美国经济增长的主要动力（见表1）。得益于就业市场改善和股市房市财富效应显现，美国

* 赵硕刚，经济学硕士，助理研究员，研究方向为世界经济。

二、美国经济持续复苏源自结构性改善

2017 年美国经济的表现整体延续了近年来的复苏势头，此轮美国经济增长体现出较强的内生性和连续性，而推动美国经济持续复苏的动力主要源自国际金融危机以来美国经济结构上的调整和转变。

（一）消费发挥经济复苏“稳定器”作用

美国是消费占主导地位的经济体，第二次世界大战后美国私人消费支出占 GDP 的比重呈缓慢上升的趋势，2016 年达到 69.2%，消费也成为决定美国经济表现的首要因素。2010—2016 年，美国经济年均实现 2.14% 的温和增长，私人消费平均拉动美国 GDP 增长 1.59 个百分点，对经济增长的贡献率平均达到 74.4%。其中，以服务消费回升的拉动最为显著，车辆、娱乐商品等耐用品和食品、服装等非耐用品消费也有不同程度的增长。美国私人消费增长得益于两方面的因素：

1. 家庭资产负债表修复完成后重新开始借贷消费

国际金融危机的爆发宣告了美国高负债、低储蓄、高消费增长模式的崩溃，私人部门由此陷入持续的“去杠杆化”进程。随着家庭资产负债表的修复，美国家庭自 2013 年下半年起重新开始加杠杆，目前，尽管美国家庭债务绝对规模已经超过了 2008 年时的水平，2017 年第二季度达到 12.8 万亿美元，但占 GDP 的比重仅为 69%，远低于危机前的 86%，而且偿债支出占可支配收入的比例也由危机前的 13.2% 下降至 2017 年第二季度的 9.91%，处于 20 世纪 80 年代以来的低位。

2. 就业形势改善及消费信心恢复使居民消费能力和意愿增强

美国就业市场自 2010 年开始复苏，供求关系改善推动了薪资的持续增长，劳工部统计的包含工资、福利和奖金的劳动力成本指数自 2009 年第四季度开始呈加快上涨的态势，2017 年连续两个季度同比增速维持在 2.4%，处于金融危机以来的高位。就业改善、房地产价格和股市走高带来的财富效应还增强了消费者对未来收入的预期，提振了消费者信心并降低了储蓄意愿，密歇根大学消费者信心指数已经突破了 2007 年金融危机前的高位，美国个人储蓄与可支配收入之比也由危机后最高时的 9.2% 降至 2017 年第二季度的 3.8%。

（二）投资是拉动经济增长的“加速器”

尽管私人投资占美国 GDP 的比重不大，但 2010—2016 年私人投资对 GDP 增长的拉

动仅次于消费，年均达到 0.91 个百分点，贡献率达到 42.3%，显著高于危机前 5 年 22.7%的平均水平，占 GDP 的比重也由 2009 年的 13%上升至 2016 年的 17%。复苏阶段美国私人投资以设备与软件投资和非住房投资为主，动力主要来自两个方面：

1. 企业设备老化带来的更新需求

由于前期经济复苏前景不明，企业投资意愿不足，设备的平均使用期限一度创 1990 年以来的最高水平，运输设备固定资产平均年限 2010 年一度达到 1995 年以来的新高。随着美国经济复苏基础渐趋稳固，企业预期经济增长将带来稳定的产品和服务需求，推动企业扩大资本性支出，升级老化的技术和基础设施以便提高员工的生产力。2010—2016 年，美国信息处理设备和软件、工业设备、运输设备投资较 2009 年分别增长了 1.2、1.5 和 4.8 倍。

2. 企业盈利改善和美联储低利率政策为企业投资提供了资金支持

经济复苏令美国企业经营状况得到显著改善，同时得益于低利率的融资成本，美国商业企业贷款和债券融资显著增长，非金融企业部门的负债规模自 2009 年的低点回升至 2015 年近 40 万亿美元的水平。此外，随着房地产市场逐步复苏，住宅投资近年来增长加速，2016 年接近 7 000 亿美元，相当于危机前最高水平的 82%，同时非住宅类建设投资伴随服务业及能源、通信等行业商业活动的恢复，已基本接近危机前的水平。

（三）出口增长推动国际收支赤字收窄

长期以来，美国庞大的贸易赤字是拖累 GDP 增速的重要因素，也是美国经济失衡及高消费-低储蓄增长模式难以持续的表现。国际金融危机以来，美国出口额从 2009 年的 1.58 万亿美元增长到 2016 年的 2.12 万亿美元，增长了 34%，出口占 GDP 的比例从 10.9%升至 2013 年来的 13%，维持在历史高位。尽管这未能扭转美国贸易整体赤字的局面，但逆差由危机前的 7 000 亿美元以上降至 2016 年的不足6 000亿美元。

美国出口增长的原因：

1. 有赖于前期美元贬值提升了美国出口的价格竞争力

美国出口与美元汇率有较为明显的负向关系，弱势美元有助于在价格因素上提升美国出口的竞争力。2009—2014 年，受美联储数轮量化宽松政策的影响，美元指数从 2009 年最高的 88 下降至 2014 年年中的 79，降幅超过 10%，从而有效刺激了美国的出口。

2. 得益于出口倍增计划的政策支持

自 2010 年确立出口倍增的目标后，奥巴马政府设立了“出口促进内阁”和

“总统出口委员会”，将促进出口上升为国家战略，并通过“再工业化”提升制造业的出口能力、帮助美国中小企业扩大对外出口、以金融和宣传等帮助美国企业赢得新兴市场、扩大双边与多边贸易谈判以减少贸易壁垒等举措扩大美国出口。

3. 页岩气革命刺激了石油产品的出口

得益于石油产品出口快速增长，目前新墨西哥、得克萨斯、路易斯安那和北达科他等主要能源州已实现了五年内出口翻番的目标。

（四）产业结构高级化为美国经济增长提供持续动力

美国经济以服务业为主，长期以来美国产业结构变化呈现服务业比重上升和制造业比重下降的趋势。2009—2016 年，这一趋势得到暂时性扭转，服务业和制造业比重呈现相对稳定的态势，二者占 GDP 的比重分别维持在 78% 和 12% 左右。其中，拉动美国经济增长的主要是生产服务业，即专业和商业服务业、金融、保险、房地产及租赁服务业。生产服务业具有高附加值率、高生产效率和高知识技术密集度等特点，其发展体现出美国经济创新驱动和产业结构朝高级化方向进一步发展的总体特征，特别是包含了行政服务和管理、法律和设计服务、科学研究，以及部分科技行业的专业和商业服务业，该行业与科技发展密切相关，科技公司的发展往往带动相关专业服务业的增长，自 2009 年以来，硅谷、旧金山湾区等科技发达的大都市区也是商业服务业发展迅速的地区。而金融、保险、房地产及商务服务业在国际金融危机后也迅速恢复，占 GDP 比重恢复至危机前水平。

制造业复苏是本次美国经济复苏的一大亮点。美国最重要的制造业支柱产业为化学产品、计算机及电子产品、食品饮料和烟草、机械制造、汽车产业、加工金属制品六大行业，2016 年占整体制造业的比重达到 71.1%。而从对 GDP 增长的贡献而言，2009—2016 年制造业的增长主要依赖于汽车产业、化学产品、计算机及电子产品行业的拉动，三个行业的增加值 2009—2016 年间分别增长了 1 275 亿、773 亿和 534 亿美元，而整个制造业增长了 4 485 亿美元。

总体来看，以科技创新引领的美国生产服务业和高端制造业仍是美国产业发展的主方向。作为全球创新能力最强的国家，美国未来的经济增长引擎仍将来自科技创新。随着美国经济的复苏和企业投资意愿的增强，美国创新能力也在恢复，这也将有助于保持专业和商业服务业、计算机和电子产品制造等相关生产服务业和高端制造业的继续健康发展。从研发投入看，2010—2015 年美国研究和开发投入增速仅为 1% 左右，远低于危机前 3% ~4% 的水平，但 2016 年大幅提高至 4.9%，如果未来能够维持在 4% 附近，将有助于提升美国经济的中长期增长潜力。

三、美国经济存在三大隐患

在经济前景向好的同时，美国经济也存在三方面的隐患：

1. 资产价格泡沫膨胀引发金融市场风险

美联储长期保持超低利率及量化宽松政策导致市场流动性泛滥，刺激了投资者的风险偏好情绪，导致资产价值的高估。除资产购买计划压低美国国债收益率带来债市牛市外，美国三大股指 9 月份纷纷刷出新的历史高点，房地产价格也节节攀升，美国标普/CS 20 个大中城市房价指数已经接近金融危机前 206.52 的历史高点。资产泡沫膨胀带来的财富增值也刺激美国居民重回借贷消费的老路。美联储报告显示，2017 年第二季度美国家庭净资产同比增加 1.7%（相当于 1.7 万亿美元），达至 96.2 万亿美元，创下历史新高。其中，与股市相关的投资（包括股票、基金和养老金等）和房地产价值增值分别贡献了 1.23 万亿和 5 640 亿美元的增幅。与此同时，美国家庭债务也达到 12.84 万亿美元，超过了 2008 年第三季度的峰值。“缩表”和加息带来的流动性收缩和利率上升达到一定临界值后，不仅可能令资产价格大幅调整，造成居民财富缩水，还加重偿债负担，从而导致杠杆率迅速抬升，引发新的危机。

2. 收入分配差距扩大引发社会不稳定风险

根据 OECD 报告，从 20 世纪 80 年代起，OECD 成员国的贫富差距就呈现扩张态势，虽然在国际金融危机爆发初期，这一现象有所缓解，但是伴随着各国为挽救经济而实施的量化宽松政策，贫富差距又一次被拉大，尤其是在进行了三轮量化宽松政策的美国。根据美联储最新的消费者财务状况调查报告显示，美国贫富差距创历史新高。该报告表明，2016 年排名前 1% 的家庭收入占比上涨至 39%，高于 1989 年的 30%。持续的收入和财富不平等不仅将对消费者支出产生不良影响，也将威胁到社会的稳定，从 2011 年爆发的“占领华尔街”，到 2016 年愈演愈烈的民粹主义思潮，背后都是美国社会阶层分化加剧、贫富差距扩大的反映。

3. 财政赤字扩大引发政府债务风险

国际金融危机以来，美国政府债务规模不断攀升，债务上限屡被突破，截至 8 月底，美国政府债务余额已经达到 19.8 万亿美元。与此同时，通过大规模的资产购买，美联储资产负债表中美国国债规模达到了 2.3 万亿美元，占比超过 50%，这相当于变相为政府的财政赤字融资。而且，由于量化宽松压低了长期利率，美国政府也得以依靠较低的融资成本持续借旧还新。因此，“缩表”后美国长端利率抬升将直接增大美国政府的债务融资成本，加剧财政收支压力。未来如果特朗普减税计划得以落实，美国政府债务上升的势头还可能加速，财政风险将进一步凸显。

四、财政刺激或将推动2018年美国经济超过潜在增长水平

根据美联储9月份议息会议后公布的数据，被视为经济完全就业的中长期失业率预估为4.4%~5.0%，美国国会预算办公室（CBO）预测的长期失业率是4.9%。而9月份最新的美国失业率已降至4.2%。根据经济学定义，当经济达到充分就业状态时，实际的GDP增长水平将接近或等于潜在产出增长率。当前短期内拖累美国经济的周期性因素已经逐步消退，但结构性因素仍制约着美国经济潜在增长水平的提高。从长期看，劳动生产率是决定美国经济增长潜力的关键指标。尽管近年来以大数据、云计算、人工智能等为代表的信息技术发展带动了美国科技行业的增长，但其对生产率的提升并未显现，2011年以来，美国劳动生产率平均每年增幅仅0.6%，远低于2003—2007年年均2.5%的增速，2016年甚至下降了0.1%。受劳动生产率下滑和人口老龄化等因素影响，美联储预计未来数年美国经济的潜在增长率仅为1.5%~2.2%，美国国会预算办公室预计的潜在增长率为2%，远低于历史平均水平。随着美国经济的继续复苏，美国经济越接近充分就业水平，新增就业和GDP增速都将进一步向长期趋势水平靠拢。现有政策下，美国经济增速将维持在2%附近，根据美联储的最新估计，2017年美国GDP增速为2.4%，未来两年美国经济将增长2.1%和2%。

2018年美国经济面临的一大不确定性是特朗普减税计划能否落实。从特朗普就任以来的施政情况看，在废除奥巴马医改法案失利后，其已将工作重心放在推进大规模减税上，而且近期除公布新的减税框架外，国会在预算决议方面也取得了新的进展。特朗普大幅降低企业所得税和个人所得税的减税方案在年内落实的可能性依然较大。根据此前税收政策研究中心（TPC）测算，按照修正后的特朗普减税计划（主要是将最高联邦企业税率由35%降至15%；将联邦个人收入所得税率由七档简化为三档，并将最高联邦个人收入所得税率由39.6%降至33%，但最新版的减税框架减税幅度有所下降），由此带动的消费者支出和企业投资扩大将提升随后两年的GDP增速达1个百分点以上。如果特朗普政府能够在2017年出台减税方案，以2%的潜在GDP增速计算，2018—2020年期间美国GDP增速将达到2.5%~3%，如果期间叠加特朗普提出的1万亿美元基建刺激，美国经济可能在短期内进一步加速。但与此同时，这也意味着美国经济将超出潜在增长水平，由此造成通胀上升的压力。因此，如果美国通胀因特朗普刺激政策继续走高，超出2%左右的通胀预期水平，美联储可能将不得不加快加息或缩表的步伐。

G38 2017 年欧洲经济分析及 2018 年展望

王灏晨[*]

摘要：2017 年以来，欧元区及欧洲经济保持较为强劲并具有普遍性的复苏，PMI 位于 50 荣枯线上并波动上升，失业率稳步下降至 2009 年 5 月以来最低水平并屡创新低，对外贸易同比增长并逐渐稳定，通胀水平提高但尚未达到预期。经济复苏的因素较多，主要包括全球经济复苏、欧元区政治风险减退、加强改革降低杠杆率、美联储货币政策影响有限、国际资源价格上涨推升欧元区通胀水平，以及贸易协定顺利签订带来向好预期等。2018 年，欧元区经济将继续保持复苏动能，欧洲央行或将适度收紧货币政策。但与此同时，欧元区仍将面临各国复苏水平不一、货币政策和财政政策不匹配，以及内部政治局势和地缘政治冲突等风险与挑战。预计 2017 年和 2018 年欧元区经济增速分别为 1.9% 和 1.8%。

关键词：欧盟　经济复苏　CPI　量化宽松　适度收紧

一、欧洲经济运行情况

（一）经济复苏势头强劲

自 2016 年下半年欧元区及欧盟经济逐渐复苏以来，2017 年欧元区及欧洲经济继续保持较为强劲的复苏势头。前两季度 GDP 环比折年率都保持在 2% 以上，而最新公布的 2017 年第三季度欧元区 GDP 环比折年率继续保持高于 2% 的增长，达到 2.5%，高于预期的 2.4% 和前值 2.3%（见图 1）。从国别来看，德国、法国、意大利、西班牙这四个欧元区主要经济体在 2017 年都保持较好的增长趋势，有力推动了欧元区经济增长。此外，包括希腊在内的其他国家也都摆脱衰退开始增长，表明此次经济复苏几乎覆盖了整个欧元区国家。

---

* 王灏晨，法学博士，国家信息中心经济预测部助理研究员，研究方向为欧洲经济、经济预测。

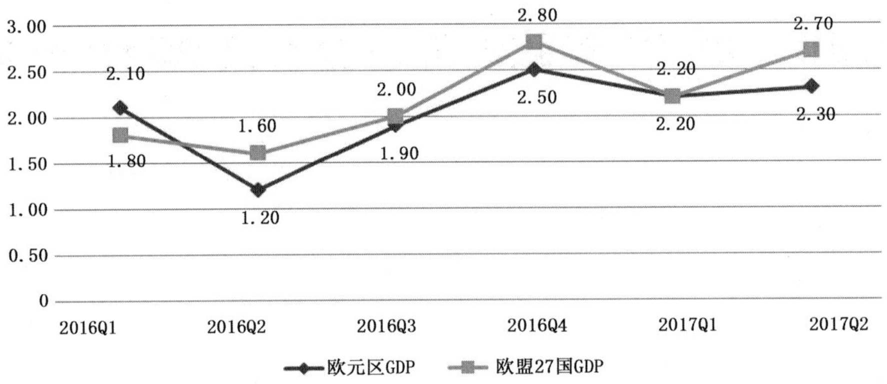

图1　欧元区及欧盟27国GDP季调环比折年率（单位:%）

数据来源：欧盟统计局。

德国的GDP环比折年率变动比欧元区GDP环比折年率变动滞后约一个季度，但都保持在1%以上。法国的经济波动趋势与欧元区总体波动趋势基本保持同步。从2016年下半年起进入强势复苏，并保持2%以上的增速。意大利借助制造业和内需拉动，经济稳步回升，并从2016年下半年起保持1%以上的增长。英国在经过脱欧公投后，曾凭借英镑贬值拉动出口和消费，促使经济达到2%以上。但随着脱欧谈判不确定性增加，企业担忧英国于2019年3月正式脱欧后贸易条款不再优惠而减少投资，英镑受挫又不得不加大通胀，英国经济承受较大压力。2017年第一季度GDP环比折年率仅为0.9%。第二季度环比折年率仅有1.2%，远低于欧元区的2.3%（见图2）。根据10月31日欧洲统计局的预测，第三季度欧元区GDP年增长率将达到2.5%，而英国将仅增长1.5%，这也暗示英国2019年正式脱欧后与欧盟大陆经济的差异将继续保持。

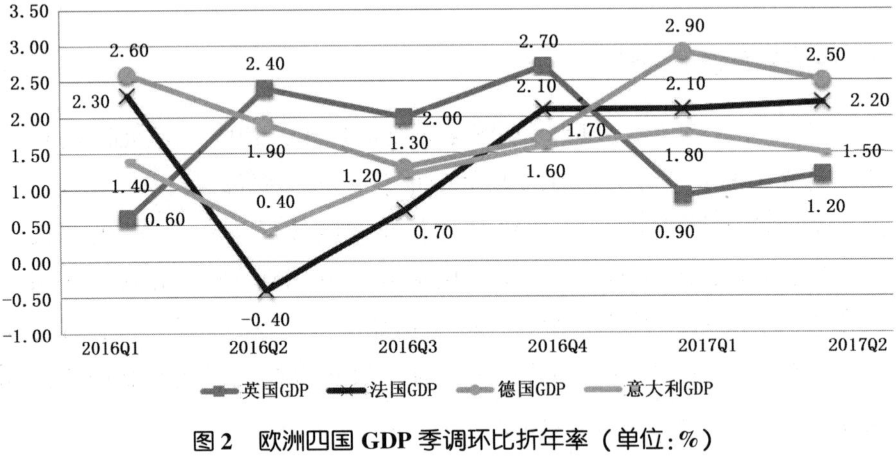

图2　欧洲四国GDP季调环比折年率（单位:%）

数据来源：欧盟统计局。

（二）欧元区 PMI 表现良好

欧元区制造业采购经理人指数（PMI）较为直观地反映了经济复苏势头（见图 3）。2017 年初，欧元区 PMI 持续保持增长。受制造业订单增长和需求强劲的影响，综合 PMI 指数不断上升，截至 2017 年 4 月，不断刷新 2011 年以来的综合 PMI 新高，其后小幅下跌，7 月份终止下跌势头并在 9 月份重新上升。制造业 PMI 在 2017 年 6 月份达到上半年高点，并创近 14 个月以来的新高，在 7 月份欧元区经济扩张意外减速的情况下小幅下跌，随后再次强势反弹。服务业 PMI 变动情况类似于综合 PMI，在经历 8 月份的半年之内低点后，9 月份重回增长态势。分国别来看，欧元区几个主要经济体表现不一。德国的制造业 PMI 一路攀升，从 1 月份的 56.4 攀升至 9 月份的 60.6，反映了世界经济复苏对其制造业的影响。法国的综合 PMI、制造业 PMI 和服务业 PMI 也都经历了先升后降，并在 9 月份转头向上，且保持在 54 之上。总体而言，几大经济体的 PMI 中，除意大利的服务业 PMI 表现不佳外，其他经济体均有较好的表现。

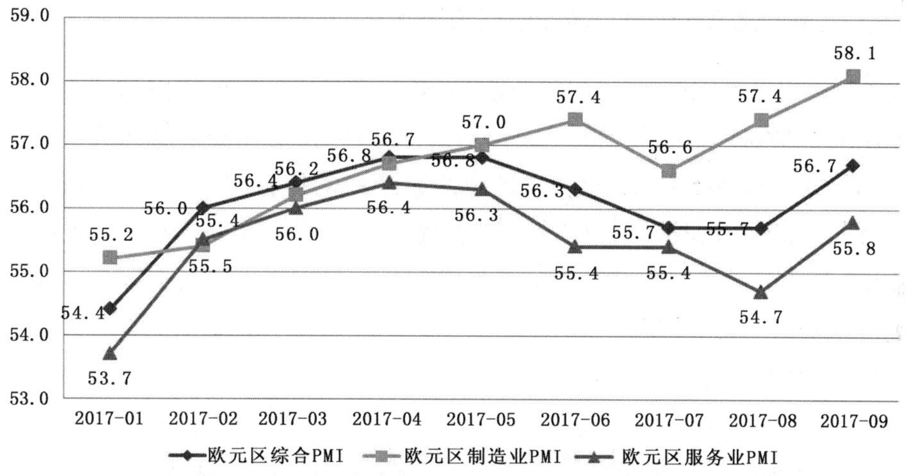

图 3 欧元区综合 PMI、制造业 PMI 及服务业 PMI 趋势（单位：%）

数据来源：欧盟统计局。

（三）失业率连创新低

随着经济持续复苏，欧元区及欧盟的失业率延续 2016 年的趋势保持稳步下降。欧元区 2017 年 2 月份的失业率降至 9.5%，再创 2009 年 5 月以来的最低水平。此后，失业率不断降低，并多次出现新低，截至 2017 年 9 月份已降至 8.9%。而且，25 岁以下年轻人的失业率也在不断降低，反映了经济不断向好（见图 4）。欧元区几大经济体的就业水平也有较好表现，截至 2017 年 9 月份，德国、法国、意大利的失业率分别为 5.5%、9.7% 和 11.1%；截至第三季度，欧元区第四大经济体西班牙的失业率为 16.4%，虽然仍偏高，但已是2008年以来的最低水平。德国20岁以下、法国25岁以下、意大利25岁以下人口失业率分别为4%、22.5%、35.7%，都保持了持平或下降的趋势。

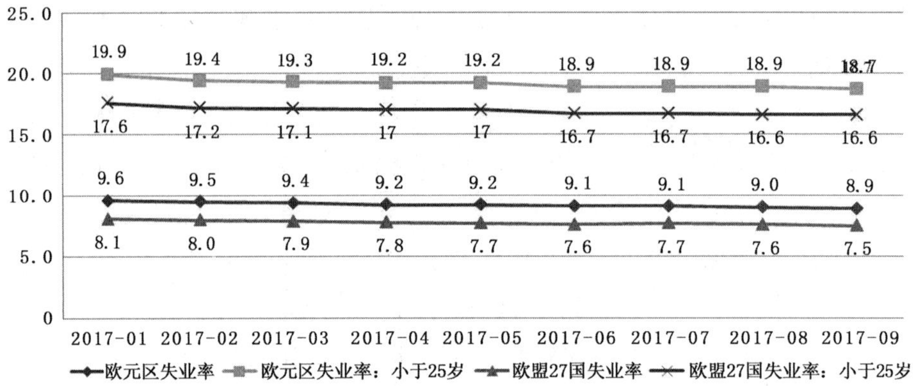

图4　欧盟和欧元区失业率及25岁以下失业率（单位：%）

数据来源：欧盟统计局。

（四）贸易同比增长较高，波动性逐渐降低

2017年以来，欧元区对外贸易同比增幅较大，是欧元区经济复苏的主要因素之一。但出口波动幅度较大，2017年1—8月，出口同比增速的最高和最低值相差高达15个百分点（见图5）。剧烈的波动也使制造业的订单与出口出现一定的震荡。欧元区的进口和出口同比增速在2017年表现出较高的一致性，进口增速略快于出口。进入下半年，出口同比增速的振动幅度降低，并均为正增长，显示出欧元区内部复苏势头及外部经济环境都趋于稳定。

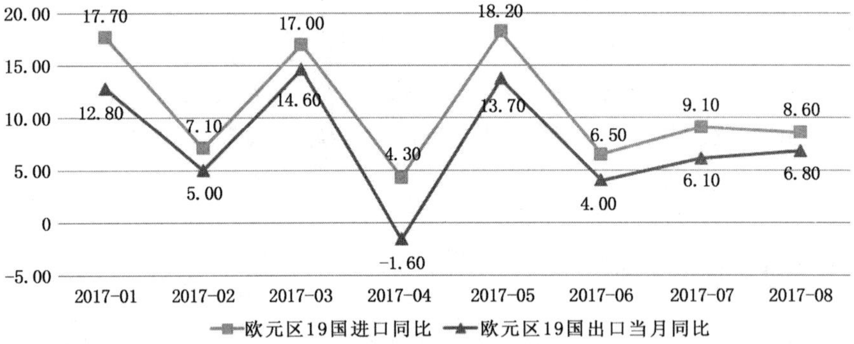

图5　欧元区19国进口及出口同比增速（单位：%）

数据来源：欧盟统计局。

（五）通胀水平升高，仍未达到预期

欧元区各项经济指标中，通胀水平对欧洲央行进行货币政策调整影响较大。相

比于 2016 年消费者价格指数（CPI）长期在 0 上下徘徊，2017 年的通胀水平在 1.3% ~2% 之间，已出现升高趋势，反映出量化宽松政策产生一定的效果，但尚未达到欧洲央行设定的 CPI 略低于 2% 的退出量化宽松政策的标准。截至 9 月份，欧元区仅有 2 月份的 CPI 数值达到 2%，其后出现下滑，特别是 4 月份以后，欧元区 CPI 持续于 1.5% 上下徘徊，10 月份的 CPI 仅有 1.4%，低于预期的 1.5%（见图 6）。从国别来看，德国的 CPI 持续保持在 1.5% 及以上，意大利的 CPI 持续保持在 1.2% 之上，法国的 CPI 在 5 月马克龙当选新总统后骤降至 1% 以下，后于 7 月起开始增长，体现出马克龙的经济政策产生了一定效果（见图 7）。

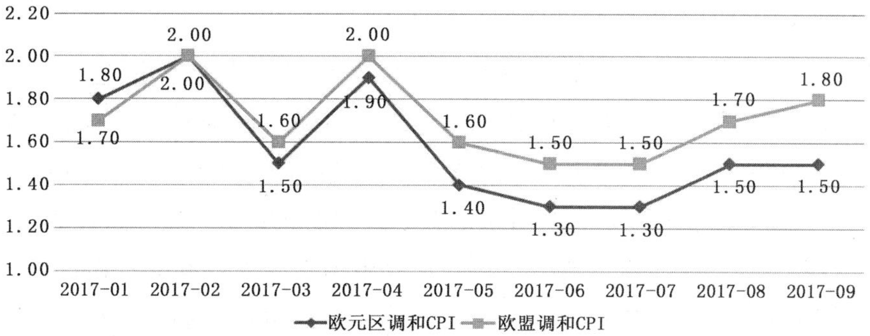

图 6　欧盟及欧元区调和 CPI 同比增长（单位：%）

数据来源：欧盟统计局。

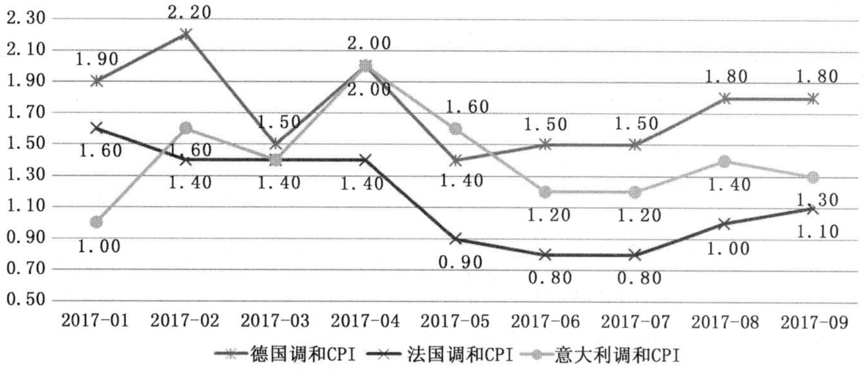

图 7　欧元区三国调和 CPI 同比增长（单位：%）

数据来源：欧盟统计局。

二、影响 2017 年欧洲经济的主要因素

（一）全球经济复苏，国际贸易增长

2017 年以来，无论是发达国家还是以金砖国家为代表的新兴经济体均出现了复

苏反弹的现象。在发达经济体中，美国经济保持强劲的基础，第二季度 GDP 环比年率达到 3.1%，是 2015 年第一季度以来最高值；第三季度该值虽仅为 2.5%，但已经有专家认为若无飓风影响，该季度本可超过 4—6 月水平。日本截至 2017 年第三季度，已经保持 6 个季度正增长。在新兴经济体中，中国经济稳健增长，第三季度同比增长 6.8%。2017 年以来，资源价格触底反弹，俄罗斯第二季度同比增长 2.5%，巴西经济增长势头也较为强劲。这些主要的经济伙伴形势好转，对欧元区的进出口增长起到了推动作用。2017 年以来，欧元区对各主要经济伙伴的进出口总额在多个月份为正增长，其中，特别是对中国、俄罗斯等新兴经济体，出口增长同比达 20% ~30%，对美国出口也在多个月份出现同比增长 5% ~10% 的现象。

不仅进出口受到推动，制造业 PMI 也因此受到提振。数据表明，2017 年欧元区生产端强势扩张，制造业 PMI 已连创 2011 年 9 月以来的最高水平，这与强烈的出口市场需求和订单增长有较强的关系。制造业 PMI 的提高，在欧元区内部刺激了实体经济投资，提高了薪资水平从而促进了消费，共同推动欧元区经济强势复苏。

综合看来，发达经济体日趋活跃，以及以中国为代表的新兴经济体强劲增长，共同促进全球经济活跃，推动国际贸易增长，为主张国际贸易自由化的欧元区提供了良好的外部环境。

（二）政治风险化解，经济影响较小

2017 年欧洲的政治波动曾被认为会对欧元区经济产生较大影响，欧盟多国进入大选年，欧洲各国领导人在竞选前，纷纷呼吁选民要理性对待之前欧元区出现的经济困难，也对一些极右翼倾向的政党提出批评。同时，欧元区经济在 2017 年也出现了较为强劲的复苏，生产端、消费端都有大幅提振，民众自身生活改善，体会到融入全球经济、开放发展的重要性，也减少了对极端保守力量的支持。法国的马克龙成功阻击勒庞当选总统，德国默克尔无悬念地连任总理，都对稳定欧盟的政治形势起到了重要作用。虽然他们在竞选阶段都受到过质疑，马克龙在当选后，法国经济还一度向下调整，但随着经济政策推动，德、法作为欧盟及欧元区发展的主要推动力，经过调整后经济进一步好转，也降低了政治风险带来的影响。

（三）加强去杠杆，利于经济反弹

在 2017 年的经济增长中，德国以相对稳定的政局、雄厚的经济基础和强大的制造业保持稳定增长。而西班牙则自 2016 年年底开始，也进入稳定增长状态，发展动力十足。两国的经济增长，在一定程度上得益于包括去杠杆在内的经济改革。在2002—2005 年期间，德国前总理施罗德于第二个任期中进行改革，实行经济紧缩，压低个人

和企业部门的杠杆率，增加政府福利支出。2005 年默克尔缓和了紧缩状态，但通过抑制房价和薪酬减弱加杠杆的动力，并减少政府福利支出，降低政府杠杆率。相较于大企业，中小企业资金利用率相对较高，且资金不易集中，因此，德国对中小企业的金融支持，降低了企业部门加杠杆的可能和冲动，并使之在经济复苏阶段可以较快反弹。由于经济受挫，西班牙在一定程度上较为被动地实施了去杠杆政策。薪资增速缓慢，房贷负增长，居民主动去杠杆。企业盈利好转，内部融资增加，外部融资更多转向股票，降低了企业的杠杆率。2016 年年底拉霍伊政府上台后，将医院等私有化、削减福利支出，降低了政府杠杆率。随着 2016 年年底欧央行保持量化宽松及出口形势转好，西班牙实体经济获益，企业扩张速度上升，带来经济的快速增长。

（四）其他影响因素

1. 资源价格上涨

世界经济强劲复苏，带动世界资源价格上涨，对推高欧元区通胀水平起到一定作用。价格上涨反过来促进巴西、南非等资源出口国经济发展，又为欧元区出口市场和订单增加提供了支撑。特别是原油价格方面，2017 年以来，OPEC 及俄罗斯都认真履行限产决定，并在最近俄罗斯和沙特两国会晤后，OPEC 声明延续限产决定，油价一度冲至 60 美元/桶的近年高位，也为推高欧元区通胀水平提供支持。

2. 美联储加息及缩表冲击影响有限

2016 年年底以来，美联储加息及缩表预期不断升温，被认为是欧洲经济的风险因素之一。但随着全球经济好转，加息预期的影响被市场逐步消化，缩表操作则较为温和。这虽然引起资金流向美国，但对欧元区经济的冲击性影响有限，而美国经济好转还促进了美欧贸易额的提高。

3. 贸易协定顺利签订

2016 年 11 月，欧盟与加拿大达成《全面经济贸易协定》。经测算，该协定如果获批，通过废除几乎所有的进口关税，欧洲的工业和农业商品出口商每年将节省最多 5 亿欧元（约合 5.49 亿美元）。2017 年 7 月，欧盟与日本签订自由贸易协议纲领，为双方商品的无关税贸易铺路。该协议将是欧盟最大规模的双边贸易协定，占全球贸易的 25%，将可能超过世界最大的北美自由贸易区。

三、2018 年欧洲经济展望

1. 经济保持增长

自 2016 年下半年以来，欧元区经济增长好于预期，保持强劲复苏势头。同时，政治形势总体趋稳，复苏势头具有普遍性，覆盖几乎所有欧元区国家。除德、法经济回升的带动作用外，通过劳动力市场改革的西班牙正成为新的复苏增长点。同时，各国就业水平逐渐提高，反映出区域内经济增长势头坚实。这一轮周期性经济回升可能会更强、更持久。预计 2018 年欧元区经济增长动能更加稳健。而且，在全球经济复苏的情况下，IMF 提高了美、日、中等多国的经济预期，将会为欧元区未来一段时间内的增长带来拉动作用。综合多方的预估，欧元区 2017 年 GDP 增长为 1.9% ~2.1%，2018 年 GDP 增长为 1.8% ~1.9%。

2. 货币政策适度收紧

欧洲央行在经济形势好转的情况下，开始考虑退出量化宽松（QE）政策。目前采取的措施是降低债务购买量，延长购买时间。但 2018 年可供购买的合格债券或将少于3 000亿欧元，并从 2018 年 1 月起降至 300 亿欧元，且购债计划也较难维持太长时间。退出 QE 计划是否能够完成也需要考虑几个方面。一是欧元区的通胀指标仍未达标。欧元的强势令欧洲央行略微下调了 2017 年、2018 年的通胀预期，分别调至 1.5% 和 1.2%。二是目前欧元区经济内部尚不稳定，外部英国脱欧谈判可能带来负面影响，贸然退出 QE 有可能打压近年来稍有起色的经济增长。三是过快收紧货币政策可能会引发动荡。意大利的公共债务水平占其 GDP 的 135%，如果缺乏来自欧洲央行的支持，可能导致市场产生恐慌情绪。

3. 风险与挑战犹存

尽管欧元区经济在 2017 年有强劲复苏势头，并在 2018 年仍有较好的增长预期，但在经济增长过程中仍存在诸多风险。主要包括：一是各国复苏水平不一，外围国家仍受欧债危机困扰。德、法等国复苏向好，但一些外围国家仍需接受欧洲央行的支持，银行体系依然较为脆弱，政府债务水平仍处于高位。二是需要讨论统一的货币政策和分散的财政联盟之间配合不力的问题。美国在当前形势下，可以较为有效地配合使用货币政策和财政政策，但欧元区各国财政空间分配不均。为了能使财政政策温和发展，有财政空间的国家可以利用它来支持公共投资和结构性改革，以促进潜在增长，而没有财政空间的国家应该降低债务比率。三是不稳定的国内政治和地缘政治冲突风险。英国脱欧谈判的不确定性可能会削弱相关国家的投资和消费，西班牙加泰罗尼亚独立公投可能影响有所起色的西班牙经济，即将到来的意大利大选只有一个政党支持欧元区，主张脱欧的右翼“五星运动党”支持率上升较快，这些风险可能会在 2018 年对欧元区的稳定和经济发展带来冲击。

G39　2017 年日本经济形势分析与 2018 年展望

张晓兰*

摘要：2017 年，日本经济在多元因素提振下总体保持温和复苏趋势，第一季度 GDP 环比增长 0.5%，第二季度 GDP 环比增长 1.0%。从主要指标看，占 GDP 60% 的居民消费意愿增强，企业设备投资增长，出口形势好转，制造业扩张加快，通缩局面改善，就业形势乐观；从外部环境看，2018 年世界经济复苏的积极因素增多，预计 2018 年日本经济有望乘着全球经济复苏的热潮延续 2017 年的复苏势头。但受政策空间的有限性、内生动力的缺乏及外部风险的不确定性等因素制约，日本经济低增长态势将延续较长一段时间。

关键词：日本经济　内需　通货膨胀　就业

一、2017 年日本经济运行情况

1. 经济复苏加快，内需动能释放

2017 年以来，日本经济延续复苏态势，复苏步伐较 2016 年有所加快。在内外需共同拉动下，第一季度经济增速超过潜在增长率，经济增长好于市场预期，GDP（经季节调整后）环比折年率增长 2.2%，连续 5 个季度实现增长。第二季度经济受个人消费和企业投资增长强劲提振，较第一季度出现加速增长，GDP（经季节调整后）环比折年率增长 4.0%，为 2015 年第一季度以来最快增速，连续 6 个季度保持扩张（见图 1）。随着消费继续好转与投资的持续拉动，第三季度日本经济有望延续前两季度的增长趋势。对此，国际货币基金组织（IMF）预计，2017 年日本经济增

---

* 张晓兰，经济学博士，国家信息中心经济预测部副研究员，研究方向为世界经济、国别经济。

长率有望达到1.5%。内需动能释放是推动日本经济快速复苏的主要因素之一，因物价走势总体偏弱、就业环境持续向好，2017年以来居民消费意愿增强，投资增长显著。第一季度内需对经济增长贡献率为0.4%，个人消费增长0.4%，连续5个季度增长，显示消费者信心有所改善。政府公共投资微降0.1%，私人住宅投资增长0.7%；企业设备投资增长0.2%，主要受化工、有色金属、石油及煤炭等行业订单下降拖累，导致企业设备投资态度谨慎。第二季度内需是经济增长的主要动力，内需对经济增长贡献率为1.3%，居民消费进一步回暖，个人消费增长0.9%。政府公共投资大增5.1%，私人住宅投资增长1.5%，企业设备投资增长2.4%，连续3个季度增长且涨幅不断扩大。

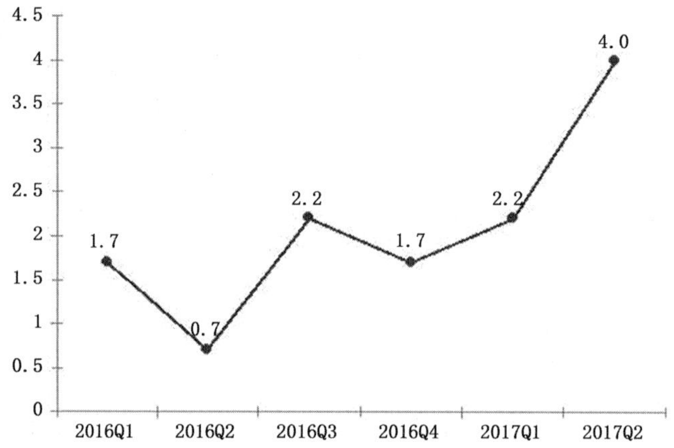

图1　2016—2017年第二季度日本GDP环比折年率（单位:%，季节调整值）

资料来源：日本内阁府。

2. 出口形势好于进口，贸易收支保持盈余

受世界经济复苏加快、外部需求回升及主要贸易对象国增长拉动等影响，日本出口形势好于进口，贸易收支持续改善。第一季度出口增长2.1%，进口增长1.4%，主要与中国在内的亚洲市场需求不断扩大带来强劲的出口增速有直接关系。财务省贸易统计快报显示，截至4月份货物贸易连续3个月盈余，出口额连续5个月增长，进口额连续4个月增长。第二季度尽管贸易规模出现萎缩，但出口下降1.11%，进口下降3.18%，出口降幅仍低于进口降幅。而且，受益于人数激增的访日外国游客在日本国内消费，以及日企海外子公司分红增多，2017年上半年（1—6月份）经常项目盈余10.510 1万亿日元，同比增长0.3%，创2007年下半年以来近10年的高位。其中，货物贸易收支盈余2.053 1万亿日元，对美国和中国的汽车零部件、半导体等电子产品的出口强劲，但原油与液化天然气（LNG）价格上涨导致进口额增加，顺差幅度下滑11.7%。第三季度日本对外贸易继续表现抢眼，海外需求带动经济稳步增长。在汽车和半导体产品海外需求提振下，8 月份出口同比飙升 18.1%，创 4 年最大涨幅；进口增长 15.2%，贸易盈余高达 1 136 亿日元。9 月份出口连续第 10 个月实现同比增长，贸易顺差进一步升至 6 702 亿日元。

3. 制造业扩张加快，企业经营业绩良好

得益于产出和出口订单增加等因素，2017 年日本制造业活动扩张步伐加快。1 月份制造业采购经理人指数（PMI）为 52.7，连续第五个月高于荣枯分界线 50；2 月份 PMI 指数进一步升至 53.3，扩张速度为 2014 年 3 月以来最快。随着国内及海外需求不断改善，此后几个月 PMI 指数保持稳定，均维持在 50 荣枯分界线上，且保持在 52 以上水平。虽然 7 月份 PMI 指数回落至 52.1，但 9 月份又快速升至 52.9，触及近 4 个月高位，凸显第三季度的需求仍较强劲（见图 2）。与此同时，企业经营业绩良好，上市公司利润大增。大宗商品价格、外需走强等改善了大企业和外向型企业经营环境。第一季度石油加工、有色金属等企业因石油等资源价格回升收益有所改善；第二季度日元贬值促使企业业绩改善，汽车及配件、机械、机电等出口行业利润大幅增长，在很大程度上带动了化工、有色等企业收益不断增加。而且，内需型企业收益稳定，食品业经营良好，建筑企业收益在东京奥运工程量增加下逐渐改善。其中，制造业主营利润同比增长 38.5%，非制造业主营利润同比增长 8.2%。另外，8 月份以来，日本大型制造业企业信心持续提升，央行短观调查显示，第三季度大型制造业者商业信心创 10 年最高，预示未来几个月的生产情况向好。

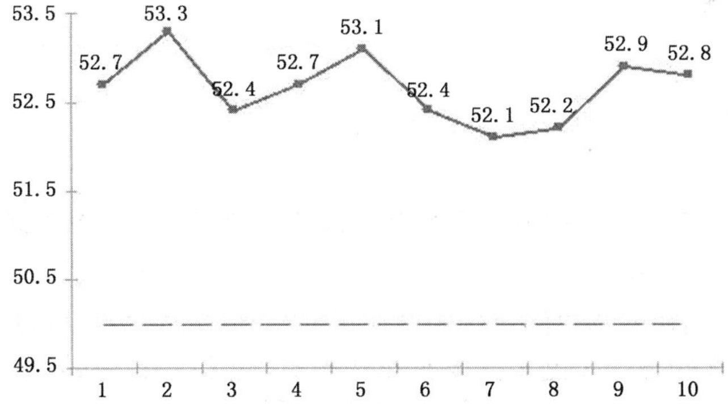

图 2 2017 年 1—10 月份日本制造业 PMI 走势（单位：%）

资料来源：Markit/JMMA。

4. 通缩局面改善，就业形势乐观

2017 年以来，在能源等国际大宗商品价格上涨带动下，日本通胀水平趋于好转。剔除生鲜食品后，1—3 月份 CPI 同比分别增长 0.1%、0.2% 和 0.2%。第二季

度通缩局面进一步得到缓解，4—6 月份 CPI 分别同比增长 0.3%、0.4% 和 0.4%。而且，能源等大宗商品价格上涨也开始向最终产品传导，截至 7 月份日本企业物价指数连续 7 个月同比增长。由于电价等能源产品价格上涨明显，7、8 月份 CPI 持续走强，9 月份 CPI 同比上涨 0.7%，连续第九个月上升，与日本政府制定的 2% 通胀目标越来越近。但鉴于目前工资上涨速度不快，预计未来 CPI 增幅会缩小。与此同时，日本就业形势较为乐观，失业率维持较低水平。第一季度失业率稳中有降，就业水平不断向好，1—3 月份的失业率分别为 3.0%、2.8% 和 2.8%。建筑业、餐饮业和 IT 等行业劳动力需求旺盛，2017 年春季大学生毕业就职率达 97.6%，连续 6 年上升，创 1996 年以来最高水平。第二季度就业水平创 43 年来最优，4—6 月份的失业率分别为 2.8%、3.1% 和 2.8%。制造业、运输邮电业和建筑业等劳动力需求增加。第三季度以来，日本就业形势继续保持良好态势，7 月份失业率为 2.8%，有效求人倍率（劳动力市场需求人数与求职人数之比）为 1.52，连续第五个月上升，触及 1974 年以来最高位。8 月份失业率继续维持在 2.8% 水平，连续第三个月处于 3% 以下水平，显示就业状况得到大幅改善。如图 3 所示。

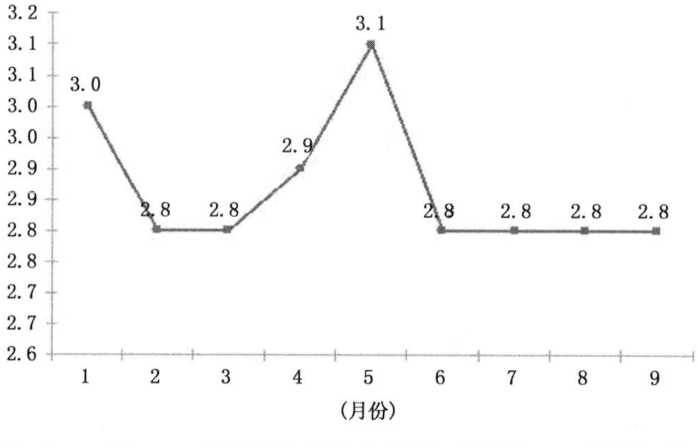

图 3　2017 年 1—9 月份日本劳动力调查（单位：%，季节调整值）

资料来源：日本统计局。

二、影响 2017 年日本经济的主要因素

在世界经济整体复苏加快趋势下，日本经济增长主要借助于外部市场回暖和内需动能释放等积极因素，经济增速较 2016 年有所加快，主要经济指标逐步向好。从根本上看，拉动 2017 年日本经济增长的主要因素包括以下几个方面：

1. 外部环境改善

全球经济复苏、国际市场回暖、能源价格稳定、外部需求改善，是拉动日本出口增长的重要原因，也是近期日本经济稳定复苏的重要驱动力。一是全球经济大环境复苏促进出口增长。2017 年世界经济呈现加快复苏态势，美国经济表现良好，欧洲政局不确定性因素得以缓解，以中国为代表的新兴经济体及其他亚洲国家经济增速稳中有升。二是外部需求回暖助推出口增长。全球需求尤其是对科技相关产品的需求回升，以及日本对欧亚半导体和汽车配件等出口大幅增长。三是国内需求改善拉动进口增长。随着投资和消费有所回暖，日本经济正在逐步转入自主恢复的轨道，并且原油、天然气等能源价格稳定在较低水平，利好日本能源进口。

2. 居民消费动力增强

在收入没有明显改善的情况下，受“特朗普政策”下股市大涨的财富效应、企业效益改善等因素推动，日本居民消费需求扩大，市场景气预期趋于乐观，对经济增长形成较大支撑。一是耐用消费品支出增加。金融危机爆发后，日本政府推出家电绿色积分制度，鼓励居民扩大消费，2017 年迎来了家电换购周期，电视、冰箱、空调等家电销售良好；居民智能手机、服装消费等日常消费支出也在不断回升。二是非耐用品消费支出增加。在生鲜食品及蔬菜价格上涨结束后，食品等非耐用品支出时隔 5 个季度开始增加。三是生活性服务业支出增加。旅游、在外用餐等服务业支出环比增长 0.6%。此外，由于房屋改造相关需求旺盛，以及购买汽车等支出增长，6 月份日本家庭实际消费支出同比增长 2.3%，时隔 16 个月后首次出现正增长。

3. 投资需求拉动作用显著

得益于企业生产活动恢复及经济政策效果显现等因素，日本投资拉动经济增长的作用日益增强。一是企业设备投资增速加快。企业加大建筑和软件等方面的投资，建筑、工程机械及软件等行业设备投资连续 8 个季度实现增长；机器人产业投资上升，汽车及航空材料，以及自动驾驶、人工智能等领域研发投入加大。央行 6 月份短观调查显示，2017 年全产业设备投资计划同比增长 6.8%。二是 2020 年东京奥运会相关的投资发挥较大作用。奥运场馆、机场、酒店等建设投资需求增加。三是去库存拉动经济增长。日本政府对企业生产构成重压的库存调整取得积极进展，促使企业扩大生产，企业库存投资有所上升，第一季度企业库存折年率增长 0.4 万亿日元，对经济增长贡献一定作用。

4. 经济政策效果凸显

经济政策效果凸显是日本经济复苏的关键动力。一是安倍经济政策发力。2017 年以来，日本政府于 2016 年 8 月份推出的总规模 28.1 万亿日元（约占 GDP 规模的 5.6%）的经济刺激措施开始显现。国土交通省 8 月 10 日发布的建设工程订单动态系统统计调查显示，第二季度各级公共机构发包的建设项目总承包合同额 3.29 万亿日元，同比增长 10.1%，增幅较第一季度扩大 5.6 个百分点。此外，经济政策通过公共投资增长推动经济复苏。2016 年 10 月份推出的 2016 财年第二次补充预算执行到位。第一季度许多公共投资项目处于签约阶段，政府公共投资效应不明显；第二、三季度公共投资显著增加，预计经济政策将对 2017 年 GDP 贡献 0.3 ~ 0.4 个百分点。二是安倍宽松政策红利持续。一方面，2017 年日本央行延续"负利率+QQE"为核心的货币政策，维持政策利率-0.1%不变、年度基础货币扩容规模 80 万亿日元，实施无限量购债计划直至 2% 通胀目标；另一方面，安倍政府将财政赤字政策的结束期限从 2017 年 9 月推迟至 2021 年 3 月，并计划 2017 年年底前编制一个规模约 2 万亿日元的新经济刺激方案。

三、2018 年日本经济展望

当前，日本经济在不断改善的外部环境、经济政策刺激与经济周期红利等因素驱动下，呈现出较好的复苏势头。展望 2018 年，世界经济仍将延续复苏势头，外部需求及大宗商品价格将保持稳定，日本经济有望在外需拉动及奥运会筹建等积极因素促进下，继续延续温和复苏趋势。但受限于全球政策空间的收紧，以及外部风险的不确定性等，安倍政府仍将面临激活内生动力的严峻挑战。

1. 经济延续温和复苏态势

一是新经济刺激方案出台。安倍政府计划 2017 年年底前编制一个规模约 2 万亿日元的新经济刺激方案，将从 2018 年 4 月开始执行。这一经济刺激方案将主要聚焦于补贴教育、儿童保育支出，以及提振用于改善生产率的企业投资等，直至消费税增加弥补财政空缺。二是东京奥运会投资拉动。随着 2020 年东京奥运会的临近，住宿设施的建设与改造、交通基础设施的兴建，以及商业设施的新建等，将对 2018 年经济增长有所贡献。三是个人消费热情有望延续。安倍将上调消费税推迟至 2019 年 10 月，这将刺激居民在税率提高前的消费热情。

2. 外需拉动作用增强

在不发生重大变故的情况下，预计 2018 年世界经济将继续保持扩张态势，日本出口增长的外部环境也将得以持续。与此同时，随着特朗普经济政策逐步落实，大模的减税及基础设施投资等经济刺激政策将在 2018 年全面实施，这将惠及其他国家及主要的贸易伙伴，从而拉动日本出口持续增长。另外，外部需求的改善、欧亚等国经济的不断复苏，也将在很大程度上促进出口增加。WTO 预计，2018 年全球贸易增速将为 3.2%。但值得注意的是，贸易保护主义抬头与逆全球化的短期强化可能会在一定程度上阻碍日本出口增长。

3. 政策刺激效应减弱

安倍上任以来推行了新、旧“三支箭”的安倍经济学，取得了一些阶段性成果。尤其是 2017 年以来，日本经济增长靠国内刺激政策的拉动较为明显。但在全球政策边际收紧的情况下，安倍政府靠“强宽松+高赤字”组合的政策刺激将难以持续，对经济的拉动作用也将日益减弱。一方面，货币宽松空间受限。美联储已进入缩表日程并可能在 2017 年年底再度加息，欧央行宣布将缩减购债规模，日本的货币宽松难以加码，制约了其实现制定的 2% 的通胀目标。另一方面，财政政策刺激面临人口老龄化和全要素生产率下降等结构性难题的掣肘。目前，日本 65 岁以上老龄人口不断攀升，约占总人口的 27.7%，而 2017 年日本政府债务将达到 GDP 的 240%。尽管安倍政府通过采取上调增值税等紧缩财政的方式来平衡收支，但财政紧缩又将抑制居民消费，直接影响经济复苏。

4. 经济面临的风险犹存

尽管安倍政府提出开展“人力革命”，大力培养创造高附加值型人才，支撑经济中长期增长。但结构改革短期难以奏效，日本经济仍将面临较大的风险。一是安倍在新任期内的注意力可能从经济转向政治，将会重新激发日本民族主义情绪，经济风险或将进一步转化为政治风险。二是全球主要国家在货币政策方面纷纷出现重大调整，资本紧缩将导致较大的金融风险，而金融市场波动也会导致企业和家庭心理趋冷。三是特朗普政策、贸易保护主义、逆全球化等外部风险，是 2018 年日本经济运行的重要影响因素。此外，地缘政治局势也是潜在因素之一，全球地缘政治及日本与周边国家的关系将直接给日本政治经济生态带来诸多不稳定因素。

G40 特朗普税收制度改革影响的模型分析

蔡松锋*

摘要：美国总统特朗普上任以来大力推动税收改革，此轮税收改革涉及范围广，减税力度大，影响面广，可以称之为1986年以来美国最大规模的税改政策。如果此轮税改能够落实到位，必将对美国经济乃至全球经济走势产生重大影响。毋庸置疑，对我国经济发展也会产生显著影响。为此，本文利用擅长世界贸易和资本流动研究的改进型全球动态可计算一般均衡模型（GTAP），对特朗普税收改革进行多情景的量化对比分析，并得出了几点启示和建议。

关键词：特朗普　税制改革　模型分析

一、特朗普税收改革方案主要内容

美国时间2017年12月2日，美国众议院通过了酝酿已久的税收改革框架。特朗普税改计划的主要内容大致如下：

在个人和家庭税方面，如表1所示，一是将个人所得税继续保持七档，最高税率从当前的39.6%下降至38.5%。二是废除替代性最低税、遗产税和隔代遗产税。三是将标准扣除额提高一倍，大幅提高对17岁以下儿童的税收抵免。四是简化税制。取消部分富人享受的列举扣除额，保留房屋按揭贷款、慈善捐赠、养老储蓄、高等教育等扣除额。

在企业税方面，如表1所示，一是将企业所得税率从目前的35%下降至20%。二是降低针对小企业和家庭企业的最高税率，由39.6%降低至25%。三是允许企业在至少五年内对资本投资（设备、机器等）进行减计。四是对于跨国企业的海外利润汇入国内，现金和现金类资产征收10%的税率，对于工厂、设备等非流动性资产征收5%的税率。

---

* 蔡松锋，国家信息中心经济预测部助理研究员，主要研究国际贸易、能源、环境与一般均衡模型等。

表1　参众两院税改方案与现行税法主要条款的比较

关键条款	众议院版本（2017.11.16）	参议院版本（2017.12.01）	现行税法
个人税收等级划分	4个等级：12%、25%、35%、39.6%	7个等级：10%、12%、22%、24%、32%、35%、38.5%	7个等级：10%、15%、25%、28%、33%、35%、39.6%
抵扣额标准	单身人士1.2万美元；已婚家庭2.4万美元	单身人士1.2万美元；已婚家庭2.4万美元	单身人士6 350美元；已婚家庭1.27万美元
替代性最低税（AMT）	废除此项税收	对年收入11万美元以下的家庭，每位儿童减免税额2 000美元	对年收入11万美元以下的家庭，每位儿童减免税额1 000美元
企业所得税	大企业最高税率20%，税赋转由合伙人企业缴纳的企业最高税率25%（对一些盈利较少的企业，税率也可降低至9%），2018年生效	大企业最高税率20%，税赋转由合伙人企业缴纳的企业最高税率23%，2019年生效	最高税率35%
遗产税	豁免纳税额度1 100万美元（若是继承配偶所得，豁免纳税额为2 200万美元起），2023年彻底废除遗产税	豁免纳税额度1 100万美元（若是继承配偶所得，豁免纳税额为2 200万美元起）	豁免纳税额度550万美元（若是继承配偶所得，豁免纳税额为1 100万美元起）
抵押贷款利息减免	仅允许50万美元新增的抵押贷款利息减免	允许100万美元抵押贷款利息减免	允许100万美元抵押贷款利息减免
医改中个人强制性税收罚款	对不购买医疗保险的个人征收税收罚款	废除此项强制性征收，即对不购买医疗保险的个人不再征收税收罚款	对不购买医疗保险的个人征收税收罚款
其他	废除对医疗开销、税收筹划、人身伤亡损失等项目的税收减免，限制度慈善捐款的税收减免	保留对医疗开销的税收减免；仅废除对税收筹划等项目的税收减免	对一些特定的项目进行税收减免以减少纳税人负担

资料来源：根据公开资料收集整理。

二、特朗普主要税改政策的影响路径

尽管特朗普新税改政策最后能否全部落地还存在一定变数，但应提早关注这些政策对中国经济与全球经济的直接影响与间接影响。

1. **降低个人所得税的影响**

个人所得税的下降首先会提高劳动者的实际工资，实际工资的上涨会进一步提高就业的增长，同时在实际工资和就业双双提高的刺激下，居民的消费也会得到提振。居民消费的提高会提高国内消费品的产量及进口消费品的数量。因此，降低个人所得税利好美国企业生产，同时对中国出口有正向拉动。

2. **降低企业所得税的影响**

企业所得税的下降能够使得企业的投资回报率上升，刺激企业增加投资，投资的增加会进一步提高全社会的资本存量，在资本和劳动力相互替代的机制下，资本存量的增长也会进一步刺激就业的增长。投资回报率的增加还会对资本密集型行业有利，资本密集型行业的产出扩张。同时，企业所得税下降后，美国企业经营成本下降，会吸引全球资本向美国流动，对我国投资产生不利影响

3. **贸易保护政策的影响**

虽然最新公布的税改方案取消了边境调节税，但是不排除美国采取其他措施实施贸易保护政策的可能。例如，反倾销、提高技术标准等非关税措施，目的是为了创造就业保护本土产业。其中，美国可能的贸易保护政策对我国会产生重大影响，我国很可能首先成为美国贸易保护政策实施的对象。机电、家具玩具、纺织服装，以及黑色、有色金属及制品等四类是我国对美主要的出口品类，美国对其采取非关税壁垒的直接影响较大，将会对我国出口美国造成重创，从而进一步拖累我国国内投资、消费和进口的增长。同时，美国提高非关税壁垒也会使得美国国内经济运行成本上升，进而降低投资回报率，不利于美国经济增长。因此，美国的贸易保护政策可谓是“一损俱损”。

三、美国税收制度改革方案的影响分析

为对美国新税改方案有更加科学的定量分析，本节利用擅长世界贸易和资本流动研究的全球动态可计算一般均衡模型（GTAP），构建了三个不同的政策模拟情景，对税改影响进行量化模拟与对比分析。

（一）研究方法

本研究采用全球著名的经济贸易模型 GTAP 模型，该模型是由美国普渡大学领导的全球贸易分析计划发展出来的多国多部门一般均衡模型，目前被广泛应用于经济贸易政策分析。在 GTAP 模型架构中，首先建立可细致描述每个国家（或地区）生产、消费、政府支出等行为的子模型，然后由国际商品贸易关系，将各子模型连接成一个多国多部门的一般均衡模型。在此模型架构中进行政策模拟时，可以同时探讨该政策对各国各部门生产、进出口、商品价格、要素供需、要素报酬、国内生

产总额及社会福利水平变化。由于GTAP模型对政策定量分析具有良好效果，能够对政策选择和决策提供具体并且比较准确的建议，当今世界主要经济组织，如世界贸易组织、国际货币基金组织、世界银行等都已经采用GTAP模型对国际经济进行分析，并且获得了良好的结果。

（二）模拟情景设计

根据研究需要，如表2所示，本研究设置了三个模拟情景，具体如下：

（1）S1情景：美国当前税改情景。美国新一轮税制改革的重点在于降低美国企业税率和个人所得税。在此情景下，美国将现行企业所得税税率由35%降至20%。个人所得税税率从原来的七档税率变为新的七档税率。

（2）S2情景：美国提高进口品的非关税壁垒情景。在S1情景的基础上，考虑美国提高进口品的非关税壁垒20%。

（3）各国竞相减税情景。在S1情景的基础上，考虑其他国家竞相减税。面对特朗普来势汹汹的税制改革，其他国家也竞相采用减税措施，税负下降幅度和美国相同。

表2 特朗普政府新一轮税改方案及我国应对策略

税收	S1	S2	S3
个人所得税	原来的七档税率（10%、15%、25%、28%、33%、35%和39.6%）变为新的七档税率（10%、12%、22%、24%、32%、35%和38.5%）	原来的七档税率（10%、15%、25%、28%、33%、35%和39.6%）变为新的七档税率（10%、12%、22%、24%、32%、35%和38.5%）	世界其他国家也采用减税措施，税负下降幅度和美国相同
企业所得税	将现行企业税率由35%降至20%	将现行企业税率由35%降至20%	
非关税壁垒	无	美国对我国进口品的非关税壁垒提高20%	

资料来源：作者根据资料收集和研究假设。

（三）模拟结果

根据三个情景的设计，本节给出了不同政策冲击下对美国经济、中国经济和其他主要国家经济的宏观影响。

1. S1 情景的影响分析

（1）对美国经济的影响

到 2020 年，当前税改方案将拉动美国总就业 1.6 个百分点（相对于没有减税情景，下同），拉动美国总消费 2.7 个百分点。美国实施削减个人所得税和企业所得税政策后，将促进美国劳动力实际工资的上涨，并进一步推动就业的增加。模型结果显示，到 2020 年，美国劳动力的实际工资将上涨 1.9%，使得就业增加 1.6%，相当于 2020 年新增就业 200 万左右。同时，在实际工资上涨、就业上升和物价下降的多重刺激下，2020 年美国总的消费增加 2.7%，相当于新增消费 3 000 亿美元。

到 2020 年，当前税改方案将拉动美国总投资 9 个百分点。美国实施削减个人所得税和企业所得税政策后，将提高美国各个行业的投资回报率，并吸引更多的投资跟进。模型结果显示，到 2020 年，美国的投资回报率将增加 1.3%，使得美国总投资增加 9%，相当于新增投资 2 700 亿美元。

到 2020 年，当前税改方案将使得美国的出口下降 5.6 个百分点，进口增加 4.7 个百分点。美国实施削减个人所得税和企业所得税政策后，短期内将刺激美国国内需求有较快提高，从而压低国内产品的出口空间，使得出口下降 5.6%；同时，由于国内需求的增加也会对进口品的需求增加，从而使得美国进口增加 4.7%。最终使得美国贸易逆差增加 220 亿美元。

到 2020 年，当前税改方案将拉动美国 GDP 1.5 个百分点。美国实施削减个人所得税和企业所得税政策后，到 2020 年，美国 GDP 增加 1.5%，新增 GDP 2 800 亿美元。从收入侧来看，资本报酬增加 2 500 亿美元，劳动力报酬增加 3 500 亿美元，税收收入减少 3 200 亿美元，因此，从收入侧看，劳动力报酬的增加是 GDP 增长的最大动力。从需求侧看，消费增加 3 000 亿美元，投资增加 2 700 亿美元，净出口下降 2 900亿美元，因此，消费增加是拉动 GDP 的最大动力。

到 2020 年，当前税改方案将拉动美国制造业产值增加 360 亿美元，我国对美国总出口增加 6%，不会造成“制造业回流”现象。美国实施削减个人所得税和企业所得税政策后，在国内需求上升的刺激下，到 2020 年，美国制造业产值将增加 360 亿美元，但美国本土制造业的扩张并不能满足美国经济增长的需求，模拟结果显示，美国总进口将增加 4.7%，其中美国从中国的进口将增加 6.1%，这说明美国此次税改并不会造成“制造业回流”的现象。如表 3 所示。

表3　三个情景对中美经济的影响（单位:%）

	S1		S2		S3	
	美国	中国	美国	中国	美国	中国
GDP	1.5	-0.3	1.4	-0.7	1.2	0.8
消费	2.7	-0.8	2.4	-1.8	1.1	1.7
投资	9.0	-0.9	8.5	-1.0	5.8	0.6
出口	-5.6	1.2	-7.4	-1.3	-2.8	2.3
进口	4.7	-0.4	3.3	-2.0	3.1	0.6

数据来源：GTAP 模型。

（2）对中国和其他国家经济的影响

从对我国的影响来看，在 S1 情景下，美国整体投资回报率的增加将吸引全球投资更多流向美国，使得我国国内投资受损，模型结果显示，2020 年我国的投资下降 0.9%，约3 300亿元。我国消费也被进一步拖累，消费下降 0.8%，约 1 700 亿元。由于美国经济扩张对我国进口需求增加，以及我国要素价格下降提高了我国的出口竞争力，我国总出口增加 1.2%，增加了近 2 000 亿元。投资和消费的下降使得我国进口下降 0.4%，降低了近 500 亿元。出口的上升和进口的下降使得我国净出口增加2 500亿元，综合需求各个因素变化，2020 年我国 GDP 损失约 0.3 个百分点，将近2 500亿元。

从对中美双边贸易的影响来看，在 S1 情景下，在美国经济增长需求扩张的刺激下，2020 年中国对美国的出口增加 6.1%，出口额增加 350 亿美元。同时，2020 年美国对中国的出口下降 6.5%，出口额下降 117 亿美元。如表 4 所示。

表4　三个情景对中美贸易的影响

	S1	S2	S3
中国对美国总出口变化（%）	6.1	-15.0	4.9
中国对美国总出口变化（亿美元）	350	-862	281
美国对中国总出口变化（%）	-6.5	-10.2	-3.6
美国对中国总出口变化（亿美元）	-117	-182	-64

数据来源：GTAP 模型。

从对其他国家经济的影响来看，美国税制改革方案下，美国整体投资回报率的增加将吸引全球投资更多流向美国，从而使得其他国家的投资会有不同程度的下降，进一步拖累其他国家的经济增长。从影响程度来看，除了中国以外，韩国、日本和新加坡受到的负面影响较大，GDP 总量下降都超过了 0.2%，分别为 0.26%、

0.21%和0.2%。如图1所示。

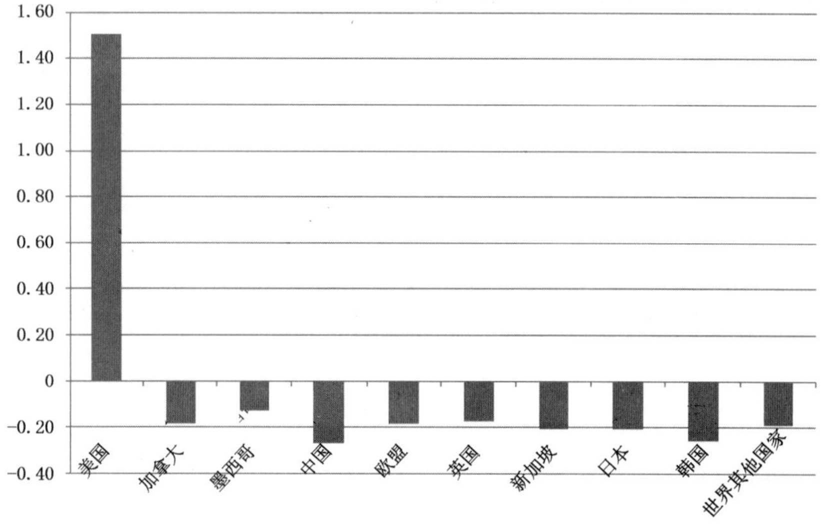

图1　S1情景下对各国GDP的影响（单位:%）

2. S2情景的影响分析

（1）对美国经济的影响

相较于S1情景，S2情景下，美国非关税壁垒的提高会拖累美国经济增长，到2020年美国GDP会增加1.4个百分点，比S1情景下降0.1个百分点。在S1情景的基础上，S2情景下美国提高了进口品的非关税壁垒，非关税壁垒的提高会使得美国整体的投资回报率相较于S1情景有所下降，从而使得投资相较于S1情景也会有所下降。同时，非关税壁垒会使得实际工资相较于S1情景有所下降，使得就业和消费相较于S1情景也会有所下降。模型结果显示，S2情景下，2020年美国投资、就业和消费分别增长8.5%、1.5%和2.4%，分别比S1情景下降0.5%、0.1%和0.3%。

非关税壁垒的提高会使得进口品的价格上升，从而使得进口下降；进口品价格的上升会使得国内消费更倾向于国产产品，从而进一步压低国产产品的出口空间，使得美国出口下降。模型结果显示，S2情景下，2020年美国总进口增长3.3%，比S1情景下降1.4%。2020年美国总出口下降7.4%，比S1情景下降1.8%。

相较于S1情景，S2情景下美国制造业产值增加340亿美元，我国对美国总出口下降15%，会造成一定“制造业回流”现象。美国增加非关税壁垒以后，我国对美国产品出口的价格竞争力下降，使得美国更多使用国内生产的产品。S2情景下，在国内需求上升的刺激下，到2020年，美国制造业产值将增加340亿美元，同时美国对我国的进口下降15%，这说明美国如果在此次税改的基础上进一步提高非关税壁垒，会造成“制造业回流”的现象。

（2）对中国和其他国家经济的影响

从对我国的影响来看，在S2情景下，美国非关税壁垒的提高将对我国的出口产生较大的负面影响，从而进一步拖累我国经济增长。模型结果显示，S2情景下，2020年我国的总出口将下降1.3%，同时我国投资、消费和进口也将分别下降1%、1.8%和2%。综合需求各个因素变化，2020年我国GDP下降0.7%。如图2所示。

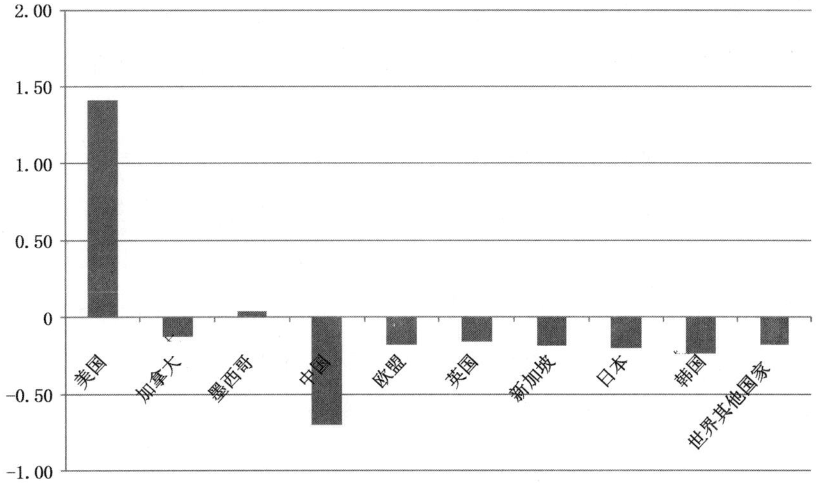

图2　S2情景下对各国GDP的影响（单位：%）

从对中美双边贸易的影响来看，在S2情景下，由于美国非关税壁垒的增加，导致我国对美出口价格竞争力下降，2020年中国对美国的出口下降15%，出口额下降862亿美元。同时，出口的下降对我国经济造成负面冲击，并使得我国进口需求下降，使得美国对中国的出口相对于S1情景进一步下降，下降幅度达到10.2%，出口额下降182亿美元。

从对其他国家经济的影响来看，与S1情景相比，大部分国家的经济也将受到负面影响，只有墨西哥的经济略有受益，原因在于美国非关税壁垒的提高虽然降低了大部分国家对美出口，却提高了墨西哥对美国的出口，从而有利于墨西哥经济的增长。

3. S3情景的影响分析

（1）对美国经济的影响

相较于S1情景，S3情景下，各国竞相减税将刺激全球各国投资同时增加，从而使得美国的减税效果受到一定的削弱。到2020年美国GDP会增加1.2个百分点，比S1情景下降0.3个百分点。在S1情景的基础上，S3情景下全球各国跟随美国都采取了减税措施，会使得各国的投资回报率都有所提高，从而使得全球新增投资分配到各国去，相较于S1情景，美国总投资有所下降，并进一步拖累美国就业和消费的增长。模型结果显示，S3 情景下，2020 年美国投资、就业和消费分别增长 5.8%、1.4%和 1.1%，分别比 S1 情景下降 3.2%、0.2%和 1.6%。

相较于 S1 情景，S3 情景下美国制造业产值增加 330 亿美元，我国对美国总出口增加 5%，不会造成“制造业回流”现象。各国竞相采取减税措施后，美国的经济仍将有较快的增长，经济增长下的需求扩张需要国内扩大生产和增加进口来满足，到 2020 年，美国制造业产值将增加 330 亿美元，同时，美国总进口将增加 3.1%，其中，美国从中国的进口将增加 5%，这说明美国此次税改并不会造成“制造业回流”的现象。

（2）对中国和其他国家经济的影响

从对我国的影响来看，在 S3 情景下，我国的减税措施也将促进我国投资回报率和实际工资的增长，并进一步刺激投资、消费和进出口的增长，模型结果显示，S2 情景下，2020 年我国的投资、消费、进口和出口将分别增加 0.6%、1.7%、0.6%和 2.3%。综合需求各个因素变化，2020 年我国 GDP 上升 0.8%。可见，为应对美国此轮税改，我国也加大减税力度是合理的政策选择。如图 3 所示。

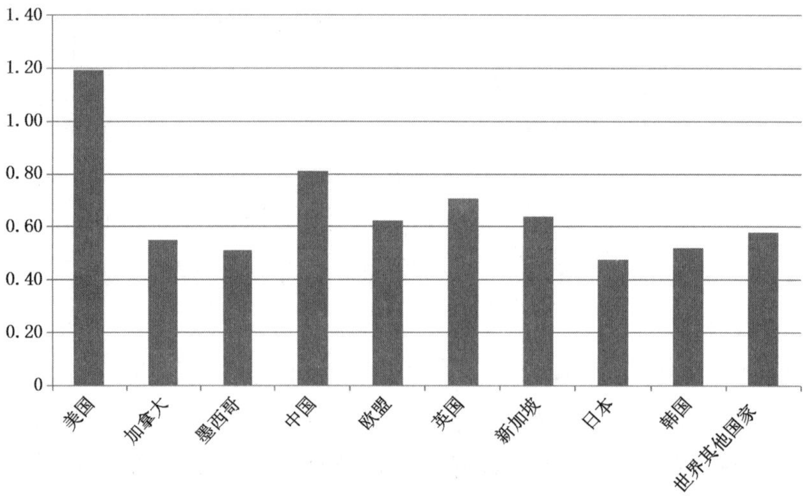

图 3　S3 情景下对各国 GDP 的影响（单位：%）

从对中美双边贸易的影响来看，在 S3 情景下，在各国竞相减税的情况下，其他国家对中国的产品需求也会增加，使得我国对美出口相对于 S1 情景有所下降，2020 年中国对美国的出口上升 4.9%，出口额上升 281 亿美元。同时，中国减税促进经济增长并提高进口需求，使得美国对中国的出口下降幅度相对于 S1 情景有所减小，2020 年美国对中国的出口下降 3.6%，出口额下降 64 亿美元。

从对其他国家经济的影响来看，受益于减税的刺激，全球各个国家投资增加，全球贸易得到提振，全球各个国家的 GDP 都将有不同程度的增长。

四、几点重要启示

根据主要 GATP 模拟结果，我们得出了如下几点重要启示：

1. 继续推进减税降成本，增长国内投资信心，有效降低资本外流的负面冲击是应对特朗普新政的首要举措

特朗普税制改革对我国固定资产投资影响最大，应首先加大改革措施，增强国内投资信心，吸引投资。从 S3 情景的测算结果来看，设若特朗普税改逐步落实，我国为确保不受到负面影响的首要举措仍然是加大减税力度。目前，国内实体经济投资严重不足，大量资本脱实向虚倾向较为严重。但同时我国仍然拥有巨大的国内市场和庞大的储蓄存量，即使国际资本外流，未来也可以通过降低实体经济运行成本，可考虑逐渐简并繁多的增值税税率和征收率，恢复投资信心，激活国内实体经济投资，有效对冲特朗普税改对我国固定资产投资的负面影响。

2. 发扬“工匠精神”，提升我国产品品质，提高我国在全球价值链中的位置

从模拟结果来看，在 S1 情景下，我国出口之所以没有受到负面影响，原因在于美国消费者对中国消费品的依赖程度较高。但我国出口到美国的产品大都是处于全球价值链的中低端，一旦美国采取贸易保护措施，如在 S2 情景下，我国对美出口将受到较大负面影响。为此，在中国人口红利逐步消失、劳动力成本优势降低继而价格竞争难以为继的情况下，要提升中国在全球价值链分工中的地位，获取更多产业贸易利益，必须依赖于“工匠精神”，提升我国产品品质，加大技术自主创新进而掌握全球价值链的关键环节，提升中国产业在全球价值链分工体系中的地位。增强客户对我国产品的消费黏性，这是抵御美国乃至其他多家政策冲击的有效办法。

3. 加强国际经贸谈判，力争降低美国提高非关税壁垒对我国出口的影响

与特朗普现有税改框架相比，对来自我国的进口品提高非关税壁垒对我国经济发展的冲击较大。因此，在国内实施更加积极财政政策的同时，要加强国际谈判，力争降低美国对来自我国的进口品提高非关税壁垒的幅度。如果能够使得美国从 2018 年起对来自我国的进口品非关税壁垒变化不大，可大幅降低美国此轮税改对我国 2020 年实现全面小康目标的影响。

4. 扩大内需，切实提高消费对经济增长的贡献，促进经济稳定可持续增长

随着经济发展水平的不断提高，消费需求在经济增长中的地位越来越重要，而且在稳增长的动力中唯有消费是内生性动力，能够长期稳定地伴随经济增长。因此，为了削弱特朗普税改对我国经济的负面影响，从长期来看，围绕进一步扩大内需、促进居民消费较快增长的战略，充分发挥财税政策、金融政策的支持作用，瞄准居民多样化需求，调动市场力量增加有效供给，促进消费扩大和升级，创新消费模式，引发新的消费增长点，带动新产业、新业态发展，推动经济稳中向好发展。

G41 从当前全球化进程看中国的“全球化路径”

张晓兰*

摘要：此轮始于20世纪80年代的全球化在推动全球经济社会发展的同时，也造成了全球发展失衡加剧、贫富差距扩大和治理危机上升等问题。尤其是2008年金融危机重创了经济全球化进程，致使全球化发展出现新的形势与特点，问题与风险也在不断暴露。在很大程度上，全球化发展的失衡及其负面效应不仅助推了民粹主义的全球性复兴，而且给未来全球化走向带来诸多不确定性。对此，中国应准确把握世界大势和未来趋势，坚定不移地支持全球化向前发展，在全球范围内提出全球化的“中国路径”，进一步开拓新型全球化发展道路。

关键词：全球化　贸易保护主义　新型路径

一、当前经济全球化出现新的形势与特点

2008年金融危机爆发之后，传统的全球化内涵、增长动能与增长方式等均发生了明显改变。以美国为首的西方发达国家出现了“逆全球化”倾向，国际社会对全球化进程逆转的忧虑不断增加。贸易保护主义、民粹主义等所表现出来的反全球化态势，不仅反映了全球化的负面效应正在凸显和外溢，也意味着全球化的发展已经遭遇到前所未有的阻力和压力，并导致当前经济全球化出现了新的形势与特点。

（一）以美国为主导的经济全球化格局出现变化

美国作为此轮全球化的推动者，主导着经济全球化的格局，并成了最大的受益者。在整个经济全球化过程中，形成了以其为核心的全球产业链，推动全球生产体系的兴起，促进全球贸易、投资与生产的扩张。据统计，1980—2011年，全球贸易年均增速约为7%，是全球经济增速的一倍左右；1970—2015年，全球FDI（外商

---

* 张晓兰，经济学博士，国家信息中心经济预测部副研究员，研究方向为世界经济、国别经济。

直接投资）总额高达2.1万亿美元。但随着全球化不断深化和发展，世界经济规模持续膨胀，欧盟、东盟等区域不断壮大，中国等发展中国家迅速崛起，美国主导全球化的核心地位受到削弱。

与此同时，全球范围内的贸易保护主义升温，支持开放型经济的力量在逐渐减弱。除了反倾销、反补贴、关税壁垒等传统贸易保护手段外，非关税壁垒、知识产权保护等形式的贸易保护手段更加频繁，出口鼓励政策、政府补贴及本地化要求等新型贸易保护手段和措施层出不穷，以美国为首的发达国家更是贸易保护主义的推行者。据WTO数据统计，2008年至2016年5月，美国对其他国家和地区采取了600多项贸易限制措施，约占G20成员贸易限制措施的40%。2017年特朗普政府上台后进一步强化了贸易保护主义升级势头，未来美国政府将从推动贸易自由化转向更加关注贸易执法。

（二）欧盟区域经济一体化组织遭遇内部利益主体的博弈

欧盟的区域经济一体化曾被视为最深入和广泛的区域一体化形式，但随着金融危机以来经济全球化步伐放缓，欧盟区域经济一体化呈现停滞不前的迹象，内部成员国分化显著，民众对欧盟的认同感和归属感并未随着一体化发展而强化，在欧盟内部可以观察到三个明显的“逆全球化”现象。

1. 贸易保护主义盛行

尽管近几年欧盟积极推动与他国的自贸区谈判，但进程并非一帆风顺，既有谈判对象国的因素，也有在全球投资贸易中受损的欧盟国家和地区寻求升级贸易防护体系等因素。这些欧盟国家和地区希望通过设置贸易保护主义措施以保护民众的利益。

2. 英国“脱欧”

主张英国“脱欧”的大多是受教育程度低、经济状况不稳定的人群，这些人群的影响力在欧盟内部持续发酵，对欧盟的一体化进程形成巨大挑战。

3. 右翼民粹主义政党的兴起

金融危机爆发以来，欧盟经济持续低迷，失业率居高不下，各成员国之间的收入差距扩大，社会不平等状况恶化，激发了众多民众的排外情绪。而欧债危机及欧洲难民危机的爆发更是助长了民众的不满和仇恨，右翼民粹势力也借此得以扩张和壮大，一些欧洲国家的政局甚至呈现右转倾向。

（三）经济全球化正在向多元主导的方向转变

金融危机爆发后，世界经济格局加速调整，全球经济治理体系面临深刻变革，推动经济全球化正在向多元主导的方向过渡。

1. 随着世界多极化的发展，世界经济出现了“西降东升”的格局

虽然经济全球化的原主导者美国对全球化短期走向仍具有较大影响力，但由于其在经济社会政策、产业结构及人口结构等方面的国际竞争优势不断降低，导致其全球经济霸主地位的不断弱化。与此同时，以中国为代表的新兴经济体和发展中国家集体崛起，占国际贸易和投资的比重大幅上升，成了世界经济的重要力量。

2. 现有的全球治理体系正在发生裂变，呈现出更加多元的格局

金融危机爆发后，在多种力量的共同作用下，不同国家的国际影响力出现相应变化，美国主导建立的国际经济组织和规范体系受到威胁，取而代之的是新兴市场国家和一大批发展中国家快速发展，如金砖国家等区域合作机制在全球经济治理体系中的投票权和话语权不断提高。可以看出，当前经济全球化正在从一元向多元主导的方向转变，全球多边共治是今后全球经济治理的方向性选择。

二、经济全球化发展过程中存在较大的隐患与风险

全球化在推动全球经济社会发展的同时，也存在较大的隐患。全球发展失衡加剧、贫富差距和分配不公增大、国家冲突风险上升、国家治理危机加重等负面影响日益显现，加大了全球化停滞、向碎片化方向发展等风险。

1. 全球化进程受阻，加大停滞风险

近年来全球化发展的一些重要指标表明，全球化进程显著放缓、曲折性日益增强。一方面，贸易保护主义加重致使全球贸易增长态势长期低迷。金融危机之前，全球贸易是全球化深入发展的重要标志，以两倍于全球 GDP 的增速持续扩张十几年。但金融危机至今，全球贸易未能从根本上改变疲弱态势，出现了持续性低迷态势。全球贸易额增速连续 5 年低于世界经济增速，2015 年、2016 年全球贸易额更是陷入-13.2%、-3.2%的负增长；全球贸易量在 2012—2014 年间勉强赶上经济增速，而 2015 年、2016 年又分别低于经济增速 0.3 和 1 个百分点。如果任由保护主义趋势发展下去，全球化发展前景将会变得更加黯淡。另一方面，全球范围此起彼伏的“逆全球化”风潮在很大程度上迟滞了全球化的步伐，使全球化前行阻力与日俱增。尽管从当前形势看，全球化进程倒退的可能性不大，但“逆全球化”风潮如果进一步加剧，全球化发展进一步放缓或被扭曲的可能性会日趋上升，将加大全球化进程停滞的风险。

2. 全球化扩张放缓，加大向碎片化方向发展的风险

尽管本轮全球化自20世纪80年代以来得到深入发展，但各国从全球化中获得的红利相差甚远，部分国家在全球化进程中遇到了社会分配不公平与发展不平衡等问题。越来越多的国家对目前基于多边协议和自由贸易的全球化道路产生动摇，由发达国家主导建立的世界贸易组织（WTO）等多边贸易平台也面临着“边缘化”，这也引发了围绕经济全球化出现新的博弈：一是以美国特朗普为代表的利己性贸易保护和双边协议；二是以日本为代表的有选择性的新的多边自贸协议（TPP）；三是以英国为代表力求自保的单边主义；四是以中国和众多新兴经济体为代表的坚持多边协议和自由贸易协定。从当前新的全球化路径博弈可以看出，全球化向碎片化方向发展的风险正在不断加大。未来，如果“逆全球化”趋势不能被逐步扭转，各种形式的保护主义将进一步在全球范围内蔓延，从而形成各种排他性的区域集团。

3. 全球化发展不平衡，加剧国家之间的矛盾与冲突

虽然全球化提高了要素配置和产业增长的效率，但全球化不平衡发展也给各国造成较大冲击。各国频繁而深入的全球互动，既可能增加相互利益的汇合点，也会诱发甚至提高彼此冲突的潜在风险。当前一些发达国家和新兴大国之间在利益上存在一系列结构性矛盾，较长时期内难以消解。如果彼此在发展利益方面的矛盾不减反增，将进一步加剧部分国家之间的利益冲突。全球贸易摩擦逐渐增多的趋势表明，经济全球化的利益关系更趋复杂。另外，在缺乏有效的全球治理的情况下，全球化带来的各种问题与地缘政治的矛盾交织并存，世界各国在全球化进程中的冲突风险将会持续增加并复杂化。近年来，全球性挑战与地缘政治风险日益增多，在很大程度上是由国家风险的不断全球化造成的。显然，随着全球化的深入发展，国家间的冲突敲响了全球化的警钟，而全球化潜在风险的不可预知性，也大大增加了全球政治经济的不稳定性。

三、未来经济全球化的发展态势

从世界经济长远发展来看，全球化不断推进的趋势无法逆转，但全球化的基本内涵、发展动力及治理体系均发生了新的变化。未来一段时间，全球化道路将在曲折中继续深化发展。

1. 经济全球化趋势不变，但推进方式正在发生转变

近年来，贸易保护主义抬头、“逆全球化”思潮的趋势日益显著，使得各国开始担忧经济全球化是否已达到顶峰。但从全球化发展进程看，全球化进程在不同时

期具有不同的特定形态，既有可逆性，也有通过变革持续发展的潜质。由于新科技革命的发展和经济一体化的加速，高新信息化科技企业正在取代传统制造企业成为主导性的跨国企业，冲击着世界各经济体的产业结构和就业结构，造成部分国家的民众收入分配不均、贫富差距扩大等问题，引发了全球化与“逆全球化”两种正反力量的较量。但这也恰恰反映了当前世界正处在传统与新型全球化转换阶段。其中，以中国为引领的新兴经济体成为新一轮全球化的重要推动力。而且，英国“脱欧”和特朗普等“逆全球化”思潮并不意味着全球化的终结，其给全球化带来阻力的同时，也可以被转化成全球化转型发展的动力，推动全球化朝着普惠共赢的方向发展。对此，我们认为，未来经济全球化趋势不变，但推进方式正在发生转变。

2. 发展中国家作用增强，但短期内难以引领全球化发展

金融危机的爆发并没有从根本上改变全球化发展大势，这主要得益于新兴经济体的强大推动力。随着越来越多的发展中国家深入参与全球化，由西方国家主导推动的全球化进程被逐步打破，新兴经济体崛起和区域自由贸易安排开始取代西方发达国家和全球自由贸易，成为推进全球化发展的新动力。但也要看到，新兴经济体在全球化中取得显著成绩的同时，其在全球价值链中仍处于不平等的地位。新兴经济体主要以资源和廉价劳动力等参与全球化，这决定了其在所参与的全球生产链中只能扮演代工角色，产品在全球价值链中的位置较低。这也说明了新兴经济体还不能真正扮演经济全球化所赋予的主导角色，短期内难以引领全球化发展。

3. 发达国家全球化倾向短期弱化，但中长期仍将强化

美国及部分西方发达国家在全球化上的逆转，会给新一轮全球化带来诸多复杂的挑战。短期内，特朗普领导下的美国政府将会采取与全球化相悖的发展路径。而在“特朗普效应”的助推下，欧盟内的“逆全球化”思潮可能得到强化，欧洲右翼民粹势力将进一步获得动能，欧盟内部要求加强贸易保护措施的呼声也会进一步增强。但与此同时，以特朗普为代表的全球化逆潮具有一定的局限性。从中长期看，欧、亚等其他国家和地区仍有意愿支持全球化进程。在欧洲，欧盟与日本、韩国、加拿大、越南等国均已完成双边贸易协定谈判，与东盟等的贸易协定谈判也在推进中。在亚洲，多数国家仍坚持推进全球贸易治理向前发展，RCEP（区域全面经济伙伴关系协定）等自贸协定谈判进展顺利，而中国也具备完善全球经济治理机制的经验和能力。显然，发达国家全球化倾向短期弱化，但中长期仍将强化。

四、中国应积极推动全球化不断向前发展

改革开放以后，我国成功抓住了全球化深入发展的战略机遇，深度融入相互依

赖的全球贸易格局，实现了经济的快速发展，并进入了一个全新的时代。面对全球化逆潮加剧，我国需要用新的理念和视角看待全球格局变化，积极主动从全球化受益者转变为推动者，以“中国路径”推动新一轮经济全球化朝着更加开放、包容、普惠、平衡、共赢的方向发展。

1. 以“一带一路”建设作为新型全球化的抓手，促使更多国家融入并获得平衡发展

“一带一路”作为实践新型全球化的倡议，旨在通过提高有效供给催生新的需求，为沿线国家在内的全世界带来“全球化红利”。我国与“一带一路”相关国家互补性强、合作空间大，能够为沿线国家基础设施、工业产能、贸易投资和金融支持等方面提供支撑。对此，我国应以“一带一路”建设作为新型全球化的抓手，一是着力抓住当前全球化发展对我国的机遇，加快机制化步伐，尽快完成相关常设机构设置，完善“一带一路”国际治理与参与，提升我国在全球化进程中的影响力，进而不断推动全球化向前发展；二是要大力宣传“一带一路”开放性和长期共同发展原则，突出“一带一路”倡议通过互联互通、发挥沿线地区各经济体的比较优势，让参与国成为“一带一路”利益攸关方，共享全球化收益；三是努力把“一带一路”倡议打造成为一个具有包容性、不搞排他性制度设计的发展平台，力求让任何有合作意愿的国家与地区的人民能够得到公平的收益分配。

2. 准确把握全球化发展的新内涵和新趋势，着力推进多元合作的新型全球化经济格局

考虑当前全球化进程中出现的世界经济重心“东移”，西方发达国家对世界经济治理的话语权可能被打破，以及新兴经济体的群体崛起等趋势，我国应准确把握全球化发展的新内涵和新趋势，进一步加强双多边贸易合作，着力推进多元合作的全球化格局，这既是全球化深入发展的客观需要，也符合我国和世界大多数国家的利益。一是要坚决支持和维护以世贸组织（WTO）为核心的多边贸易体制，积极务实地在全球范围内推动国际贸易自由化，实现全球经济的包容性增长；二是应积极支持包括欧盟在内的区域化一体化组织，加快推动区域全面经济伙伴关系协定（RCEP）和亚太自贸协定（FTAAP）等的建设，促进全球经济的多元化和全球贸易自由化发展；三是主动参与新一轮国际经济规则的构建与改革，联合金砖国家等新兴经济体共同构建反贸易保护主义联盟，支持世贸组织和其他国际组织监督贸易保护主义动向，促使国际竞争环境更加公平公正。

3. 提升全球贸易投资自由化和便利化，促使新型全球化惠及更多国家和地区

以美国等西方发达国家为主导的传统全球化已经难以持续，未来的全球化发展应通过提升贸易投资自由化和便利化，为更多国家和地区提供服务。对此，我国应吸取此轮全球化的经验与教训，在全球范围内大力提倡包容、普惠的全球化理念。

一是要打造普惠共赢的全球贸易格局，基于更多国家、更多产业、更多群体的实际情况，注重公平，讲求效率，确保各国在国际经济合作中享有权利、机会和规则平等；二是积极推进包容性全球化，坚决反对“逆全球化”思潮和坚持传统思维的全球化路线，联合所有积极力量，共同推动共商共建共享的人类命运共同体和开放、包容、平衡的全球化；三是加强对全球贸易投资的规范和指导，不搞排他性制度安排，在世界市场体系中规划互利、共赢的全球化路径，在实践中探索具有普适性的全球化方案，促使世界更多国家和地区享受“全球化红利”。

4. 加强和完善全球治理体系，推动国际秩序变革和新型全球化深化发展

当前，以 G7 为代表的西方国家在全球治理中“力不从心”，全球治理体系陷入了制度性困境。而以我国为主的新兴大国正在推动全球经济治理不断发生深刻调整，全球治理的“指挥棒”也从 G7 逐渐转到 G20 手中。目前，我国已有能力、有条件成为新一轮全球化发展的主要推动者，在建立全球治理体系方面承担更重要的角色。一是要以负责任大国的身份积极参与全球治理，继续推动 IMF 和世界银行的治理结构调整，为发展中国家发声，提升新兴市场的代表性，真正让发展中国家从“外围被治理者”变成“治理参与者”；二是应借助二十国集团峰会（G20）、金砖五国峰会、上合组织峰会等国际及区域性合作组织对话平台发出全球治理中的中国声音，推动 G20 和金砖五国向制度化和规范化方向发展；三是在全球经贸治理方面，我国应继续坚持非歧视、开放透明、公平基础上的自由贸易原则，警惕西方发达国家民粹主义、孤立主义和贸易保护主义的抬头。

Annual Report on China and the World Economic Development(2018)

能源篇

ENERGY REPORTS

G42　2017年能源行业形势分析及2018年展望

尹伟华*

摘要：2017年以来，国民经济稳中有进、稳中向好的态势持续发展，加上夏季全国大范围出现持续高温天气及环保整治力度持续加大等因素，由此带动我国能源消费继续保持回暖态势，增速全面回升，各项主要指标好于去年同期。煤炭消费由负转正，成品油消费保持平稳，电力消费大幅回升，天然气消费快速增长。展望2018年，随着供给侧结构性改革的深入推进，消费仍将平稳较快增长，基建、房地产投资增速回落，在没有重大异常事件的情况下，经济增长仍将处于筑底阶段，经济增速预计放缓至6.6%左右，能源消费增速同比有所回落，仍将低位徘徊。2018年正式实施环境保护税法，能源体制改革也将进入新阶段，能源结构持续朝高效清洁低碳方向改善。

关键词：能源行业　需求回暖　新动能集聚　供给侧改革

一、2017年以来能源产品需求回暖

（一）煤炭消费由负转正，全年消费好于2016年

2017年以来，我国宏观经济稳中向好态势持续发展，主要经济指标好于市场预期，特别是工业经济表现突出，电力、钢铁、化工等主要耗煤行业需求增加，带动了全国煤炭消费同比实现正增长。前三季度，全国煤炭消费量29.4亿吨，同比增长4.4%。分行业看，受全社会用电量较快增长、水电出力不足，以及高温天气导致用电负荷增加等因素影响，火电发电量保持较快增长，1—9月火电发电量增速同比增长6.3%。在基建、房地产投资支撑下，钢材市场需求有所回暖，1—9月全国规模以上企业生铁、粗钢、钢材产量同比分别增长3.2%、6.3%和1.2%。建材市场整

* 尹伟华，统计学博士，国家信息中心经济预测部政策仿真实验室助理研究员，主要研究方向为能源、经济增长、全球价值链、效率评价、数量经济模型等。

体需求增长，但增幅低于上年同期，1—9 月全国规模以上企业水泥产量同比下降 0.5%。传统煤化工需求偏弱，加上环保限产等影响，主要产品产量负增长，而现代煤化工则随着经济回暖及应用领域拓宽需求不断增加，主要产品产量稳定增长。此外，随着产业结构和能源结构调整步伐加快，天然气及电力替代稳步推进，其他行业用煤呈下降趋势。

随着取暖季的到来，煤炭迎来季节性消费高峰，虽然水电及新能源发展、大气污染治理等对煤炭需求形成制约，但宏观经济发展趋稳，加上目前电厂库存水平偏低，后期补库需求较大，预计第四季度煤炭需求同比增加。综合来看，2017 年全年煤炭消费好于上年。

（二）成品油消费平稳增长，柴油消费有所回升

前三季度，在消费推动、投资高涨、外需增长等因素共同作用下，我国宏观经济平稳恢复，整体上有利于成品油市场需求增长。1—9 月份，全国成品油消费同比增长 6.6%，较上年同期提高 2.5 个百分点。分品种看，1—9 月份，随着购置税减半优惠政策取消，乘用车产销增速大幅回落，加之共享单车、公车改革等因素影响，汽油消费增速略有放缓，同比增长 10.2%，较上年同期下降 1.0 个百分点；在工业生产回暖、物流运输需求增加，以及治超政策等因素影响下，柴油消费增速有所回升，同比增长 2.9%，较上年提高 4.8 个百分点；受航空运输业稳定增长的带动，煤油消费继续保持较快增长，同比增长 11.5%。

第四季度，随着政策变化带来的透支影响逐渐减弱，乘用车销量回升，但由于透支影响超预期，预计回升幅度有限，汽油消费增速呈现小幅上涨；受工业生产和投资放缓等因素影响，工矿企业和建筑用油将有所减少，预计柴油消费增速有所放缓；中秋、国庆假期，对航空出行有一定提振作用，预计煤油消费保持较快增长。综合来看，预计 2017 年全年成品油消费保持平稳增长。

（三）天然气消费快速增长，增速远超预期

2017 年以来，随着我国经济稳中向好态势更加明显，天然气消费增长明显加快，工业、发电等用气需求显著回升。1—9 月份，全国天然气消费量 1 677 亿立方米，同比增长 18.4%，较上年同期提高 11.3 个百分点。第一季度，全国天然气消费高速增长主要是由于 2016 年以气代煤取得显著进展，再加上年初气温偏低，取暖用气显著上升。第二季度和第三季度，全国天然气消费“淡季不淡”，依然保持高速增长，这主要是受宏观经济好转、环保政策趋严、化肥化工产品价格持续走高、高温天气等因素共同影响的结果。

“迎峰度冬”期间，天然气将进入全年用气高峰，各地防治大气污染、加大“煤改气”力度也将拉动用气需求，加之 2017 年以来各行业用气需求快速增长，预计第四季度全国天然气消费量同比增长 11% 左右。综合来看，预计 2017 年全年天然气消费量超过 2 350 亿立方米，同比增长 15% 左右。

（四）电力消费大幅回升，工业用电增速同比提高

2017 年以来，在工业经济回暖的带动下，电力需求持续较快增长，全社会用电量 4.7 万亿千瓦时，同比增长 6.9%，较上年同期提高 2.4 个百分点。1—9 月份，全国工业用电量 3.2 万亿千瓦时，同比增长 6.0%，增速比上年同期提高 4.0 个百分点，占全社会用电量的比重为 68.3%，对全社会用电量增长的贡献率为 59.8%。分季度看，受部分地区气温偏高等因素影响，第三季度全社会用电量 1.7 万亿千瓦时，同比增长 7.9%，增速明显高于第一季度（6.9%）、第二季度（5.7%）。

随着高温天气影响逐渐消失，以及受京津冀冬季污染治理、十九大召开等因素影响，京津冀及周边地区“两高”（高污染、高耗能）工业企业生产将因大气污染防治行动方案、环保、安全等限产停产，再加之 2016 年同期基数较高，预计第四季度全社会用电量增速将回落至 5.0% 左右。综合来看，预计 2017 年全年全社会用电量 6.3 万亿千瓦时，同比增长 6.5% 左右。

二、2017 年以来能源行业运行特点

（一）清洁能源消费快速增长，能源结构持续优化

天然气和非化石能源消费保持快速增长。2017 年前三季度，全国天然气消费增速远超预期，天然气消费量 1 677 亿立方米，同比增长 18.4%，增速较上年同期提高了 11.3 个百分点；非化石能源发电量 12 366 亿千瓦时，同比增长 8.1%，远高于全部发电量的增速（6.4%），占发电量的比重约为 26.4%，比上年同期提高 0.2 个百分点。非化石能源装机容量比重持续上升。1—9 月份，全国基建新增非化石能源装机容量 6 241 万千瓦，比上年同期多投产 1 872 万千瓦，占新增总装机比重 66.8%，远超过新增总装机规模的半数以上。截至 9 月底，全国 6 000 千瓦及以上电厂非化石能源装机容量 5.8 亿千瓦，同比增加 6 486 万千瓦，占总装机比重为 69.8%，同比提高 1.5 个百分点，非化石能源装机比重持续提升。

（二）能源供给持续改善，供给侧结构性改革取得重要进展

煤炭去产能工作取得阶段性进展。截至 7 月底，全国共退出煤炭产能 1.28 亿

吨，完成年度目标任务量的85%，对比2016年同期的47%，不管是“质”还是“量”均有较大幅度提升。其中，内蒙古、辽宁、江苏、福建、河南、广西、重庆七省区市已超额完成全年目标任务。减量置换指标交易制度取得重大突破，截至8月底，全国参与指标交易的煤炭产能超过5 000万吨，部分先进矿井以产能置换方式获得批复建设。油品质量升级步伐加快。2017年初，全国范围内车用汽柴油全部升级到国Ⅴ标准，北京地区首推京Ⅵ油品。与此同时，按照《京津冀及周边地区2017年大气污染防治工作方案》要求，“2+26”城市9月底前，全部供应符合国Ⅵ标准的车用汽柴油，禁止销售普通柴油。受市场大环境驱动，地炼油品质量亦在不断升级，截至目前，可生产国Ⅴ品质汽柴油的地炼厂家占90%以上，多家炼厂已提前产出国Ⅵ油品。防范化解煤电产能过剩风险取得明显成效。前三季度，煤电建设速度明显放缓，煤电设备利用小时同比有所提高。1—9月，全国主要发电企业煤电完成投资496亿元，同比下降25.0%；煤电设备平均利用小时为3 117小时，比上年同期增加47小时。

（三）电力供需依然宽松，电力行业前景不容乐观

各类电源装机容量继续保持较快增长。截至2017年9月底，全国6 000千瓦及以上电厂装机容量16.7亿千瓦，同比增长7.6%。其中，火电装机10.8亿千瓦，同比增长5.1%；水电装机2.9亿千瓦，同比增长3.5%；并网风电装机1.6亿千瓦，同比增长12.8%；核电装机3 582万千瓦，同比增长14.3%。虽然当前电力装机增速同比有所回落，但依然快于电力需求增速，电力供应能力越发过剩。发电设备利用小时进一步降低。1—9月份，全国发电设备累计平均利用小时为2 811小时，同比减少7小时。其中，火电设备平均利用小时为3 117小时，水电设备平均利用小时为2 674小时，并网风电设备平均利用小时为1 386小时，核电设备平均利用小时为5 379小时。

自2013年开始，火电设备的发电小时连续减少，2014年火电发电小时同比减少314小时，2015年同比减少410小时，2016年又同比减少了199小时，期间累计降幅近20%。其中，2016年火电利用小时数更是创下1964年以来的年度最低。此外，2016年下半年以来，我国煤价持续大幅上涨，虽然政府有关部门采取了多种调控措施以稳定煤价异常波动，但煤价始终远高于煤电企业经营的承受能力，电力行业前景不容乐观。

（四）我国正经历“汽车进入家庭”大趋势，汽油需求有望保持较快增长

一方面，随着我国经济水平和人民生活水平的不断提高，我国汽车保有量增长

迅速。2017 年前三季度，由于受购置税减半优惠政策取消影响，汽车产销增速有所回落，但依然保持较高增速。1—9 月汽车产销分别完成 2 034. 9 万辆和 2 022. 5 万辆，较上年同期分别增长 4. 8% 和 4. 5%；乘用车产销分别完成 1 732. 8 万辆和1 715 万辆，较上年同期分别增长 3% 和 2. 4%。随着政策变化影响的逐渐减弱，汽车产销增速有所回升，9 月汽车产销分别完成 267. 1 万辆和 270. 9 万辆，产销量比上月分别增长 27. 6% 和 23. 9%，较上年同期分别增长 5. 5% 和 5. 7%；乘用车产销分别完成 229. 7 万辆和 234. 3 万辆，产销量比上月分别增长 28. 4% 和 24. 9%，较上年同期分别增长 2. 9% 和 3. 3%。虽然有购置税减半优惠政策取消等短期因素影响，但总体上我国人均 GDP 已达到 8 000 美元，根据国际经验，这个收入水平也正是汽车进入家庭、销量快速增长的阶段。

另一方面，当前我国与美国、韩国的人均 GDP 和千人汽车保有量仍有较大差距，2016 年中国的汽车保有量为 1. 94 亿辆，美国为 2. 65 亿辆，韩国为 2 000 万辆，我国的千人汽车保有量仅为 120 辆，仅相当于美国 820 辆和韩国 395 辆的 15% 和 30%。随着我国经济的发展、居民收入的稳步提高，以及道路等基础设施的投建，中国汽车的保有量会持续增长，汽油消费量有望保持稳定较快增长。

（五）天然气消费以工业为主，居民用气增长潜力巨大

我国天然气消费一度处于快速增长阶段，年均增速达到 16%，然而随着经济发展步入“新常态”，天然气需求增速明显放缓。2015 年，我国天然气消费增速降至十年来最低点，同比增长 5. 7%，2016 年小幅回升至 6. 6%，但与“新常态”前两位数的高速增长相比仍有较大差距。2017 年前三季度，我国天然气消费量 1 677 亿立方米，同比增长 18. 4%，增速远超预期。2017 年我国天然气消费高速增长，一方面得益于经济形势稳中向好，另一方面说明各地“煤改气”效果逐渐显现。分项来看，工业燃料用气占比超过 1/3，是最主要的用途，在工业回暖的带动下，工业燃料用气实现了快速增长。

随着我国城镇化进程的不断推进，用气人口不断增加，城市燃气用气量已经成为仅次于工业燃料用气的第二大部门。然而，目前城市燃气用气成本仅相当于城镇居民年均收入的 1% ~2%，居民对气价的敏感性较低，因此，随着城镇化进程的继续快速推进和城市管网的加速完善，我国当前及未来天然气仍然有较快增长潜力。此外，我国 CNG（压缩天然气）和 LNG（液化天然气）在内的交通运输用气与汽油、柴油相比长期具有比较优势，交通用气持续快速增长。未来随着天然气价格改革的实施，以及油品质量不断升级，交通运输用气仍然有望保持较快增长。

三、2018 年我国能源形势的主要影响因素分析

展望2018 年，国际局势依然复杂，我国经济增长或遭遇二次探底，能源消费总体上仍难有起色。2018 年能源形势的影响因素仍然较为复杂，以下四个方面值得关注：

（一）能源消费新的增长动力不断积聚

近年来，面对当前传统产业增长乏力，高技术产业和以移动互联网、大数据、云计算、人工智能等为代表的新兴产业蓬勃发展，成为支撑我国经济转型升级、提质增效的一股关键力量，并由此带动了电力消费的快速增长。1—9 月份，高技术制造比例大的通用及专用设备制造业、交通运输电气电子设备制造业用电量分别同比增长 10. 2%、10. 3%，远高于制造业用电增速（6. 4%）。新兴产业中的电信和其他信息传输服务业、计算机服务和软件业用电量分别同比增长 12. 3%、30. 4%，高出服务业用电增速 1. 8、19. 9 个百分点。未来，这些新兴产业在“中国制造 2025”、“互联网+”行动、国家信息化发展纲要、促进大数据发展行动纲要、新一代人工智能发展规划等系列重大战略和政策措施的支持下，仍将继续保持快速发展，拉动电力消费较快增长。城乡居民生活用电亦成为拉动全社会用电量增长的主要动力。1—9 月份，城乡居民生活用电量 6 688 亿千瓦时，同比增长 7. 5%，比上半年提高 3 个百分点，占全社会用电量的比重为 14. 3%，对全社会用电量增长的贡献率为 15. 5%。我国当前人均生活用电量相对较低，还不到日本的 1/4 和美国的 1/8，随着人均生活水平的不断提高，城乡居民家用电器水平逐步提高，未来还有很大的增长空间。城镇化、农民工市民化的快速推进也都有利于支撑城乡居民用电量快速增长。

（二）工业趋稳，未来工业用能有望保持稳定增长

2017 年以来，国民经济稳中向好态势持续发展，工业生产稳定增长，发展势头良好。1—9 月份，全国规模以上工业增加值同比增长 6. 7%，增速较上年同期加快 0. 7 个百分点。在 41 个大类行业中，有 36 个行业增加值保持增长态势，近九成工业行业同比实现增长，其中电子、仪器仪表、汽车、专用设备、医药、通用设备、电气机械等制造行业均保持两位数增长。高技术产业和战略性新兴产业发展较快，工业向中高端加速迈进。1—9 月份，高技术产业和战略性新兴产业增加值同比增长 13. 4% 和 11. 3%，增速分别高于全部规模以上工业 6. 7 和 4. 6 个百分点，较上年同期分别加快 2. 8 和 0. 5 个百分点，较上半年分别加快 0. 3 和 0. 5 个百分点。综合来

看，前三季度，在统计的 596 种主要工业产品中，有 459 种实现同比增长，增长面为 77%，比上年同期提高 14.4 个百分点，比 1—8 月份提高 1.5 个百分点，工业产品产量增长面扩大，且始终保持在 70% 以上，有力支撑着工业经济平稳向好，推动工业用能保持稳定增长的态势。

（三）国际化石能源供需宽松短期内难以改变，对我国能源行业的影响具有两面性

2008 年全球金融危机过去近十年，但全球经济仍然没有彻底从危机之后的余震中整体复苏。信息技术革命之后，新的主导型技术领域尚未形成，美国、英国、日本、德国、法国近十年（2006—2016 年）的劳动生产率年均增速均较上个十年（1995—2005 年）大幅下降了 60% ~70%，传统的贸易全球化的动力逐步丧失，而主要依靠全球化分工来提升本国生产率的新兴国家增速也必然随之放缓。全球经济“做大蛋糕”难度持续加大，“抢夺蛋糕”的趋势日趋明显。与此同时，全球金融市场投机性明显上升，脱实向虚的流动性进一步拉大了全球的贫富差距。这些趋势短期内难以扭转，也造成了全球能源需求增长逐步放缓。BP 统计数据显示，2016 年全球的能源需求连续第三年保持疲软态势，仅增长 1%，约为过去十年平均增长率的一半。能源需求迅速放缓，使得原有大规模投资形成的能源行业产能出现整体过剩，能源供需宽松的局面短期内难以改变。

当前全球化石能源供需总体宽松对我国能源行业具有显著影响：有利的一面是，可以更加灵活地运用全球市场，加快天然气替代煤炭和石油；不利的一面是，过剩的化石能源供应，加大了可再生能源发展压力，对替代煤电、替代燃油汽车都产生逆向作用，如果没有政策对冲，不利于提升能源系统清洁可持续发展水平。

（四）能源终端价格过高的问题依然突出，需要能源体制改革砥砺前行

金融危机以来，全球大宗初级产品价格普遍出现大幅下跌，但是受资源禀赋、交易税费、定价机制、流通费用等因素影响，我国能源原材料成本既高于俄罗斯、巴西等主要能源资源国，也高于美国，与英、法等国基本相当。随着发达国家再工业化的发展，能源价格相对较高对我国制造业竞争力带来的抑制作用不容忽视。煤炭是我国当前的主力能源，国内煤炭价格依然高于国际煤炭价格，进口煤炭价格相对较低。2016 年，中国秦皇岛动力煤平均价格为每吨 459.4 元，而同年纽卡斯尔 NEWC、欧洲 ARA 港和理查德 RB 动力煤现货平均价格分别为每吨 439.0 元、401.4 元和 428.7 元，中国煤炭价格分别高出 4.7%、14.4% 和 7.2%。电力是我国最重要的二次能源，但受价格倒挂机制的影响，我国工业电价平均水平为 0.112 美元/kWh，仍高于美国等发达国家。更不用说石油和天然气价格，我国的成本劣势更加

明显。我国能源价格水平过高，有些是自身资源条件不足造成的，但也不能忽视体制机制不顺的影响。在国家“降成本”的供给侧改革要求下，能源行业迫切需要深化改革，打通症结，削弱垄断影响，降低终端用能成本。

自2015年以来，我国持续推进能源领域体制改革。从以新疆为试点的油气改革探索，到2017年5月出台的《关于深化石油天然气体制改革的若干意见》，我国油气体制改革取得关键性突破，完善并有序放开油气勘查开采体制、油气进出口管理体制、油气管网运营机制、下游竞争性环节改革、油气产品定价机制、国有油气企业改革、油气储备体系和建立健全油气安全环保体系等。自2015年3月颁布《关于进一步深化电力体制改革的若干意见》以来，电力体制改革取得重要突破。截至目前，电力体制改革试点已覆盖除西藏以外的所有省份，输配电价改革实现省级电网全覆盖，组建了北京、广州电力交易中心，建立了各省份（海南除外）电力交易机构，初步建立售电侧市场竞争机制。2018年，需要能源行业体制改革继续砥砺前行，逐步理顺存在的若干价格扭曲、行政干预、行业垄断，力争早日消除不合理的能源加价。

四、2018年能源需求预测

综合判断，2018年我国能源消费增速同比有所回落，仍将低位徘徊。主要预测如下：

1. 电力消费预计高位回落

一方面，2017年因全国大范围持续高温天气及工业经济回暖的影响，全年全社会用电量增速将达到6%，2018年随着气温逐步回归正常，对电力需求的影响将明显减弱；另一方面，目前我国经济处于探底的过程中，2018年我国经济或遭遇二次探底，二产增速将在6%左右的底部前行，用电增速难以快速提高。此外，2017年的高基数也将影响明年的增速。综合来看，预计2018年全年用电增速将保持在4%～5%范围，增速要低于2017年。

2. 煤炭消费增速大幅回落

由于电力需求增速有所放缓，加之水电恢复正常供应，核电及并网风电、太阳能发电等替代能源继续快速推进，煤电的市场空间将进一步被压缩，预计发电用煤增速将大幅回落。与此同时，随着供给侧结构性改革推进及大气污染治理力度加大，钢铁、建材及其他行业散煤消耗将持续减少，而现代煤化工用煤有望继续保持稳定增长。综合来看，预计2018年全年煤炭消费增速将大幅回落。

3. 成品油消费平稳增长，汽煤柴油走势依然分化

我国正步入“汽车进入家庭”的发展阶段，越来越多的家庭计划购买汽车，带

动汽油消费持续较快增长，但共享出行不断替代汽车出行在一定程度上降低了汽油消费，预计汽油消费总体仍将保持 6% ~8% 的增速。2018 年，面临房地产投资下行、地方基建投资高速增长难以持续等因素影响，柴油消费增速有所回落。然而，工业经济将保持 6% 的速度平稳增长，大宗商品生产和需求形势基本稳定，对交通运输的需求逐步稳定，加之国家对炼油行业监管的逐步升级，非标准油品有望逐步退出市场，柴油消费仍有增长的潜力。随着航空物流业、旅游业等快速发展，我国航空运输业依然保持高速发展期，煤油消费将以 8% ~10% 增速稳定持续增长。综合来看，2018 年全年成品油消费将继续保持中低速平稳增长。

4. 天然气消费继续保持较快增长

2018 年，国家将持续推进环保政策，加强环保监管，各地仍面临较大环保压力，环保因素将推动用气需求增长，主要增量仍然来自居民、供热及交通运输用气。工业燃料用气依然受制于经济探底形势，而燃气发电受气温回归正常及发电成本较高等因素影响，短期依旧难以大幅改观。预计 2018 年全年天然气消费量达到2 600 亿立方米，同比增长 10. 5% 左右。

G43　2017年煤炭行业经济运行分析及2018年展望

王　硕*

摘要：2017年供给侧结构性改革深入推进，特别是去产能、去库存、降成本等政策措施继续发力，煤炭行业景气明显回升。2017年煤炭行业产能继续缩减，煤炭市场需求则随着经济企稳明显回升，使得煤炭价格受供需矛盾的调整出现一定波动，但比上年有一定回升，全行业经济效益大幅度改善。出口形势好转及国内投资保持一定的增长速度，煤炭下游行业如钢铁、化工、建材、电力等产业景气有一定好转，特别是在水电增长受来水条件限制的情况下，火电发电量增速上升明显，带动了煤炭需求回升，煤炭库存有一定增加。2017年煤炭经济运行趋于好转，煤炭行业本身的结构调整继续深入，整体上煤炭市场供需呈现偏紧平衡态势。随着国家鼓励先进产能加快释放、保障市场供给的政策陆续发挥作用，未来煤炭行业供给会逐渐宽松，煤炭市场价格缺乏持续回升的基础，煤炭清洁利用、提高煤炭加工附加值等方式依然是煤炭行业转型升级发展的重要路径。

关键字：煤炭　供给侧结构性改革　去产能

2017年供给侧结构性改革深入推进，煤炭行业运行态势大幅改善，行业景气继续回升。2017年煤炭行业的去产能进程推进顺利，全年退出落后产能目标有望超额完成，煤炭市场需求有所转暖，带动煤炭产量有小幅回升，煤炭进口继续保持一定增速，煤炭市场供求相对平衡，煤炭价格整体上保持小幅波动，比上年有一定上升，煤炭企业经济效益明显改善，煤炭产业结构调整继续推进。

一、2017年1—9月煤炭行业经济运行分析

（一）煤炭产量小幅增长

自2016年4月份以来，国家陆续出台的压减煤炭行业产能的多项政策文件持续

* 王硕，经济学硕士，国家信息中心经济预测部高级经济师，主要从事产业经济分析与预测、行业景气研究。

发力，煤炭行业供需形势逐渐好转，煤炭产量平稳下降，直到 2017 年第一季度，全国原煤产量依然是同比小幅度下降 0.3%。2017 年第二季度以来，由于国民经济保持平稳，煤炭市场需求回暖，煤炭产量同比下降的态势得以扭转，为顺应市场需求形势变化，国家鼓励先进煤炭产能加大市场供应，使得煤炭产量同比增速平稳小幅回升。2017 年 1—9 月份，全国原煤产量完成 25.9 亿吨，同比增长 5.7%（见图 1）。煤炭产量的回升是煤炭市场供求形势变化的结果，体现出煤炭市场严重产能过剩、供过于求的局面已经发生改变，以需求为主导的煤炭市场运行机制正在完善。

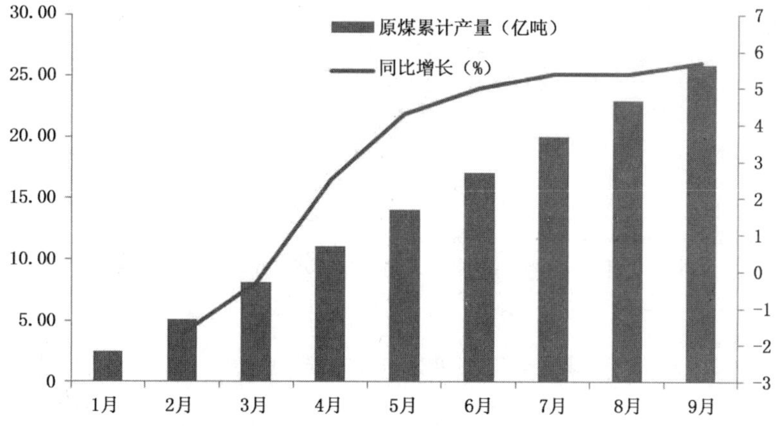

图 1　2017 年 1—9 月全国原煤产量及增速

虽然煤炭产量小幅回升，但煤炭行业工业增加值同比增速依然呈现小幅回落态势，1—9 月煤炭开采和洗选业工业增加值同比下降 2.0%，降幅比上年同期扩大 0.7 个百分点。从趋势上看，煤炭行业工业增加值增速比第一季度有较大回升，但比上半年增速有所回落，主要是 8、9 月份煤炭行业工业增加值增速出现 3.9% 的负增长，这反映出我国煤炭行业依然没有走出粗犷的发展模式，煤炭行业加工附加值率较低，原煤产量回升对增加值的贡献有限，煤炭的精深加工利用仍然有待开拓。

（二）煤炭市场价格小幅波动

2017 年煤炭市场价格整体上呈现波动态势，但幅度不大。第一季度煤炭市场价格延续了 2016 年以来的强势回升态势，煤炭市场价格继续上涨，环渤海 5500 大卡动力煤价格每吨从年初的 588 元上涨到第一季度末的 605 元；到了第二季度，随着国内优质煤炭产能陆续提高产量及煤炭市场库存逐渐回升，煤炭市场价格出现回落，到了 6 月底环渤海 5500 大卡动力煤价格每吨下降到 577 元左右，之后由于伏天时间较长、火电增速回升较快等原因，煤炭需求保持相对旺盛，煤炭价格保持平稳小幅回升态势，10 月 18 日，环渤海 5500 大卡动力煤价格为 583 元/吨，比 6 月底略有回升，整体上煤炭价格波动幅度不大。2016 年煤炭价格上升势头过快，全年每吨上涨了210元，这一方面是对去产能的调控政策的直接反映，另一方面也存在市场预期过于乐观的投机行为。进入2017年，煤炭市场价格因为需求的改善获得一定支撑，但整体上煤炭行业产能过剩的局面尚没有根本解决，国家对煤炭市场的调控政策持续发力，精准施策，降低了煤炭价格持续上升的预期，使得煤炭市场价格过快上涨的势头得以调整，总体保持相对平稳，波动幅度不大。如图2所示。

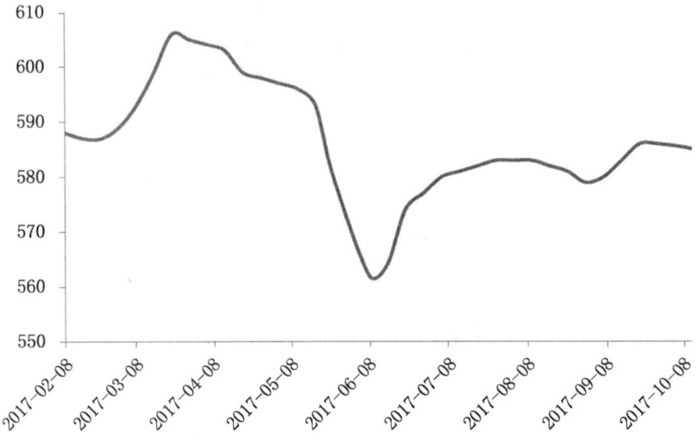

图2　2017年以来环渤海5500大卡动力煤平均价格（单位：元/吨）

2017年煤炭市场需求形势有所改善主要是电力行业和冶金行业的煤炭需求有所增长，拉动了整体的煤炭市场需求呈现小幅增长态势，改变了连续三年的下滑局面。根据Wind咨询的数据，1—8月份全国动力煤消费量20.8亿吨，同比增长2.25%，改变了自2014年以来连续三年下降的态势。其中，电力行业1—8月份消耗动力煤12.55亿吨，同比增长0.47%；冶金行业消耗动力煤0.98亿吨，同比增长3.66%。另外，从全国重点火电企业来看，1—9月份国内六大发电集团耗煤量累计同比增长15.35%，日均耗煤量从上年同期的57.4吨上升到65.8吨，反映出煤炭消费量日益向大型企业集中的态势。

（三）煤炭进口量增速回升

由于国内煤炭市场需求改善，煤炭价格整体抬升，进口煤炭的竞争力逐渐回升，2017年煤炭进口保持较快增长，第一季度煤炭进口增速达到33.8%。随着国内供应的增加，以及煤炭价格在第二季度出现回落，国内煤炭进口热情降温，进口增速明显回落，特别是国家开始限制煤炭进口，取消了二级口岸煤炭进口业务的资质，使得煤炭进口增速进一步下滑，1—9月份我国煤及褐煤进口总量达到2.05亿吨，同比增长13.7%。整体上国际市场煤炭价格也有较大回升，2017年10月25日澳大利亚纽卡斯尔动力煤现货价格为97.24美元/吨，相对略高于国内市场价格，在国内煤炭供给日益改善的情况下，进口煤炭缺乏持续增长的动力。如图3所示。

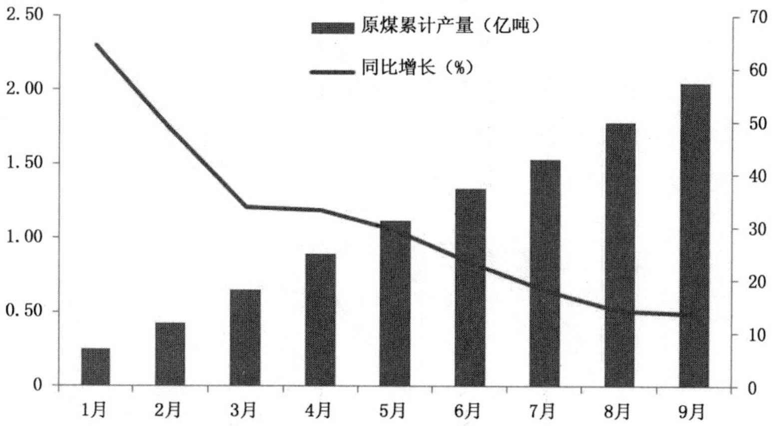

图 3　2017 年我国煤炭进口量及增长

（四）煤炭行业经济效益大幅改善

2017 年以来，煤炭行业经济效益大幅改善，从前两年的低谷中快速反弹，1—8 月份煤炭行业主营业务收入同比增长 35.6%，比上年同期大幅上升 45.8 个百分点；累计实现利润同比增长 9.55 倍，达到 2 001 亿元。由于 2016 年第一季度煤炭行业整体处于亏损边缘，增长基数很低，这使得 2017 年 1—5 月份煤炭行业利润同比增长了 87.7 倍。煤炭行业经济效益的大幅改善是煤炭市场价格回升的直接结果，在煤炭产量小幅增长、煤炭市场价格明显回升、增长基数过于低下等因素的共同作用下，促进煤炭行业利润实现多倍数的增长。如图 4 所示。

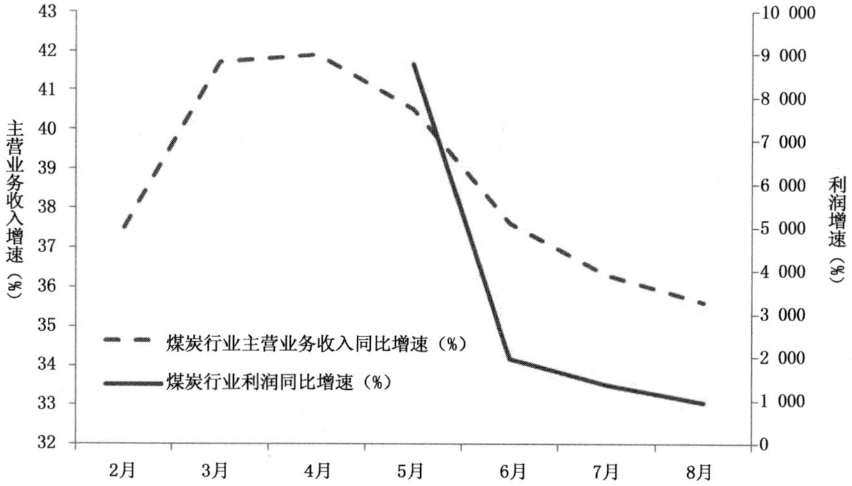

图 4　2017 年煤炭行业经济效益增长情况

（五）煤炭行业投资继续下降

2017 年煤炭行业固定资产投资继续回落，虽然煤炭市场景气明显好转、行业利润大幅上升对行业投资形成了一定的吸引，但相对较强的调控政策及对煤炭新增产能的严格控制，使得煤炭行业投资增速在小幅回升后再次回落，1—9 月份煤炭开采和洗选业完成固定资产投资 2 012 亿元，同比下降 8.5%，降幅比上年同期缩小 17.5 个百分点。2017 年去产能仍然是煤炭行业的重点任务，但煤炭产能的减量置换、优质产能的提质升级，以及环保安全领域的投入等都使得煤炭行业投资保持一定强度。如图 5 所示。

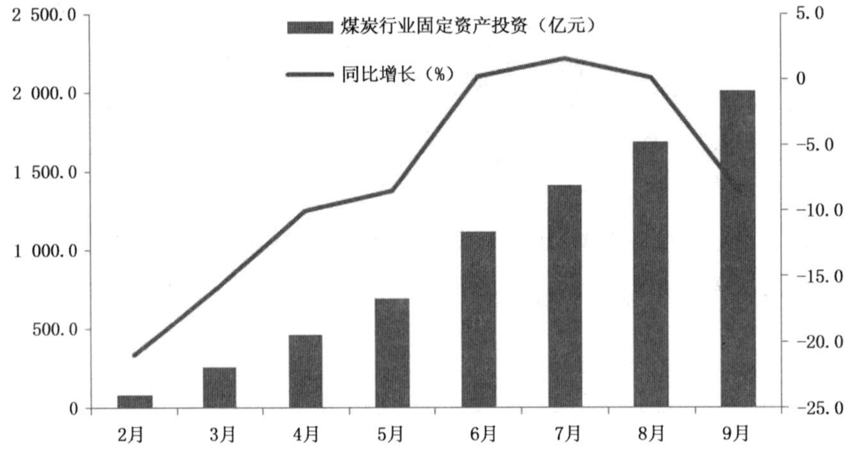

图 5　2017 年煤炭行业固定资产投资及增速

（六）煤炭库存略显偏紧

由于煤炭行业景气回升，煤炭行业 2017 年基本呈现补库存态势。截至 8 月末，全国重点电厂存煤 5 663 万吨，可用 14 天，比起 20 天以上相对宽松的库存水平显得偏紧，特别是冬季采暖季的到来，电厂存在继续补库存的需求。秦皇岛港煤炭库存持续回升，自 10 月 11 日突破 700 万吨大关之后，已经连续 14 天稳定在 700 万吨以上，10 月 23 日达到 745 万吨，创下了 2017 年至今的库存最高位。目前，秦皇岛煤炭库存正处在不断增长的趋势当中，与上年同期相比，煤炭库存增长了一倍以上，但由于进口煤炭增速快速回落、大秦线检修使得大秦线运力下降 10% 以上、汽运煤炭禁止进港、冬季电厂补库存需求较强等多因素叠加，秦皇岛港煤炭库存存在下降的压力，整体水平仍显偏紧。

二、当前煤炭行业发展影响因素分析

（一）国民经济增速稳中有升，下游行业煤炭需求明显转旺

2017 年国民经济增速稳中有升，前三季度国民经济实现了 6.9% 的增长，增速比上年同期上升了 0.2 个百分点。国民经济企稳回升，带动了煤炭需求触底反弹，

随着供给侧改革深入推进，PPI 不断回升，使得火电、钢铁等主要煤炭消耗行业均实现了较好的增长。电力行业方面，2017 年遇到水电的枯水年份，来水条件不好限制了水电发电量的增速，同时，经济回暖带动了电力需求上升，使得火电发电量的增速上升明显，1—9 月份全国规模以上电厂发电量46 891 亿千瓦时，同比增长 6.4%，增速比上年同期提高 3.0 个百分点。其中，水电发电量 8 147 亿千瓦时，同比增长 0.3%，增速比上年同期回落了 8.3 个百分点；而火电发电量 34 525 亿千瓦时，同比增长 6.3%，增速比上年同期提高 5.5 个百分点。火电发电增速回升直接拉动了煤炭需求回暖，前九个月国内六大发电集团耗煤量同比实现了 15.35% 的增长，而上年同期为下降 2.73%，火电行业对煤炭需求的拉动作用十分明显。冶金方面，2017 年以来，由于基础建设投资保持较高强度，房地产投资增速保持较高水平，使得钢铁、有色等产品的需求回升，1—9 月份全国粗钢和生铁产量分别同比增长 6.3% 和 3.2%，10 种有色金属产量同比增长 4.1%，增速均比上年同期有较大上升，整体上冶金行业景气明显回升也对煤炭需求形成了较强的拉动。

（二）供给侧结构性改革深入推进，煤炭供给弹性空间变小

2017 年煤炭去产能工作深入推进，全年 1.5 亿吨的去产能在 7 月底就完成了 85%，全年任务会顺利完成。当前煤炭去产能的工作除了退出规模小、技术落后的产能之外，同时推进煤炭产能增减挂钩、减量置换的工作，核准新增产能和环保安全检查高压政策同时推动，以及中小规模产能的陆续退出，使得煤炭行业的供给弹性空间变小，在市场需求转暖、煤炭价格回升之后，煤炭优质产能的释放受制于调控手段影响进展滞后，因此，2017 年煤炭行业调控的主基调基本是保供给、稳价格，特别是在 6 月份之后，由于伏天天气时间较长、需求持续回升、补库存积极、进口增速回落等多重因素叠加导致煤炭价格回升后，煤炭市场出现阶段性供应偏紧和价格波动，国家发展改革委已经连续出台政策要求加快先进产能释放的进程，保障煤炭市场供给，稳定煤炭价格，同时特别推迟了大秦铁路的检修时间以保障煤炭供应。供给侧结构性改革对煤炭供给的影响不仅仅是去产能，而是严格执行煤炭行业的环保、安全标准，加强环保、安全的执法检查，加快煤炭产能向大型现代化煤炭生产基地集中，因此增产的核准、减量置换、新建产能的审批等都需要行政手段介入，降低了市场配置资源的效率，使得煤炭价格出现高位波动，但煤炭行业产能过剩的基本矛盾仍然存在。

（三）煤炭产业结构不够集中，煤炭市场交易机制不够健全

自 2016 年煤炭行业推动供给侧结构改革、加快去产能工作开始以来，国内中小规模、落后的煤炭产能已经加速退出市场，煤炭产能加快向大规模现代化煤炭企业集中。2016 年，神华集团、中煤能源集团、山东能源集团、陕西煤业化工集团等前

4 家煤炭企业产量 8.21 亿吨，占全国的 23.8%；前 8 家企业产量 12.2 亿吨，占全国的 35.5%，较上年增加了 12.2 个百分点。但这样的产业结构仍然不够集中，与发达国家煤炭产业的集中度相比仍有一定差距，煤炭行业相对分散的产能布局使得煤炭市场竞争过度，在煤炭供过于求的背景下容易出现竞相压价的不理性行为，而在煤炭供应偏紧的时段内，又给了煤炭中间商囤积居奇、盲目炒作的空间，增大了煤炭市场价格的波动幅度。据不完全统计，目前流通环节有 1.3 亿吨煤炭库存，如果把这些流通环节的煤转移到消费环节，煤炭供求形式会大幅度缓和。同时，我国煤炭市场交易机制不够健全，煤炭交易以现货和短期合同为主，长期合同的覆盖面有限，而且长期合同的执行率也不高，这使得煤炭价格容易出现大幅度波动，价格扭曲程度过高并不能正确反映资源的稀缺程度和煤炭市场长期的供求关系。

（四）国际市场煤价仍具有较强竞争力，煤炭进口和国内煤炭市场联动增强

目前，国际市场煤炭价格基本和国内市场煤价同步运行，2017 年以来澳大利亚纽卡斯尔港 5500 大卡动力煤价格基本也呈现跟国内煤价相同的波动态势。在经历了前 4 个月的上升之后出现回落，但在 6 月份重新上升，然后保持高位波动态势。2017 年 10 月底澳大利亚纽卡斯尔 5500 大卡动力煤现货价格每吨 97 美元左右，加上运费因素之后略高于国内市场价格，但考虑国内运输的因素，进口煤炭的综合成本依然具有较强的市场竞争力，特别是我国从印尼等国进口的褐煤、炼焦煤等品种，进口仍具有一定的利润空间。2017 年上半年，随着国内市场煤炭价格上涨，我国煤炭进口一度出现高速增长态势，但随着国内煤炭供应逐渐跟上，进口煤炭受政策限制，煤炭进口量增速明显回落，但 9 月份我国煤炭当月进口同比增长了 10.8%，国内煤炭供需趋紧、价格重新回升使得煤炭进口有重新抬头的迹象。整体上，煤炭进口和国内煤炭市场联动增强，虽然在煤炭供应偏紧时进口煤对国内煤炭供应是个补充，但在煤炭供需宽松时也增大了对煤炭价格波动的扰动。

三、2017 年煤炭行业预测与 2018 年展望

（一）2017 年煤炭行业预测

2017 年第四季度，煤炭优质产能会加快释放，国家发展改革委已经连续出台政策针对电煤直购直销、中长期合同签订、建立煤炭迎峰度冬保供稳价等工作进行了部署，以保障煤炭市场供应，稳定煤炭价格。煤炭市场需求会保持稳定，库存偏低使得补库存的压力较大，这对煤炭市场价格形成一定的支撑；同时，大秦线检修、进口煤炭增速回落等因素也使得煤炭供需紧平衡状态会继续维持。预计 2017 年全年

全国原煤产量 35.6 亿吨，同比增长 6%；煤炭进口 2.8 亿吨左右。

（二）2018 年煤炭行业展望

1. 煤炭供给会大幅度改善

2017 年是煤炭行业供给侧结构性改革深入推进阶段，煤炭去产能和需求回升同时发生，使得煤炭供需平衡不稳定，供应偏紧，煤价波动。针对煤炭市场运行矛盾，国家已经在供给端陆续出台了电煤直购直销、中长期合同签订、建立煤炭迎峰度冬保供稳价、限制劣质煤进口等政策，并在研究制定煤炭库存制度，这些政策的发力将配合煤炭行业产能增减挂钩、减量置换的产能调整政策，使得优质先进产能加快释放。通过新建煤矿的产能投放，以及原油优质煤矿产能的核增，上半年已有9 000 万吨优质产能释放，预计下半年净增加的优质产能在 2 亿吨以上，这些产能将在 2018 年陆续达到设计生产能力，这会明显改善目前煤炭供给偏紧的格局。

2. 煤炭需求会有所减弱

2017 年煤炭需求回升是由于夏季伏天时间较长、水电来水不足导致火电发电增长较快、钢铁有色等冶金行业生产回升等因素综合作用的结果，从趋势上看，固定资产投资增速整体上持续回落，特别是民间投资 9 月份已经下降到 3% 的低水平，仅靠基本建设投资很难维持固定资产投资增速保持较高增长水平。房地产方面，虽然整体上房地产投资也逐季有所回落，但幅度不大，由于房地产业拿地热情高涨，土地储备数量较大，会支撑房地产投资在未来保持一定增长，但整体上全社会固定资产投资增速会有所回落，对煤炭的需求拉动作用会减弱。

3. 煤炭替代效应将继续呈现

受环保因素影响，2018 年全国煤改电、煤改气会继续深入推进，导致煤炭需求有所下降。2017 年，环保部公布《京津冀及周边地区 2017 年大气污染防治工作方案》，明确将实施范围从“2+18”拓展为“2+26”，各地方在煤炭替代战略上积极行动已经取得明显进展。随着城市对能源的要求逐步升级，作为终端能源消费的煤炭将逐步由清洁电力、天然气等清洁能源替代，煤炭在生产地转化为清洁的电力、油气等，利用高等级电网、管道输送到城市将是必然的发展趋势。同时，风电、光伏等新能源装机容量扩张迅速，国家相关部门将完善清洁能源优先发电计划，促进跨省跨区电能交易配置，实现新能源优先上网和全额保障性收购，这些都将使煤炭需求强度进一步下降。

4. 煤炭价格波动中枢会有所下移

煤炭供给形势的改善、需求的降温等因素，将使得煤炭的市场价格中枢整体下移。煤炭产能过剩的矛盾依然存在，煤炭供给侧结构性改革的进程中行政调控的力度从紧，使得优质产能释放缺乏弹性，但随着改革的逐步到位，市场化调控的力量逐步恢复，煤炭供需形势将回到宽松的轨道。另外，国家发展改革委积极推动煤电企业签订长期协议合同并加强合同的执行力度以稳定煤炭市场价格，这对煤炭价格平稳回落也会起到一定作用。

初步预计，2018 年我国原煤产量为 35 亿吨，基本保持平稳；煤炭进口量为 2.4 亿吨左右；煤炭价格将适度回落。

四、政策建议

（一）促进煤炭中长期合同的签订和履行，完善煤炭价格形成机制

引导煤炭和电力企业签订长期协议，形成科学合理的长期协议煤炭价格的定价机制，促进煤电双方履行长期合同，扩大长期合同交易量和交易价格对煤炭市场的覆盖和影响力。通过扩大长期协议的交易规模，发展煤电直购直销，降低煤炭市场交易量，减少煤炭销售的中间环节，降低中间贸易商囤积居奇行为对煤炭市场的扰动，减少煤炭在流通环节的成本。加强煤炭市场的督查和监管，促进煤炭价格形成机制日益完善。

（二）利用大数据技术，完善煤炭交易平台

加强大数据、互联网等信息技术在煤炭市场交易领域的应用，建立全国性的煤炭直接交易平台，加强煤炭产能、产量、库存、运力、企业信用等煤炭相关数据信息的采集和汇总，让数据披露更加透明化，减少因信息不对称而产生的错误的市场预期，压缩煤炭投机炒作的空间，引导煤炭生产和消费企业，以及贸易商、港口合理安排煤炭库存，完善煤炭最高库存和最低库存制度，营造公开、公平、公正、规范的市场交易环境，促进煤炭行业健康发展。

（三）整合煤炭资源，促进煤炭上下游一体化发展

截至 2016 年年底，全国建成年产 120 万吨及以上的大型现代化煤矿数量比 2005 年增加 700 处左右，产量占全国的 75% 以上，距离到 2020 年达到 80% 的目标尚有一段距离。要在国家推动企业兼并重组相关政策的指导下，进一步延续去产能过程中的结构调整力度，促进煤炭资源向大型现代化煤炭企业集团集中，并推动煤炭企业集团强强联合，提高煤炭产业集中度。鼓励推动大型煤炭企业集团和电力、钢铁、化工等企业集团开展重组整合，利用国有企业改革深入推进的机遇，推动煤炭上下游企业通过资产重组、股权合作等方式整合上下游资源，深入推进煤电一体化、煤焦一体化、煤化一体化等产业融合发展。

G44 2017年电力形势分析及2018年展望

肖宏伟*

摘要：2017年，全社会用电量增速同比提高幅度较大，电力行业呈现消费增速同比提高、生产性服务业用电形势喜人、电源投资节奏得到控制、“三弃”问题明显缓解、供需总体宽松局部相对过剩等特点。展望2018年，受经济增速小幅放缓、占全社会用电量70%的第二产业增速回落、高耗能行业比重持续下降、气温回归历史同期水平、2017年基数偏高等因素综合影响，预计2018年全社会用电量约65 980.7亿千瓦时，同比增长4.6%，增速较2017年回落2.0个百分点，电力供需总体宽松、局部地区电力供应能力较为富余的格局仍将延续。2018年电力行业亟须以解决新时代电力行业新矛盾为核心，从“坚持电力规划指导、化解煤电产能过剩、保障电煤市场稳定”三个方面重点突破，切实解决电力行业不平衡不充分矛盾，为经济社会发展提供坚强的电力安全保障。

关键词：供需总体宽松　电煤价格上涨　煤电产能过剩　超规划预期

一、2017年电力形势及特征分析

2017年前三季度，我国坚定不移贯彻新发展理念，以供给侧结构性改革为主线，适度扩大总需求，经济运行总体呈现稳中有进、稳中向好的良好态势，实现了6.9%的中高速增长。受宏观经济稳中向好态势持续、夏季气温较历史同期明显偏高和2016年同期电力消费基数较低等因素综合影响，全社会用电量增速同比提高幅度较大。总体来看，电力行业呈现消费增速同比提高、生产性服务业用电形势喜人、电源投资节奏得到控制、“三弃”问题明显缓解、供需总体宽松局部相对过剩等特点。

---

* 肖宏伟，经济学博士，国家信息中心经济预测部副研究员，主要研究领域为能源经济、气候变化、经济增长、预测与决策、数量经济模型等。

1. **电力消费增速同比提高，三产和西部地区增长较快**

2017 年前三季度，全国全社会用电量 46 888.0 亿千瓦时，同比增长 6.9%，增速较上年同期提高 2.4 个百分点。分产业来看，第一产业用电量 911.2 亿千瓦时，同比增长 7.8%，增速较上年同期提高 3.0 个百分点；第二产业用电量32 629.7亿千瓦时，同比增长 6.0%，增速较上年同期提高 4.1 个百分点；第三产业用电量 6 659.2亿千瓦时，同比增长 10.5%，虽然增速较上年同期回落 1.0 个百分点，但依然高出全社会用电量增速 3.6 个百分点；城乡居民生活用电量 6 687.8 亿千瓦时，同比增长 7.5%，增速较上年同期回落 4.0 个百分点。分区域来看，所有省份的全社会用电量增速均为正，其中高于全国平均水平（6.9%）的省份有 15 个，增速较高的前 5 个省份为西藏、宁夏、山西、贵州和新疆，其增速分别为 18.0%、13.3%、11.2%、11.1%和 10.8%。全社会用电量增速高于本省份上年同期水平的省份有 23 个，其中同比增速提升较快的前 5 个省份为宁夏、甘肃、青海、云南和山西，其同比增速分别提高 15.4、14.8、13.4、10.5 和 9.6 个百分点，全社会用电量增速低于本省份上年同期水平的省份有 8 个，其中同比增速回落较大的前 5 个省份为上海、北京、安徽、西藏和湖北，其同比增速分别回落 3.9、2.7、2.3、1.4 和 1.4 个百分点。

2. **电力消费结构调整优化，生产性服务业用电形势良好**

2017 年前三季度，第一产业用电量占全社会用电量的比重为 1.9%，与上年同期基本持平，第三产业和城乡居民生活用电量占全社会用电量的比重分别为 14.2% 和 14.3%，较上年同期分别提高 0.5 和 0.1 个百分点，第二产业用电量占全社会用电量的比重为 69.6%，较上年同期下降 0.6 个百分点，其中，化学原料及化学制品制造业、非金属矿物制品业、黑色金属冶炼及压延加工业、有色金属冶炼及压延加工业等四大高载能行业用电量占全社会用电量的比重为 28.6%，较上年同期回落 0.6 个百分点，一定程度上映射出我国供给侧结构性改革取得新成效，经济结构转型升级迈出新步伐，服务业主导作用逐步增强。2017 年以来，我国服务业持续平稳较快增长，逐渐成为促进经济发展的主要动力，前三季度，服务业增加值占全国 GDP 的比重为 52.9%，高出第二产业 12.8 个百分点，对国民经济增长的贡献率高达 58.8%，高出第二产业 21.6 个百分点，拉动全国 GDP 增长 4.0 个百分点，高出第二产业 1.5 个百分点。相应的，第三产业用电量保持持续较快增长态势，拉动全社会用电量增长 1.4 个百分点，正在成为电力消费增长新的稳定器。其中，交通运输仓储邮政业、信息传输计算机服务和软件业等生产性服务业呈快速增长态势，分别增长 13.8%和 14.5%，高出第三产业用电增速 3.3 和 4.0 个百分点，商业住宿和餐饮业、金融房地产商务及居民服务业等消费性服务业分别增长 8.4% 和 11.4%，增速低于生产性服务业。

3. **电源投资同比下降，电网投资和发电新增装机增多**

2017 年前三季度，电力行业稳步推进供给侧结构性改革，发电企业控制投资节奏取得显著成效，全国主要发电企业电源工程完成投资 1 728.1 亿元，同比下降 13.1%。分类型来看，水电完成投资 339.4 亿元，同比下降 4.1%；火电完成投资 495.5 亿元，同比下降 25.0%；核电完成投资 295.5 亿元，同比下降 10.3%；风电完成投资 397.1 亿元，同比下降 14.1%。电网企业认真落实电网改造升级行动计划，电网投资和发电新增装机容量双双增多，全国电网工程完成投资3 731.3亿元，同比增长 4.6%，电网建设全国新增 220 千伏及以上变电设备容量（交流）2 0374.1万千伏安，比上年同期多增加2 460.1 万千伏安；新增220 千伏及以上输电线路长度33 682.2 千米，比上年同期多增加 6 120.0 千米；新增直流换流容量 5 200.0万千瓦，比上年同期多增加2 960.0万千瓦。全国新增发电装机容量9 339.4 万千瓦，比上年同期多投产2 069.5万千瓦。其中，水电 822.6 万千瓦、火电3 098.3 万千瓦、风电 970.1 万千瓦、太阳能发电 4 231.0 万千瓦，分别比去年同期多投产 34.7 万、197.3万、145.8 万和 1 977.3 万千瓦。

4. **发电设备利用小时数水降火升，“三弃”问题明显缓解**

2017 年前三季度，全国发电设备累计平均利用小时 2 811.3 小时，同比降低 6.7 小时，为 2005 年以来同期最低水平。分发电类型来看，全国水电设备累计平均利用小时 2 673.8 小时，同比降低 92.2 小时，主要受汛期来水不足、上年同期基数偏高等因素影响；全国火电设备累计平均利用小时 3 117.4 小时，同比增加 46.7 小时，主要受水电发电量下降、电力消费需求增长较快等因素影响；受《核电保障性消纳管理办法》等政策出台影响，核电机组发电按照一类优先保障顺序安排，核电消纳难的问题得到有效缓解，设备利用率远远高于其他发电方式，全国核电设备累计平均利用小时 5 379.1 小时，同比增加 144.4 小时。得益于缓解弃水弃风弃光问题被列入《2017 年政府工作报告》的重点工作，国家能源局将有效解决“三弃”问题放在能源工作的重要位置，采取了一系列有针对性的举措，弃风弃光弃水问题得到明显缓解。前三季度，全国弃风电量 295.5 亿千瓦时，同比减少 103.0 亿千瓦时，弃风率为 12.0%，同比下降 6.7 个百分点，实现弃风电量和弃风率“双降”，新疆、甘肃等重点地区弃风率分别下降 12.1 和 10.5 个百分点；全国弃光电量 51.0 亿千瓦时，弃光率同比下降 3.8 个百分点，新疆、甘肃等重点地区弃光率分别下降 5.0 和 8.8 个百分点；西南地区水能利用率同比提升 2 个百分点，弃水电量同比减少35亿千瓦时。

5. 跨区跨省送电量增长较快，供需总体宽松局部相对过剩

2017年前三季度，全国跨区输出电量3 105.8亿千瓦时，同比增长11.0%。其中，华北送华东176.3亿千瓦时，同比增长50.9%；东北送华北156.7亿千瓦时，同比增长3.0%；华中送华北26.4亿千瓦时，同比增长7.1%；华中送西南28.5亿千瓦时，同比增长35.1%；西北送华中388.2亿千瓦时，同比增长28.6%；西南送华东804.9亿千瓦时，同比增长1.5%；西南送西北64.4亿千瓦时，同比增长65.9%。全国各省份输出电量8 273.5亿千瓦时，同比增长11.3%。其中，河北输出电量311.9亿千瓦时，同比增长9.7%；山西输出电量670.9亿千瓦时，同比增长16.3%；内蒙古输出电量1 131.0亿千瓦时，同比增长10.4%；吉林输出电量159.7亿千瓦时，同比增长10.7%；江苏输出电量107.4亿千瓦时，同比增长20.4%；浙江输出电量112.4亿千瓦时，同比增长55.1%；安徽输出电量402.8亿千瓦时，同比增长14.4%；四川输出电量1052.0亿千瓦时，同比增长8.7%；云南输出电量1 079.3亿千瓦时，同比增长16.2%；陕西输出电量288.0亿千瓦时，同比增长14.3%；宁夏输出电量364.5亿千瓦时，同比增长48.9%；新疆输出电量334.9亿千瓦时，同比增长26.9%。前三季度，全国供电量40 510.1亿千瓦时，同比增长7.5%，全国售电量37 933.0亿千瓦时，同比增7.4%，供电量高于售电量2 577.1亿千瓦时，供电量同比增速高于售电量同比增速0.1个百分点，全国电力供需总体较为宽松。分区域来看，华中地区供需基本平衡，华东和南方地区供需平衡偏宽松，华北地区供需平衡偏紧张，东北和西北地区供应能力富余较多。

二、当前电力行业需要关注的主要问题

当前，电力行业供给侧结构性改革稳步推进，电力供需总体呈现宽松格局，但阶段性和局部性矛盾依然较为突出。需要密切关注的主要问题有：煤电装机规模超规划预期增长，煤电产能过剩风险加大；“6·30抢装”导致光伏装机猛增，光伏发电补贴压力增大；电煤价格上涨等因素交织叠加，煤电企业经营困难加剧。

1. 煤电装机规模超规划预期增长，煤电产能过剩风险加大

目前，煤电已成为继钢铁、煤炭之后第三大“去产能”行业，为有效防范和化解煤电产能过剩风险，国家在“十三五”规划和2017年年度工作计划中均对化解煤电产能过剩风险任务目标提出了明确要求。《电力发展“十三五”规划》明确提出，“十三五”期间，我国将取消和推迟煤电建设项目1.5亿千瓦以上，到2020年，

全国煤电装机规模力争控制在 11 亿千瓦以内。《2017 年政府工作报告》中首次提出防范化解煤电产能过剩风险，要求 2017 年淘汰、停建、缓建煤电产能 5 000 万千瓦以上，其中淘汰落后机组 500 万千瓦，停建违规项目 3 800 万千瓦，缓建 700 万千瓦以上。国家能源局在《2017 年能源工作指导意见》中将有效防范和化解煤电产能过剩风险列为重点任务，继续加大对现有落后煤电机组的淘汰力度，2017 年预计淘汰规模 400 万千瓦以上，同时印发了《关于发布 2020 年煤电规划建设风险预警的通知》《关于进一步做好火电项目核准建设工作的通知》等系列文件通知。2017 年 7 月，国家发展和改革委员会、国家能源局等 16 部委联合印发《关于推进供给侧结构性改革，防范化解煤电产能过剩风险的意见》，对有力有序有效推进防范化解煤电产能过剩风险工作做了重点部署。虽然针对防范煤电产能过剩风险采取了系列举措，初步取得了阶段性成效，但煤电建设速度依然不减，前三季度全国新增火电发电装机容量高达 3 098. 3 万千瓦，同比增长 197. 3%，目前全国合规在建煤电项目约 1. 8 亿千瓦。2016 年年底我国煤电装机规模已达到 9. 43 亿千瓦，纳入规划及核准在建的煤电项目规模达 3. 5 亿千瓦，如果这些煤电项目在“十三五”中后期陆续投产，2020 年年底煤电装机规模将达到 13 亿千瓦，远远超出《电力发展“十三五”规划》提出的煤电装机规模控制在 11 亿千瓦以内的目标。

2. “6·30 抢装”导致光伏装机猛增，光伏发电补贴压力增大

2017 年前三季度，我国光伏发电新增装机容量约 4 300 万千瓦，累计装机容量达 1. 2 亿千瓦，新增和累计装机容量双双位居世界第一。其中，光伏电站新增装机容量 2 770 万千瓦，同比增长 3%，累计装机容量达 9 480 万千瓦；分布式新增装机容量1 530万千瓦，同比增长 4 倍，累计装机容量达2 562万千瓦。分区域来看，华东和华中地区光伏发电新增装机发展迅猛，分别新增装机容量 1 195 万和 910 万千瓦，同比增加 1. 8 和 0. 7 倍。光伏发电装机容量快速扩大主要受国家发展改革委 2017 年调整光伏发电标杆上网电价政策影响，调整方案指出，2017 年 1 月 1 日以后纳入财政补贴年度规模管理的光伏发电项目，执行 2017 年光伏发电标杆上网电价，Ⅰ类、Ⅱ类、Ⅲ类资源区光伏地面电站标杆上网电价每千瓦时分别为 0. 65、0. 75 和 0. 85 元（含税），较 2016 年每千瓦时分别下调 0. 15、0. 13 和 0. 13 元（含税），而 2017 年以前备案并纳入 2016 年财政补贴规模管理的光伏发电项目，若在 2017 年 6 月 30 日以前装机上网，则将执行 2016 年标杆上网电价。受光伏发电标杆上网电价调整政策实施以 6 月 30 日为分界点，6 月 30 日之前完成并网的集中式电站项目电价要高于 6 月 30 日之后并网的电站项目等因素影响，“6·30”抢装潮再度来袭，进一步助推光伏发电装机迅猛增加。光伏发电标杆上网电价暂定每年调整一次，下调光伏发电标杆上网电价已成为必然趋势，预计 2018 年 1 月 1 日以后将实行新的下调标杆电价，“12·30”抢装潮将会再次上演。《太阳能发展“十三五”规划》提出，到2020年年底，光伏发电装机达到1.05亿千瓦以上，在“十二五”基础上每年保持稳定的发展规模等开发利用目标，目前“十三五”光伏发电装机规模目标已超额实现，按照现有超规划预期发展，光伏补贴支付压力将进一步加大。

3. 电煤价格上涨等因素交织叠加，煤电企业经营困难加剧

2017年以来，国家坚持煤炭去产能不动摇，通过出台有序释放安全高效先进产能、限制进口煤规模、鼓励煤电企业签订落实中长期合同、制定煤炭价格阶梯响应机制等系列举措来保持煤炭价格运行在合理区间，煤炭价格得到一定程度的控制，全国电煤价格指数从1月份的528.54元/吨降至6月份的490.91元/吨。从煤炭供需两侧来看，受2017年水电汛期来水不足、夏季气温偏高等因素影响，煤炭需求增多；受内蒙古70周年大庆限制煤炭生产、汽运集港煤改转铁路导致铁路运力再度紧张等因素影响，煤炭供给减少。在煤炭供需偏紧的大背景下，电煤价格从7月份开始反弹并持续高位运行，全国电煤价格指数从6月份的490.91元/吨一路升至9月份的519.68元/吨，导致电煤采购成本大幅提升，加上电力交易市场化改革促进电价降低等多重因素叠加影响，煤电企业成本快速上涨且短期内难以向外疏导，大部分煤电企业持续亏损。2017年10月，国家发展改革委办公厅发布《关于做好迎峰度冬期间煤炭市场价格监管的通知》，要求做好煤炭市场价格监管工作，确保迎峰度冬期间煤炭市场价格基本稳定，但受供需偏紧影响，电煤价格难以快速回落，短期内煤电企业经营困难的现状依然难以改观。

三、2018年电力供需形势预测

展望2018年，受经济增速小幅放缓、占全社会用电量70%的第二产业增速回落、高耗能行业比重持续下降、气温回归历史同期水平、2017年基数偏高等因素影响，预计2018年用电需求增速较2017年有所回落，电力供需总体宽松，局部地区电力供应能力较为富余。

1. 电力消费呈现“增速回落、结构优化、动力增强”发展态势

从消费增速看，预计2018年全社会用电量约65 980.68亿千瓦时，同比增长4.6%，增速较2017年回落2.0个百分点。其中，第一产业用电量1 198.87亿千瓦时，同比增长3.6%，增速较上年回落4.1个百分点；第二产业用电量45 944.88亿千瓦时，同比增长3.4%，增速较上年回落2.1个百分点；第三产业用电量9 573.4亿千瓦时，同比增长8.7%，增速较上年回落2.0个百分点；城乡居民生活用电量

9 263.53亿千瓦时，同比增长 6.5%，增速较上年回落 1.4 个百分点（见表 1）。从消费结构看，第一产业用电量占全社会用电量的比重为 1.82%，较上年微降 0.02 个百分点，第三产业和城乡居民生活用电量占全社会用电量的比重分别为 14.51% 和 14.04%，较上年分别提高 0.54 和 0.26 个百分点，第二产业用电量占全社会用电量的比重为 69.63%，较上年下降 0.78 个百分点。从增长动力看，第三产业和城乡居民生活用电对全社会用电量增长的贡献率分别为 26.37% 和 19.60%，较上年分别提高 4.54 和 3.08 个百分点，第三产业和居民生活用电逐步成为用电增长新动力源。

表 1　2017—2018 年电力需求预测

用电量（亿千瓦时）	2016 年实际		2017 年预测		2018 年预测	
	绝对值	增速（%）	绝对值	增速（%）	绝对值	增速（%）
全社会用电量	59 198.37	5.01	63 083.02	6.56	65 980.68	4.59
第一产业	1 074.88	5.35	1 157.35	7.67	1 198.87	3.59
第二产业	42 108.09	2.88	44 420.62	5.49	45 944.88	3.43
第三产业	7 961.36	11.21	8 809.40	10.65	9 573.40	8.67
城乡居民生活用电	8 054.04	10.84	8 695.66	7.97	9 263.53	6.53

2. 电力供应呈现“总体充足、局部富余、供需宽松”发展态势

综合考虑现有发电装机规模、新增发电装机速度、煤电装机控制政策等因素，预计 2018 年全年新增发电装机容量超过 1.4 亿千瓦，其中水电、核电、风电、太阳能发电等非化石能源发电装机容量超过 7.7 亿千瓦；年底全国发电装机达到 19.1 亿千瓦，非化石能源发电装机比重提升至 40% 左右。综合发电设备利用小时数、跨区域输电和各地区的电力供给情况，预计全年电力供应能力总体充足，除部分地区迎峰度夏、迎峰度冬高峰时段供需偏紧外，大部分地区供需宽松，其中，华北地区供需总体平衡，华东、华中地区电力供需平衡偏宽松，东北和西北地区电力供应富余较多。

四、促进电力行业健康发展的政策建议

2018 年是全面贯彻落实党的十九大精神的开局之年，也是实施电力发展“十三五”规划承前启后的关键一年。电力行业作为保障国民经济健康运行的基础性行业，2018 年亟须以解决新时代电力行业新矛盾为核心，从“坚持电力规划指导、化解煤电产能过剩、保障电煤市场稳定”三个方面重点突破，切实解决电力行业不平衡不充分矛盾，为经济社会发展提供坚强的电力安全保障。

（一）坚持电力规划科学指导，防止超过规划预期盲目发展

《电力发展“十三五”规划》与《太阳能发展“十三五”规划》等专项规划是“十三五”电力发展的行动纲领，对电力行业的发展具有极高的指导性和权威性，目前电力行业部分发展目标已经接近或超过“十三五”规划发展目标，亟须坚持规划的科学指导作用，提高规划对电力行业发展的约束性。

第一，将《电力发展“十三五”规划》提出的部分预期性发展目标调整为约束性指标，如2020年煤电装机力争控制在11亿千瓦以内，非化石能源发电装机达到7.7亿千瓦左右等目标调整为约束性指标，对约束性指标进行年度重点监测，严格控制与约束性指标相关的项目审批。

第二，加强《太阳能发展“十三五”规划》《风电发展“十三五”规划》《水电发展“十三五”规划》《可再生能源发展“十三五”规划》等专项规划与电力发展总体规划执行的协调性，严格按照规划目标合理指导项目开工建设节奏，防止新的产能过剩出现。

第三，抓好《电力发展“十三五”规划》及专项规划的中期评估工作，2018年年初先期启动电力专项规划评估，年中启动电力总体规划评估，挖掘电力发展过程中的苗头性、倾向性、潜在性问题，及时提出针对性强的解决措施，确保顺利实现电力发展“十三五”规划目标。

第四，强化对地方电力发展规划的监督，划定电力不合理投资红线，严禁不符合国家电力总体规划的投资项目上马。

（二）从严淘汰严控新增并重，防止煤电产能过剩风险加剧

受经济增速换挡、电力供需形势变化等因素影响，我国煤电发展形势依然不容乐观，虽然2017年前三季度煤电发电利用小时数较去年同期有所提升，但仍然处于低位运行状态，煤电产能过剩风险依然较为严重，守住11亿千瓦煤电装机规模的“十三五”规划目标红线是2018年能源工作的重中之重。

第一，认真贯彻落实《关于推进供给侧结构性改革，防范化解煤电产能过剩风险的意见》《关于进一步做好火电项目核准建设工作的通知》《关于发布2020年煤电规划建设风险预警的通知》等系列政策文件要求，将年度目标任务细分到季度和月度时间维度，分解到地方政府和相关企业实施主体，确保目标任务落到实处。

第二，从严淘汰落后产能，严格按照环保、能耗、安全、技术等法律法规标准和产业政策要求，依法依规淘汰关停不符合要求的30万千瓦以下煤电机组（含燃煤自备机组），对于产能过剩严重的地区，进一步提高淘汰标准。

第三，严控新增产能规模，所有燃煤发电项目均须纳入国家依据总量控制制定的电力建设规划（含燃煤自备机组），综合考虑燃煤发电项目总量控制和各省现有煤电产能等因素，科学制定下发各省 2018 年新增煤电投产规模上限，各省原则上不得突破投产规模上限，同时及时发布 2018 年度煤电项目规划建设风险预警，对于预警等级为红色和橙色的地区，不再新增煤电规划建设规模。

（三）完善电煤市场长效机制，防止煤电企业经营困难加大

我国“富煤、贫油、少气”的资源禀赋特点，决定了未来一段时期内，煤电依然是我国电源结构的主体，电煤市场是否稳定将直接关系到电力供应安全和经济平稳运行。受电煤价格持续走高影响，近期煤电企业经营困难较大，2018 年亟须从稳定煤炭优质产能供给、推动煤价回归合理区间、完善煤炭市场监管制度等方面推进电煤供给侧结构性改革，为煤电双方营造良好的市场环境。

第一，继续加快推进煤炭优质产能释放，保障电煤稳定充足供给。按照严格条件标准、严格减量置换的原则，对符合条件的优质产能煤矿重新核定生产能力，加快产能置换进程，优质产能煤炭生产企业在确保安全的前提下科学组织生产，认真落实保供责任。

第二，在保障煤炭充足供给的基础上，进一步推动产运需各方签订和严格履行中长期合同，促使电煤价格回归合理区间。秉承互惠共赢的原则，组织煤炭、铁路、电力产运需三方对接，科学合理地确定电煤长协价格，要求签订的年度中长期合同数量占供应量/采购量的比例不低于 85%，合同履约率不低于 95%，有效避免电煤价格异常波动。

第三，加强对电煤市场的监管力度，切实维护电煤价格秩序。构建涵盖产量、库存、进口、价格、运输、消费等信息的电煤市场信息大数据平台，对电煤市场进行全天候监测预测预警，严肃依法查处恶意囤积煤炭和不履行中长期合同等扰乱市场秩序的行为，将相关违规企业列入失信黑名单，并通过全国信用信息共享平台实施联合惩戒。

G45　2017 年天然气行业运行分析及 2018 年展望

杨　晶　李继峰*

摘要：回顾了 2017 年天然气发展形势。极端天气、煤改气、改革红利驱动消费爆发式超预期增长，带动进口大幅增加、常规气较快增产，页岩气再获突破性进展。总结了 2017 年国内外重大事件和重要政策，美国能源新政对世界天然气市场影响深远，行业发展的长效机制正在逐步建立，LNG 单点直供发展迅猛等。建议深化改革，重点落实已出台的改革政策，总结试点经验并适时向全国推广，降低天然气终端价格，扩大市场交易，完善价格机制，规范下游市场。

关键词：天然气　2017 年　展望

随着国民经济稳中有进、稳中向好的态势持续发展，工业、电力、交通部门景气度明显回升，带动天然气需求全面反弹。在大气污染防止行动计划落实过程中，煤改气工程大规模落地，极大地推动了重点地区的天然气消费增长。在此背景下，天然气行业出现了一些新特点、新进展、新问题。

一、2017 年天然气行业运行态势

（一）极端天气、环保政策、行业改革三大因素推动天然气消费超预期增长，年增量创新高，天然气消费重回快车道

在经历了 2015、2016 连续两年增速仅为个位数的市场低迷后，2017 年天然气消费远超预期，表现出“淡季不淡、旺季更旺、年度增量创新高、重回两位数高速增长轨道”的特点。据中国能源研究会天然气中心统计，1—9 月全国天然气表观消

* 杨晶，国家发展改革委能源研究所助理研究员，博士；李继峰，副研究员，国家信息中心经济预测部政策仿真实验室副主任。

费量1 719亿立方米，绝对消费量1 671亿立方米，比上年增加256 亿立方米，同比增长 18. 1% 。仅 2017 年前三季度的消费增量就已超过历年的年度消费增量，所以全年增量再创历史新高已确定无疑。预计随着进入冬季供暖用气高峰和北方地区清洁能源供暖的实施，加之各地煤改气加速落地、国际油价持续回升等因素影响，第四季度天然气消费将延续快速增长态势，全年表观消费量有望达到 2 400 亿立方米左右，同比增长约 17% 。如图 1 所示。

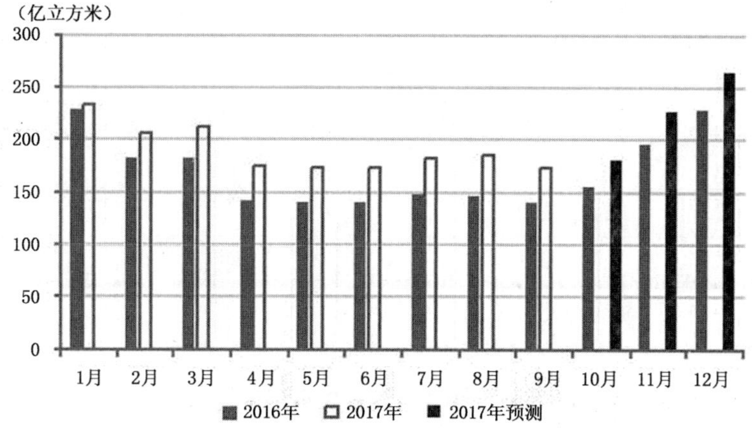

图 1　天然气月度消费量与预测（2016—2017）

数据来源：中国能源研究会天然气中心；2017 年预测值为作者估计。

除了国民经济保持中高速增长、新型城镇化稳步推进等宏观因素带动天然气实现可预期的自然增长之外，2017 年的极端天气、环保政策和行业改革等三大因素直接驱动了天然气的超预期爆发式增长。

1. 极端天气带动天然气在传统消费淡季逆势大增

第一季度在冬季供暖需求下，城市燃气和热电联产发电用气平稳较快增长。3 月下旬，全国大范围降温，部分地区延长了供暖时间，明显拉高了当月用气需求。更重要的是，与往年不同，2017 年 6 月夏季提前到来，大部分地区持续高温，7 月、9 月全国平均气温创 1961 年以来历史同期最高。极端天气造成电力需求猛增，全国日发电量 6 次突破往年极值，24 个省级电网用电负荷创历史新高。第二、三季度电力需求旺盛，但部分地区水电出力不足，煤炭价格持续高位造成煤电企业持续亏损、经营压力增大，为气电快速增长提供了有利条件，造成发电用气量高速增长，如表 1 所示。

2. 煤改气工程大规模实施刺激天然气消费高速增长

宏观经济向好、工业生产回暖带动了城市燃气、工业燃料用气的正常增长。但更重要的是，2017 年是大气污染防治行动计划收官之年，各地工业煤改气和锅炉改造工程大规模集中实施，京津冀地区设立多个禁煤区加快散煤治理，北方地区清洁能源供暖推行“以电代煤”、“以气代煤”，北方部分港口禁止“汽运煤”，这一系列环保政策，共同驱动城市燃气、工业燃料用气、发电用气、交通用气高速增长。1—9 月，天然气各部门消费均实现了快速增长，如表 1 所示。

表 1　天然气分部门消费情况

	2017 年 1—9 月消费量（亿立方米）	比 2016 年同期增长（亿立方米）	同比增速（%）
城市燃气	534	44	9.1
工业燃料	602	110	22.3
发电	323	71	28.1
化工	212	31	17.2
合计	1 671	256	18.1

数据来源：中国能源研究会天然气中心。

3. 改革政策再续新篇，促进天然气行业健康发展的长期效果已初步显现

天然气行业改革是本轮油气行业体制改革的亮点。继 2015 年“小步快跑”率先启动、2016 年“快马加鞭”频频出台多项改革政策和配套措施之后，2017 年以来天然气行业再接再厉，改革政策、规划和实践再续新篇：《关于深化石油天然气体制改革的若干意见》出台；国家发展改革委首次监审并公布了 13 家天然气跨省管道运输企业的成本监审结果和核定后的管道运输价格，并同时下调了非居民用天然气基准门站价格 0.1 元/立方米；上海石油天然气交易中心开始推行 LNG 和管道天然气的竞价交易；重庆石油天然气交易中心正式挂牌；《加快推进天然气利用的意见》和《中长期油气管网规划》发布；中石油组建了五大区域天然气销售分公司；等等。虽然这一系列改革政策和实践的影响是长期和深远的，很多并非“立竿见影”，但其对市场的引导作用不容忽视，显著提高了行业发展的积极预期，助推了 2017 年天然气消费的快速增长。

（二）需求拉动下，常规气较快增产，页岩气再获突破性进展

天然气需求的爆发式增长拉动了国内天然气生产显著回升。与 2016 年常规天然气产量不增反降相比，2017 年 1—9 月常规天然气产量 985 亿立方米，同比增加 82 亿立方米，增长 9.7%。

页岩气延续了良好的发展势头，勘探开发再获突破性进展。页岩气涪陵气田新增探明地质储量 2 202.16 亿立方米，全国累计探明页岩气地质储量7 643亿立方米；

湖北宜昌鄂宜页 1 井调查取得重大突破，填补了中扬子寒武系油气勘探的空白，确立了寒武系水井沱组为新的页岩气勘查开发主力层系，对南方复杂构造区块的资源勘探具有重要的引导作用；重庆南部的中石化丁页 4 井试获 20.56 万立方米的单日高产工业气流，表明我国埋深超过 4 000 米的压裂技术取得进展；页岩气水平井长宁 H3-6 井完成重复压裂作业，这是我国首次对页岩气水平井成功实施重复压裂。随着勘探开发工作的顺利推进，页岩气产量实现了平稳增长。1—9 月页岩气产量 72 亿立方米，同比增加 12 亿立方米，增长 19.6%。如表 2 所示。

表 2　国内天然气生产情况

	2017 年 1—9 月产量（亿立方米）	比 2016 年同期增长（亿立方米）	同比增速（%）
常规气	985	82	9.1
页岩气	32	-0.6	—
煤层气	72	12	19.6
煤制气	16	5	45.4
合计	1 105	—	—

数据来源：中国能源研究会天然气中心。

（三）受需求刺激，LNG 进口量大增

在经历了 2015 年天然气进口低速增长、2016 年重回两位数增速之后，2017 年以来，在天然气市场需求爆发式增长的刺激下，加之部分进口长期贸易合同相继进入执行期、国际 LNG 现货价格仍位于较低水平等因素综合影响，企业积极采购现货，使得传统消费淡季的 LNG 进口量却出现了持续大规模增加。进口 LNG 凭借价格优势，通过“液来液走”和槽车运输的方式迅速扩大了国内 LNG 市场份额。1—9 月 LNG 进口量达 353 亿立方米，同比增长 51.2%。此外，进口管道气平稳较快增长。1—9 月进口管道气 319 亿立方米，同比增长 8.7%。在 LNG 进口加速的带动下，全年天然气进口量有望再上新台阶。与此同时，平均进口价格小幅上涨。1—9 月天然气进口平均价格比上年同期提高了 14.1%。

二、2017 年天然气行业重大事件、重点政策评述

（一）美国能源新政将对全球天然气市场产生深远影响

2017 年 3 月，新一届美国政府公布了“美国第一能源计划”，其核心内容之一

就是要继续推进页岩革命，扩大开发，释放美国估值约50万亿美元的未开发页岩气和石油储量。该政策将对全球能源格局产生深远影响，主要包括两个方面：

1. 能源新政有望推动美国页岩气产量长期增长，美国LNG有望成为亚太市场的重要进口来源

自2016年2月美国向巴西出口30亿立方英尺[1]页岩气开始，已陆续向包括阿根廷、葡萄牙和中国在内的拉美、欧洲和亚洲市场出口LNG。目前，还有多个LNG出口项目在建或等待政府审批。英国石油公司（BP）等机构的研究结果表明，得益于页岩气产业发展，美国将在2025年前后成为天然气净出口国。未来亚太市场需求的长期增长潜力较大，美国页岩气有望成为该区域的重要进口来源。受此影响，全球天然气市场供需宽松的局面有望延续至2020年。

2. 美国有望主导国际天然气价格

目前全球拥有北美、欧洲和亚太三个相对独立的天然气市场。但是未来5～10年，LNG可能超过管道气成为全球天然气贸易的主要方式。随着LNG贸易的重要性不断提升，三大天然气市场的价格将变得越来越协同。随着页岩气爆发和美国加入LNG出口国行列，借助亨利港的期货和现货天然气全球基准价格地位，美国将推动建立由亨利港市场主导的国际天然气价格形成机制，统一全球天然气市场。考虑到目前亨利港的气价水平是全球最低，JCC和NBP价格都有明显溢价。未来逐步统一的全球天然气市场价格有望低于目前水平，这对于我国天然气需求总体利好。

（二）支持国内天然气快速发展的长效机制正在逐步建立

天然气行业改革迈入深水区，促进天然气快速发展的长效机制正在逐步建立。

1. 天然气价格市场化改革持续推进

2016年，非居民用气门站价格实现了在一定范围内的灵活浮动，形成了全国50%的气量完全由市场形成、30%的气量实行“上浮20%、下浮不限”的弹性定价，以及20%涉及民生的气量保持政府定价的多元格局。2017年，国家发展改革委发布了《关于核定天然气跨省管道运输价格的通知》，首次监审并公布了13家天然气跨省管道运输企业的成本监审结果和核定后的管道运输价格，核定后的管道运输价格下降约15%，并相应下调了非居民用天然气基准门站价格0.1元/立方米。自此，对跨省天然气管道运输企业的价格监管已步入正轨。

---

[1] 编者注：1英尺=0.3048米。

2. **油气行业改革总体方案出台**

2017年5月，中共中央、国务院印发了《关于深化石油天然气体制改革的若干意见》，部署了八个方面的重点改革任务，为油气行业上中下游同步推进市场化改革统一了思想、指明了方向、规划了路径。

3. **新版天然气利用政策出台**

国家发展改革委于2017年6月发布了《加快推进天然气利用的意见》，提出逐步将天然气培育成为我国现代清洁能源体系的主体能源之一，首次从国家政策层面确立了天然气的战略定位，具有重要的引导作用；调整了天然气优先利用领域，明确鼓励发展天然气调峰电站、天然气分布式能源，实施工业燃料升级工程，有序发展天然气热电联产等。

4. **天然气交易中心建设取得重要进展**

上海石油天然气交易中心成功试水LNG现货交易和管道气竞价交易。截至10月，LNG成交量17.48万吨；管道气成交量7.88亿立方米。此外，重庆石油天然气交易中心正式挂牌。天然气交易中心的建设，将有利于实现信息公开、降低交易成本、培育市场主体、形成标杆价格，逐步建立健康发展的天然气市场，从而推动我国天然气市场化改革进程。

（三）大气污染治理成为推动2017年天然气快速增长的重要因素

为顺利完成大气污染防治行动计划，2017年以来主要省份加快了雾霾治理进程，大力推动居民采暖煤改气、工业小锅炉煤改气等，对天然气快速增长起到了重要的推动作用。2017年环保部印发《京津冀及周边地区2017—2018年秋冬季大气污染综合治理攻坚行动方案》，进一步加强了“2+26”个城市的治霾力度，刺激了天然气需求。据测算，2017年“2+26”城市小锅炉整治带来的天然气需求年增量约为60亿立方米，城中村、农村居民以气代煤、以电带煤的天然气市场潜力约为14亿立方米，合计74亿立方米，占全年天然气消费增量的大约1/5。

（四）LNG单点直供发展迅猛，有利于市场发育，但有待规范

在大力实施环保政策及各地纷纷提出气化工程的背景下，LNG因供应的灵活性及价格优势得到了迅速发展，极大地活跃了2017年的天然气市场，成为一支重要的新生气源力量。随着煤改气及各地镇镇通、村村通工程的开展，采用槽车方式运输的LNG利用领域已从过去的以车用为主，快速转向了工业、居民等多个领域。随着近三年国内天然气市场趋于宽松，LNG供应能力大幅提升、价格持续处在历史低

位，在沿海地区，LNG 凭借经济优势蓬勃发展，市场范围不断扩大，从过去天然气长输管道末端的华东、华南等沿海地区进一步向中西部地区延伸。尤其在京津冀豫皖等地，LNG 在工业领域得到迅速推广，其占比已接近 LNG 消费市场的一半。LNG 单点直供方式满足了管道覆盖不到的偏远地区的用气需求，无疑有利于天然气市场发育，且其在时间和空间上的灵活性也有望成为重要的天然气储备调峰设施。但是，LNG 单点直供与城市燃气公司特许经营权之间的矛盾成为业内焦点，其本质是对下游市场份额的争夺。此外，由于缺乏建设标准规范，用户投资建设气化站时缺少相应指导，对安全距离的把控不到位，增加了安全隐患。

三、2018 年天然气展望及政策建议

（一）发展形势

从长期来看，天然气体制改革红利将逐步释放，行业仍处在发展的黄金期。在 2020 年全面建成小康社会、实现第一个百年目标的指引下，环境污染治理仍将是国家重点战略，是能源转型背景下天然气扩大利用的最大、最直接驱动力。近几年，在政府补贴推动下煤改气带来的大量天然气需求是否可持续、2017 年国内天然气市场爆发式增长带动国际天然气价格回升是否会延续、页岩气等非常规天然气经济性开采规模是否能得到迅速提升等，都存在较大的不确定性。因此，天然气中长期市场供需形势仍有待观察。

预计 2018 年天然气市场供需总体趋于紧张。尤其第一季度迎峰度冬出现局部地区、局部时段“气荒”的风险较大，并带来国内 LNG 价格大幅上涨。第二、三季度天然气需求受气温影响较大，仍有较大不确定性。国内主要气田增储上产，天然气产量平稳增长。天然气进口量将继续保持同步快速增长。随着天然气交易中心对线上竞价交易的推广，天然气市场交易规模将逐步扩大，基于供需关系的市场标杆价格有望快速建立。初步预计，2018 年全国天然气需求有望延续 2017 年的快速增长态势，表观消费量 2 650 亿 ~2 750 亿立方米。

（二）政策建议

“十三五”前期，宏观经济形势和相关政策环境发生了较大变化，加之天气等偶然因素影响，我国天然气行业经历了“先低迷后爆发”的超预期发展。但是天然气行业长期可持续发展仍然任重道远，实现 2020 年天然气占一次能源消费8.3% ~10% 的目标需要更多努力。建议进一步深化天然气领域体制改革，重点落实已出台

的改革政策，总结试点经验并适时在全国推开。通过结构性改革，降低天然气终端价格、加快市场建设、完善价格机制、规范下游市场。

1. 以长输管网运输价格和成本监审实践为经验，重点落实地方天然气输配价格监管政策，出台地方输配气管网运输价格和成本监审管理办法

研究如何减少省内的供气环节，通过加强监管降低输配环节的成本，使终端用气价格水平更加合理，通过达成利益相关方“多赢”的局面来促进行业的可持续发展。可参考广东省全面梳理管道天然气各环节价格、加强管道天然气价格监管的经验，研究向全国推广实施。

2. 加快天然气市场建设

稳步扩大天然气交易中心竞价交易规模，推动形成市场标杆价格。与此同时，鼓励供需双方签订长短结合且具有一定灵活度的供气合同，避免价格大幅波动，促进天然气市场平稳运行。

3. 进一步完善价格财税机制

随着天然气市场触底反弹，局部供需偏紧造成价格水平回升，尤其政府补贴退坡后，煤改气用户的经济承受力将遭遇重大考验，应提前研究如何稳定这部分天然气需求。此外，尽快出台可中断气价，发挥价格的市场引导作用，优化资源配置，促进可中断用户的发展。

4. 规范下游市场

及时出台自建气化设施的相应建设标准和规范，引导 LNG 单点直供领域的健康发展。研究 LNG 单点直供方式与城市燃气协调发展的体制机制。

G46 落实“美丽中国”目标，建立页岩气产业发展长效机制*

国家信息中心能源政策研究团队*

摘要：党的十九大胜利召开，标志着“美丽中国”建设进入新时代。绿色低碳发展将贯穿于新时代中国特色社会主义建设的整个历史。为此，在能源供需体系中，未来新增能源需求将主要依靠可再生能源、天然气及核能等清洁能源满足，其中，天然气需求有望在2035年达到6 500亿立方米，是2016年的3倍多。为建立安全、经济、有效的天然气供应体系，在积极利用国际资源的同时，国内供应能力仍需要倍增发展，这是对我国常规气（包括致密气）、页岩气、煤层气产业发展提出的最新要求。我国页岩气资源丰富，有比肩常规气、成为主力气源的潜力。页岩气开发是国家战略性新兴产业，对页岩气资源丰富的滇黔桂及川渝等地区加快新旧动能转换、增加经济支点、打赢精准脱贫攻坚战具有重要现实意义。虽然我国页岩气产业开局顺利、成绩喜人，但总体上仍处于发展初级阶段，在市场规模、技术规范、上下游产业体系培育上都远未成熟，亟须建立政策长效机制。

关键字：页岩气现状　页岩气发展潜力　页岩气产业发展长效机制

一、加快页岩气产业发展具有显著必要性

（一）加快页岩气发展是实现天然气供需安全的必要条件

根据国家信息中心开展的中长期能源经济展望分析，我国到2035年的一次能源需求总量预计在55亿吨标煤左右，其中，到2035年天然气需求将达到6 500亿立方米，在一次能源中的占比超过16%。2016—2035年，天然气增量占一次能源需求

* 本文是国家信息中心承担的国家科技重大专项“涪陵页岩气开发示范工程”（2016 ZX05060）的专题任务“我国页岩气发展战略与政策体系研究”的部分研究成果。

* 执笔：马忠玉，研究员，国家信息中心副主任；李继峰，副研究员，国家信息中心经济预测部政策仿真实验室副主任；杨晶，国家发展改革委能源研究所助理研究员，博士；温志超，人民大学，博士研究生。

总量增长的48%。按照《天然气发展“十三五”规划》提出的“天然气仍应以国内供应为主”基本原则，假设对外依存度控制在40%以内，我国到2035年国内天然气产量应该达到3 900亿立方米。

2016年我国常规气产量达到1 369亿立方米，根据储采比预测法，预计未来到2035年常规气产量在2 500亿立方米左右，这意味着未来至少需要有1 400亿立方米的缺口需要国内非常规天然气填补。其中，结合煤层气地质特征及资源分布特点，利用翁氏模型法和龚帕兹法对未来煤层气储量和产量增长进行预测，2035年煤层气可利用产量有望达到400亿立方米，因此，页岩气的产量需求约为1 000亿立方米，是2016年（78亿立方米）的13倍，相应的产能需求在1 200亿立方米，未来增长潜力巨大。

（二）页岩气现有运作模式对区域经济发展具有显著带动效应

与我国传统油气开采主要由“三桶油”系统运营，跟当地政府、企业关联较少不同，目前的页岩气项目开发公司均有地方政府参股，而且在运作上普遍采用面向全社会企业招标的“油公司”模式，对当地经济的直接带动效应明显增强。调研显示，自涪陵页岩气成功开发以来，对重庆市涪陵区经济社会发展直接贡献十分突出。2015年，页岩气产业直接创造工业增加值、建筑业增加值和交通运输业增加值为42.5亿元，直接贡献了涪陵区GDP 5.3个百分点，上缴利税7.5亿元，是涪陵区第一大税源。项目开发过程中，优先引进当地供应商参与建设，优先采购当地产品，直接带动当地用工5 000余人。此外，随着页岩气的采出，每年向涪陵区优先供应民用气1.5亿立方米，显著改善了当地居民用能品质；以比全市工业用气平均价格低1/4的水平支持当地工业用户，给涪陵区相关企业带来较强的市场竞争力。

页岩气产业对经济的综合拉动作用表现为两个方面，一是在开发环节，初始投资对经济的拉动作用。利用包含页岩气产业的2015年重庆市投入产出表测算表明，《重庆市页岩气产业发展规划（2015—2020年）》提出的1 654亿元投资计划可能带来的重庆市经济社会发展的直接、间接和引致影响，有望带来6 400亿元的经济产出和340亿元的税收。二是生产环节对相关行业的拉动。同样利用投入产出表测算，页岩气产业每100亿立方米的产出（按价格1.5元计算），可拉动经济社会所有行业产出总和360亿元（利用投入产出表测算得到的后向完全关联系数总和为2.44），其中装备制造、化工原料、通信和电子计算机设备，以及交通运输业等都是重点受益企业。

展望2035年，若全国页岩气产能达到1 200亿立方米，按照年产量1 000万立方米/井（调研显示，涪陵一期单井年产平均在2 300万立方米，二期单井保守预测在1 000万立方米/年）计算，约需要1.2万口井，按每口井投资6 000万[1]测算，需要7 200亿元

[1] 该数字根据对涪陵二期进行调研获得。

的初始投资，有望拉动2.8万亿元的经济产出；这些项目达产后，按照1.5元/立方米的平均价格计算，直接产出规模达到1 500亿元，参考重庆案例可带动页岩气产业相关区域经济产出规模达到3 600亿元。考虑到页岩气有利地区主要分布在西南、西北、东北的经济欠发达地区，页岩气产业完全有望成为拉动当地经济增长的新动能。

（三）页岩气产业快速发展有望成为传统的地质勘探与相关装备制造业升级的重要机遇

目前我国油气装备制造产业体系基本完整，企业超过4 000家，并形成了五大基地，包括以宝鸡、兰州、四川等地为主的钻井设备制造基地；以上海和江苏为主的石油工具生产基地；以江汉和四川为主的钻头生产基地；以西安为主的地球物理勘探设备生产基地；以济南为主的石油专用柴油机制造基地。但是与国际先进水平相比，整个产业仍然缺乏核心竞争力，一是企业规模普遍较小，且缺乏特色，产品结构集中在中低端，不少产品产能过剩、无序竞争现象普遍；二是研发投入有限，技术资源分散，自主创新能力薄弱，技术水平不高，核心技术、关键材料、基础部件、高端产品等方面与国际仍有差距，缺乏持续发展能力；三是商业模式发展滞后，以装备产品制造为主营业务，缺乏提供技术解决方案和全面技术服务的能力。由于国内常规油气勘探开发市场高度垄断且油气价格持续走低，导致整个装备制造行业经营困难凸现，亟须转型升级。

与传统油气开采市场规模潜力有限相比，页岩气正处于欣欣向荣的发展阶段，而且对地质勘查、钻井、压裂等技术和装备都有较高的要求。因此，加快页岩气产业发展完全有望带动传统油气装备产业转型升级，实现从做大到做强的转变。

二、我国页岩气产业开局顺利，但未来仍面临巨大挑战

与美国从1976年开始开发到2005年取得页岩气突破用了30年相比，我国页岩气初期发展比较顺利，从2006、2007年中石化、中石油开始立项，到2012年涪陵焦页1号井首次获得高产气流，仅用了5～6年的时间。2016年我国页岩气年产量达到78亿立方米，已经是仅次于美国和加拿大的页岩气生产第三大国。页岩气产业顺利开局令人欢欣鼓舞，但未来面临的挑战也不容忽视，主要表现在三个方面。

（一）页岩气资源潜力巨大，但探明率过低

据全国油气资源动态评价（2015）结果，我国页岩气资源分布广泛，主要包括三大海相页岩分布区和五大陆相页岩分布区，全国埋深4 500米以浅页岩气地质资

源量达到121.8万亿立方米，而常规天然气（含致密气）和埋深2 000米以浅煤层气的地质资源量分别为90.3万亿立方米与30.1万亿立方米。但是截止到2017年年中，我国累计探明地质储量仅有7 643亿立方米，资源探明率仅为0.6%。不仅远低于美国页岩气探明率（2010年14.6%），也显著低于国内所有其他气源［截至2016年年底，全国常规天然气（含致密气）[1] 资源探明率13.0%；煤层气资源探明率2.3%］，未来我国页岩气勘探工作任重道远。

目前已探明储量主要集中在涪陵、长宁-威远和昭通三大区块，现有区块矿权主要集中在中石油、中石化手中，并未呈现类似美国的社会资本广泛参与的格局，长此以往不利于页岩气产业蓬勃发展。当前页岩气勘探程度过低与市场有效需求不足、市场气价偏低导致的资源勘探开发风险过高密切相关。美国页岩气开发初期之所以能够吸引大量投资者，一方面得益于供不应求的市场环境，另一方面就是页岩气价格率先市场化，能够以比常规气价高出两倍的水平销售。但我国目前页岩气开发面临的形势明显不同，即使天然气需求有所改善，国际油气供需宽松的局面和国内油气市场化改革方向也共同限定了国内气价难以显著上升，因此，完全依靠市场机制激励投资主体进入页岩油气勘探领域是不现实的，必须依托现有示范项目加大技术研发力度，尽快降低成本，同时辅以产业政策改善投资预期，才有可能吸引社会资本的广泛进入。

（二）页岩气生产态势喜人，但未来潜力堪忧

当前页岩气生产主要来自于涪陵、长宁-威远、昭通三大区块，2016年页岩气产能突破100亿立方米，产量达到78亿立方米，预计到2017年年底，产能有望达到150亿立方米，产量突破100亿立方米。从2012年年产页岩气2 500万立方米以来，我国页岩气产量一年上一个台阶，年均增速达到230%。但同时页岩气生产面临的困难逐渐增加，市场化改革进程面临的挑战不容忽视。一是现有区块开发面临的地质条件日趋复杂，资源条件也有所恶化，对开采技术和成本控制提出了双重挑战。以涪陵二期的平桥产建区为例，埋深普遍大于3 500米，而且地层高陡，断层和大尺度裂缝更加发育，使得探明储量品质下降、开采工程投入增加，预期收益比一期下降30%。二是现有页岩气开发活动仍主要由中石油和中石化完成，多元主体共同参与的市场化格局尚未形成。相比传统油气，单位页岩气区块面积上的资源丰度低、名义投资回报率偏低，因此更适合运营机制灵活、成本低的中小型企业。虽然目前中石油和中石化都是通过注册开发公司的方式来运营现有项目，但目前国内具备页岩气项目开发能力的主体太少，形成多元主体格局还需假以时日。三是虽然

[1] 常规天然气是特指气层气，不含溶解气。

现有页岩气开发均按照现代化“油公司”模式组织生产，地面建设、钻完井和试气等业务均面向全社会进行招标，有利于降低投资开发成本和提高效率，但是由于页岩气整体勘探开发进程有所放缓，主要油服业务和上游核心装备的采购又呈现向“三桶油”体系内公司逐步集中的趋势，打破油气传统行业格局的趋势有逆转迹象。

（三）我国页岩气开采技术和装备不断完善，但仍存在明显缺陷

经过近五年的攻关，我国逐步建立了3 500米以浅的页岩气勘探、开采技术体系。以涪陵示范区为例，逐步形成了页岩气藏综合评价、水平井组优快钻井、长水平井分段压裂试气、试采开发、绿色开发等具有海相页岩气特色的五大配套技术体系，实现了3 500米以浅页岩气藏的高效开发。但是目前仍存在显著的技术不足。一是随着页岩气有利地区资源埋深普遍超过3 500米、地质条件更加复杂，前面建立的地质勘探理论和资源开发技术体系又显得有些力不从心，适应复杂条件的新型钻头、螺杆、钻探技术还有待改进，新型压裂液及试气技术还有待研发；整套的钻井、试气技术体系需要进一步优化以更大限度地节约成本，等等。二是部分核心技术仍没有完全掌握。经过三个示范区近年不懈的努力，包括桥塞、大型压裂车及高压作业装备等一些核心技术装备突破了国外企业封锁实现国产化，大幅降低了开采成本，但仍有一些核心技术的突破还需假以时日。我国勘探、测井设备的可靠性、时效性及测量精度和国外先进水平差距较大，随钻测斜仪、快速录井仪、钻井参数仪等虽已研制成功，但应用较少。此外，根据不同地层特点建立高性能钻井液体性的最优配置组合，根据不同类型页岩，建立压裂液、支撑剂、压裂方式等的最优技术体系等也都尚未完全建立。

综合而言，我国页岩气产业在取得靓丽成绩的同时，也应该清醒地认识到，涪陵、长宁-威远、昭通三大区域能够找到“甜点”并率先进入商业化开发，并不代表我国页岩气产业整体已经或即将进入成熟阶段。事实上，我国页岩气产业发展还处于起步阶段，未来发展必须明确战略定位，并制定有效的支持政策。

三、尽快建立支持页岩气产业较快发展的长效机制

从国际上看，建立支持产业发展的长效机制是世界各国推进产业实现跨越式发展的通用做法，例如日本的汽车、韩国的电子、中国台湾的半导体等产业。结合美国促进页岩气发展的政策体系和我国支持风电、光伏产业发展的政策设置，在认真贯彻中共中央、国务院《关于深化石油天然气体制改革的若干意见》（中发〔2017〕15号）文件要求下，除了已提出的各项油气体制改革要求之外，专门针对页岩气产业，还需要以下五个方面的政策体系设置：

（一）凝聚共识，建立我国页岩气产业发展的战略目标体系

国家能源局出台的《页岩气发展规划（2016—2020 年）》（以下简称《页岩气规划》）对我国未来页岩气提出了到 2030 年实现 800 亿 ~ 1 000 亿立方米的发展目标，根据测算，到 2035 年页岩气需要保障供应 1 000 亿立方米，产能需求达到1 200 亿立方米。围绕该目标，建议再增加资源探明量和单井成本两个指标，形成覆盖勘探、开发和生产全流程的目标体系，指导页岩气产业健康较快发展。

1. 把页岩气资源探明量作为重要目标

实现产量目标必须要有资源保障，资源探明量不足会直接阻碍社会资本进入和页岩气快速发展。提高资源探明水平，一方面需要国家和地方各级有关部门加快区块评价，另一方面更需要建立能够吸引社会资本进入的市场运行机制，这些都需要打破目前的一些陈旧体制和既得利益。只有明确提出资源探明量作为战略目标，倒逼相关改革行动，才有望取得突破。国家能源局的《页岩气规划》中提出，到 2020 年要在重点建产区和评价突破区共 11 个区块 2. 3 万平方千米完成地质资源量 10. 9 万亿立方米的评价工作，这占全国 14. 4 万平方千米页岩气探矿权面积的 16%，考虑到 2035 年之前是页岩气快速增长的黄金期，为确保及时上产，建议尽快明确到 2035 年的资源勘探目标。

2. 把页岩气单井成本作为重要的控制指标

与常规气资源相比，页岩气目前开采成本仍处于劣势，仅与现货进口到岸价可比。考虑到各类区块的地质复杂性、勘探开采难度可能不降反增，对成本形成压力，因此只有更加积极地开展技术理论创新，装置、设备研发和生产运营优化，才有可能提高开采成本下降的可靠性。为此，建议在现有示范项目基础上明确提出单井成本控制目标体系，针对不同地质条件设立不同的控制目标和未来下降率，增强参与主体开展技术革新和管理创新的积极性，同时增强对社会资本的吸引力。

（二）建立页岩气补贴的长期机制，广泛吸引投资主体参与

美国页岩气产业发展从 1976 年至今经过了起步阶段、技术突破阶段和大规模发展阶段，这与联邦政府长期的政策支持密不可分。1979 年，美国颁布了《原油意外获利法》，其中第 29 条税收补贴优惠条款明确提出通过政府财政补贴的方式，支持包括页岩气在内的所有非常规能源发展，目的是使其具有与常规资源相当的竞争力。该项补贴条款从 1980 年开始生效，经过多次修改，最终到 2002 年年底结束。补贴持续了大约 23 年，前期基本上按照 3 美元/千立方英尺（折合 20 美元/千立方米）

的标准，并根据市场价格设置了逆向调节系数，这使得在1980—1992年期间，投资主体的内部收益率平均高达23%。后期虽然将补贴下调至2.5美元/千立方英尺（17美元/千立方米）左右，但是在油价逐步回升的大背景下，页岩气开发对资本仍然具有足够的吸引力。长期稳定的、能够给投资者带来合理预期回报的财政补贴政策，对激励广大中小型投资者积极进入页岩气行业起到了有效的推动作用，并激发这些新生力量在实践中攻克一个又一个技术难题，最终分别于1997年和2003年实现了清水压裂技术和水平钻井技术的突破，形成了完整的页岩气开发技术体系。并立刻通过市场机制加速技术扩散，同时不断改进技术和降低成本，最终实现了页岩气生产在2005年后进入高速发展阶段。如图1所示。

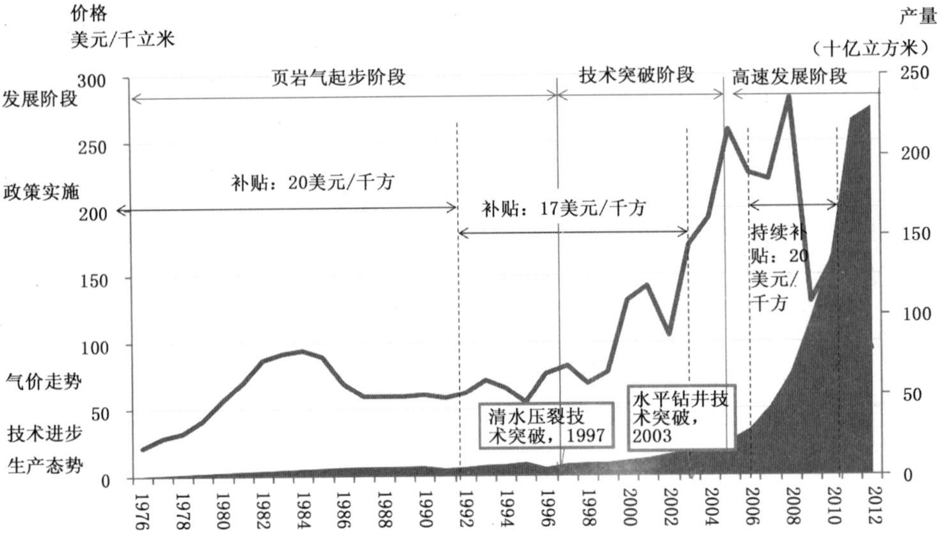

图1 美国页岩气发展历程与政策支持

注：根据美国能源信息署数据整理。

借鉴美国经验，我国从2012年起也开始实行财政补贴政策。其中，2012—2015年，中央财政按0.4元/立方米标准对页岩气开采企业给予补贴；2015年，两部门明确“十三五”期间页岩气开发利用继续享受中央财政补贴政策，补贴标准调整为前三年0.3元/立方米、后两年0.2元/立方米。目前为止，我国的财政补贴已经执行了5年时间，从涪陵等“甜点”区块的快速发展来看，这样的补贴标准有效地促进了页岩气起步阶段的发展，但是随着退坡机制的启动，持续走低的财政补贴对于亟待勘探的14.4万平方千米区块而言是否具有普遍的经济吸引力值得怀疑。因此，建议从促进整个页岩气产业发展的视角重新审视当前页岩气产业补贴的退坡机制，确保到2025年仍然有补贴机制以支持页岩气产业渡过成长阶段。

在补贴标准的设计上，建议改变当前的单一标准，而是根据上一年的产气量、

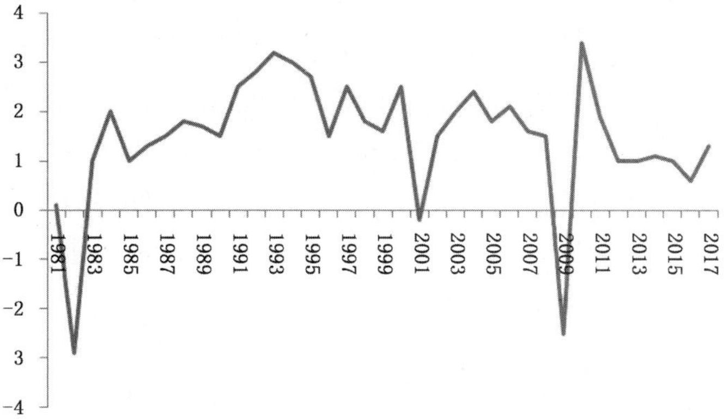

当前气价水平、各区块的平均勘探开采成本，制定一套动态的补贴标准体系，设置投资回报率下限，引导社会资本进入更广阔的区块勘探开发。

（三）完善页岩气矿业权流转机制，吸引更多社会资本进入

建立充分竞争的页岩气产业格局，需要大量社会资本无障碍地进入或退出。两轮探矿权招标的探索为完善页岩气矿权竞争性出让和建立矿权退出机制积累了有益经验，多种性质市场主体合资合作开发模式的建立也为吸引和扩大页岩气投资提供了宝贵借鉴，但是目前来看，页岩气勘探开发的市场化竞争格局还远未形成。需要认真贯彻中发〔2017〕15号文件要求，彻底破解和消除页岩气各领域存在的深层次矛盾和问题需要。一是允许以市场化方式进行页岩气矿业权的转让和取得。结合国土资源部正在推进的矿业权出让制度改革方案，针对页岩气的勘探开发特点，加快完善页岩气矿业权转让办法，细化储量评估规则等。二是理顺页岩气与其他矿业权重叠设置关系，鼓励取得页岩气矿业权的主体依法综合勘查开采其区块内的油气资源，提高资源综合开发利用水平。三是建立和完善地质资料公开和共享机制，加强国家作为所有者对地质资料的管理权限和管理能力，提高油气企业的汇交质量，完善资料包的知识产权保护规则等。

（四）探索建立产业投资基金，支持页岩气全产业链发展

随着涪陵、长宁-威远、昭通三大页岩气示范区在勘探理论、技术装备、商业模式等方面的探索逐步取得突破，下一步为了加快复制成功经验，还需要以更加市场化的激励机制来引导页岩气产业发展。为此，建议遵照国家发展改革委于2017年4月发布的《政府出资产业投资基金管理暂行办法》（发改财金规〔2016〕2800号）指示要求，由政府携其他机构投资者，共同设立页岩气产业发展投资基金，从市场上选择高效运作团队，按照市场化规则筛选有市场潜力、技术先进的页岩气上下游相关行业企业项目，予以资金支持。通过这种创新的产业扶持模式，提升财政资金的使用效率，促进页岩气上下游产业链健康、快速发展。中央政府可设立示范基金，同时鼓励相关地方政府如法操作。

（五）依托示范区加快建立页岩气产业标准体系、培育配套服务产业

在设立产业基金的同时，还建议页岩气资源有利地区的各级政府结合自身产业优势，针对页岩气勘探开发、钻井、压裂、下游利用、液化等重点生产环节涉及的装备、装置产品、市场化的综合服务等，探索建立质量检测和评估服务平台、建立标准体系、培育人才队伍，加速页岩气全产业链发展的基础理论、设备标准、生产规范建设，促进我国页岩气装备制造业的整体升级。

G47 我国碳市场发展展望及政策建议*

蔡松锋*

摘要：2011 年 10 月，国家发展改革委下发《关于开展碳排放权交易试点工作的通知》，批准在北京、天津、上海、重庆、湖北、广东和深圳七个省市开展碳排放权交易（简称碳市场）试点工作，这七个省市碳市场试点于 2013 年 6 月至 2014 年 6 月间陆续运行。2015 年 9 月，习近平在《中美元首气候变化联合声明》中正式宣布，将于 2017 年启动全国碳排放交易体系。中国全国碳市场启动后，覆盖的碳排放总量规模有望超过欧盟碳交易市场，成为全球第一大碳市场，全球的碳市场格局也将会发生改变。因此，中国全国统一碳市场备受世界关注，本文将在对七个省市碳交易试点运行情况进行分析后，对全国统一碳市场的发展趋势进行展望，并提出促进全国碳市场平稳运行的政策建议。

关键字：碳交易试点　全国统一碳市场　碳市场展望

一、全球碳市场发展概况

“碳交易”又称“碳排放权交易”或“温室气体排放权交易”，来源于两个国际公约，即《联合国气候变化框架公约》和《京都议定书》。1997 年《联合国气候变化框架公约》第三次缔约方大会通过的《京都议定书》确定了旨在减排温室气体的三个灵活合作机制，其中之一就是国际排放贸易机制，该机制允许一个国家将其超额完成减排义务的指标以贸易的方式转让给另外一个未能完成减排义务的国家，这成了推动全球碳市场萌芽的标志性文本。

2005 年《京都议定书》正式生效后，全球碳交易市场如雨后春笋，呈现出爆炸式的增长。根据世界银行的统计，全球共有 40 个国家和超过 20 个地区实行碳定价

* 基金项目：国家重点研发计划项目“中国实现 2030 年碳排放峰值目标的优化路径研究”（2016YFA0602803）。

* 蔡松锋，国家信息中心经济预测部助理研究员，主要研究国际贸易、能源、环境与一般均衡模型等。

政策（包括碳交易、碳税和其他碳定价机制），覆盖约37亿吨二氧化碳的排放，约占全球年排放量的11%。全球已启动碳市场的国家和区域包括中国7省市碳交易试点，美国加州和东部9个州，加拿大魁北克，日本东京、京都和埼玉县，以及欧盟、瑞士、新西兰、韩国和哈萨克斯坦等，共有17个相对独立的市场。根据ICAP（国际碳行动合作组织）的统计，到2017年年底，全球将有19个碳交易市场运行，这些碳市场将覆盖超过70亿吨的温室气体排放，其所在经济体贡献着全球近一半的GDP，并占全球超过15%的碳排放量。

同时，碳定价对于实现巴黎协定的目标和国家自主贡献方案（INDCs）起到关键作用。各国提交给联合国气候变化框架公约（UNFCCC）的减排计划中，大约有100个国家自主贡献预案（INDCs）包括了碳排放交易系统、碳税和其他碳定价市场机制。在可预见的未来，全球碳市场发展潜力巨大，并有望成为推动全球气候变化实质合作的重要平台。

二、我国碳市场的发展历程

（一）我国碳市场试点建设进程

为应对气候变化和实现经济低碳转型，我国在“十二五”规划中明确提出逐步建立碳排放交易市场。2011年10月国家发展改革委印发《关于开展碳排放权交易试点工作的通知》，批准北京、上海、天津、重庆、湖北、广东和深圳等七省市开展碳交易试点工作。2013年和2014年我国七省市试点碳交易相继运行，2013年以来，7个试点省市纳入交易的有20多个行业、近3 000家重点排放单位。截至2017年9月，累计配额成交量达1.97亿吨二氧化碳当量，约45亿元人民币，试点范围内碳排放总量和强度呈现双降趋势。同时，碳市场的试点工作也为全国统一碳市场的推行积累了丰富经验。

1. 碳交易制度设计

7个碳交易试点的省市根据自身的特点，合理设计碳交易市场制度，积极探索碳交易市场建设。

从碳交易覆盖行业来看，如表1所示，主要分为三类，第一类是北京和深圳，由于高耗能产业较少，因此将高耗能企业外的其他主体纳入碳市场。如北京除了工业外，还将服务业纳入覆盖行业，深圳则覆盖了公共建筑。第二类是上海，对于工业企业和非工业企业设置了两个不同的碳市场门槛，并且是唯一将交通运输行业纳入碳市场的地区。第三类是天津、广东和湖北。高耗能产业比重大，主要将高耗能产业纳入。同时设置的门槛较高，尤其是湖北门槛最高。

从配额分配方式看，根据目前各地区碳交易的实施情况，对于碳排放配额的分配，基本都是免费为主，适时推行拍卖等有偿方式。在免费配额发放方式上，试点地区大都采用了历史法和基线法相结合的方式。但为了激励企业参与碳交易，在试点的初期，各地区都给予企业较为宽松的配额，这也符合碳市场循序渐进发展的规律。

表1　七个碳交易试点地区机制设计

地区	覆盖行业	起征点	企业个数	配额分配方式
北京	电力、热力、水泥、石化、其他工业企业、服务业	2009—2012 年，年均直接或间接二氧化碳排放总量 5 000 吨（含）以上的固定设施排放企业（单位）	430	历史法和基准线法，无偿分配和有偿分配结合
天津	钢铁、化工、电力、热力、石化、油气开采等重点排放行业	2009—2012 年以来年均排放二氧化碳 2 万吨以上的企业或单位纳入试点初期市场范围	109	历史法和基准线法，无偿分配和有偿分配结合
上海	工业涉及钢铁、建材、有色、电力、石化及航空、港口、机场、铁路等行业	工业行业中，2010—2011 年中任何一年二氧化碳排放量 2 万吨及以上（包括直接排放和间接排放）的重点排放企业；非工业行业中，2010—2011 年中任何一年二氧化碳排放量 1 万吨及以上（包括直接排放和间接排放）的重点排放企业	210	历史法和基准线法，无偿分配和有偿分配结合
深圳	能源生产、加工行业和工业制造 26 个行业及大型公共建筑	工业二氧化碳排放 3 000 吨以上，公共建筑 1 万平方米以上	635 个企业，200 个建筑物	历史法和基准线法，无偿分配和有偿分配结合
重庆	电力、冶金、化工、建材等高耗能行业	2008—2012 年二氧化碳排放 2 万吨以上	254	总量控制与竞争博弈
广东	电力、钢铁、石化、水泥	2011—2014 年任一年排放 2 万吨二氧化碳（或综合能源消费量 1 万吨标准煤）及以上的企业	242	历史法和基准线法，无偿分配和有偿分配结合
湖北	钢铁、化工、水泥、电力等 12 个高能耗、高排放行业	2010—2011 年中任何一年年综合能源消费量 6 万吨标准煤及以上重点工业企业	207	总量控制与竞争博弈，无偿分配和有偿分配结合

数据来源：作者收集整理。

2. 碳交易量和碳价总体情况

从累计碳交易量来看，由于广东和湖北纳入碳交易的企业排放量大，因此，广东和湖北的交易量分别是第一位和第二位，截至2017年10月份，广东和湖北累计碳交易量分别达到4 684万吨和4 140.5万吨。交易量第三位的是上海，主要是由于上海碳交易覆盖范围广泛，碳交易比较活跃，从而提升了交易量，截至2017年10月份，上海的累计碳交易量达到2 681.4万吨。深圳的交易量也较大，累计交易量也接近2 000万吨。北京、重庆和天津的碳交易量较低，在1 000万吨以下。碳交易量只能反映碳交易的规模，这和总配额数量、碳价高低和相关制度设计直接相关，并不能反映碳交易的流动性。

从碳价来看，分最新碳价和平均碳价两方面，中国碳市呈现冰火两重天的态势，北京给予未按时履约企业一定的宽限期，使得北京碳市场相对活跃，从而使得北京的平均碳价较高，达到每吨将近50元，为七个碳试点地区最高。深圳碳交易市场也比较活跃，平均碳价为32.8元/吨。其他地区（湖北、上海、广东、天津、重庆）碳价较低，平均碳价都在每吨20元以下。尤其是重庆碳价，平均碳价仅为3.3元/吨，为七个碳试点地区最低，重庆过低的碳价主要是由于碳市场配额分配过于宽松。如表2所示。

表2 七大碳交易试点的交易量和碳价情况

地　区	最新碳价（元/吨）	平均碳价（元/吨）	累计成交量（万吨）	累计成交额（万元）
北京	49.1	49.7	742.2	36 875.8
上海	28.5	16.0	2 681.4	42 769.5
深圳	28.0	32.8	1 928.6	63 179.8
广东	13.4	14.6	4 684.0	68 600.5
天津	8.5	14.0	358.0	5 020.9
湖北	13.4	19.6	4 140.3	81 061.0
重庆	2.4	3.3	690.1	2 305.6

数据来源：七大碳交易试点交易所网站。

3. 碳交易的流动性和碳价走势

从流动性来看，如图1和图2所示，中碳流动性指数[1]自2014年1月2日开始计算以来，整体走势波幅较大，尤其是中碳流动性指数在每年履约期前后（5—7月）震荡比较剧烈，显示目前国内试点碳市场还处于早期发展阶段，履约仍是主要功能，价格发现功能尚在培育之中。从碳价来看，如图1和图2所示，2014年年

[1] 中碳指数由北京绿色金融协会开发推出，是综合反映国内各个试点碳市场成交价格和流动性的指标，主要包括“中碳市值指数”和“中碳流动性指数”两只指数。

初，碳交易市场刚开始运行的 4 个月内，在政策的刺激下，碳价有所上升，中碳市值指数从1 000点上升到 1 400 多点。但随着中国进入新常态，经济下行压力加大，配额相对宽松，碳价从 2014 年 5 月进入下行通道，截止到 2017 年 10 月 23 日，中碳市值指数仅为 510 点。

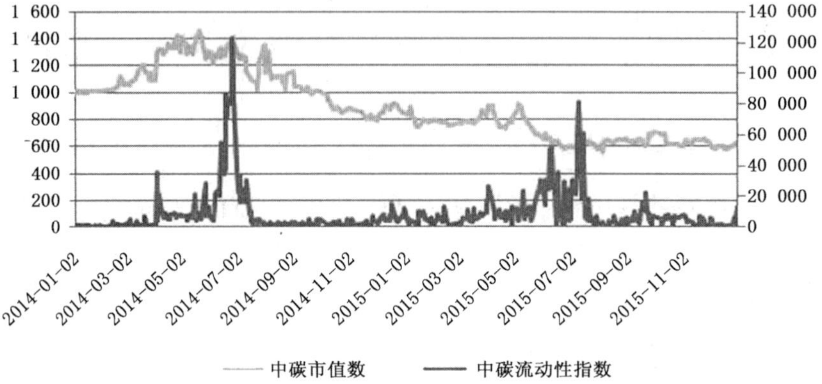

图 1　2014—2015 年中碳指数走势

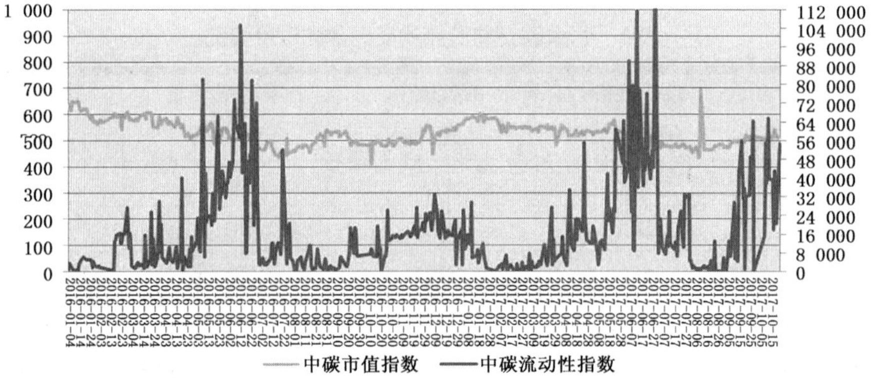

图 2　2016—2017 年中碳指数走势

（二）全国统一碳市场建设进程

1. 推动全国碳市场的相关政策和行动

我国建立全国碳市场的工作由来已久，并在多次文件中做出明确部署。如表 3 所示，“十二五规划纲要”提出逐步建立碳排放权交易市场，十八届三中全会要求推行碳排放权交易制度，《生态文明体制改革总体方案》将碳排放权交易市场作为重点任务，十八届五中全会再次提出建立碳排放权初始分配制度，创新有偿使用和投融资机制，培育和发展交易市场。2015 年 9 月，习近平在《中美元首气候变化联合声明》中正式宣布，将于 2017 年启动全国碳排放交易体系，这成为我国加快建设全国统一碳市场的关键性信号。2016 年 1 月，国家发展改革委办公厅印发了《关于切实做好全国碳排放权交易市场启动重点工作的通知》，初步确定了全国碳排放权交易市场第一阶段将涵盖八个行业[1]。之后，推动全国统一碳市场的立法工作和配套软硬件措施相继进行，为2017年年底全国统一碳市场的运行奠定了坚实的基础。如表3所示。

表3　推进全国统一碳市场相关政策和行动

日　期	文件/工作	部　门
2011年3月	《国民经济和社会发展第十二个五年规划纲要》	国务院
2012年6月、10月	《温室气体自愿减排交易管理暂行办法》 《温室气体自愿减排项目审定和核证指南》	国家发展改革委
2013年11月	中共十八届三中全会《决定》	十八届三中全会
2014年12月	《碳排放权交易管理办法》	国家发展改革委
2015年9月	《生态文明体制改革总体方案》	中共中央国务院
2015年9月	《中美元首气候变化联合声明》	党中央
2016年1月	《关于切实做好全国碳排放权交易市场启动重点工作的通知》	国家发展改革委
2016年3月	国家发展改革委在积极配合国务院法制办开展《碳排放权交易管理暂行条例》立法审查工作	国务院、国家发展改革委
2017年	推动全国碳排放权注册登记系统和交易系统的建设工作；起草了全国碳排放权交易市场建设方案、市场监督管理办法、企业碳排放报告管理办法，包括《碳排放领域失信联合惩戒备忘录》等相关的配套措施、配套制度	国家发展改革委

资料来源：作者收集整理。

2. 全国碳市场最新进展

（1）相关法律和条例制定

国家发展改革委在积极配合国务院法制办开展《碳排放权交易管理暂行条例》立法审查工作，推动全国碳排放权注册登记系统和交易系统的建设工作。并组织起草了全国碳排放权交易市场建设方案、市场监督管理办法、企业碳排放报告管理办法，包括《碳排放领域失信联合惩戒备忘录》等相关的配套措施、配套制度。

[1]　石化、化工、建材、钢铁、有色、造纸、电力、航空等重点排放行业，参与主体为2013—2015年中任意一年综合能源消费总量达到1万吨标准煤以上（含）的企业法人单位或者独立核算企业单位，碳排放总量大约占到全国的一半。

（2）碳交易覆盖的行业

由于碳排放数据核查进展缓慢，以及原本八大行业涉及企业较多，使得企业碳排放数据缺乏，配额计算难度大。为了保证碳市场在2017年能按时启动，全国碳交易市场的行业覆盖范围宜进一步聚焦，谁条件成熟谁先进入。

（3）配额制定和分配方法

全国碳市场主要采用基线法确定配额，国家排放配额分配采取免费和有偿相结合的办法，并逐步提高有偿分配的比例。具体的企业二氧化碳配额分配方法见表4。

表4 电力、水泥和电解铝行业配额分配方案

行业	配额总量	配额分配方式
电力	包括供电配额总量和供热配额总量；供电配额总量包括排放基准，将机组按照压力、容量和燃料类型分为11类，不同类型的机组有相应的配额分配基准值	以企业2015年的产量为基准，预分配70%的配额。实际配额待核算出实际产量后多退少补
水泥	熟料×排放基准值	以企业2015年的产量为基准，预分配50%的配额。实际配额待核算出实际产量后多退少补
电解铝	铝液产量×排放基准值	以企业2015年的产量为基准，预分配50%的配额。实际配额待核算出实际产量后多退少补

注：按照分配公式，企业拿到的配额量等于国家发改委公布的行业基准×地方发改委制定的行业调整系数×企业当年产品实际产量。其中，地方的调整系数只能小于等于1。

三、全国统一碳市场发展展望

当前全国统一碳市场仍处于前期准备阶段，需要完成碳市场正式运行的基础建设工作。在2017年年底全国统一碳市场正式运行以后，将总体经历三个阶段，即全国碳市场稳定运行、总结经验并不断完善，全国碳市场逐步扩大覆盖范围、逐步成为成熟市场、碳价信号形成，全国碳市场发展成熟衍生品、与全球其他碳市场接轨进一步引领全球碳市场。

第一阶段：全国碳市场稳定运行、总结经验并不断完善

根据目前的规划，2017年全国碳市场将全面启动，参考试点碳市场的交易情况，并且假设全国碳市场初期只纳入电力行业，全国碳市场启动初期的价格平均水

平在每吨30元左右，一个履约期内碳排放配额现货交易量在2亿吨左右，年均交易额为60亿元左右，乐观情况下能接近100亿元。

第一阶段不应设定明确的时间，而应该全力以赴尽快推进，在运行中学习、规范、提升、完善，一旦成熟就转入下一阶段。但全国碳市场的价格发现功能、资源配置功能、节能降碳，以及降低减排成本等功能的发挥仍需时日。

第二阶段：全国碳市场逐步扩大覆盖范围、逐步成为成熟市场、碳价信号形成

在第一阶段的经验积累基础上，第二阶段会逐步扩大覆盖范围。假设第二阶段碳市场覆盖行业扩展到八大行业（石化、化工、建材、钢铁、有色、造纸、电力、航空），预计第二阶段全国碳市场覆盖行业的总碳排放将达到50亿吨，碳价将提高到每吨60元左右，一个履约期内碳排放配额现货交易量为5亿吨左右，年均交易额为300亿元左右，乐观情况下能接近500亿元。

在第二阶段，用3~5年的时间，培育碳市场参与主体，逐步建立碳市场碳价的价格发现功能，结构调整、资源配置功能、节能降碳，以及降低减排成本的优势等功能，使得全国碳市场成为一个稳定成熟的市场。

第三阶段：全国碳市场发展成熟衍生品、与全球其他碳市场接轨进一步引领全球碳市场

在碳市场运行了数年以后，机制体制完善，市场运行稳定，价格信号传导通畅。第三阶段一方面将降低纳入企业的能耗门槛值（例如纳入年能源消耗在5 000吨标煤以上的企业），继续扩大碳市场覆盖的企业数量。另一方面将多种碳金融产品逐渐引入市场，增加碳交易的参与主体。在交易量不断扩大、碳价稳步提高，以及碳金融产品推出的带动下，预计全国碳市场年交易额将达到1 000亿元以上甚至数千亿元规模。

同时，随着中国碳市场的长期运行，以及其他国家相继也会采用碳市场政策，各个国家将碳市场进行链接的需求变得强烈。同时，全球碳市场的链接对于降低全球减排成本具有重要作用，根据世界银行的模型测算，2030年国际统一碳市场的存在将使得全球减排成本下降1/3，2050年全球减排成本下降一半。并且碳市场的国家合作还会加快各国知识和技术的合作，促进全球技术进步。在2030年，中国将成为全球最大的碳市场，通过与其他国家和区域的碳市场进行链接，将促进全球气候变化实质合作迈上一个新的台阶，预示着国际气候行动领域一个新时代的到来。

四、政策建议

基于碳市场试点工作的经验，以及全国统一碳市场的发展目标，提出以下建议。

（一）着力优化配额分配方案设计，促进我国区域协调均衡发展

中国统一碳市场建立应与我国区域发展战略和发展目标相协调，使全国碳市场发挥区域生态补偿和减缓区域发展不平衡的作用。建议通过优化碳市场初始配额分配、配额拍卖收入返还机制、建立专项基金及其他配套机制等对欠发达地区予以一定的补偿。一是建立配额分配的区域调节因子，给予欠发达地区更大的配额分配空间，使得欠发达地区成为碳市场中的配额卖方，并将碳交易收入用于该地区的节能改造及产业升级。二是将利用碳市场配额拍卖收入建立专项基金，如建立区域产业基金，通过产业基金扶持欠发达地区发展新产业，培育新动能。三是建立鼓励欠发达地区供应抵消机制配额的政策措施，在碳市场的抵消机制设定中，优先采用欠发达地区的抵消机制项目，同时加强对欠发达地区节能减排项目和碳汇项目的政策支持。

（二）着力增强参与碳交易市场企业的“确定性”

理想的碳市场价格机制应能够通过传递价格信息来反映供求关系，同时给予企业合理的政策预期，以及市场相对稳定的“确定性”信号，从而引导控排企业的节能减排行为和碳资产管理策略，以及投资者的投资决策。一方面，注重政策连续性。连续的政策预期有利于让市场和企业进行中长期预期，从而有利于中长期投资和节能减排决策。前后政策的制定要遵循围绕“碳价稳定预期”目标，避免市场过于强烈的波动。另一方面，提高市场流动性。适度的流动性能够形成合理价格，并促进市场交易活跃，增强企业积极参与碳交易的信心，有利于引导企业真正将“碳”作为资产进行管理，并切实采用低成本的减排管理和技术。为了保持市场流动性，应制定灵活的制度设计，如设定最低碳价和最高碳价，设立碳储备池，设置合理的拍卖比例，逐步发展碳期货市场，建立分阶段履约的激励机制，以及严惩违约企业等政策措施。

（三）着力提升碳交易机制与其他政策间的协同效果

在节能减排目标完成的同时，我国还面临其他需要达成的政策目标，包括实现经济增长，能源结构调整，生态文明建设等。在多政策目标下，政策制定者必须考虑碳市场政策与其他政策机制相互作用的途径和方式。从碳市场与其他政策之间的关系来看，大致可以分为三类，即互补型政策、重叠型政策和抵消型政策。

1. 互补型政策

互补型政策可与碳市场政策相互补充，共同促进节能减排。如碳税政策、环保

税政策、储能和智能电网政策、绿色融资政策等。例如，为了更好地激励低碳发电技术投资，碳定价需要其他互补政策应对相关风险，如低碳发电技术的投资风险可以采取加大储能和智能电网政策等来降低，储能和智能电网政策能够促进电网可再生能源的消纳，从而提高碳价对可再生能源的激励效果。

2. 重叠型政策

重叠型政策与碳市场政策并行运作，对同一行业产生作用。如可再生能源配额政策、支持低碳技术研发政策。这类政策与碳市场政策重叠会影响碳价形成机制，通过降低碳市场的配额需求压低碳价。建议在配额分配时考虑碳市场的重叠型政策因素。

3. 抵消型政策

抵消型政策会与碳市场政策目标相反，如电价管制政策、油价调整政策、燃油补贴政策，出口补贴政策。如电价管制政策会使得碳成本向下传递受阻，降低减排效率，利用国家信息中心一般均衡模型测算，在配额总量相同的情况下，电价管制情景比无电价管制情景的碳价要高 20% 左右，显著降低碳市场的成本有效性。化石燃料补贴政策会造成对碳密集型技术的锁定，增加中短期内节能减排的难度。建议逐步退出碳市场的抵消型政策。